Stefan Schmitz
Revolutionen der Erreichbarkeit

Stadtforschung aktuell
Band 83

Herausgegeben von
Hellmut Wollmann

Stefan Schmitz

Revolutionen der Erreichbarkeit

Gesellschaft, Raum und Verkehr im Wandel

Leske + Budrich, Opladen 2001

Die Deutsche Bibliothek – CIP-Einheitsaufnahme
Ein Titeldatensatz für die Publikation ist bei
Der Deutschen Bibliothek erhältlich

ISBN 3-8100-3076-7

Druck: DruckPartner Rübelmann, Hemsbach
Printed in Germany

Inhalt

Abbildungen

Tabellen

Vorwort

Die Beschleunigung der Überwindung des Raumes hat seit Beginn des Industriezeitalters Dörfer, Städte, Länder und Kontinente immer enger zusammenrücken lassen. Die Fortbewegung von Menschen, der Transport von Gütern und die Kommunikation über Entfernungen hinweg wurde immer schneller, komfortabler und kostengünstiger. Was mit Dampfschiff, Eisenbahn und Telegraf begann, findet mit Transrapid, Mobiltelefon und Internet seinen vorläufigen Höhepunkt. Der schnellen Erreichbarkeit beliebiger Orte sind damit am Ausgang des „Jahrhunderts des Automobils" kaum noch Grenzen gesetzt.

Der Mensch nutzt die verkehrs- und kommunikationstechnischen Möglichkeiten und entwickelt sie zu seinen Zwecken ständig weiter. Die wirtschaftlichen, gesellschaftlichen und räumlichen Konsequenzen, die sich vor allem in der Entwicklung der Städte und ihres Umlands spiegeln, sind enorm. Ebenso beachtlich sind die weltweit wachsenden Verkehrsmengen und ihre Auswirkungen auf die Umwelt. Die verschiedenen gesellschafts-, raum-, verkehrs- und umweltwissenschaftlichen Disziplinen haben sich immer wieder einzelnen Teilaspekten des engen, wechselseitigen Zusammenhangs von Gesellschaft, Raum und Verkehr angenähert. Jedoch haben sie ihm in seiner ganzen Komplexität bisher nur geringe Aufmerksamkeit geschenkt. Dieses Defizit wurde mir sowohl während meiner wissenschaftlich-politikberatenden Tätigkeit im Bundesamt für Bauwesen und Raumordnung in Bonn (ehemals Bundesforschungsanstalt für Landeskunde und Raumordnung) als auch während zahlreicher Lehrveranstaltungen immer bewußter. So entstand die Idee zum vorliegenden Buch.

Allen Freunden und Kollegen, die das Werden dieses Bandes mit Rat und Tat begleiteten, gilt mein herzlicher Dank. Insbesondere danke ich Prof. Dr. Hellmut Wollmann für die Aufnahme in die Buchreihe, Prof. Dr. Gerhard Bahrenberg, Jens Bettin, Dr. Markus Hesse, Dr. Karin Veith und Dr. Claus-C. Wiegandt für kritische Anregungen und die gewissenhafte Durchsicht des Manuskripts, meiner Frau Ulrike für Aufmunterung, Geduld und ein stets offenes Ohr – sowie Fabian, der viele Stunden auf seinen Vater verzichtete.

Bonn, März 2001 *Stefan Schmitz*

1 Einleitung

„Der Highway war ihr Zuhause und Bewegung ihre Ausdrucksform."
John Steinbeck, 1939

Zur Jahrtausendwende rollen mehr als 800 Millionen Kraftfahrzeuge über den Globus. Diese Wagen legen jährlich zusammen – grob geschätzt – mehr als 12 Billionen Kilometer zurück. Dies ist selbst in kosmischen Dimensionen eine beachtliche Entfernung.

Getreu dem Credo des Schneller und Weiter rollt auch hierzulande die Verkehrslawine anscheinend unaufhaltsam weiter. Nahezu jeder zweite Deutsche besitzt mittlerweile einen Personenwagen. Und der Güterverkehr boomt. Wachsende weltwirtschaftliche Verflechtungen, die Bildung eines europäischen Binnenmarktes, die Öffnung der Märkte Osteuropas, nicht zuletzt aber auch die Veränderung der heimischen Produktionslandschaft und der unstillbare Hunger der Konsumgesellschaft haben dem Transport von Gütern enorme Zuwächse beschert. Und ebenso wie für den Personenverkehr gilt für den Gütertransport: Der überwiegende Teil wird auf der Straße abgewickelt.

Die „Revolutionen der Geschwindigkeit", wie der Franzose Paul Virilio sie genannt hat, sind immer auch Revolutionen der Erreichbarkeit von Orten. Die mit dem Industriezeitalter eingeleitete Beschleunigung der Raumüberwindung und die damit veränderte Erreichbarkeit eröffnet heute ungeahnte Möglichkeiten. Geschäftstermine in London, New York und Tokyo lassen sich in zwei Tagen erledigen. Ein verlängertes Wochenende ans Meer oder in die Alpen – kein (Zeit-) Problem. Die Fahrt der Kinder in die Schule, anschließend zum Arbeitsplatz, auf dem Heimweg noch schnell in den Supermarkt, wo die bunte Warenwelt auch Erntefrisches aus verschiedenen Teilen der Welt bereithält – das alles mag zwar Streß bedeuten, ist aber für die automobile Mehrheit der Deutschen in dieser oder ähnlicher Form längst Alltag.

Gleichzeitig mit der wachsenden Bewegungsfreiheit *im* Raum werden neue Maßstäbe in der Nutzung *des* Raumes gesetzt. Die permanente Beschleunigung und auch die Verbilligung des Verkehrs dienen seit rund einhundert Jahren als zentrale Schlüssel zur Verbesserung der Wohn- und Lebensverhältnisse in der Stadt. Seit keine Notwendigkeit mehr besteht, Arbeitsplatz und Einkaufsmöglichkeit von der Wohnung aus fußläufig zu erreichen, kann die bedrückende Enge in der Stadt gesprengt werden. Die Flucht eines großen Teils der Bevölkerung in die Vororte stellt das markante Merkmal der Raumentwicklung der Nachkriegszeit dar. Für viele wird der Traum vom Eigenheim zur Wirklichkeit. Mehr Platz für alle, die in die Vororte ziehen, mehr Platz aber auch für diejenigen, die in der Stadt zurückbleiben. Seit 1950 hat sich in Westdeutschland die Wohnfläche pro Kopf der Bevölkerung nahezu verdreifacht.

Mittlerweile sind viele Betriebe der Wohnbevölkerung von der Stadt ins Umland gefolgt. Und die Koordinaten der Standortgunst ändern sich ständig weiter, verlagern sich immer mehr an den Rand, an die Umgehungsstraßen, Autobahnkreuze und Flughäfen. Während unzählige alte Industrieareale in den Städten brachfallen, prägen moderne eingeschossige Gewerbebauten, großzügig angelegte Bürokomplexe, vielfältige Einkaufsmöglichkeiten und futuristische Freizeitparadiese vielerorts das Bild der Peripherie.

Die Bereitstellung von Wohnbauland, die Erschließung von Gewerbegebieten, der Ausbau des Verkehrsnetzes – dies alles kostet Fläche. Tagtäglich werden in Deutschland etwa eine Million Quadratmeter freies Land in Siedlungsfläche umgewandelt. Flächenverbrauch und Verkehrswachstum gehen hierbei eine enge, recht zweifelhafte Symbiose ein. Der großzügige Ausbau des Straßennetzes und die allgemeine Verfügbarkeit von Kraftfahrzeugen ermöglichen die Bildung aufgelockerter Siedlungsweisen und die Entmischung der verschiedenen Flächennutzungen. Umgekehrt erhöhen solche aufgelockerten und entmischten Strukturen den Verkehrsaufwand. Sie verringern die Chancen für den nicht motorisierten und den öffentlichen Verkehr und fördern den weiteren Siegeszug des Automobils.

Die heutige Form des Verkehrs erfreut sich breiter Zustimmung. Das private Auto avancierte zum Symbol und materiellen Kulturgut der Nachkriegsgesellschaft. Als wichtiges Emanzipationsinstrument bescherte es breiten Bevölkerungsschichten ein hohes Maß an individueller Freiheit, vor allem aber die Möglichkeit, besser zu wohnen. Der moderne, straßenorientrierte und auf Effizienz ausgerichtete Gütertransport gilt als Voraussetzung wirtschaftlichen Wachstums. Und nicht zuletzt: Wer wagt zu widersprechen, daß die Automobilindustrie viele Arbeitsplätze sichert? Unser heutiges Verkehrssystem ist ein Erfolgsmodell, und daher wird es in immer mehr Teilen der Welt kopiert. Noch gibt es in ganz Afrika weniger Autos als in Nordrhein-Westfalen, in ganz China mit einem Viertel der Erdbevölkerung weniger private Personenwagen als in Hamburg. Aber wie lange noch? Unser Verkehrssystem mag bei *uns* mehrheitsfähig sein. Übertragbar auf die ganze Welt ist es aber mit Sicherheit nicht, ohne daß das Ökosystem Erde innerhalb kürzester Zeit kollabierte.

Der heutige Verkehr ist nicht nur nützlich, er verursacht auch Probleme. Diese Probleme fangen im normalen Alltag an. Jeder, der häufiger und länger im Stau steht, der mal wieder auf der verzweifelten Suche nach einem Parkplatz ist, weiß das. Aber diese Art von Problemen verdient höchstens eine Randnotiz. Denn offensichtlich ist der Nutzen für jeden einzelnen Verkehrsteilnehmer immer noch größer als der Streß, die Zeit- und Geldverschwendung im Stau – sonst hätte er schon längst über andere Formen der Mobilität und der Lebensbewältigung nachgedacht.

Die wirklichen Probleme liegen vielmehr darin, daß die Verkehrsteilnehmer selbst nicht die volle Last ihres Tuns zu spüren bekommen, daß die Nutznießer des Verkehrs nicht die ganze Rechnung zahlen müssen. Dies ist die eigentliche, die traurige Kehrseite der „Erfolgsstory Verkehr“: Ein großer Teil der Probleme wird verdrängt, wird abgewälzt. Abgewälzt auf ältere Menschen, denen die Teilhabe an einer Welt, die immer mehr auf (Auto-) Mobilität zugeschnitten ist, verwehrt ist. Abgewälzt auf sozial Schwache, die in unattraktiven Wohnlagen unter dem Verkehrslärm anderer zu leiden haben. Abgewälzt auf kommende Generationen, die sehen müssen, wie sie in einer Welt mit weniger Natur, mit weniger natürlichen Ressourcen und wahrscheinlich mit den Folgen eines anderen globalen Klimas zurecht kommen.

Gemessen am Ausmaß der Probleme müssen alle bisherigen Lösungsansätze als recht wirkungslos angesehen werden. Die Neigung, möglichst wenig in das Verkehrsgeschehen und die Ursachen des Verkehrswachstums einzugreifen, begünstigte bisher fast ausschließlich die Suche nach technischen Antworten. Fahrzeugtechnik und Verkehrstechnik sind durchaus sinnvolle und wirksame Ansätze, ihre Beiträge zur Problemlösung werden aber durch die allgemeine Wachstumsdynamik konterkariert. Am ehesten zeichnen sich heute Erfolge bei einigen Schadstoffemissionen ab, die dank Katalysatortechnik beherrschbar geworden sind. Die Umwelt- und Verkehrspolitik, die jahrzehntelang auf diesen Problembereich fixiert war, mag dies als Erfolg verbuchen. Gleichzeitig blieben jedoch andere nachteilige Einflüsse weitgehend ungelöst.

Was nützt ein Appell an die Vernunft und an das Verantwortungsgefühl jedes einzelnen, durch eigenen Verzicht seinen Beitrag zu einer sozial gerechten und zukunftsfähigen Verkehrsentwicklung zu leisten, wenn im Zweifelsfall das eigene Auto, das in der Garage bleibt, auf der Straße nur Platz schafft für neue Verkehrsteilnehmer? Der Verzicht wird nicht belohnt, den Nutzen haben andere. Ein Umsteigen auf Bus und Bahn und die Verlagerung von Gütertransporten auf die Schiene sind häufig geäußerte Forderungen. Bisher gibt es aber nur wenige Beispiele einer erfolgreichen Förderung des öffentlichen Verkehrs, bei der ein echtes „Umsteigen" *und* eine Reduzierung des Straßenverkehrs erreicht wurde. Die Regel sieht eher so aus, daß Projekte als vorbildlich gefeiert werden, die – oft mit erheblichen Investitionskosten – zu einer Erhöhung von Fahrgastzahlen im öffentlichen Verkehr führten, während der Straßenverkehr in mindestens gleicher Größenordnung weiter zunahm. Abgesehen von diesem Hase-und-Igel-Spiel und vielen weiteren Scheinlösungen muß man grundsätzlich nach dem Sinn eines öffentlichen Verkehrs fragen, der – wie etwa beim Hochgeschwindigkeitszug oder beim Transrapid – unter dem Diktat der Geschwindigkeit eine Ökobilanz aufweist, die nicht viel besser ist als die eines Autos.

Mit großer Wahrscheinlichkeit ist es eine Illusion zu glauben, man könne im Verkehrsbereich alles haben: sich immer schneller, weiter und komfortabler fortbewegen und gleichzeitig von den negativen Folgen verschont bleiben. Verkehr ist ambivalent und der Erfolg des heutigen Verkehrssystems sein größtes Problem. Es bleibt der Widerspruch: Da ist *einerseits* das Festhalten an vermeintlichen Sachzwängen, liebgewonnenen Gewohnheiten und unbestreitbaren Vorzügen des Status Quo, und da ist *andererseits* die durchaus wachsende Einsicht in die Notwendigkeit einer Veränderung. Das vorliegende Buch wird diesen Widerspruch nicht lösen. Es möchte einen Beitrag leisten zur Auseinandersetzung mit dem gesellschaftlichen Kontext und den Ursachen von Verkehr. Eine solche Auseinandersetzung ist dringend erforderlich, um überhaupt realistische, das heißt mehrheitsfähige Handlungsoptionen zu entwickeln für eine Welt mit weniger Verkehr – mit Verkehr, der umwelt-, stadt- und menschengerechter ist.

Gesellschaft, Raum und Verkehr – eine enge Beziehung

Verkehr ist Teil der Gesellschaft. Er hängt zusammen mit der Art und Weise, wie die Gesellschaft den Raum nutzt. Ohne ein Verständnis von Gesellschaft und ohne ein Verständnis der räumlichen Organisation des Lebens und Wirtschaftens dieser Gesellschaft gibt es auch kein Verständnis von Verkehr.

Historisch betrachtet hat jede Gesellschaft ihre eigene Art, das Leben und Wirtschaften im Raum zu organisieren, das heißt den Raum zu nutzen und die räumlichen Austauschbeziehungen ihren Zielen entsprechend zu realisieren. Um dies tun zu können, benötigt sie bestimmte Formen der Fortbewegung und der Kommunikation. Der technologische Entwicklungsstand setzt hierfür den Rahmen des Machbaren. Produktionsweise und Wohlstandsniveau bestimmen die Nachfrage nach Raumnutzung und die Nachfrage nach Transportdientsleistungen. Staatliches Handeln schließlich erbringt Vorleistungen in Form von Infrastruktur und legt „Spielregeln" fest sowohl für die Nutzung des Raumes als auch für den Ablauf von Transport und Kommunikation. Damit ist unser heutiges Verkehrssystem ebenso wie unsere Nutzung des Raumes „Spiegel" der Gesellschaft. Die Transport- und Kommunikationsmöglichkeiten bilden das entscheidende Bindeglied zwischen der Gesellschaft samt ihren Ziel- und Wertvorstellungen einerseits und den entsprechenden räumlichen Ausdrucksformen andererseits.

Wirtschaftliche und gesellschaftliche Entwicklung stehen seit Jahrhunderten in engem Zusammenhang mit der technologischen Entwicklung, die immer auch eine Entwicklung der Verkehrstechnologie war. So stellte die Dampfmaschine eine der großen technologischen Neuerung der Menschheitsgeschichte dar. Sie brachte den entscheidenden Durchbruch in der Nutzung fossiler Energiequellen. Menschliche Arbeitskraft konnte nun durch dampfgetriebene Maschinen ersetzt und so die Produktivität explosionsartig gesteigert werden. Als Dampflokomotive oder Dampfschiff revolutionierte die neue Maschine auch das Verkehrswesen. Nicht nur der Produktionsprozeß, sondern auch der Transport von Personen und Gütern wurde von nun an enorm beschleunigt. Eine völlig neue Gesellschaft entstand, die sich auf völlig neue Weise räumlich organisierte. Die annähernde Gleichverteilung der Bevölkerung im Raum, die typisch war für die Agrargesellschaft, schwand zugunsten industrieller Ballungsräume und der Entleerung weiter Landstriche. Der Eisenbahnverkehr, der hauptsächlich innerhalb nationaler Grenzen verlief, war von entscheidender Bedeutung für die Bildung „nationaler Märkte". In dieser Rolle wurde er zu einem wichtigen Rückgrat des Nationalstaates, der zentralen territorial-politischen Organisationsform der Industriegesellschaft.

Seit Erfindung der Dampfmaschine hat die Industriegesellschaft es immer wieder verstanden, technologische, nicht zuletzt auch verkehrs- und kommunikationstechnologische Innovationen in ihren Dienst zu stellen und zur Befriedigung ihrer Bedürfnisse zu nutzen. Ein wichtiges Merkmal dieser Nutzung ist die ständige Erhöhung von Geschwindigkeiten. Der nicht endende Wettlauf mit der Zeit, die Abkopplung von den Rhythmen der Natur ist eines der fundamentalen Momente der Moderne. So hat die permanente Beschleunigung der Verkehrsvorgänge die Welt enorm schrumpfen lassen (siehe Abbildung 1). Immer schnellerer Verkehr ist aber bei weitem nicht das einzige Beschleunigungsphänomen. Er reiht sich vielmehr ein in einen allgemeinen Kanon der Geschwindigkeitserhöhung, die immer mehr Lebensbereiche, Tätigkeiten und Prozesse erfaßt.

Abbildung 1: Das „Schrumpfen" der Welt

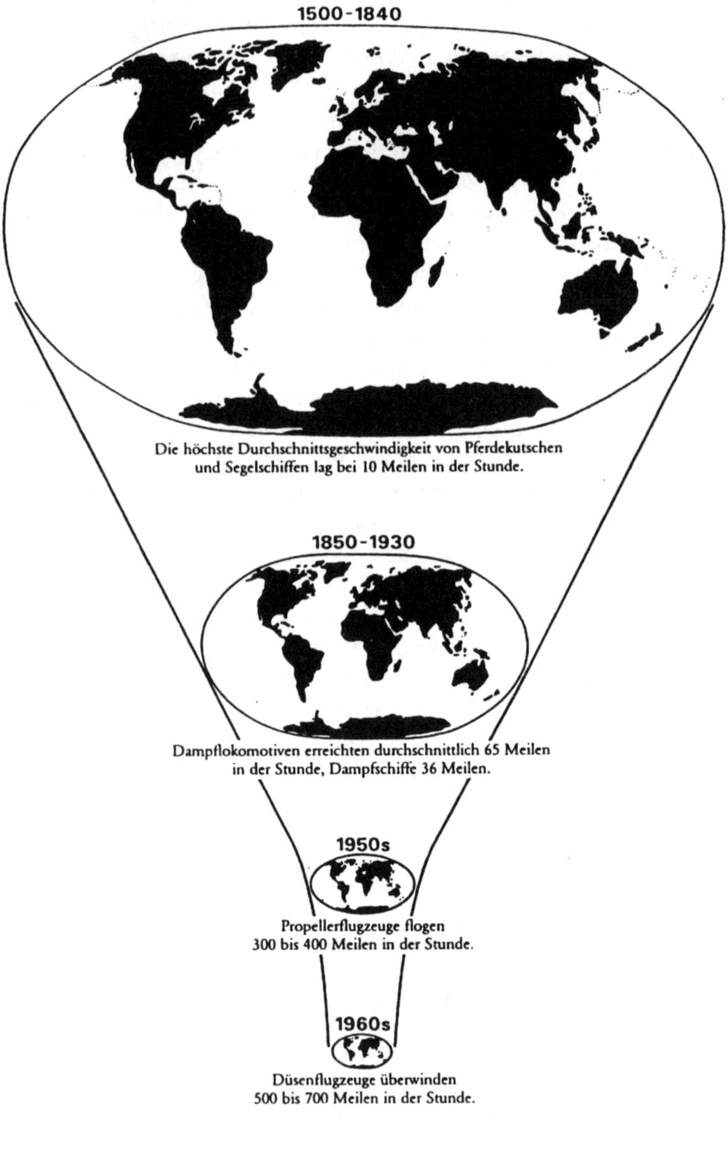

Quelle: Dicken 1986, Hollbach-Grömig 1997

Die sogenannten „neuen Technologien" haben in jüngster Zeit neue Kräfte entfesselt und eine weitere Runde in der Spirale der Geschwindigkeitserhöhung eingeleitet. Moderner Hochgeschwindigkeits-Schienenverkehr oder die Ausdehnung und Intensivierung des Flugverkehrs wären ohne den massiven Einsatz moderner Informationstechnik undenkbar. Diese Technik hat einer Reihe von Transport- und Kommunikationsinnovation die Tür geöffnet und damit auch die Möglichkeit geschaffen, die betriebliche Organisation und den Produktionsprozeß tiefgreifend zu verändern. Transport-, Kommunikations- und Produktionsinnovationen ergänzen sich hierbei gegenseitig, wie die neuen Konzepte der Lagerhaltung und Logistik eindrucksvoll zeigen.

Allerdings bewirkt der neuerliche Innovations- und Beschleunigungsschub, der vor allem die Telekommunikation, die Kapitaltransfers, die Wissensvermehrung, den Produktionsprozeß und die Produktzyklen erfaßt hat, nicht eine bloße graduelle Weiterentwicklung der Industriegesellschaft. Vielmehr markiert er einen prinzipiellen Wendepunkt. Nutzten die vorindustriellen Gesellschaften vor allem die Muskelkraft, profitierte die Industriegesellschaft in erster Linie von der Umwandlung fossiler Energien, so speist sich die nun entstehende „Informationsgesellschaft" primär aus der Erzeugung von Wissen und der Umwandlung von Informationen.

Die „digitale Revolution" ist die Revolution des gesamten Wertschöpfungsprozesses. Neben der Technisierung ist die Flexibilisierung einer der Schlüsselbegriffe, die den Strukturwandel der Wirtschaft umschreiben. Um steigenden Kosten, wachsender Konkurrenz und rasch wechselnder Nachfrage begegnen zu können, betreiben die Unternehmen eine Flexibilisierung der Standortwahl, der Produktions- und Arbeitsorganisation, aber auch der Beschäftigungsverhältnisse. Außerdem suchen immer mehr Unternehmen ihr Heil in einer internationalen Betätigung. Moderne Informations- und Kommunikationstechnik sowie immer schnellere und preiswertere Transportmöglichkeiten unterstützen sie dabei.

Globalisierung ist somit ein weiterer wichtiger Schlüsselbegriff, der im Zusammenhang mit dem Strukturwandel steht. Die Globalisierung des Handels, der Produktionsverflechtungen und der Finanzmärkte – dies alles ist nicht etwa Schicksal, sondern politisch gewollt und durch gezielte Deregulierungsmaßnahmen eingeleitet. Nun, wo weltweit die Schlagbäume geöffnet und die nationalen Konkurrenzgrenzen geschleift sind, zeigen sich die Geister, die man rief. Rund um den Globus, vor allem im Dreieck Nordamerika, Europa und Südostasien, wütet der Kampf um Investitionen, geraten immer mehr in den Strudel des Zwangs, der Schnellste, der Innovativste und der Effizienteste zu sein. Die Beschleunigung der Raumüberwindung erhöht die globale Konkurrenz, in der nur noch derjenige bestehen kann, der weiter an der Schraube der Beschleunigung von Produktionsabläufen, Wissenserzeugung und Raumüberwindung dreht. Globalisierung, einer der schillerndsten

Begriffe der jüngsten Zeit, betrifft aber nicht nur die Sphäre der Wirtschaft. Dank internationalem Luftverkehr, Satellitenfernsehen und Internet wächst die Welt in den unterschiedlichsten Lebensbereichen zusammen. Dies dürfte das eigentlich neue am augenblicklichen Globalisierungsprozeß sein – mit allen Chancen und allen Risiken.

Die Veränderung der Gesellschaft erschöpft sich aber nicht in abstrakten „Megatrends", sondern spiegelt sich insbesondere in veränderten Lebensbedingungen und Werthaltungen der einzelnen Individuen. Komplementär zur Flexibilisierung von Arbeit, Produktion und wirtschaftlicher Organisation ist eine starke Flexibilisierung des individuellen Handelns zu beobachten. Die stärkere Betonung des Einzelnen und seiner Verwirklichung gegenüber Werten der Gemeinschaft ist an sich kein neues Phänomen, scheint jedoch in jüngster Zeit an Deutlichkeit zu gewinnen. Viele Menschen haben ein Wohlstandsniveau erreicht, das weit oberhalb des Existenzminimums liegt und das ihnen genügend Perspektiven für einen selbstgewählten Lebensstil eröffnet. Erwerbsarbeit steht – für diejenigen, die welche haben – nicht mehr im Mittelpunkt, Aspekte des Erlebnisgewinns, des Konsums und der Freizeitgestaltung gewinnen an Bedeutung.

Gleichzeitig wächst das Heer der „Modernisierungsverlierer", die der wirtschaftliche Strukturwandel in die Arbeitslosigkeit entläßt. Der Konkurrenzkampf zwischen Unternehmen wird zum Konkurrenzkampf zwischen Menschen. Es wächst die Angst um den Arbeitsplatz und die Angst vor Kriminalität. Es drohen Entsolidarisierung und soziale Spaltung. All dies nährt den weiteren „Rückzug ins Private", wofür Automobil, Massenmedien und neuerdings das Internet beste Voraussetzungen bieten.

Die Informationsgesellschaft ist also gleichzeitig auch eine Gesellschaft von Individuen, eine Konkurrenz-, Medien-, Freizeit- und Erlebnisgesellschaft. Wie wird diese Gesellschaft in Zukunft leben, und vor allem: Wo wird sie leben? Häufig macht die Spekulation die Runde, daß durch den jüngsten Beschleunigungsschub räumliche Bindungen völlig überflüssig, Standorte bedeutungslos und austauschbar werden. Wenn beliebige Orte beliebig schnell erreichbar sind, wenn die Kommunikation zwischen Menschen ins Virtuelle abdriften kann, Teleheimarbeit die Nähe zum Arbeitsplatz und *Teleshopping* die Nähe zu Einkaufsmöglichkeiten überflüssig macht, wenn Unternehmensentscheidungen fernab der Werkbank getroffen werden können – wozu dann überhaupt noch Städte? Wird die postindustrielle Informationsgesellschaft sich der Ballungsräume – Artefakte der Industriegesellschaft – wieder entledigen? Liegt angesichts der „Revolutionen der Erreichbarkeit" die Zukunft der Menschheit in einem „globalen Dorf"?

Die Antwort ist ein klares Nein. Vieles deutet darauf hin, daß die Informationsgesellschaft trotz vielerlei Enträumlichung und Virtualisierung die Geographie nicht abschafft, sondern vielmehr eine *neue* Geographie produziert. Das Rückgrat dieser neuen räumlichen Struktur der Welt bilden die grenzüberschreitenden Transport- und Kommunikationsachsen: Fernverkehrs- und Hochgeschwindigkeitsnetze, internationale Luftverkehrs- und Schiffsrouten, transkontinentale Pipelines, Überland- und Tiefseekabel. Diese Verbindungen stellen das Netz der globalisierten Austauschbeziehungen dar.

Diejenigen Regionen und Städte, die eine günstige Position in diesem Netz einnehmen oder denen es gelingt, bei neuen Verbindungen berücksichtigt zu werden, können sich glücklich schätzen: Sie haben eine reale Chance, in der weltweiten Konkurrenz der Schnellsten und der am besten Informierten zu überleben. Diese Knoten im globalen Netz sind vor allem die sogenannten „neuen regionalen Produktionskomplexe", in denen die flexiblen Produktionsmethoden gebündelt praktiziert werden, sowie die wachsenden Metropolen, vor allem die sogenannten *Global Cities*, die mit ihren überregionalen Dienstleistungsfunktionen die Kommandozentralen der globalisierten Wirtschaft darstellen.

Diese beiden neuen Formen der räumlichen Ballung menschlicher Aktivitäten wecken Hoffnungen auf eine Reduzierung von Verkehrsaufwand. Auch wenn sich hier theoretisch Minderungspotentiale auftun, sieht die Wirklichkeit bisher eher anders aus. Die Bündelung von strategischen Unternehmensfunktionen in einer *Global City* oder die regionale Integration von Produktionsschritten vollzieht sich heute nicht im Maßstab der fußläufigen Erreichbarkeit. Die Informationsgesellschaft interpretiert Nähe und Nachbarschaft, *Face-to-face*-Kontakte und Fühlungsvorteile neu: Möglich ist alles, was innerhalb von ein bis zwei Stunden Fahrzeit erreichbar ist. Daher geht auch in Zukunft das Wachstum und die räumliche Ausdehnung der Verdichtungsräume in vielen Teilen der Welt weiter (siehe Abbildung 2). Und je mehr die Kernstadt angesichts der Vielzahl der Flächenbedürfnisse bei der Bereitstellung neuer Standorte an ihre Grenzen stößt und je mehr der zunehmende Straßenverkehr sich im Kern des Verdichtungsraumes selbst behindert, umso mehr zieht es die wirtschaftlichen Aktivitäten an den Ballungsrand. Dort sind Bauflächen und Parkplätze ausreichend vorhanden, dort ist die verkehrliche Anbindung gut und die Stauwahrscheinlichkeit gering.

Aber die neuen Raumstrukturen entstehen nicht nur durch die Standortentscheidungen von Unternehmen, sondern auch und vor allem durch die räumlichen Handlungsmuster der privaten Haushalte, die ebenfalls von den schnelleren und preiswerteren Verkehrsmöglichkeiten profitieren. So wie die Unternehmen die Möglichkeiten nutzen können, ihre Beschaffungs- und Absatzmärkte auszudehnen, flexibel auf Änderungen von Angebot und Nachfrage zu reagieren und die Warenströme logistisch zu optimieren, so nutzen die Haushalte die sinkenden Raumwiderstände, um ihre privaten Aktionsräume auszuweiten. Diese Ausdehnung der Handlungsreichweite ermöglicht es ihnen, Wohlstandspotentiale auszuschöpfen und jeweils eigene Lebensentwürfe

Abbildung 2: Schwarzpläne von Großstadträumen mit vergleichbarer Einwohnerzahl

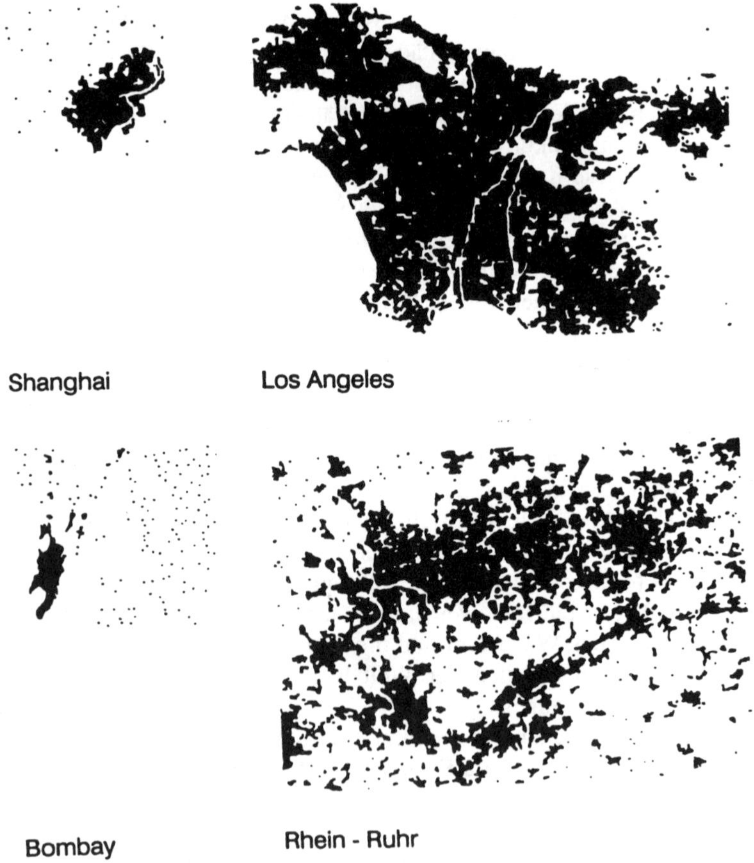

Quelle: nach Humpert, Brenner 1992

zu realisieren. So ist es dem einen möglich, sich trotz größerer Entfernung zum Arbeitsplatz seinen Traum vom Haus im Grünen zu erfüllen. Ein anderer mag die freie Fahrt ins Wochenende schätzen. Und ein dritter nutzt das Auto, um das Einkaufszentrum „auf der grünen Wiese“ zu erreichen.

Die Stadt-Umland-Wanderung, die nach dem Krieg im großen Stil begann, hat eine neue Qualität bekommen. Das gängige Klischee – Wohnen in der Vorstadt, Arbeiten in der City – stimmt nicht mehr. Seitdem der suburbane Raum eine breite Palette von Arbeitsplätze und Versorgungsmöglichkeiten anbietet, entwickelt das Umland ein Eigenleben und eine Eigendynamik, wird die Bindung an das Zentrum immer schwächer. Viele nehmen die Innenstadt allenfalls noch als Freizeitattraktion wahr, als urbane Inszenierung, Einkaufspassage und Weihnachtsmarkt. Währenddessen entstehen draußen vor der Stadt verstädterte Landschaften, die weder städtisch noch ländlich noch vorstädtisch sind – oft chaotische Gebilde, bestehend aus Wohngebieten, Verkehrsanlagen, Büro- und Gewerbeparks, Forschungs- und Entwicklungszentren, Einkaufs- und Freizeiteinrichtungen, das alles inmitten von Resten der Natur- und Agrarlandschaft. Dies ist das typische Bild der heutigen Agglomeration, wie sie zur Zeit hundertfach überall auf der Welt entsteht. Sie ist gekennzeichnet durch eine Vielzahl von Kristallisationspunkten, durch die Überlagerung von weiträumigen Produktionsclustern, Dienstleistungszentren mit hochrangigen Steuerungs- und Servicefunktionen sowie ausgedehnten, weit ins ländliche Umland reichenden Wohngebieten und Versorgungseinrichtungen.

Das Leben und Wirtschaften in diesen Stadtregionen erfordert einen enormen Verkehrsaufwand. Ein Grund dafür ist heute sicherlich die schiere flächenhafte Ausdehnung dieser Stadtregionen und der Verlust einer kleinräumigen Nutzungsmischung. Aber Untersuchungen zeigen immer wieder, daß der tatsächliche Verkehrsaufwand weit über das hinausgeht, was raumstrukturell erzwungen ist. Der Faktor Nähe spielt eben keine so große Rolle mehr. Obwohl eine Wohnung in der Nähe des Arbeitsplatzes angeboten wird, entscheidet „man" sich aus verschiedenen Gründen für eine weiter entfernte. Obwohl Einkaufsmöglichkeiten im Stadtquartier vorhanden sind, wählt „man" das Angebot in der Nachbargemeinde. Neben die raumstrukturelle Trennung der Funktionen ist eine wachsende individuelle Trennung der Funktionen getreten. Der Mensch im Wohlstand hat sich damit nicht nur von den Rhythmen der Natur, sondern in seinem räumlichen Verhalten auch von den Vorgaben seiner selbst gebauten Umwelt emanzipiert.

Wegweiser durch das Buch

Gesellschaft, Raum und Verkehr bilden – so der Leitgedanke des Buches – ein äußerst enges Beziehungsgeflecht mit jeweils komplexen Subsystemen (siehe Abbildung 3). Ziel ist es, die wesentlichen Zusammenhänge in diesem Geflecht transparent zu machen. Obwohl dabei deutlich wird, daß die zentralen Prinzipien (Beschleunigung, Verringerung von Raumwiderständen, Veränderung von Erreichbarkeit und Lagegunst usw.) auf sämtlichen räumlichen Maßstabsebenen – von den Lebensbedingungen im Stadtquartier bis hin zu globalen Standortverschiebungen und Austauschprozessen – Gültigkeit besit-

Abbildung 3: Gesellschaft, Raum u. Verkehr als komplexes Beziehungsgefüge

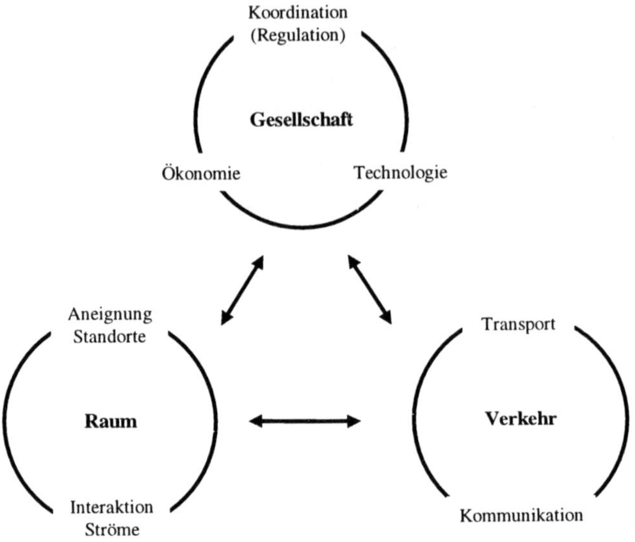

zen und wirksam werden, bildet die Ebene der Stadt bzw. der „Stadtregion“ den Schwerpunkt der Darstellungen dieses Buches. Der Wunsch nach „Lesbarkeit” und Verständlichkeit der Argumentation erfordert es, den Wirkungskomplex Gesellschaft–Raum–Verkehr „aufzubrechen”. Dies geschieht in der Weise, daß nach einem historischen Rückblick (*Kapitel 2*) die zentralen Kapitel den Untersuchungsgegenstand sukzessive unter dem jeweiligen Blickwinkel der technologisch-ökonomisch-gesellschaftlichen Entwicklung (*Kapitel 3*), der räumlichen Entwicklung (*Kapitel 4*) und der verkehrlichen Entwicklung (*Kapitel 5*) beleuchten. Den Abschluß bildet eine handlungsorientierte, in die Zukunft gerichtete Gesamtschau (*Kapitel 6*). Die vielfältigen Überschneidungen und Querbezüge, die ja gerade den Charakter des Untersuchungsgegenstandes ausmachen, schlagen sich in einer Reihe von Verweisen zwischen den einzelnen Kapiteln nieder.

Das nachfolgende *Kapitel 2* ist dem Zusammenhang von Gesellschaft, Raum und Verkehr im historischen Kontext gewidmet. Im Zuge der Industrialisierung half die Substitution der schwachen menschlichen und tierischen (Fortbewegungs-) Kräfte durch Eisenbahn, Dampfschiff, Automobil und Flugzeug, die wesentlichen Beschränkungen der Raumüberwindung zu durchbrechen und die Erreichbarkeitsverhältnisse und Standortstrukturen auf der Erde in mehreren Schritten fundamental zu verändern. Telegraf und Telefon unterstützten diese Entwicklung wesentlich. Immer beflügelte die Technik – und nicht zuletzt auch die Transport- und Kommunikationstechnik – die Phantasie von Visionären und Utopisten und nährte Hoffnungen auf eine bessere Welt. Häufig empfanden die Menschen die technischen Innovationen ihrer Zeit aber auch als Bedrohung, was sie jedoch nicht daran hinderte, sie zu ihren Zwecken zu nutzen und die Realität massiv umzugestalten.

Kapitel 3 widmet sich zunächst dem technologisch-wirtschaftlichen Strukturwandel. Der jüngste Innovationsschub, der auf Mikroelektronik und Computertechnologie basiert, leitet eine prinzipielle Transformation der Industriegesellschaft ein. Ebenso wie vor 200 Jahren die auf der Dampfmaschine fußenden Produktions- und Transporttechniken schrittweise die gesamte Wirtschaft durchdrangen und zum zentralen Fundament der Industriegesellschaft wurden, so revolutionieren die neuen Informations- und Kommunikationstechnologien erneut den gesamten Wertschöpfungsprozeß. Der augenblickliche Wandel erschöpft sich aber nicht in ökonomischen „Megatrends", sondern äußert sich ebenso in veränderten Lebensbedingungen, Werthaltungen und Handlungsmustern der einzelnen Individuen. Damit werden Flexibilisierung, Globalisierung und zunehmende Individualisierung zu den zentralen Merkmalen der aufkommenden Informationsgesellschaft und bilden den Schlüssel zum tieferen Verständnis der räumlichen und der verkehrlichen Veränderungen.

So wie die Industriegesellschaft eine charakteristische Art der Aneignung und Nutzung des Raumes aufwies, so besitzt auch die Informationsgesellschaft ihre eigenen räumlichen Strukturen. Diese Strukturen sind Gegenstand des *Kapitels 4*. Trotz vielerlei Enträumlichung und Virtualisierung schafft die Informationsgesellschaft die Geographie nicht ab, löst räumliche Fixierungen nicht auf, sondern produziert ein neues Gesicht der Erde. Vor dem Hintergrund der erheblich beschleunigten Raumüberwindung spiegelt diese neue Geographie die Ambivalenz zwischen der Ausnutzung der Möglichkeit, Aktivitäten im Raum zu trennen, und der Notwendigkeit, dieses räumlich Getrennte in geeigneter Weise wieder zu integrieren. Die neuen regionalen Produktionskomplexe, die sogenannten *Global Cities* und die hundertfach auf der Welt anzutreffenden Stadtlandschaften sind die markantesten Erscheinungsformen dieser neuen Geographie.

Zu den räumlichen Ausdrucksformen einer Gesellschaft zählt nicht nur die Aneignung und Nutzung, sondern auch die Überwindung des Raumes. Das heißt: Jede Gesellschaft weist neben spezifischen räumlichen Strukturen auch (damit korrespondierende) charakteristische Interaktionsmuster auf. Diese Austauschbeziehungen besitzen einerseits materielle Qualität, das heißt sie äußern sich als Personen- und Güterverkehr, und andererseits immateriellen Charakter in Form von Telekommunikation. Bezug nehmend hauptsächlich auf die Situation in Deutschland und Europa untersucht *Kapitel 5* die augenblicklichen Trends und bewertet die weiteren Perspektiven der Entwicklung des Personen- und Güterverkehrs, wobei auch die Frage der Komplementarität von physischem und nicht-physischem Transport eine Rolle spielt. Die Hauptverkehrsbereiche werden – dem Leitgedanken des Buches entsprechend – in ihren jeweiligen gesellschaftlichen und räumlichen Kontext gestellt: der Berufspendelverkehr in den Kontext der Wohn- und Arbeitswelt, der Einkaufs- und der Freizeitverkehr in die Zusammenhänge der Verhaltensweisen im Konsum- und im Freizeitbereich, und schließlich der Güterverkehr in den Rahmen des allgemeinen wirtschaftlichen Strukturwandels.

Das abschließende *Kapitel 6* führt die verschiedenen Teilaspekte des Buches zusammen. Angesichts der drängenden Probleme der augenblicklichen Verkehrsentwicklung wird die Frage erörtert, welchen Beitrag die Steuerung der Raumentwicklung zu einer Reduzierung der Verkehrsnachfrage leisten könnte. In diesem Zusammenhang muß nicht nur die praktische Umsetzbarkeit, sondern auch die potentielle Wirksamkeit räumlicher Leitbilder wie Siedlungsdichte, Nutzungsmischung und dezentrale Konzentration kritisch hinterfragt werden. Obwohl zum Beispiel überall auf der Welt eine ausgeprägte Korrelation zwischen Siedlungsdichte und Verkehrsaufwand zu beobachten ist, sollte dies nicht zu falschen Interpretationen und voreiligen Schlüssen verleiten. Denn bei genauerer Betrachtung entpuppen sich die räumlichen Gegebenheiten eher als Zwischengrößen, hinter denen die preiswerten und schnellen Verkehrsmöglichkeiten als die eigentlichen Anreize und die wesentlichen erklärenden Größen der Verkehrsnachfrage in Erscheinung treten. Damit verlieren jedoch die vielfach propagierter räumlichen Leitbilder nicht grundsätzlich ihren Sinn. Erkennt man an, daß die räumliche Nähe von Wohnungen, Arbeitsplätzen, Bildungs-, Versorgungs- und Freizeiteinrichtungen eine notwendige Voraussetzung für verkehrssparsames Verhalten darstellt, dann muß an dieser Nähe als handlungsleitenden Orientierung festgehalten werden. Auf der anderen Seite sollte man ebenfalls anerkennen, daß starke wirtschaftliche und gesellschaftliche, kaum verhinderbare Kräfte einer fortgesetzten Aneignung des Raumes zustreben, was sich unter anderem in einer Ausdehnung der Stadtregionen niederschlägt. Die Forderung nach nahräumlicher Erreichbarkeit einerseits und die Anerkennung der Kraft des Faktischen andererseits erscheinen auf den ersten Blick unvereinbar, sie lassen sich jedoch in Einklang bringen, wenn es gelingt, die heute vorherrschenden großräumigen Vernetzungen – auch unter verstärktem Einsatz moderner Informations- und Kommunikationstechnologien – zugunsten kleinräumiger Interaktionsmuster abzubauen. Hieraus könnte dann durchaus die Vision einer dezentralen, kleinräumig vernetzten und nachhaltigen Stadtlandschaft erwachsen.

2 Die Geschichte der Raum-Überwindung

„Welche Veränderungen müssen jetzt eintreten in unserer Anschauungsweise und in unseren Vorstellungen! Sogar die Elementarbegriffe von Raum und Zeit sind schwankend geworden. Durch die Eisenbahnen wird der Raum getötet, und es bleibt uns nur noch die Zeit übrig."
Heinrich Heine zur Einführung der Eisenbahn in Paris 1843

Bestimmte Orte auf der Erde, innerhalb von Ländern und innerhalb von Städten sind für bestimmte menschliche Aktivitäten vorteilhafter als andere. Inwiefern sich diese Vorteile nutzen lassen, inwiefern diese Orte zu Standorten des Lebens und Wirtschaftens werden, hängt in starkem Maße von der Erreichbarkeit dieser Orte ab. So spiegelt die Entwicklung der Siedlungsstruktur – das heißt der Ausdehnung, des inneren Gefüges und der Verteilung der Siedlungen im Raum – die geschichtliche Entwicklung der Verkehrssysteme: der zur Verfügung stehenden Verkehrsmittel, der anzutreffenden Verkehrswege und vor allem der Verkehrsgeschwindigkeiten.

Jahrtausendelang bestimmten die „natürlich" gegebenen Kräfte und Geschwindigkeiten die Aktionsradien und damit die Möglichkeiten menschlicher Aktivitäten: die Schrittgeschwindigkeit des Menschen, die Fortbewegungsgeschwindigkeit der Reit- und Lasttiere, die Fließgeschwindigkeit der Flüsse und die Windgeschwindigkeit zum Segeln.

Der Ackerbau erlaubte es, seßhaft zu werden. Waren die Böden karg und die Ertragsbedingungen schlecht, so konnten nur große Flächen das Überleben sichern. In diesem Fall war es ratsam, unmittelbar bei oder mitten auf diesen zu bearbeitenden Flächen zu wohnen. Das Ergebnis waren Streusiedlungen. Erlaubten jedoch gute Böden eine intensive Nutzung, so reichten kleinere Flächen zur Existenzsicherung. Solche Flächen waren dann auch mit vertretbarem Aufwand an Zeit und Kraft von einer Behausung aus erreichbar, die in einiger Entfernung lag. Diese in der Menschheitsgeschichte erste Trennung von Wohnort und Arbeitsplatz ermöglichte die Bildung von Dörfern.

2.1 Im Rhythmus der Natur: Mittelalter und beginnende Neuzeit

Das Leben in Dörfern bot verschiedene Vorteile. Geschlossene Siedlungen entsprachen eher dem Geselligkeitstrieb und Schutzbedürfnis der Menschen als die Einzelhofsiedlungen (Langen 1912). Die Dorfgemeinschaft erlaubte ein gewisses Maß an Arbeitsteilung und die Entwicklung besonderer Fähigkeiten. In der kleinen Stadt mit ihren Handwerkern konnte ein unmittelbarer Austausch von Waren gegen landwirtschaftliche Erzeugnisse erfolgen: „Je differenzierter das Angebot, je spezieller die Wünsche, umso mehr entfernten sich Erzeuger vom Verbraucher, zwischen denen der Handel als Vermittler auftrat. Die Salzstraße, die Seidenstraße und die Weihrauchstraße zeugen von der weltumspannenden Dimension solcher Handelsbeziehungen schon in der Antike“ (Angerer 1994: 19). An den Schnittpunkten wichtiger Fernverbindungen entstanden Märkte, die sich dann nicht selten zu größeren Städten entwickelten.

Der Fernverkehr war im Mittelalter hauptsächlich ein Transport von Gütern, der vor allem durch vierrädrige Wagen mit geringer Tragfähigkeit durchgeführt wurde. Demgegenüber war Personenfernverkehr ungewöhnlich und fast ausschließlich beruflich bedingt:

> „Betrachten wir die Hauptgruppe der (mit einer gewissen Regelmäßigkeit) Reisenden – Händler, ihre Kutscher und die bewaffnete Bedeckung; Boten zu Fuß und zu Pferde; die Handwerksgesellen; die Pilger und Mönche; die Studenten und die Gaukler – so sehen wir, daß – von Pilgerfahrten einmal abgesehen – kaum einer zum Vergnügen reiste. Reisen war unbequem und nicht unproblematisch und deshalb vor allem Mittel zum Zweck, d.h. zur Raumüberwindung“ (Heinze, Drutschmann 1977: 50).

Wenn überhaupt, reiste man hauptsächlich zu Fuß. Nur eine verschwindend kleine Minderheit der Bevölkerung konnte sich ein Pferd leisten und so in den Genuß höherer Reisegeschwindigkeiten kommen. Nachdem Franz von Taxis um 1500 die erste ständige Postverbindung von Wien nach Brüssel geschaffen hatte, entwickelte sich die Post im 16. Jahrhundert in Mitteleuropa zu einer allgemeinen Verkehrseinrichtung. Damit war, ergänzend zum Transport von Personen und Gütern, der Grundstein für einen regelmäßigen Transport von Nachrichten und Informationen gelegt.

Abbildung 4: Zusammenhang zwischen Ortsgröße und Erwerbsstruktur

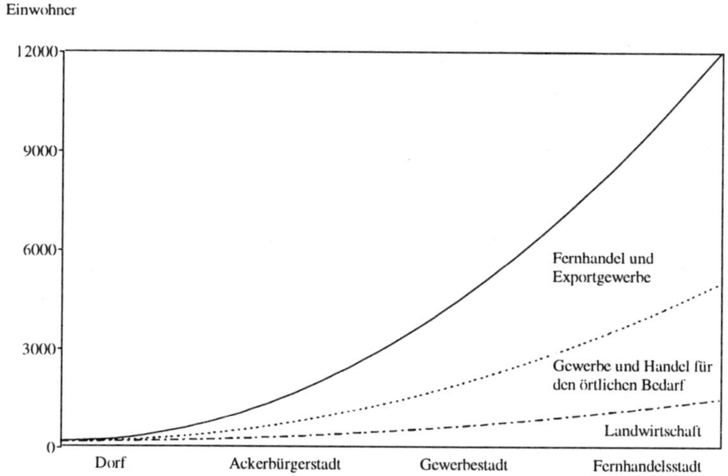

Quelle: nach Henning 1974

Der im allgemeinen sehr schlechte Zustand der unbefestigten Erdstraßen, die überall lauernden Gefahren durch Wegelagerer, die Erhebung von Wegegeldern und Zöllen sowie die Kosten für Begleitschutz machten den Überlandverkehr zu einem unliebsamen und teuren Abenteuer. Im Vergleich dazu stellten See- und Binnenschiffe schnelle, leistungsfähige und sichere Verkehrsmittel dar. Dies schlug sich deutlich in den Transportkosten nieder. So verdoppelte sich im Mittelalter der Getreidepreis beim Transport über Land nach etwa 350 km, mit dem Binnenschiff im Durchschnitt von Berg- und Talfahrt nach 1.750 km und auf dem Seeweg erst nach 3.500 km (Henning 1974: 77). Massengüter wurden wo immer möglich auf dem Wasserweg transportiert, weshalb auch vielerorts der Bau von Schiffskanälen vorangetrieben wurde. Die Überlegenheit des Schiffsverkehrs erklärte, daß Städte an Flüssen oder am Meer erheblich bessere Wachstumschancen hatten und nur sehr wenige größere Städte nicht an einem schiffbaren Fluß lagen.

Fernhandelsstädte – seien es Gewerbeexportstädte, Bergbauexportstädte oder Transithandelsstädte – konnten sich in beträchtlichem Maße von den gewöhnlich örtlich und regional organisierten Wirtschaftskreisläufen abkoppeln und so eine ökonomische Basis für städtisches Wachstum schaffen (siehe Abbildung 4). Dabei ist jedoch zu berücksichtigen, daß selbst unter Einbeziehung der Transportmöglichkeiten zu Wasser die überregionalen Erreichbarkeitsverhältnisse schlecht und damit die Möglichkeit zur Erweiterung der Ressourcenbasis und der Absatzmärkte sehr begrenzt waren. Dies spiegelt sich in den Größenverhältnissen der Städte jener Zeit. Von den insgesamt geschätzten 4.000 Städten im Gebiet des mittelalterlichen Deutschen Reiches wiesen lediglich zehn Städte (Köln, Magdeburg, Lübeck, Bremen, Metz, Breslau, Danzig, Nürnberg, Straßburg und möglicherweise auch Ulm) mehr als 20.000 Einwohner auf und waren damit als „führende Großstädte“ anzusehen. Selbst Köln als größte deutsche Stadt beherbergte im 15. Jahrhundert nur rund 40.000 Einwohner. Sechzehn weitere Städte zählten mit 10.000 Einwohnern noch zu den „Großstädten“. Die Zahl der „Mittelstädte“ zwischen 2.000 und 10.000 Einwohnern wird auf 250, die der „ansehnlichen Kleinstädte“ mit 1.000 bis 2.000 Einwohnern auf 900 und die der Kleinstädte mit weniger als 1.000 Einwohnern auf 2.800 geschätzt (Amman 1956). Insgesamt machte die städtische Bevölkerung nur etwa 20 bis 25 Prozent der Gesamtbevölkerung aus. Städte erschienen damit als Inseln in einer überwiegend agrarisch-ländlich geprägten Gesellschaft.

Die kleinen städtischen und dörflichen Siedlungseinheiten wurden über zahllose Verästelungen als Produzenten und Konsumenten in den großräumigen Güteraustausch mit den Fernhandelsstädten integriert (Lütge 1976). Sie alle wiesen eine bemerkenswert geringe Entfernung untereinander und eine erstaunliche Gleichverteilung über den gesamten Raum auf. Es gab in vorindustrieller Zeit weder ausgeprägte Ballungsräume noch großräumige Entleerungsgebiete, Wüstungen hatten eher kleinräumigen und punktuellen Charakter (Heinze, Drutschmann 1977).

Die schlechten Erreichbarkeitsverhältnisse nicht nur im Fern-, sondern auch im Regionalverkehr machten einen Austausch von ländlichen Nahrungsmitteln und Rohstoffen gegen städtische Produkte für den täglichen und periodischen Bedarf nur über kurze Entfernungen sinnvoll. Daher mußte die Beziehung zwischen Stadt und Umland in engen räumlichen Grenzen verlaufen. Ähnliches gilt für die Beziehung zwischen Nachbarstädten. Bei einer Reisegeschwindigkeit von etwa 4 km/h und einer Tagesleistung im Personen- und auch im Güterverkehr von etwa 40 Kilometern war ein engmaschiges Siedlungsnetz sowohl für eine tägliche Hin- und Rückreise zwischen zwei Orten als auch für eine Tagesetappe zwischen zwei Rastorten erforderlich (Lütge 1976). Die traditionelle, für eine Agrargesellschaft typische Verteilung menschlicher Aktivitäten im Raum war also das Ergebnis hoher Raumwiderstände, die sich durch hohe Transportkosten, geringe Reisegeschwindigkeiten und eine eingeschränkte Verkehrsinfrastruktur ergaben. Raumnutzungen waren nur dort möglich, wo die Erreichbarkeit die Bildung von Standorten für Handel, Dienstleistungen und Produktion wirtschaftlich sinnvoll machte. Damit führte das Bestreben, den Transportaufwand zu minimieren, zu Raumnutzungsmustern, wie sie später vor allem von Johann Heinrich von Thünen (1926), Walter Christaller (1933) und August Lösch (1940) beobachtet und in ihren jeweiligen Theorien der Landnutzung, der zentralen Orte und der

Marktnetze erklärt wurden. Alle drei Theorien fußen auf der Annahme der Relevanz der Transportkosten für Standortentscheidungen.[1]

Die hohen Raumwiderstände bzw. eingeschränkten Erreichbarkeitsverhältnisse erklärten in vorindustrieller Zeit nicht nur die große Bedeutung „klassischer“ Standortfaktoren und die Ausbildung typischer Raumnutzungsstrukturen, sondern auch eine auffallende Kompaktheit der einzelnen Städte.[2] Die wichtigsten mittelalterlichen Städte hatten kaum einen Durchmesser von mehr als 1 bis 2 Kilometern innerhalb ihrer Mauern (Angerer 1994). Köln war mit einer Flächenausdehnung von nur 400 Hektar nicht nur nach Einwohnern, sondern auch flächenmäßig die größte Stadt Deutschlands. Die Zentren der Verwaltung, der Wirtschaft und des Glaubens – Rathaus, Markt und Kirche – waren von jedem Punkt der Stadt aus leicht zu Fuß erreichbar. Die gesellschaftlichen und wirtschaftlichen Verhältnisse machten das Wohnen und Arbeiten innerhalb eines Gebäudes zur Regel.

2.2 Die Industrialisierung von Raum und Zeit: Das 19. Jahrhundert

Seit Urzeiten war der Landverkehr, vor allem beim Transport von schweren Massengütern, dem Verkehr zu Wasser hoffnungslos unterlegen. Zu sehr wurde die physische Leistungskraft der Zugtiere angesichts der natürlichen Unebenheiten der Landschaft und der hohen Reibungswiderstände auf den schlechten Überlandstraßen verzehrt. Diese starke Einschränkung des Landverkehrs wurde mit der Einführung der dampfgetriebenen Eisenbahn schlagartig aufgehoben.[3]

Das Holz, dessen Erschöpfung im 18. Jahrhundert nach Ansicht Sombarts ein wesentliches Stimulans für die Entstehung des industriellen Kapitalismus darstellte, wurde als universaler Bau- und Brennstoff durch Eisen und Kohle ersetzt. Damit wurden Wind-, Wasser- und tierische Kraft durch Kräfte substituiert, „die sowohl frei ersetzbar und vermehrbar sind als auch künstlich geschaffen werden können ohne die Zuhilfenahme des Organisationsprozes-

1 Vgl. von Thünen 1875, Christaller 1933, Lösch 1944. Eine umfassende Einführung in die einzelnen Standorttheorien gibt z.B. Schätzl 1996

2 Neben dem hohen Transportaufwand erzwang auch die Notwendigkeit des Baus von Stadtmauern eine hohe Bevölkerungsdichte.

3 Die nachfolgende Darstellung der Entwicklung der Eisenbahn sowie ihrer gesellschaftlichen und räumlichen Wirkungen im 19. Jahrhundert folgt in wesentlichen Punkten dem sehr lesenswerten Werk von Schivelbusch 1989

ses der Natur" (Sombart 1987: 100). Damit stellte die Nutzung der Dampfkraft einen wesentlichen Aspekt der „Emanzipation von den Schranken der organischen Natur" (Sombart 1987: 100) dar.

Schon zu Beginn des 18. Jahrhunderts war das Gebiet um die nordenglische Stadt Newcastle durch Kohleförderung geprägt. Zwischen den Gruben und dem River Tyne, auf dem Kohle weitertransportiert wurde, erstreckte sich – als Fortsetzung der in den Bergwerkstollen verlaufenden Schienen – ein dichtes Netz von Schienenwegen. Die ausschließlich dem Kohletransport dienenden Lorenzüge wurden zunächst von Pferden gezogen. Ab 1814 ersetzten dann die ersten Lokomotiven die Pferdekraft. Der mechanisierte Antrieb setzte sich rasch durch, weil im Kohlerevier der Brennstoff Kohle billiger war als die Futtermittel, die aus anderen Teilen des Landes herantransportiert werden mußten. So hat der durch hohe Steuern auf Importgetreide künstlich hochgehaltene Getreidepreis die Substitution tierischer durch mechanische Kraft ähnlich stimuliert wie zuvor die Holzknappheit die Entwicklung der Kohleförderung. Hierzu stellte ein Zeitgenosse fest: „Die britischen Grundeigentümer haben durch die Besteuerung von Getreide und Lebensmitteln den Preis der Arbeitskraft, und zwar sowohl der menschlichen wie der tierischen, verdoppelt. Um den Wirkungen dieser Steuern auszuweichen, haben die britischen Unternehmer ihr Kapital seit Jahren in die Förderung von solchen Erfindungen gesteckt, die es möglich machen, die durch Steuern belastete Arbeitskraft zu ersetzen; und ihre Bemühungen sind außerordentlich erfolgreich" (Grahame 1834: VI).

Angesichts der hohen Unterhaltskosten für ein Pferd wuchs schnell das Interesse, nicht nur Kohlen, sondern auch andere Güter und Menschen mit Dampf-Eisenbahnen zu transportieren.[4] Im Jahr 1825 nahm die der Personenbeförderung dienende Bahn auf der 39 Kilometer langen Strecke zwischen Stockton und Darlington den Betrieb auf. Bereits 1840 waren alle großen englischen Städte an eine der Eisenbahnlinien angeschlossen. Die erste Eisenbahn auf dem Kontinent wurde 1835 zwischen Brüssel und Mechelen eingeweiht, ebenfalls 1835 wurde die erste deutsche Strecke zwischen Nürnberg und Fürth eröffnet.

Wichtiger als die Personenbeförderung war der Gütertransport. Die Mechanisierung und damit die ungeheuere Leistungssteigerung des Transportwesens folgte hierbei in England und auf dem europäischen Kontinent der vorausgegangenen Entwicklung der industriellen Produktion, in erster Linie

4 „Ein Pferd zu unterhalten, so geht die Rechnung nach Adam Smith, koste soviel Lebensmittel, wie acht Arbeiter verbrauchen. Wenn 1 Mio. Pferde, die in England zu Transportzwecken unterhalten werden, durch Mechanisierung überflüssig werden, so würde das zusätzliche Lebensmittel für 8 Mio. Arbeiter freisetzen." (Schivelbusch 1989: 12)

zunächst der Baumwollindustrie. So war für den Bau der Bahnlinie von Liverpool nach Manchester der erhöhte Transportbedarf zwischen dem Baumwoll-Einfuhrhafen und dem Baumwoll-Industriezentrum ausschlaggebend. Zu dieser klaren Reihenfolge der Entwicklung bemerkte Karl Marx: „Die Revolution in der Produktionsweise der Industrie und Agrikultur ernötigte namentlich aber auch eine Revolution in den allgemeinen Bedingungen des gesellschaftlichen Produktionsprozesses, das heißt den Kommunikations- und Transportmitteln“ (Marx 1959: 404).

Die Eisenbahn wurde in Europa zum Nachfolger eines bereits entwickelten vorindustriellen Verkehrssystems zu Land und zu Wasser. Selbst Kind der industriellen Revolution, stellte sie einen entscheidenden Treibriemen des weiteren industriellen Wachstums dar. Völlig anders war dagegen die Ausgangssituation in den USA. Als die Dampfmaschine und ihre Anwendung als Lokomotive erfunden wurde, existierte dort im wesentlichen noch kein Verkehrssystem. Die Möglichkeiten der Dampfkraft wurden daher genutzt, eine bis dahin unberührte Wildnis für die ökonomische Nutzung überhaupt erst zu erschließen oder bis dahin isolierte Siedlungsgebiete zu verbinden. Vor dem Hintergrund der ungeheuren Weite des Landes und der Ausdehnung schiffbarer Flußsysteme entwickelte sich zunächst das Fluß-Dampfschiff zum wichtigsten Verkehrsmittel. Dem Eisenbahnbau kam dann im wesentlichen die Aufgabe zu, das Netz der Wasserwege zu ergänzen oder Siedlungsgebiete zusammenzuführen, die zuvor nur über große Umwege über Flüsse erreichbar waren.

Anders als in Europa, wo die Entwicklung der industriellen Produktion bereits in vollem Gange war, basierte in der ersten Hälfte des 19. Jahrhunderts die amerikanische Wirtschaft auf Rohstoffgewinnung und Handel. Die industrielle Revolution nahm damit in den USA den Ausgang nicht in der gewerblichen Produktion, sondern in der Landwirtschaft und im Verkehrswesen: „Zwar waren die ersten Anfänge industriellen Wachstums bereits erkennbar; aber in diesem Land von der Größe eines Kontinents waren umwälzende Entwicklungen in der Verkehrs- und Kommunikationstechnik notwendig, um die ungeheure industrielle Expansion zu ermöglichen, welche dann in den letzten Jahrzehnten des Jahrhunderts begannen“ (Taylor 1968: 3).

Die Entwicklung der Eisenbahn spielt in den USA aber nicht nur eine andere Rolle im Rahmen der industriellen Wertschöpfung, sondern sie vollzieht sich dort in einem völlig anderen gesellschaftlichen und kulturellen Kontext und wird dementsprechend anders wahrgenommen:

„Werden in Europa Mechanisierung und Industrialisierung weithin als zerstörerisch erlebt, weil sie eine hochentwickelte handwerkliche Kultur sowie eine ebenso hochentwickelte Reisekultur ersetzen, so ist das im Gegenteil in den USA der Fall. Hier gibt es zu Beginn des 19. Jahrhunderts, als die Dampfkraft eingeführt wird, weder eine entwickelte handwerkliche Kultur noch eine Kultur des Reisens. Die Situation ist gekennzeichnet durch ungeheure und praktisch wertlose Naturressourcen auf der einen Seite, sowie einen chronischen Mangel an Arbeitskräften auf der anderen. Jede Form der Mechanisierung wird daher, weil niemand durch sie arbeitslos wird, als schöpferisch erfahren. Die Mechanisierung des Verkehrswesens wird nicht wie in Europa als Zerstörung einer traditionellen Kulturlandschaft erlebt, sondern als Gewinnung einer Zivilisationslandschaft aus der bis dahin wertlosen, weil unzugänglichen Wildnis. Weil das Transportwesen nicht lediglich bestehenden Verkehr verwandelt, sondern neue Gebiete dem Verkehr erschließt, erscheint es in einem für europäische Verhältnisse unvorstellbaren Maße produktiv. Diese Produktivität findet ihren deutlichsten Ausdruck in der Politik der Land-Grants. [Anm.: Land-Grants sind die Landschenkungen der Bundesregierung an Gesellschaften, die eine Eisenbahnlinie in unbesiedeltes Gebiet hineinbauen.] Das mechanisierte Transportwesen wird gleichsam Produzent von Territorien, so wie die mechanisierte Landwirtschaft Produzent von Gütern wird. Indem die amerikanische Geschichte mit der industriellen Revolution recht eigentlich beginnt – alles andere ist koloniale Vorgeschichte – ist diese in ganz anderem Maße als in Europa konstitutiver Teil der nationalen und kulturellen Identität" (Schivelbusch 1989: 85).

Die europäischen und amerikanischen Eisenbahnstrecken unterschieden sich aber noch in zwei weiteren Punkten: in Liniengestaltung und Bauweise. In Europa war Arbeitskraft im Überfluß vorhanden und daher billig, Grund und Boden teuer und die Investition in den Bau einer bestimmten Strecke wegen des gut vorhersehbaren Transportbedarfs recht sicher. Daher lohnte es sich, aufwendige Einschnitte und Aufschüttungen, Tunnel und Viadukte anzulegen, um die Unebenheiten des Geländes auszugleichen und eine möglichst gerade Strecke zu erhalten. So wurde erreicht, möglichst wenig Land aufkaufen zu müssen und den systembedingten Vorteil der Eisenbahn, eine hohe Leistung mit geringem Energieaufwand zu erzielen, möglichst optimal ausnutzen zu können. In den USA dagegen war Arbeitskraft wegen des chronischen Mangels teuer, Grund und Boden praktisch wertlos und die Investition in eine Strecke riskant, weil durch sie nicht ein bereits vorhandener Transportbedarf befriedigt, sondern ein solcher Bedarf erst erzeugt werden sollte und damit zunächst lediglich spekulativ war. Daher wurden die amerikanischen Eisenbahnstrecken mit geringstmöglichem Arbeits- und Kapitalaufwand errichtet. Sie wurden nicht geradlinig durch Naturhindernisse hindurch oder über sie hinweggeführt, sondern um diese Hindernisse herumgeleitet. Der Kurvenreichtum ist daher die auffälligste Eigentümlichkeit amerikanischer Eisenbahnstrecken.[5] Außerdem wurden sie im Vergleich zu europäischen Strecken außerordentlich primitiv gebaut.

5 Die starke Kurvigkeit der amerikanischen Strecken erzwingt technisch einen so engen Achsabstand, daß das englische Prinzip des Waggons auf starren Achsen nicht realisierbar ist. Daher setzt sich ein neuer Wagentyp als ergänzende Innovation durch: Zwei von einander unabhängige Fahrgestelle, deren jeweilige zwei Achsen einen extrem engen Abstand aufweisen, werden mittels eines Drehzapfens mit dem eigentlichen Wagen verbunden. Die-

Das vorläufige Ende des Individualverkehrs

Die rasche Ausbreitung der Eisenbahn beendete – vorerst – das Zeitalter des individuellen Verkehrs. Beim zuvor üblichen Transport auf Straßen, Flüssen und Kanälen bildeten Transportweg und Transportmittel technisch zwei voneinander unabhängige Einheiten. Die Verkehrsteilnehmer waren für die individuelle Fortbewegung und für das Ausweichen vor anderen Fahrzeugen zuständig. Transportweg und Transportmittel waren aber auch ökonomisch klar getrennt. Private Gesellschaften beschränkten sich auf den Bau von Land- und Wasserstraßen, die sie dann gegen Entgelt zur Benutzung freigaben. Die Nutzung des Transportweges erfolgte hingegen mit eigenem Fahrzeug oder mittels eines beauftragten Fuhrunternehmers.

Wesentliches Merkmal der Eisenbahn ist dagegen die technische Einheit von Fahrweg und Verkehrsmittel. Dieses „maschinelle Ensemble", das keine spontanen Ausweichmöglichkeiten bietet, ist nur sehr eingeschränkt für einen Individualverkehr geeignet. Dementsprechend entwickelten sich – in den einzelnen Ländern unterschiedlich – verschiedene Formen der organisatorischen, rechtlichen und politisch-ökonomischen Anpassung an die technische Besonderheit des Eisenbahnbetriebs: die Durchsetzung des Transportmonopols, das heißt die Zusammenfassung des Betriebs von Strecken und Fahrzeugen unter einer Leitung, die Kooperation privater Eisenbahngesellschaften, eine zentrale Streckenplanung bis hin zur Bildung nationaler Eisenbahngesellschaften.

Die „Vernichtung von Raum und Zeit" ist im 19. Jahrhundert eine gängige Redewendung, mit der die Wirkung des neuen Massenverkehrsmittels beschrieben wird. Eine gegebene Distanz kann nun in einem Bruchteil der Zeit bewältigt werden, oder in derselben Zeit kann ein Vielfaches der räumlichen Entfernung überwunden werden. Brauchte man zu Beginn des 19. Jahrhunderts mit der Schnellpost noch über 80 Stunden, um die Entfernung zwischen Berlin und München zu überbrücken, so waren am Ende des Jahrhunderts dafür mit der Eisenbahn nur noch elf Stunden nötig (Rötzer 1995). „Um 1830 war ein Brief von Europa auf dem Seeweg nach Indien ums Kap fünf

ser Wagen, der theoretisch beliebig lang sein kann, hatte etwa die doppelte Länge der europäischen Waggons. Vor diesem Hintergrund und angesichts der besonderen Anforderungen für Reisen über große Entfernungen entwickelte sich im Personenverkehr der langgestreckte Durchgangswagen ohne Abteile, ohne Reminiszenz an die Kutsche, von den 1840er Jahren an zum amerikanischen Standardtyp. „Der klassenlose Großraumwagen erscheint ökonomisch, politisch, psychologisch, kulturell als adäquater Reisebehälter einer demokratischen Pionier-Gesellschaft, wie das Abteil seinerseits die europäischen gesellschaftlichen Verhältnisse zum Ausdruck bringt." (Schivelbusch 1989: 96) bis acht Monate unterwegs. Auf die Antwort mußte der Absender bis zu zwei Jahre warten. Aber um 1850 traf ein Brief aus London dank der Kombination von Eisenbahn und Dampfschiff schon nach 30 bis 45 Tagen in Kalkutta ein" (Schäfer 1994: 154). Bezeichnenderweise erschien in jener Zeit, im Jahr 1873, Jules Vernes Utopie von der kleiner werdenden Erde: „In achtzig Tagen um die Welt".

Eine solche schnelle Reise war jedoch nur auf wenigen, fest vorgegebenen Routen möglich. Die Schrumpfung des Raumes war äußerst selektiv und betraf nur solche Städte und Landstriche, die unmittelbar an das Eisenbahnnetz angeschlossen waren. So rückten diejenigen mit einer guten Verbindung, unabhängig von ihrer räumlichen Entfernung, einander näher, während verkehrstechnisch schlecht erschlossene Bereiche fern blieben, auch wenn sie geographisch enger beisammen lagen. So wuchs das Ungleichgewicht zwischen Stadt und Land, aber auch zwischen verschiedenen Städten. Nähe wurde immer weniger nur eine Frage des geographischen Raums, sondern eine Funktion der Geschwindigkeit, mit der Menschen, Güter und Nachrichten von einem Ort zum anderen gelangen konnten (Rötzer 1995).

Auch wenn die Eisenbahn nicht überall verbreitet war und somit „Räume unterschiedlicher Geschwindigkeiten" geschaffen wurden: Die Standorte der Wirtschaft, die jahrtausendelang mehr oder weniger starr fixiert waren, konnten nun durch die neuen schnellen und preiswerten Verkehrsmittel erstmals entscheidend flexibilisiert werden. Unterstützend war hierbei auch die Tatsache, daß der Bau von Eisenbahnstrecken viel unabhängiger von naturräumlichen Gegebenheiten realisierbar war als der Bau von Kanälen und daß Bahnlinien sich leichter zu kompletten Verkehrsnetzen zusammenführen ließen. Die Eisenbahn ermöglichte damit gemeinsam mit dem Dampfschiff nicht nur eine „Emanzipation von den Schranken der organischen Natur", sondern auch eine Emanzipation von den starren Vorgaben natürlicher Lagegunst und – in gewissen Grenzen – eine Neubewertung von Standortqualität. Produktionsstätten und Handelspunkte konnten verlagert, Wirtschaftsräume vergrößert werden. So wurde auch ein großes Hindernis zur Entfaltung des Welthandels beseitigt.

2.3 Das neue Gesicht der Städte

Das 19. Jahrhundert begegnete der Mechanisierung und Beschleunigung des Transports, der „Schrumpfung des Raumes" mit Skepsis, Schrecken, Begeisterung und Phantasie. So regte ein Artikel des *Quarterly Review* von 1839 den Leser zum Nachdenken an:

„Nehmen wir beispielsweise an, daß plötzlich in ganz England Eisenbahnen angelegt werden; dies würde selbst bei der gegenwärtig noch bescheidenen Geschwindigkeit bedeuten, daß sich die gesamte Bevölkerung in Bewegung setzt und, metaphorisch gesprochen, ihre Plätze um zwei Drittel der Zeit näher an den Kamin der Hauptstadt rückt, welche sie jetzt noch davon trennt; [...] Bei weiterer Beschleunigung könnte der Vorgang wiederholt werden; unsere Häfen, Dockanlagen, Städte sowie die gesamte Landbevölkerung würden einander nicht nur um zwei Drittel näher kommen, sondern alle zusammen würden sich in diesem Maße dem Herd der Nation nähern. Verkürzte man die Entfernungen auf diese Weise weiter, so würde die Fläche unseres Landes zur Größe einer einzigen Metropole zusammenschrumpfen."[6]

Jenseits dieser phantastischen Vorstellungen war der Einfluß der neuen Verkehrsmöglichkeiten des Industriezeitalters nicht nur auf Wirtschaft, Gesellschaft und die Kultur des Reisens, sondern auch auf das Gesicht der Städte und das Leben in den Städten direkt erfahrbar.

Am unmittelbarsten zeigte sich die Wirkung der Eisenbahn auf die Stadt im Bereich der Bahnhöfe. Von einigen Ausnahmen abgesehen, wurden die Bahnlinien lediglich bis an die Peripherie der Altstädte, bis an die mittelalterlichen Stadtmauern herangeführt, wo sie häufig in einem Kopfbahnhof endeten. Dies geschah nicht in erster Linie aus Respekt vor der historischen Bausubstanz, sondern wegen der hohen Bodenpreise im Zentrum. Erst durch die weitere Stadtentwicklung wurden die Bahnhöfe nachträglich einverleibt, erhielten sie ihre charakteristische Lage im Herzen der Innenstädte. In der Regel blieb die erhoffte positive Wirkung des Bahnhofs auf das umgebende Viertel aus. Der Bahnhof blieb häufig – trotz teilweise prachtvoller Architektur – ein stigmatisierter Fremdkörper, die Bahnhofsgegend verrufen, heruntergekommen und industriell geprägt.

Der eigentliche Einfluß der Eisenbahn auf die großen Städte ging jedoch weit über das Bahnhofsviertel und die Gegend entlang der Bahnlinien hinaus. Durch das neue Verkehrsmittel wurden die Städte selbst zur Quelle, zum Ziel und zur Durchgangsstation neuer und schnell wachsender Verkehrsströme. Vor allem zwischen Bahnhof und Innenstadt – sowie zwischen den verschiedenen Bahnhöfen untereinander wie etwa in London, Paris oder Berlin –

6 Quarterley Review 1839, Bd. 63, S. 22 – zitiert in Schivelbusch 1989: 36

entstand ein Verkehrsvolumen, dem das Straßennetz der alten Städte nicht gewachsen war. So mußten in den großen Städten für den anschwellenden, Tag und Nacht rollenden Personen- und Warenverkehr umfassende und kostspielige Umbauten unternommen werden (Kellett 1969).

Das neue Paris

Das spektakulärste Beispiel eines solchen Stadtumbaus waren die unter Napoleon III. von Georges-Eugène Haussmann in der Mitte des vergangenen Jahrhunderts geplanten gewaltigen Straßendurchbrüche in Paris. Baron Haussmann ließ in den Jahren von 1853 bis 1869 für seine schnurgeraden Boulevards 27.000 Gebäude abreißen und 25.000 Menschen umsiedeln, die in den neuen Gebäuden keinen Platz mehr fanden (Horn 1992). Ob hierbei der verkehrsplanerische Aspekt dominierte, nur ein Motiv unter mehreren war oder als Mittel zum Zweck der Durchsetzung ökonomischer und sozialer Veränderungen in der Stadt diente, kann nicht mit Bestimmtheit gesagt werden. Lampugnani sieht die angestrebte Lösung der Verkehrsprobleme nur als eines von vielen Zielen des Stadtumbaus Haussmanns, namentlich einer ästhetisch „wohlgefälligen“ Stadtgestalt, der Verbesserung der sanitären Verhältnisse in der Stadt und der Erleichterung von Truppenbewegungen zwischen den Stadtteilen (Lampugniani 1980). Schivelbusch dagegen betont einen anderen Hauptzweck der Förderung des Verkehrs:

„Die autoritäre Deutlichkeit, Systematik und Brutalität, mit der Haussmann das alte Paris sanierte, wird denn auch oft ausschließlich als Anpassung der Stadt an die konterrevolutionär-strategischen Bedürfnisse des Second Empire interpretiert. Zweifellos wurden die Avenuen und Boulevards auch als Truppenaufmarsch-Straßen angelegt. Doch diese Funktion war lediglich die Bonapartische Ergänzung zum ansonsten primär für den kommerziellen Verkehr bestimmten Straßensystem. Die Form und die Systematik von Haussmanns Straßenschneisen ist autoritär-militärisch; ihr Zweck ist, wie der des bonapartischen Systems insgesamt, die Förderung der Geschäfte der Bourgeoisie“ (Schivelbusch 1989: 160).

Paris wurde in der Mitte des vorigen Jahrhunderts zur „verkehrsgerechten“ Stadt. Die Straßendurchbrüche, die Haussmann schaffte, ließen sich als Ergänzungen zum Eisenbahnverkehr erkennen. Sie verbanden, geradezu als Fortsetzung der Schienenstränge, die Bahnhöfe mit dem Zentrum und die verschiedenen Bahnhöfe miteinander (Chapman 1957). Anders als die mittelalterlichen Gassen, die vor allem Schauplatz nachbarschaftlichen Lebens waren, dienten die neuen Avenuen und Boulevards allein dem Verkehr:

„Mit der Umgestaltung von Paris für den fließenden Verkehr [...] widerfährt den mit dem alten Paris vertrauten Einwohnern ein ähnliches Schicksal wie den ersten Eisenbahnreisenden. Wie diese, gewöhnt an die Raum-Zeit-Wahrnehmung des Reisens in der Kutsche, die Eisenbahnreise als Vernichtung von Raum und Zeit erleben, so erscheint das für den Verkehr umgestaltete Paris seinen Einwohnern vernichtet, und zwar doppelt, physisch demoliert und zerschlagen in seiner räumlichen und historischen Kontinuität" (Schivelbusch 1989: 163).

Die Städte veränderten ihr Gesicht aber nicht nur innerhalb ihrer alten Grenzen. Die neuen dampfgetriebenen Verkehrsmittel schufen die Basis für die weitere räumliche Arbeitsteilung und machten die Städte zu Kristallisationspunkten der wirtschaftlichen Entwicklung. Die Industrie benötigte mehr und mehr Arbeitskräfte. Auf dem Land dagegen wurden durch die Mechanisierung der Landwirtschaft unzählige Arbeitskräfte freigesetzt, die in die Städte strömten. Außerdem stieg durch verbesserte Hygiene und medizinische Versorgung die Lebenserwartung der Menschen. Die Bevölkerung in den Städten wuchs, zunächst langsam, später explosionsartig.

Die ersten Vororte

Suburbs („Vororte", „Vorstädte") sind nicht erst eine Erscheinung des 20. Jahrhunderts. Sie sind auch keine amerikanische Erfindung, sondern hatten vielmehr, ebenso wie die meisten Grundelemente des *American Way of Life*, ihren Ursprung in England und wurden von dort bereits im 17. und 18. Jahrhundert in die Neue Welt verpflanzt (Fishman 1984, 1987; Fisher 1990, Holzner 1996). Vor allem um London entstanden die klassischen *Suburbs* als Wohngemeinde der erfolgreichen Mittelklasse. Kaufleute und später auch Industrieunternehmer bauten ihre Wochenend-*Cottages* in den ländlichen Dörfern rings um die Stadt zu permanenten Wohndomizilen aus und fuhren täglich die 5 bis 6 Meilen mit Kutschen in die „City" zur Arbeit (Fishman 1984). Mit dem Aufkommen der besitzlosen Arbeiterschaft ging die soziale Homogenität, welche die früheren Städte Europas gekennzeichnet hatte, verloren, es wuchs die Tendenz zur sozialen Segregation. „Die damals ganz neue Form metropolitanen Lebensstils [...] wurde rasch zum Wunschtraum immer breiterer Kreise des aufstrebenden Mittelstandes der englischen Städte im Kolonial- und Industriezeitalter" (Holzner 1996: 33).

Mit dem Aufkommen der Eisenbahn boten sich den Angehörigen des wohlhabenden Mittelstandes in ihrem Streben nach Absonderung und pseudoländlicher Lebensweise völlig neue Möglichkeiten, ihren Aktionsradius zu erweitern. Dazu schreibt Lardner in seiner *Railway Economy* im Jahr 1850 über London:

„Es ist heutzutage nicht ungewöhnlich, daß Geschäftsleute, die im Zentrum der Hauptstadt arbeiten, mit ihren Familien 15 bis 20 Meilen außerhalb der City wohnen. Trotzdem können sie ihre Geschäfte, Kontore und Büros frühmorgens erreichen und ebenso ohne jede Unbequemlichkeit zur gewöhnlichen Feierabendzeit nach Hause zurückkehren. Daher haben sich rings um die Hauptstadt, überall wo es Eisenbahnen gibt, die Wohnungen vervielfacht, und ein beträchtlicher Teil der Londoner Bevölkerung lebt jetzt in diesem Gebiet" (Lardner 1850: 35).

Dieser „beträchtliche Teil" der Bevölkerung dürfte jedoch in Wahrheit nur eine kleine Minderheit gewesen sein. Denn für das wachsende Proletariat gab es keine Alternative zur Enge und zu den schlechten Lebensbedingungen in der Stadt. Trotz des Bevölkerungswachstums bewahrten die Städte zunächst wegen der schlechten Verkehrsverhältnisse ihre „Fußläufigkeit" und damit ihre Kompaktheit. Um die Mitte des vorigen Jahrhunderts erstreckte sich London kaum über die Grenzen der City und des West End, obwohl dort bereits 2 Millionen Menschen lebten. In anderen Städten, in denen die Industrialisierung noch nicht so weit fortgeschritten war, herrschten erst recht fast noch mittelalterliche Verhältnisse: In Köln, Frankfurt oder sogar Berlin konnte man zu Fuß in 10 oder 15 Minuten vom Zentrum aus den Stadtrand erreichen (Hall 1993).

Die Industrialisierung des Stadtverkehrs

Obwohl der Industrialisierungsprozeß schon weite Teile des Lebens erfaßt hatte, waren die Verkehrsverhältnisse *innerhalb* der Stadt noch weitgehend unverändert. Das änderte sich mit der Übernahme des Prinzips von Rad und Schiene in den Stadtverkehr. Die ersten schienengebundenen „Straßenbahnen" wurden von Pferden gezogen. 1836 wurde die erste dieser Pferdebahnen (*horsecars*, *horse-drawn trolleys*) in New York in Betrieb genommen. Durch sie konnten bisher unbebaute Gebiete außerhalb der bisherigen Fußgänger- und Kutschenstadt erschlossen werden. Jeweils in Fußgängerentfernung zu den Bahnstationen entstanden sogenannte *horsecar suburbs*. Die Linien verliefen radial vom Stadtzentrum aus, und die Entfernung zur neuen suburbanen Peripherie betrug 4 bis 5 Meilen (Adams 1970, Ward 1971, Holzner 1996).

In Europa wurde die von Pferden gezogene Schienenbahn 1854 in Paris, 1865 schließlich in Berlin eingerichtet. Wenig später kam es auch zur Einführung dampfgetriebener Straßenbahnen auf einzelnen Vorortlinien, in Deutschland erstmals 1877 in Kassel. Zu den klassischen frühen Vorstädten dieser Zeit zählen in Europa etwa Bedford Park in London, Suresnes in Paris und Dahlem in Berlin (Hall 1993). Allerdings brachten diese ersten Formen der Straßenbahn keinen entscheidenden Durchbruch in der Lösung der Wachstums- und Verkehrsprobleme der Industriestädte, die zunehmend aus allen Nähten platzten: „Pferdegezogene Straßenbahnen waren sehr langsam und erlaubten deshalb nur ein sehr begrenztes Wachstum der Stadtrandzonen. Dampfbetriebene Wagen dagegen begünstigten ein rasches Anwachsen, wenn auch nur in mehr oder weniger isolierten, engen Bezirken, da Fahrzeuge dieser Art nicht stark beschleunigen oder abbremsen konnten" (Hall 1993: 389).

Eine dem Bevölkerungswachstum angemessene Ausdehnung der Städte in großem Stil war mit der vorhandenen Verkehrstechnik nur schwer möglich. Nach wie vor war nur die – immer noch kleine – Mittelschicht in der Lage, aus der Stadt in die wenigen Wohngebiete der Vororte zu fliehen. Da die flußläufige Entfernung immer noch das beherrschende Maß aller städtebaulichen Planung und Entwicklung war, lebte die Masse der Menschen zusammengedrängt in den überfüllten Baracken und Mietskasernen der Arbeiterviertel nahe der Industrie.

Während jedoch die soziale Krise in den Städten wuchs und der Protest der Reformkräfte lauter wurde, trat die Entwicklung der Städte langsam in eine völlig neue Phase: Es kam zu einer ersten echten Ausweitung und Dekonzentration (Hall 1988). Diese durchgreifenden Änderungen sind teilweise durch die Reaktion der Politik auf die herrschenden Mißstände zu erklären, teilweise auf Marktkräfte zurückzuführen. Es entstanden die ersten gemeinnützigen Wohnungsbaugesellschaften. Planungsrechtliche Regelungen sollten die Stadtentwicklung steuern. Preiswerte Arbeitskraft, fallende Materialkosten und einsetzende „Industrialisierung“ des Bauens ließen die Baukosten sinken. So konnten neue Wohngebiete in nennenswertem Umfang an der suburbanen Peripherie entstehen. Aber wesentliche Voraussetzung dafür, daß diese neue Phase der Stadtentwicklung überhaupt eintreten konnte, war die Entwicklung neuer Verkehrstechnologien: die elektrische Straßenbahn, der Vorort-Pendlerzug, die Untergrundbahn und etwas später dann der Autobus.

Die ersten elektrischen Straßenbahnen und Vorort-Pendlerzüge wurden bereits in den 1880er Jahren zuerst in Deutschland und in den USA, etwas später dann auch in Großbritannien und Frankreich eingeführt. Vor allem in Nordamerika fand diese Erneuerung rasche Verbreitung. Bereits 1890 waren Straßenbahnen schon in über 50 nordamerikanischen Städten in Betrieb und hatten bis Mitte der 90er Jahre „das ganze Land erobert“ (Muller 1986, Lichtenberger 1991). Schon um 1890 beförderten die „Elektrischen“ zwischen den amerikanischen Städten und ihren Vororten über 2 Milliarden Passagiere jährlich (Kramer, Holborn 1970; Holzner 1996). Im Jahr 1895 wurde dann die erste Untergrundbahn in Boston eröffnet. Um die Jahrhundertwende folgte eine Reihe von Städten in Nordamerika und Europa (Lichtenberger 1991).

Diese neuen Verkehrsmittel mir ihrer Fähigkeit zum schnellen Beschleunigen und Bremsen und mit einer Geschwindigkeit von etwa 25 km/h erschlossen nun völlig neue, weit ins Land reichende Gebiete für eine Entwicklung (siehe Abbildung 5). Entlang axialer Korridore entstanden *streetcar suburbs* (Warner 1962). Bautätigkeit größeren Stils ermöglichte es jetzt erstmals auch breiteren Schichten der Bevölkerung, außerhalb der Stadt eine Wohnung oder ein Haus zu mieten oder sogar Wohneigentum zu bilden. Fallende Immobilienpreise und günstige Bahntarife führten dazu, daß ein

Abbildung 5: Entwicklung des Halbmessers und der 30-Minuten-Zonen bei verschiedenen innerstädtischen Verkehrsmitteln

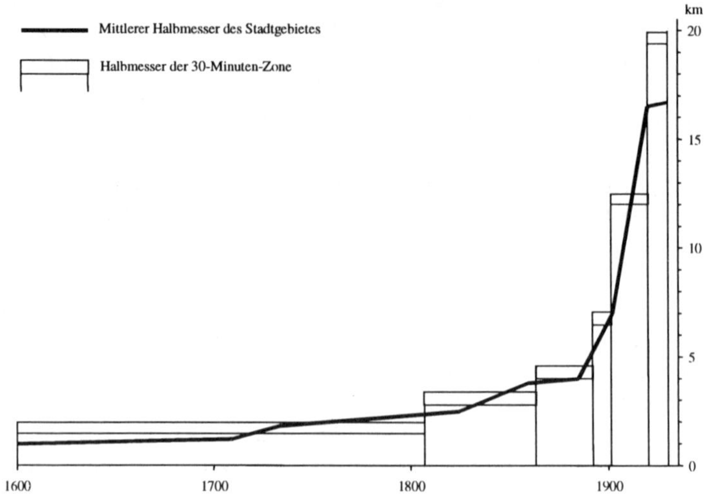

Quelle: nach Lehnert 1966

Umzug in die Vorstädte zusammen mit dem Pendeln ins Zentrum nicht teurer war als das Wohnen in der Stadt.[7]

Die Stadterweiterung nach außen ging einher mit einer Wandlung der Innenstädte, einer „inneren Stadterweiterung“ (Schilling 1921). Mit zunehmender Ausdifferenzierung wirtschaftlicher Funktionen und sinkender Notwendigkeit für die Bevölkerung, „zentral“ zu wohnen, konnten sich neue Nutzungen mit hoher Zahlungsbereitschaft am innerstädtischen Bodenmarkt durchsetzen und die Wohnfunktion verdrängen. Während die Wohnbevölkerung, aber auch die Industrie und das nicht-industrielle Gewerbe aus dem Stadtzentrum auszog, rückten Verwaltungen, Banken, Versicherungen, Handels- und Warenhäuser und zahlreiche andere Geschäfte nach. Auch der Staat trug ein weiteres zum Funktionswandel der Stadtzentren bei, indem er mit Regierungs-, Parlaments- und Verwaltungsbauten die Bedeutung des Zentrums für den Kapitalumschlag weiter erhöhte (Habermann u.a. 1987).

Diese beginnende „Citybildung“ war markantester Ausdruck der allgemeinen Entwicklung hin zu einer „Funktionalisierung des Stadtraumes“. Die

7 Hall (1988) weist jedoch zurecht darauf hin, daß bei aller Verbesserung der Wohn- und Lebensbedingungen die Stadt-Umland-Wanderung sozial selektiv war.

Abbildung 6: Veränderung der Bevölkerungsdichte in London 1801-1951

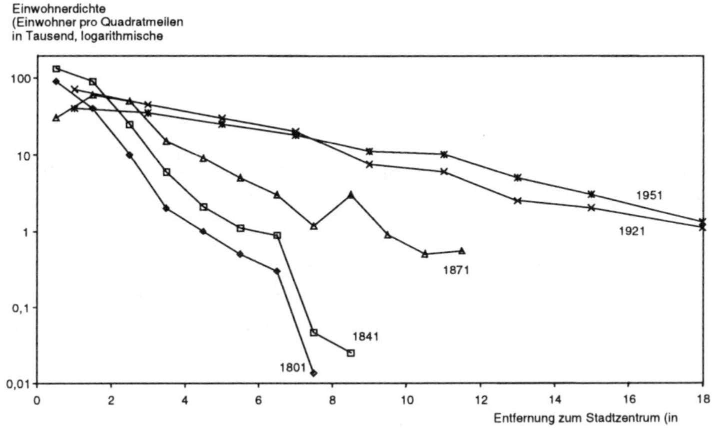

Quelle: nach Clark 1957

Verbesserung der Verkehrsmöglichkeiten hatte die räumliche Trennung der bis dahin eng verflochtenen Lebensbereiche – in erster Linie Wohnen, Arbeiten und Versorgung – möglich gemacht, was zu spürbar längeren Wegen führte. Nun wurden die Städte mit stark wachsenden Verkehrsmengen konfrontiert. Vor allem die radial auf die Innenstädte zulaufenden Verkehrsströme nahmen erheblich zu, was viele Städte dazu veranlaßte, die vorhandenen Straßen den Erfordernissen der neuen Massenverkehrsmittel durch Umbau anzupassen bzw. neue „Durchbruchstraßen" anzulegen (Horn 1992).

Bis zu den 30er Jahren entwickelte sich die „massenverkehrsgerechte Stadt". Diese Stadt erschien in zwei Varianten. Kleinere Städte verfügten über ein Straßenbahnnetz mit einem Radius von etwa 6 bis 8 Kilometern. Weltstädte wie London, Paris, Berlin oder New York hatten daneben ein voll entwickeltes Untergrundbahnnetz mit einer Reichweite von etwa 15 bis 20 Kilometern. Elektrisch betriebene Vorortzüge ermöglichten einen Pendelverkehr über eine Entfernung von 30 Kilometer und mehr (siehe Abbildung 6). Da die elektrisch betriebenen U-Bahnen und Pendlerzüge oft halten konnten, wurde eine homogene Entwicklung entlang der ausstrahlenden Achsen begünstigt. Die Ergänzung dieser Schienenverkehrsmittel durch Zubringer-Buslinien zu den einzelnen Stationen und vor allem zu den Endhaltepunkten führte jedoch auch zu ersten Ansätzen einer flächenhaften Erschließung und Besiedlung des Umlandes der großen Städte (Hall 1993).

2.4 Visionen einer anderen Stadt

Schrecken und Faszination des technischen Fortschritts

Seit Beginn des 19. Jahrhunderts hatten die unhaltbaren Zustände in den Großstädten immer wieder zur Formulierung von sozialen und städtebaulichen Reformvorschlägen geführt. Besonders in gebildeten Kreisen herrschte ein tiefes Mißtrauen gegenüber der sozialen und wirtschaftlichen Organisation der Industriestadt. Die Frühsozialisten des beginnenden 19. Jahrhunderts versuchten unter anderem, soziale und architektonische Ideen miteinander zu verknüpfen und entwarfen Pläne für den Bau utopischer Gemeinschaften. Immer wieder setzten sich sozialpolitisch engagierte Wohnungsreformer für einen besseren Arbeiterwohnungsbau ein.

Im großen und ganzen jedoch fehlte dem Städtebau eine wirkliche soziale und wirtschaftliche Perspektive. Städtebau wurde verstanden teils als rein technische Aufgabe, teils als Kunst. Die „Stadtbaukünstler", deren bekanntester Vertreter Camillo Sitte war, sahen in der Trostlosigkeit und Monotonie der Industriestadt einen wichtigen Grund für die Entwurzelung und Verelendung des Menschen (Sitte 1909). Sie begegneten dieser Misere mit der Wiederbelebung ästhetischer Gestaltungsprinzipien, die sich an der mittelalterlichen und absolutistischen Ordnung orientierten.

Diese Einheitlichkeit des Städtebaus mit seinen überkommenen Prinzipien zerbrach erst am Ende des 19. Jahrhunderts. Die schlimmen Zustände in den Städten war der Hintergrund für die Bildung utopischer Visionen grundsätzlich anderer Siedlungsformen. Es ging nicht um graduelle Verbesserung, sondern um einen grundsätzlichen Wandel. Eigentümlicherweise setzte die Auseinandersetzung mit den sozialen Bedingungen und Folgen der Industriestadt genau in dem Augenblick ein, als die schlimmsten Übel der Stadt des 19. Jahrhunderts überwunden und humanere Städte sich „von selbst" zu entwickeln schienen. Aber, so fragten sich einige Kritiker jener Zeit, machte nicht die nun einsetzende planlose Ausuferung alles noch schlimmer? War nicht die Entwicklung sozial ungerecht, bot sie nicht bessere Lebensbedingungen im wesentlichen nur für die Mittelschicht? Spiegelten nicht auch der modellhafte Mietwohnungsbau und die Arbeitersiedlungen der zweiten Hälfte des 19. Jahrhunderts – trotz guter Absicht und solider Planung – letztlich nur die gesellschaftlichen Ungerechtigkeiten ihrer Zeit?

Der technologische Entwicklungsstand gehört – damals wie heute – neben den politischen, gesellschaftlichen und wirtschaftlichen Rahmenbedingungen sowie den normativen Prinzipien des Städtebaus zu den zentralen Determinanten städtischer Entwicklung. Im Zeitalter rasanter technischer

Umwälzungen erhielt dieser Einflußfaktor auch im Bewußtsein der Menschen besonderes Gewicht. Einerseits wurden die technischen Errungenschaften des Industriezeitalters von vielen als Bedrohung empfunden und für die herrschenden Mißstände mitverantwortlich gemacht. Andererseits wurden aber gerade auch Visionäre durch die Möglichkeiten des technischen Fortschritts in besonderer Weise inspiriert.

Im technischen Fortschritt, so zerstörerisch er vielleicht in der Realität war, wurden faszinierende Möglichkeiten gesehen, die Städte zum Besseren zu wenden. Hierzu zählten in erster Linie die neuen und schnelleren Formen der Raumüberwindung: Eisenbahn, Straßenbahn, U-Bahn – und schließlich das Automobil. Völlig neue Perspektiven für die Städte eröffneten sich aber auch durch die Fortschritte der Bautechnik. Während die Verbesserung des Verkehrs den Weg bereitete für die horizontale Ausweitung der Städte an ihren Rändern, erlaubte der Hochhausbau – zunächst noch in Ziegelbauweise, später in Stahlbetonbauweise – die „vertikale“ Stadterweiterung und damit die Realisierung hoher Nutzungsdichten vor allem im Kern der Städte. Aber auch der Einfluß der bautechnischen Standardisierung auf die Stadtentwicklung ist nicht zu unterschätzen. Erst die verschiedenen Stufen der „Industrialisierung des Bauens“ bis hin zur Fertigteilbauweise schufen die Voraussetzung für eine enorme Ausweitung von Wohnraum und gewerblicher Nutzungsfläche (D'Eramo 1998). Schließlich hat die Entwicklung der technischen Infrastruktur das Gesicht der Städte in entscheidender Weise mitgeprägt. Der mit der Gründerzeit in großem Stil einsetzende „unterirdische Städtebau“, vor allem der Bau einer Wasserversorgung und Abwasserkanalisation sowie die Verlegung von Strom- und Gasleitungen, beflügelte ebenfalls ein Nachdenken über völlig neue Siedlungskonzepte. Neben den verkehrs- und bautechnischen Neuerungen eröffneten schließlich auch die kommunikationstechnischen Errungenschaften wie Telegraf und Telefon neue Perspektiven für die Stadt.

Peter Hall nennt eine Vielzahl von „Visionären“, die im Laufe des 20. Jahrhunderts nach umfassenden Antworten auf die städtische Misere suchten, sich mit dem Gesamtkomplex Stadt auseinandersetzten und, statt Vorschläge für graduelle Verbesserung zu machen, Bilder einer prinzipiell anderen, einer idealen Stadt entwarfen: Howard, Unwin, Parker, Osborn; Geddes, Mumford, Stein, MacKaye, Chase; Burnham, Lutyens; Le Corbusier; Wells, Webber; Wright, Turner, Alexander; Friedmann, Castells, Harvey (Hall 1993). Im einzelnen fallen die visionären Stadtentwürfe völlig unterschiedlich aus, wobei sich eine Polarisierung zwischen Urbanisten und Vertretern einer antiurbanen Haltung wie ein roter Faden durch die Geschichte des Städtebaus der letzten hundert Jahre zieht (Lichtenberger 1991).

Howard, Wright und Le Corbusier

Nach Ansicht Robert Fishmans sind es vor allem Ebenezer Howard, Frank Lloyd Wright und Le Corbusier, deren utopische Visionen des ausgehenden 19. und des 20. Jahrhunderts in die Geschichte des Städtebaus eingegangen sind (Fishman 1982). Ihre umfassenden Entwürfe haben nicht nur die theoretische Auseinandersetzung um die „Städte von morgen“ entscheidend mitgeprägt, sondern auch ihren Niederschlag in der städtebaulichen Praxis gefunden. Trotz ihrer sehr unterschiedlichen Persönlichkeit und ihrer völlig unterschiedlichen Vorstellungen von einer idealen Siedlungsstruktur wiesen Howard, Wright und Le Corbusier drei Gemeinsamkeiten auf, die in ihren Plänen zum Ausdruck kamen. *Erstens* einte sie die Abneigung gegenüber der existierenden Großstadt ihrer Zeit. *Zweitens* hatten sie erkannt, daß moderne Technologien ein wichtiger Schlüssel waren für die Entwicklung völlig neuer Stadtformen. Und *drittens* teilten sie die Zuversicht auf eine bessere Gesellschaft.[8]

Die Bevölkerung der großen Städte hatte sich in kürzester Zeit vervielfacht. London wuchs im 19. Jahrhundert von 900.000 auf 4,5 Millionen Einwohner, Paris von 500.000 auf 2,5 Millionen, Berlin von 190.000 auf über 2 Millionen und New York von 60.000 auf 3,5 Millionen. Chicago, das im Jahr 1840 noch ein Dorf gewesen war, zählte zur Jahrhundertwende 1,4 Millionen Einwohner. Das Wachstum war den Städten außer Kontrolle geraten. Blindes Profitstreben steuerte die Stadtentwicklung. Einige der Neuankömmlinge fanden das gute Leben, das sie sich erhofft hatten, der Mehrzahl blieb jedoch nur ein trostloses Leben in endlosen Mietskasernen, einfachsten Behausungen und Slums. Für Howard, Wright und Le Corbusier war diese Form der Großstadt ein kranker Organismus. Wright sprach von einer „*cross-section of a fibrous tumor*“, Howard verglich die Stadt mit einem „*enlarged ulcer*“, Le Corbusier sah Paris im Endstadium einer tödlichen Krankheit – „*its circulation clogged, its tissues dying of their own noxious waste*“.

Das kapitalistische System hatte ihrer Ansicht nach die Kontrolle über das Land an tausende Spekulanten und Großgrundbesitzer abgegeben, von denen jeder nur an seinen persönlichen Gewinn dachte. Da die individuellen Entscheidungen kurzsichtig und unkoordiniert waren, konnten sie im Ergebnis nur zu zerstörerischer Unordnung führen. Die auf dieser Basis entstandene Großstadt mußte zwangsläufig chaotisch, häßlich und inhuman sein, nichts als ein Spiegel unternehmerischen Profitstrebens und menschlicher Selbstsucht.

8 Die folgenden Ausführungen zu Howard, Wright und Le Corbusier und ihren Stadtutopien folgen in wesentlichen Punkten den Darstellungen in Fishman 1982.

Die technischen Entwicklungen des Industriezeitalters, so glaubten die drei Vordenker, hatten die alte soziale Ordnung zerstört und die Städte ins Chaos gestürzt. Moderne Technologien sollten nun aber ihrer Meinung nach die Basis für neue Städte sein. So bauten sie ihre Ideen auf den Innovationen ihrer Zeit, allen voran Eisenbahn, Automobil, Telefon, Radio und Hochhaus. Howard, der die Eisenbahn als Voraussetzung für das Wachstum und die rasante Verdichtung der Städte erkannt hatte, glaubte, mit ihr ebenso die geplante Dezentralisierung der Gesellschaft erreichen zu können. Wright sah das private Automobil als Voraussetzung für eine noch radikalere Dezentralisierung. Le Corbusier schließlich wollte die moderne Technik nutzen, um einen entgegengesetzten Trend einzuleiten. So nutzte er das Hochhaus in seinen Plänen als eine Art „vertikale Straße", als *street in the air*, wie er es nannte, die noch stärkere Nutzungsdichten erlauben und die Effizienz der Stadt steigern sollte.

Howard, Wright und Le Corbusier standen ganz in der Tradition des aufgeklärten Fortschrittsglaubens des 19. Jahrhunderts. Anders als die Frühsozialisten um Robert Owen, Charles Fourier und Etienne Cabet mit ihren Reformversuchen und Planungsexperimenten waren sie in der Lage, sich von den Möglichkeiten der modernen Welt inspirieren zu lassen. Sie sahen zwar die sozialen Probleme, die die Industrialisierung mit sich gebracht hatte, waren aber überzeugt, daß diese durch die rationale Anwendung der Produkte dieser Industrialisierung überwindbar waren. Moderne Technik war also für sie nicht faszinierender Selbstzweck, sondern vor allem ein Hilfsmittel, Gemeinschaftsinteressen durchzusetzen und höhere gesellschaftliche Ziele zu erreichen. Ihre utopischen Visionen verbinden damit die Hoffnungen des 19. mit den technischen Möglichkeiten des 20. Jahrhunderts, sie entstanden, bevor die Desillusionierung über die Machbarkeit der Moderne einsetzte.

Howard, Wright und Le Corbusier mißtrauten der „unsichtbaren Hand" des Marktes. Sie glaubten nicht, daß bessere Landnutzungs- und Siedlungsstrukturen sowie eine gesunde Nachbarschafts- und Gemeindeentwicklung sich automatisch aus den Gesetzen der Ökonomie ergeben würden. Sie plädierten für planerische Kontrolle über das blinde Agieren der ökonomischen Kräfte. Ihre idealen Städte waren geplante Städte, das Ergebnis menschlicher Vernunft statt des Wirkens unsichtbarer Ökonomie.

Die drei Stadttheoretiker waren überzeugt, daß ein radikaler Stadtumbau nicht nur die städtische Krise jener Zeit, sondern auch die soziale Krise lösen könnte. Dabei ging es nicht um den naiven Glauben, daß die Veränderung der gebauten Umwelt allein eine Verbesserung der gesellschaftlichen Verhältnisse nach sich zöge: Gutgemeinter Städtebau allein würde nichts bewirken, wenn nicht gleichzeitig die gröbsten Ungerechtigkeiten im sozialen System beseitigt würden. Daher ging es um die Suche nach einer Verbindung städtischer Pläne mit Programmen des politischen und wirtschaftlichen Wandels.

Ihre idealen Städte waren daher Spiegel einer vollständig anderen Gesellschaft, Ergebnis einer ersehnten Revolution in Politik und Wirtschaft ebenso wie in der Architektur.

Howard, Wright und Le Corbusier versuchten, die ideale Form einer Industriegesellschaft zu definieren. Ihre utopischen Visionen lieferten keine einheitliche Blaupause für die Stadt der Zukunft, sondern drei völlig unterschiedliche Alternativen mit jeweils eigenen politischen und sozialen Implikationen. Howard verfolgte das Konzept der gemäßigten Dezentralisierung, Wright die extreme Dezentralisierung und Le Corbusier schließlich das Gegenteil, die große zentralisierte Metropole. Die drei idealen Stadttypen bilden Eckpunkte, innerhalb der reale Stadt- bzw. Siedlungsentwicklung möglich ist. Sie definieren Grundbausteine und eine Bandbreite von Möglichkeiten, die dem Planer als Orientierungen zur Verfügung stehen.

Die Gartenstadt

Die erste und bedeutendste Antwort auf die Industriestadt war das sozialreformerische Konzept der Gartenstadt des englischen Parlamentsstenographen Ebenezer Howard (1850-1928). Sein Werk *Garden Cities of Tomorrow* (Howard 1902, 1907) hat nach Ansicht Lewis Mumfords „mehr als irgendein anderes Buch dazu beigetragen, die neue Bewegung im Städtebau zu führen und ihr neue Ziele zu geben". (Mumford 1965, 1968) Die Gartenstadt war ein Plan für moderate Dezentralisierung und kooperativen Sozialismus. Sie entsprach der antiurbanen Grundhaltung weiter Kreise der Städtebauer. Revolutionär war die Forderung Howards, daß Grund und Boden in Gemeineigentum überführt werden müßten, um Spekulationen zu verhindern und die räumliche Entwicklung der Stadt steuern zu können (Lichtenberger 1991).

Howard wollte vollständig neue Städte „auf die grüne Wiese" bauen, in denen kleinräumige Kooperation und direkte Demokratie aufblühen sollten. Begrenzt auf eine Größe von etwa 30.000 Einwohnern und umgeben von einem nicht bebaubaren Grüngürtel, sollte die Gartenstadt kompakt, effizient, gesund und schön sein. Sie sollte die Menschen aus den großen Städten wie London anlocken, jedoch keine reine „Schlafstadt" sein. Durch ausreichende Versorgung mit sozialen, kulturellen und wirtschaftlichen Einrichtungen sollte sie einen ausgeprägten städtischen Charakter haben. Für etwa 50 Prozent der erwerbstätigen Bevölkerung waren Arbeitsplätze in der Gartenstadt vorgesehen, während die übrigen mit der Eisenbahn in die nahegelegene Zentralstadt zur Arbeit fahren konnten. Howard hoffte, durch Trennung des Wohnrings vom darum ausgelagerten Arbeitsgebiet innerhalb der Gartenstadt humanere Wohnbedingungen zu schaffen (Schumpp 1972, Fishman 1982). Über das Land verteilte Gartenstädte sollten sich zusammen mit einer Zen-

Abbildung 7: Die Social City, bestehend aus Zentralstadt und sechs Gartenstädten

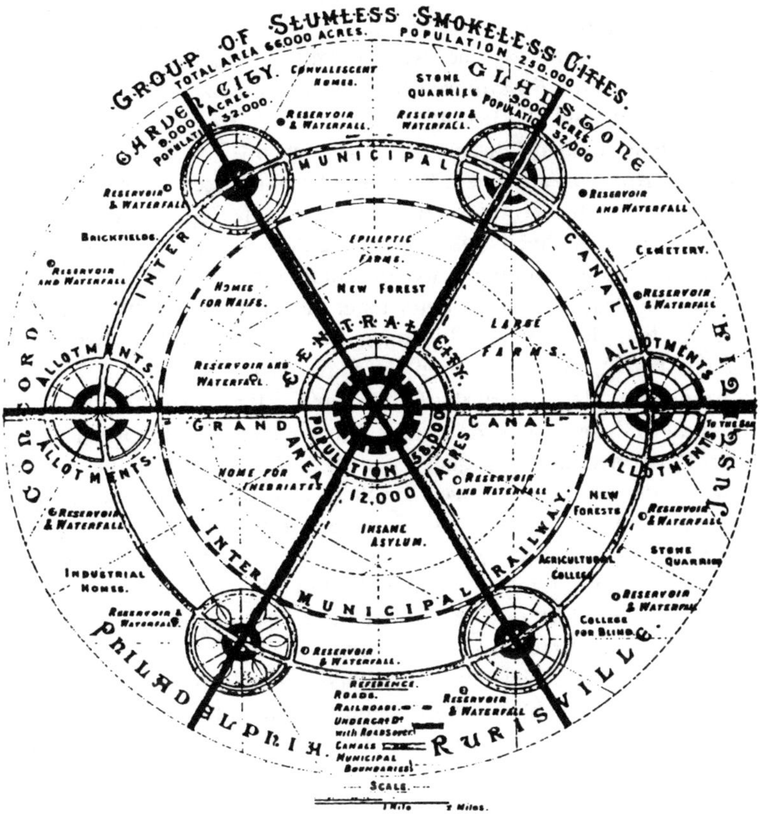

Quelle: Howard 1902

tralstadt zu Städtegruppen zusammenschließen. Diese *Social City*, wie Howard jedes dieser Cluster von Städten nannte, stellte sein am weitesten entwickeltes Konzept der „Vermählung von Stadt und Land“, der Bildung des *Town-Country* dar (siehe Abbildung 7).

Die Stadt der weiten Felder

Die Wertvorstellungen Howards drehten sich um den Kernbegriff der Kooperation. Dagegen erhob der amerikanische Architekt Frank Lloyd Wright (1867-1959) den Individualismus zu seinem beherrschenden Wertmaßstab. Er wollte die gesamten USA zu einer Nation von Individualisten machen. Wright propagierte 1943 seine *Broadacre City*, eine völlig dezentralisierte „Stadt der weiten Felder" (Wright 1943, 1945).

Die Gartenstadt hatte ihren Ursprung noch im Zeitalter der Eisenbahn. Dagegen war *Broadacre City* ein Kind des Automobilzeitalters. Wie die meisten Amerikaner war Wright fasziniert von den Möglichkeiten des Autos. Kraftfahrzeuge und Schnellstraßen ermöglichten eine Dezentralisierung, die für Howard noch unvorstellbar gewesen sein mußte.

Zu Beginn des 20. Jahrhunderts hatte Howard ausgedehnte Eisenbahnnetze entworfen, die die verschiedenen Städte verbinden sollten. Um die Haltepunkte der Eisenbahnen waren Geschäfte, Büros und andere Einrichtungen konzentriert. Als Howard die Größe der Gartenstadt festlegte, dachte er vor allem an Fußgänger und Radfahrer. Sie konnten innerhalb von 15 Minuten jeden Punkt der Stadt und jeden der 30.000 Mitbewohner bequem erreichen. *Broadacre City* war dagegen die Stadt des Autos. Mit einer Geschwindigkeit von 60 Meilen pro Stunde konnte der motorisierte Bewohner von *Broadacre City* seine Stadt ebenso schnell durchfahren, wie der Bewohner von Howards Gartenstadt seine Stadt zu Fuß durchschreiten konnte. Auch der Bewohner von *Broadacre City* konnte über ein engmaschiges Netz von Schnellstraßen im Umkreis von 15 Fahrtminuten 30.000 Nachbarn erreichen, die allerdings auf einer Fläche von 100 Quadratmeilen verstreut lebten.

Das Auto setzte nicht nur völlig neue Maßstäbe für die Ausbreitung der Stadt, sondern auch für die Freiheit der Gestaltung. Die Nutzung des Wagens war nicht beschränkt auf wenige Linien und Haltepunkte. Bei ausreichender Erschließung durch ein Straßennetz war praktisch jeder Punkt leicht erreichbar, so daß eine Konzentration von Einrichtungen nicht mehr erforderlich war.

Obwohl Howard von einer „Vermählung von Stadt und Land" gesprochen hatte, erhielt er die gewohnte Trennung der beiden. Innerhalb der klar definierten Grenzen der dezentralisierten Gartenstädte herrschte städtisches Leben, alles war kompakt und konzentriert. Wright dagegen trieb in seinen Plänen die Dezentralisierung ins Extrem. In *Broadacre City* gab es kein erkennbares Zentrum mehr, Städte größer als eine Kreisstadt waren völlig abgeschafft. Der Stadt-Land-Gegensatz verschwand, und damit der Unterschied städtischer und ländlicher Lebensstile. Die gebaute Umwelt verstreute sich über das offene Land, bis sie zu einem natürlichen, „organischen" Element der Landschaft wurde.

Broadacre City war keine Stadt mehr im herkömmlichen Sinne. Das Zentrum der Gesellschaft war verlagert auf Tausende von einzelnen Heimstätten, die das Land überdeckten. Jede Familie hatte das Recht, soviel Land für sich in Anspruch zu nehmen, wie sie benötigte, mindestens 1 *Acre* pro Person.[9] Gleichzeitig erlaubte das in *Broadacre City* geltende Recht, jeden Grundbesitz zu enteignen, der über das Bedürfnis der einzelnen Familie hinausging. Die meisten Menschen arbeiteten halbtags auf ihren Farmen und halbtags in den kleinen Fabriken, Büros oder Läden, die sich irgendwo zwischen den Farmen oder inmitten von Wald befanden. Gleichzeitig gewährleistete ein Netz von Schnellstraßen, daß alle Bürger Zugang zu allen Gemeinschaftseinrichtungen hatten, die ein städtisches Leben ausmachen. Statt eines im Verkehr erstickenden Stadtzentrums sollte es „Landmärkte" an den Kreuzungen der Durchgangsstraßen geben (siehe Abbildung 8).

Für Wright fußte Individualität auf individuellem Grundbesitz. Dezentralisierung würde es allen Menschen erlauben, ihren selbstgewählten Lebensstil auf ihrem eigenen Land zu verwirklichen. Mit der Miete, die der Fabrikarbeiter bisher zahlen mußte, konnte er die Einzelteile seines Hauses, die in Massenproduktion gefertigt wurden, kaufen und selbst zusammenbauen. Die Verschmelzung von Stadt und Land, von körperlicher und geistiger Tätigkeit, von Arbeit und Freizeit – damit hoffte Wright, die Fragmentierung der verschiedenen Lebensbereiche, die „Entfremdung" des modernen Menschen aufzuheben. Dezentralisierung sollte die materiellen Bedingungen schaffen für eine Nation unabhängiger Farmer und Grundbesitzer. Die räumliche und wirtschaftliche Unabhängigkeit der Bürger sah Wright, in der Denktradition Thomas Jeffersons, als Fundament der amerikanischen Demokratie: Das wahre Zentrum der Demokratie ist das Individuum in seinem eigenen Haus.

So hatte die fortschrittliche Technik den Weg für eine Wiedergeburt der demokratischen Hoffnungen des 18. Jahrhunderts bereitet. Ökonomische Kräfte und industriezeitliche Technik hatten die Zentralisierung und das Städtewachstum bewirkt. Die gleichen ökonomischen Kräfte und modernere Technik konnten nach Ansicht Wrights nun für eine geplante Dispersion genutzt werden. Im Zeitalter von Automobil, Telefon und überall verfügbarer Elektrizität hatten die großen Städte ausgedient, sie waren „nicht mehr modern". Die aufwendige, teure Konzentration von Menschen war Verschwendung, wenn moderne Kommunikationsmöglichkeiten das Entfernungsproblem „überwinden" konnten. Außerdem bestand keine Notwendigkeit mehr für große, zentrale Organisationen, die ihren Standort in der Stadt hatten. Ihre

9 Entspricht zweieinhalb Personen je Hektar. Interessanterweise hatte Wright diesen Wert von Robert Owen übernommen; vgl. Benevolo 1967, 1971

Abbildung 8: Plan des „Zentrums" von Broadacre City

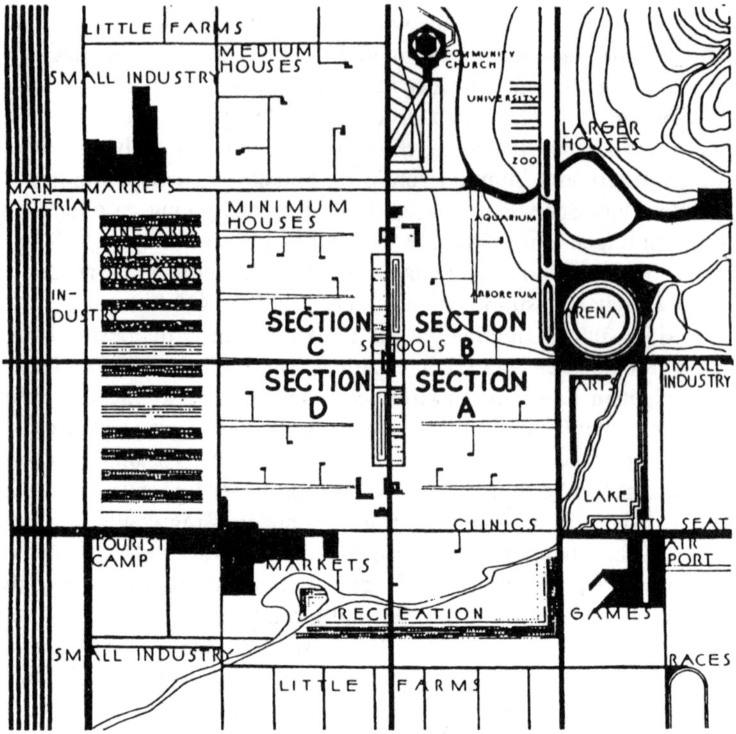

Quelle: Wright 1945

Funktionen konnten viel wirtschaftlicher in dezentralisierten Einheiten erfüllt werden, die über das Land verteilt waren.

Wright forderte: „Entlaßt den Menschen endlich aus der Falle und dem Käfig der kompakten engen Stadt aufs Land hinaus" (Wright 1943: 548). Er sagte seine *Broadacre City* als die amerikanische Stadt der Zukunft vorher: „*Broadacre City*, die Stadt der Zukunft, wird überall und nirgends sein, die Stadt, die das ganze Land umfassen und die Nation sein wird" (Wright 1943: 119). Sicherlich kann man – darauf weist Gerd Albers hin – den utopischen Vorstellungen Wrights ebenso wie anderen extrem antiurbanen Siedlungsentwürfen entgegenhalten, daß sie die ökonomischen Zusammenhänge der arbeitsteiligen Industriegesellschaft nicht hinreichend reflektierten (Albers 1974a). Hierbei muß man jedoch berücksichtigen, daß ja gerade eine Abkehr von dieser Arbeitsteiligkeit zum utopischen Konzept Wrights gehörte, dessen *Broadacre City* ja nicht nur die Vorstellung einer anderen Architektur und Siedlungsweise, sondern einer anderen Gesellschaft zum Ausdruck brachte.

Nach Albers hat Wright mit seiner Idee einer völlig aufgelösten Siedlungsstruktur ländlichen Charakters zumindest in Europa „wenig reale Wirkung ausgelöst, vor allem wohl infolge der ideologischen Überspitzung seiner Thesen. Hinzu kam gewiß auch, daß für den Europäer die Stadt aus der geschichtlichen Entwicklung heraus ein Prestige eigener Art besaß, das dem traditionell stadtfeindlichen Amerikaner nichts bedeutete" (Albers 1974a). Außerdem müßten Wrights Vorstellungen unter dem Aspekt der Weitläufigkeit Nordamerikas gesehen werden (Albers 1974b). Trotz dieser Einschränkungen kann nicht geleugnet werden, daß die heutige Siedlungsstruktur nicht nur in den USA, sondern ansatzweise auch in Europa durchaus Elemente enthält, die Erinnerungen an Frank Lloyd Wrights *Broadacre City* wachrufen. Nicht zu Unrecht bemerkt Robert Fishman: „Mehr als jedes andere Stadtentwicklungskonzept spricht dieser Plan die radikalsten Elemente der Stadt des späten 20. Jahrhunderts an" (Fishman 1994: 92).

Die Stadt der Gegenwart für 3 Millionen Menschen

Der aus der Schweiz stammende Architekt Charles-Édouard Jeanneret wurde bekannt unter seinem Pseudonym „Le Corbusier" (1887-1965). Im Gegensatz zu Howard und Wright mit ihren klaren Bekenntnissen zu einer gemäßigten bzw. radikalen Abkehr von der Lebensform der Stadt gilt Le Corbusier als optimistischer Bejaher der Großstadt. Während Wright glaubte, daß existierende Städte mindestens hundertfach zu dicht waren, waren sie für Le Corbusier nicht dicht genug.

Wenn Howards höchstes Ideal Kooperation und Wrights zentrales Leitmotiv Individualismus waren, dann schwebte Le Corbusier eine Gesellschaft vor, die diese Dichotomie von Sozietät und Individualität auflöste. Eine solche Verbindung konnte in seinen Augen jedoch nur eine hochgradig durchorganisierte und durchfunktionalisierte Gesellschaft leisten. Eines seiner wichtigsten Leitmotive war daher Organisation.

Die Entwicklung moderner Produktionstechnologien ging Hand in Hand mit neuen Formen der betrieblichen Organisation. Im Jahr 1915 hatte der amerikanische Ingenieur Frederic Winslow Taylor seine *„Principles of Scientific Management"* veröffentlicht, die sich vor allem mit der Minimierung des Zeitaufwandes für einzelne Arbeitsschritte befaßten. Henry Fords Buch „Mein Leben und Werk" erschien 1923 in Deutschland und ein Jahr später in Frankreich. Während für Taylor die Leistung des einzelnen Arbeiters im Mittelpunkt stand, widmete sich Ford der Durchrationalisierung des gesamten Produktionsprozesses.

Die Ideen Taylors und Fords – ursprünglich ähnliche, aber getrennte Strömungen – hatten nach 1920 Konjunktur. Sie versprachen Antworten auf dringende Probleme der industrialisierten Welt und ließen die europäischen Industrieländer hoffen, Anschluß zu finden an die fortgeschrittene Produktionstechnik und Produktionsmethodik in den USA (Hilpert 1978). Die Geistesströmungen Taylors und Fords übten eine starke Faszination auf Le Corbusier aus. Er forderte nicht nur die funktionelle „Wohnmaschine" und die industrielle Massenproduktion im Baugewerbe, sondern entwarf auch Konzepte für die Durchrationalisierung der gesamten Stadt.

Die Großstadt war für Le Corbusier der einzig denkbare Ort für eine hochgradig effiziente Organisation der Gesellschaft. Wollte man jedoch dieses hohe Ziel erreichen, durfte man nicht auf die spontane Selbstorganisation der Stadt vertrauen. Stadtentwicklung war vielmehr ein hochkomplexes Planungs- und Organisationsproblem. Le Corbusier glaubte auch nicht an eine inkrementelle Stadtplanung und eine Realisierung durch einzelne Schritte und Projekte. Für ihn war Städtebau eine „Planung aus einem Guß". Die organische Stadt, die sich langsam als Ergebnis vieler individueller Einzelentscheidungen entwickelte, gehörte für ihn der Vergangenheit an. Im Industriezeitalter war ein „von oben" entwickeltes Gesamtkonzept erforderlich.

Städtebau sollte nach Ansicht Le Corbusiers eine angewandte Wissenschaft werden, ausgeführt von speziell ausgebildeten Theoretikern und Technikern. Sie sollten an die Planung der Stadt herangehen wie an die Planung einer Fabrik: Zunächst waren die städtischen Funktionen analytisch zu trennen, dann den verschiedenen Gebieten der Stadt zuzuordnen und schließlich durch ein möglichst effizientes Verkehrsnetz zu verbinden. Le Corbusier war überzeugt, daß die Hauptaufgabe der Stadt der möglichst reibungslose Austausch von Ideen, Informationen und Fähigkeiten ist. Nur ein gutes Verkehrsnetz konnte die Stadt am Leben erhalten. Geschwindigkeit gewährleistete die Gesundheit der Stadt und bedeutete ungehinderten Austausch, Handel und Koordination. Geschwindigkeit war der Maßstab für den Erfolg der Stadt.

Zur Verwirklichung seiner Vorstellungen schlug Le Corbusier systematische „chirurgische Eingriffe" in die Stadt vor: Weite Teile des Zentrums von Paris und anderer Städte sollten zunächst eingeebnet und anschließend neu aufgebaut werden. Die „Stadt der Gegenwart für 3 Millionen Einwohner" (*La Ville contemporaine*) war im Jahr 1922 Le Corbusiers erstes systematisches Stadtkonzept (siehe Abbildung 9). Vor allem zur Vermeidung von Verkehrsüberlastungen, zu denen alle sternförmigen Straßennetzentwürfe neigen, wählte Le Corbusier statt eines radial auf das Zentrum zulaufenden Verkehrsnetzes ein vollständig symmetrisches Straßenraster. Das perfekte Raster hatte als Entwurfsgrundlage für Le Corbusier die gleiche Bedeutung wie die per-

Abbildung 9: Die Stadt der Gegenwart für 3 Millionen Menschen

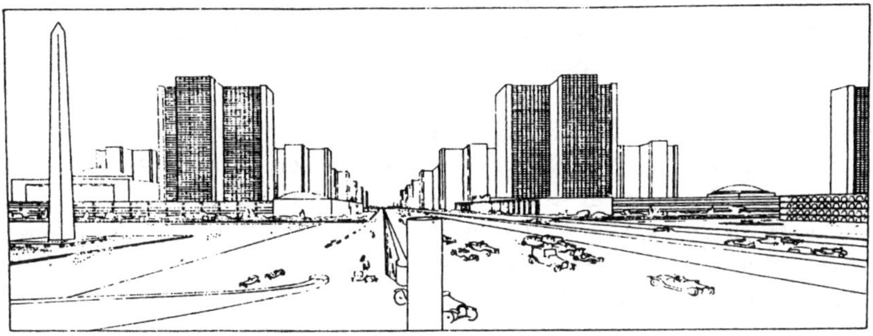

Quelle: Le Corbusier 1930

fekten Kreise für die Gartenstadtidee Howards. Die Symmetrie der *Ville contemporaine* symbolisierte den Sieg der Vernunft über den Zufall, von Planung über anarchischen Individualismus, von sozialer Ordnung über Chaos.

Zwei große Schnellstraßen, eine in West-Ost-, die andere in Nord-Süd-Richtung, bildeten die Hauptachsen, die sich exakt im Mittelpunkt der Stadt schnitten. Unterhalb dieses Knotenpunktes kreuzten sich die U-Bahn-Linien, darüber befand sich auf riesigen Stahlträgern der Hauptbahnhof. Das Dach dieses riesigen Komplexes diente als Start- und Landebahn für Flugzeuge. Um diesen zentralen Verkehrsknotenpunkt reihten sich in symmetrischer Anordnung 24 Bürohochhäuser aus Glas und Stahl, jedes 60 Stockwerke hoch.[10] Alle Hochhäuser standen inmitten von Parks und Grünanlagen. Die Bürotürme bildeten das Geschäftszentrum der *Ville contemporaine*. Sie waren das „Gehirn", die Kommando- und Schaltzentralen der ganzen Region bzw. der ganzen Nation. Le Corbusier war überzeugt, daß jede Industriegesellschaft – egal ob kapitalistisch oder kommunistisch – zentral „von oben" verwaltet werden mußte, wenn sie nicht riskieren wollte, ins Chaos zu versinken. Eine solche Verwaltung der Gesellschaft war nur durch eine technokratische Elite von Planern, Ingenieuren und Intellektuellen in den verantwortungsvollsten Positionen denkbar. Ihnen waren die Bürotürme der „Hochhauscity" vorbehalten.

Der zentrale Bereich war umgeben von Wohngebieten mit achtstöckigen Wohnbauten. Die luxuriösen Appartments waren vorgesehen für die Eliten,

10 Jeder der Wolkenkratzer kann 20.000 bis 40.000 Angestellte fassen (Le Corbusier 1929). Zum Vergleich: Die beiden Türme des World-Trade-Center mit einer Höhe von jeweils 411 m bieten insgesamt 50.000 Arbeitsplätze (Hilpert 1978).

die in der Innenstadt arbeiteten. Zwischen den Hochhäusern befanden sich Grünflächen und zentrale Einrichtungen. Außerhalb einer ausgedehnten Grünlandschaft waren „Gartenstädte“ für das Proletariat und die Heere der kleinen Angestellten angeordnet.[11] Dort sollten alle in sonnigen, lichten Gebäuden wohnen, die nichts mit den dunklen und tristen Mietshäusern der Industriestadt des 19. Jahrhunderts gemeinsam hatten. Niemand in der Stadt sollte ein eigenes Haus oder ein eigenes Grundstück erwerben können. Jede Wohnung war Teil einer großen architektonischen und sozialen Einheit.

Das Hochhaus war für Le Corbusier ein Instrument, um zwei fundamentale Gegensätze der Stadtgestaltung aufzuheben: Dichte und Freiraum. Jedes einzelne der entworfenen Hochhäuser hatte etwa soviel Nutzfläche wie ein ganzes Stadtquartier, aber nur wenig mehr Grundfläche als eines der alten Gebäude. Dies erlaubte eine hohe Dichte und gleichzeitig viel Grün- und Freifläche. Trotz Dichtewerten von bis zu 2.000 Einwohnern pro Hektar bedeckten Gebäude und Straßen in der *Ville contemporaine* nur 15 Prozent der gesamten Stadtfläche, der Rest war vorgesehen für Fußwege, Parks und Gärten. Nach Ansicht Le Corbusiers war der Bau von Hochhäusern die einzige Chance, eine aufgelockerte und durchgrünte Stadt zu realisieren.

Frank Lloyd Wright wollte die Entfremdung des Menschung durch eine Verschmelzung von Arbeit und Freizeit auch in räumlicher Hinsicht überwinden. Im Gegensatz dazu sah Le Corbusier die Lösung in einer – auch räumlich – klareren Trennung von Arbeit und Freizeit. Fabrikarbeit war für ihn ein notwendiges Übel der Industriegesellschaft. Sie zerstörte seiner Ansicht nach den Menschen aber vor allem deshalb, weil dieser seine Freizeit in Slums, trostlosen Vorstädten und durch lange Fahrten zur Arbeit vergeudete. Le Corbusier wollte die Inhumanität der Fabrikarbeit durch produktive Freizeit kompensieren. Die Satellitenstädte sollten Freizeitstädte sein, wo die harte Arbeit durch Komfort und Bequemlichkeit, durch vielfältige Gelegenheiten für Sport, Geselligkeit und Vergnügen belohnt wurde.

Bei aller Anerkennung seines Schaffens ist kaum je ein Architekt so angefeindet worden wie Le Corbusier. Lewis Mumford war einer seiner hartnäckigsten Kritiker. Mumford, ein Bewunderer von Ebenezer Howard und der Gartenstadtbewegung, lehnte Le Corbusiers Verherrlichung der zentralisierten Großstadt entschieden ab. Für ihn verkörperten die Ideen Le Corbusiers, eingepackt in Glas und Stahl des 20. Jahrhunderts, nichts anderes als die Napoleonischen Träume von absoluter, zentraler Macht, die typisch waren für das 19. Jahrhundert. Heute teilen viele Mumfords Einschätzung. Le Cor-

11 In einem späteren Stadtkonzept, der „Strahlenden Stadt“ (*La Ville Radieuse*) aus dem Jahr 1930, ist die soziale Trennung aufgehoben, alle Menschen leben in Hochhäusern (Le Corbusier 1935)

busier wird gesehen als elitärer Technokrat, autoritärer Klassizist, naiver Formalist.[12] Thilo Hilpert, der Le Corbusier eine hochentwickelte architektonische, gleichzeitig aber reduzierte soziale Phantasie bescheinigt, resümiert: „Wer sich eingehender mit Le Corbusiers Konzeptionen befaßt, für den reißt ein ganz eigenartiger Widerspruch auf zwischen künstlerischem Ingenium und politischer Beschränktheit; darin blieb Le Corbusier weit typischer für bestimmte traditionelle Denkhaltungen der Intelligenz als andere Architekten der Avantgarde" (Hilpert 1978: 144).

Die Ideen Le Corbusiers brachten in der Folge einen grundsätzlichen architektonischen Wandel, „dessen Bedeutung für die Stadtentwicklung gar nicht hoch genug eingeschätzt werden kann" (Lichtenberger 1991: 183). Die Einflüsse betreffen *erstens* das Aufbrechen der geschlossenen Blockbebauung und damit das Abgehen von einem der ältesten Prinzipien des Städtebaus, *zweitens* die Polarisierung der Wohnformen von Hochhaus und Einfamilienhaus, *drittens* die Trennung der verschiedenen Verkehrsebenen und *viertens* die Trennung der Flächennutzungskategorien (Lichtenberger 1991). Insbesondere die Trennung der räumlichen Nutzungsfunktionen durch Festschreibung von Flächennutzungskategorien wurde immer wieder Gegenstand städtebaulicher Diskussion, die auch in jüngster Zeit erneut auflebt.

Die Charta von Athen

Im Jahr 1928 gründete eine Gruppe von Avantgarde-Architekten, unter ihnen Le Corbusier, im Schweizer La Sarraz die Internationalen Kongresse für Neues Bauen (*Congrès Internationaux d'Architecture Moderne – CIAM*). Bis 1956 führte die Vereinigung insgesamt 10 Treffen durch. Damals ging es ausschließlich um die Stadt der Alten Welt, vor allem die europäische Großstadt. Die anderen Kontinente, außer Nordamerika, fanden als „koloniale Peripherie" noch keine Beachtung. Das heutige globale Verstädterungsproblem war noch nicht aktuell bzw. wurde noch nicht wahrgenommen (Hilpert 1978: 116).

Le Corbusier hat den *CIAM* entscheidend mitgeprägt. Vor allem der berühmt gewordene IV. *CIAM*-Kongreß ist mit seinem Namen verbunden. Ursprünglich sollte diese Veranstaltung in Moskau stattfinden. Nachdem jedoch

12 Trotz aller berechtigter Kritik weist Fishman jedoch darauf hin, daß man Le Corbusier nicht gerecht werden würde, wenn man seine Suche nach einer perfekten sozialen Ordnung lediglich als Spiegel des weitverbreiteten antidemokratischen Geistes im Europa der Zwischenkriegszeit sähe. Die Auffassung Le Corbusiers von Autorität hatte in in den Augen Fishmans wenig gemeinsam mit den autoritären Ideologien seiner Zeit.

die UdSSR kurzfristig abgesagt hatte, entschloß man sich, den Kongreß auf einer Schiffsreise von Marseille in die Ägäis mit anschließender Hauptveranstaltung in Athen abzuhalten. An Bord der Patris II fand die „bis dahin bedeutsamste Veranstaltung in der Entwicklung moderner Architektur“ statt (Hilpert 1978: 23).

Als Abschlußdokument wurde ein Text erarbeitet, der später als „Charta von Athen“ in die Geschichte einging. Erstmals wurden darin die „bis in die Gegenwart wirkenden Prinzipien moderner Stadtplanung fixiert“ (Hilpert 1978: 116). Die aus 95 Thesen (plus Einleitung und Kommentare) bestehende Charta teilt sich in drei Abschnitte: einen kurzen Teil „Allgemeines“, anschließenden Beschreibungen und Forderungen zum „Kritischen Zustand der heutigen Städte“ (gegliedert nach Wohnverhältnisse, Freizeit, Arbeit, Verkehr, Denkmalschutz) und den abschließenden „Lehrsätzen“. Die Thesen 77 bis 82 innerhalb der „Lehrsätze“ kodifizieren den Kern der „modernen Stadtplanung“. Deutlich spürbar ist die große Nähe zur gesamten Denkweise Le Corbusiers:

77. Die Schlüssel zum Städtebau liegen in den vier Funktionen: Wohnung, Arbeit, Erholung (Freizeit), Verkehr.
78. Die Planung wird die Struktur jedes einzelnen der den vier Schlüsselfunktionen zugehörigen Gebiete bestimmen und ihre sachgemäße Einordnung in die Gesamtheit des Stadtkomplexes festlegen.
79. Der Kreis der täglichen Funktionen: Wohnung, Arbeit, Erholung, wird im Städtebau der Zukunft nach dem Prinzip striktester Zeitersparnis geregelt werden, wobei das Wohnen als der Mittelpunkt der städtebaulichen Arbeiten, auf den sich alle Maßnahmen zu beziehen haben, angesehen wird.
80. Die neuen mechanischen Schnellverkehrsmittel haben das Leben in den Städten zerrüttet, indem sie die permanente Gefahr heraufbeschworen, die Blockierung und Paralysierung der Verbindungen hervorgerufen haben und sich gesundheitsschädlich auswirkten.
81. Das Prinzip des städtischen und stadtnahen Verkehrs muß berichtigt werden. Eine Klassifizierung der verfügbaren Schnellverkehrsmittel muß erreicht werden. Die Reform der Zoneneinteilung, die den harmonischen Ausgleich der Schlüsselfunktionen zum Ziel hat, wird zwischen diesen naturgegebene Verbindungen schaffen, nach denen ein rationelles Netz großer Verkehrsadern entworfen wird.
82. Der Städtebau ist eine Wissenschaft nach drei und nicht nach zwei Dimensionen. Indem das Element der Höhe eingeführt wird, werden die modernen Verkehrsprobleme einer Lösung zugeführt und gleichzeitig die Freizeitwünsche durch den auf diese Weise geschaffenen Freiraum befriedigt.

Die säuberliche Trennung der städtischen Funktionen, deren Verbindung durch ein „rationelles Netz großer Verkehrsadern“ sowie die Auflockerung und Durchgrünung der Stadt durch die Erschließung der dritten Dimension wurden als notwendige Mittel angesehen, um das Chaos in den Städten zu beenden und die „vordringlichen biologischen und psychologischen Bedürfnisse ihrer Bevölkerung zu befriedigen“ (These 71 der Charta von Athen). Zum richtigen Verständnis der hier zum Ausdruck kommenden Philosophie der Funktionstrennung muß man sich vergegenwärtigen, daß zwar eine möglichst strikte, nicht aber eine möglichst weiträumige Trennung postuliert wurde. Im Gegenteil sollte die Distanz zwischen Wohngebieten und industriellen Zonen „auf ein Minimum“ reduziert werden. Denn da „jeglicher Transport unproduktiver Energieverbrauch ist, ist das Planungsproblem der neuen Stadt vorwiegend ein Problem der Transportvermeidung“ (Forbat 1933, Hilpert 1978: 240).

Immer wieder wird die Trennung der Nutzungsfunktionen in einem Atemzug genannt mit der Charta von Athen. Trotzdem kann man nicht sagen, daß die Funktionstrennung eine „Erfindung“ des IV. *CIAM*-Kongresses oder gar eine Erfindung Le Corbusiers war. Vielmehr wurde ein ohnehin ablaufender Trend aufgegriffen und in eine „ideale Form“ gegossen. Das Zeitalter des Automobils hatte bereits begonnen, der Exodus breiterer Schichten der Wohnbevölkerung aus der Stadt in deren Umland setzte ein, Handel und Dienstleistungen konzentrierten sich in innerstädtischen Geschäftsvierteln. Und obwohl sicherlich Le Corbusier das Prinzip der Funktionstrennung am konsequentesten durchdacht und verfochten hat, gehört die funktionale Entmischung zu den Grundideen *aller* modernen Stadtutopien.

2.5 Aufbruch ins automobile Zeitalter

Im Jahr 1886 hatte Gottlieb Daimler einen Benzinmotor in eine Kutsche eingebaut. Aber erst Henry Ford verhalf dem Automobil zum eigentlichen Durchbruch. Er gründete 1903 in Detroit die Ford Motors Company und verwirklichte in seinem Unternehmen konsequent den Gedanken, durch rationalisierte Massenfertigung (Arbeitsteilung, Fließbandarbeit) bei gleichzeitig möglichst günstigen Arbeitsbedingungen die Herstellung hochwertiger Industrieprodukte zu verbilligen, um den Absatz zu steigern. 1907 brachte Ford sein Modell T auf den Markt und produzierte davon bis 1927 15,4 Millionen Stück, einheitlich schwarz lackiert, ohne nennenswerte technische Änderungen. Bis 1972 blieb es die größte jemals gebaute Autoserie (Hilpert 1978).

Der Schritt zur Vollmotorisierung begann in den USA schon vor dem Ersten Weltkrieg. In erstaunlich kurzer Zeit stieg die Zahl der Automobile enorm an. Eine vergleichbare Zunahme trat in Deutschland erst mit einer Verzögerung von etwa 40 Jahren ein. Die Weite des Landes, der besondere kulturgeschichtliche Hintergrund und die wirtschaftliche Dynamik machten die USA zum idealen Ausgangspunkt für den Siegeszug des Automobils. Die Flexibilität dieses neuen Verkehrsmittels erlaubte die Realisierung von Siedlungsformen, die den Vorstellungen Frank Lloyd Wrights entsprachen.

Los Angeles – Extremfall der Mobilität

Keine Stadt der Welt verkörpert das Bild der autogerechten Stadt so perfekt wie Los Angeles. Die Metropole mit ihren heute mehr als 15 Millionen Einwohnern ist so sehr zum Symbol einer automobilen Gesellschaft geworden (Bratzel 1995), daß nach gängiger Ansicht die Stadt erst im 20. Jahrhundert entstanden und damit ein reines Produkt des Automobilzeitalters ist. Diese Ansicht ist jedoch falsch. Zwar ist Los Angeles eine junge Stadt. Aber die heute noch sichtbare Grundstruktur der Stadtregion wurde durch Eisenbahnen und Straßenbahnen erzeugt. Ironischerweise zeichnen die heutigen *Freeways*, wie die Autobahnen der Stadt genannt werden, in wesentlichen Zügen noch den Verlauf der einstigen Eisenbahnstrecken nach (Hall 1988, 1993).

Die *Southern Pacific Railroad* stellte im Jahr 1876 die Eisenbahnlinie von San Francisco im Norden und fünf Jahre später die Linie aus dem Osten nach Los Angeles fertig. Mit dem Anschluß an das transkontinentale Eisenbahnnetz war der Grundstein gelegt für eine wirtschaftliche Entwicklung der Region, die zunächst von der Landwirtschaft ausging. In nur wenigen Tagen konnten nun die landwirtschaftlichen Erzeugnisse in den Osten der USA transportiert werden.

Die massive Zuwanderung und damit die explosionsartige Bevölkerungsentwicklung von Los Angeles setzte gerade in dem Augenblick ein, als moderne städtische Schienenverkehrsmittel technische Anwendungsreife erlangten. Nicht gebunden an traditionelle Verkehrsformen in der Stadt, konnte sich diese Neuerung ungehindert und rasch durchsetzen. Zwar wurde 1873 das erste Massenverkehrsmittel von Los Angeles noch von Pferden gezogen, doch die Entwicklung von *horse cars* über *cable cars* zu elektrischen *streetcars* schritt rasch voran. Als 1887 die erste elektrische Straßenbahn ihren Betrieb aufnahm, hatte die Stadt Los Angeles weniger als 50.000 Einwohner und der gesamte Los Angeles County weniger als 100.000 Einwohner. Im Vergleich etwa zu Philadelphia (ca. 1 Million Einwohner) und Boston (ca. 500.000 Einwohner), die zu jener Zeit noch völlig von *horse cars* abhängig waren, wies Los Angeles schnell ein respektables Netz von *cable cars* und Straßenbahnen auf (Bratzel 1995).

Die Schlüsselfigur bei der Entwicklung des Schienenverkehrs in Los Angeles war der Unternehmer Henry E. Huntington. Er hatte maßgeblichen Einfluß darauf, daß bis zum Jahr 1911 die Vielzahl von kleinen privaten Transportunternehmen zu zwei großen Betreibern zusammengeführt wurden. Die Los Angeles Railway Company (LARY) vereinigte fast alle Straßenbahnen, während die Pacific Electric Railway Company (PE) das regionale Eisenbahnnetz betrieb und vor allem Passagiere zwischen der Stadt Los Angeles und anderen, weitläufig verstreuten Gemeinden in Südkalifornien beförderte.

linos“ die Straßenbahn pro Kopf und pro Tag etwa doppelt so häufig nutzten – bzw. nutzen mußten – wie die Bewohner anderer vergleichbarer Städte. Die hohe Abhängigkeit machte die Berufspendler und andere Verkehrsteilnehmer äußerst kritisch gegenüber der Bedienungsqualität der Schienenverkehrsmittel, die häufig zu wünschen übrig ließ (Bottles 1987). Diese Abhängigkeit, die bereits stark zersiedelte Struktur und der relative Wohlstand gaben wahrscheinlich den Anstoß für die rasche Verbreitung des Automobils in der Region.

Bereits 1924 kam in Los Angeles auf zwei Haushalte ein Auto – ein Wert, der im übrigen Amerika erst in den 50er Jahren, in Europa sogar erst in den 70er Jahren erreicht wurde (Hall 1993). Die hohe Motorisierung leitete den Niedergang des Schienenverkehrs in der Region ein. Seit Mitte der 20er Jahre wiesen sowohl die Straßenbahnen der LARY als auch die regionalen Eisenbahnen der PE kontinuierlich rückläufige Fahrgastzahlen auf. Die Verfügbarkeit eines Autos machte gerade die jungen Haushalte in der rasch wachsenden Region nun unabhängiger in der Wohnstandortwahl. Nicht mehr an die Nähe zu den Haltestellen gebunden, entstanden neue Wohngebiete auf den Freiflächen zwischen den Bahntrassen. Als der Straßenverkehr zwangsläufig zunahm, behinderten sich Straßenbahnen und Autos zunehmend gegenseitig. Fahrpläne konnten nicht mehr eingehalten werden, die Beförderungsqualität verschlechterte sich zusätzlich (Kunstler 1993). Zunächst mitverantwortlich für die rasche Dispersion der Wohnsiedlungen in der Region, machte sich nun der schienengebundene Nahverkehr schrittweise selbst überflüssig.

Als größer werdende Teile der Bevölkerung dank des Autos nicht mehr von der Ansiedlung auf bahnnahen Grundstücken und vom Schienenverkehr abhängig waren, ging auch die Rechnung der Transport- und Immobilienunternehmen nicht mehr auf. Denn in Erwartung hoher Spekulationsgewinne und steigender Fahrgastzahlen hatten sich die Unternehmen hoch verschuldet (Bratzel 1995). In dieser prekären Situation blieben notwendige Investitionen in das Schienennetz aus. Als Busunternehmen zusätzliche Konkurrenz schufen, mußten diese aufgekauft werden, um einen ruinösen Wettbewerb zu verhindern (Bratzel 1995). LARY und PE bedienten nun immer mehr Linien mit Bussen statt mit Bahnen, erste Schienenstrecken wurden stillgelegt. Dies war der Anfang vom Ende des Massenverkehrs in Los Angeles.

Das Jahr 1944 markierte dann ein Ereignis, dessen Konsequenzen für Los Angeles bis heute immer wieder kontrovers diskutiert wurden. American City Lines, ein Tochterunternehmen von National City Lines, kaufte die LARY auf. General Motors, Standard Oil of California, Firestone Tire and Rubber Company und andere Firmen waren Aktionäre von National City Lines. Innerhalb von vier Monaten ersetzte das neue Management 19 der 25 noch existierenden Straßenbahnlinien der LARY durch Busbetrieb. Da jedoch ein Bundesgericht der National City Lines zwei Jahre später die Verletzung von

Anti-Trust-Gesetzen vorwarf, mußte sie die LARY wieder verkaufen (St.Clair 1986, Bottles 1987).

Im Jahr 1974 kam es zu Anhörungen vor dem US-Senat zum Niedergang der Eisenbahnen und zur Automobilisierung in US-amerikanischen Städten. Im Rahmen dieser Anhörungen beschuldigte Bradford Snell die Automobilindustrie der Konspiration während der 40er Jahre. Überall in den USA wurden nach Aufkauf von Eisen- und Sraßenbahnbetrieben die Linien systematisch durch Busse ersetzt und so nach Ansicht Snells ein gesundes, leistungsfähiges Nahverkehrssystem zerstört. Da die Automobilkonzerne auch Busse produzierten, war damit das erste Ziel der Konspiration erreicht. Nach Snell war aber der nachfolgende Niedergang des ineffizienten Busbetriebs bereits einkalkuliert. Die Unbequemlichkeit und Unzuverlässigkeit der Busse veranlaßte immer mehr Einwohner zum Kauf und zur Nutzung eines eigenen Autos. Damit war das zweite und wichtigste Ziel der Konspiration erreicht. General Motors, Ford und Chrysler hatten, so Snell, in purem Eigeninteresse statt in sozialer Verantwortung gehandelt. Nirgendwo seien dabei deren Auswirkungen so offensichtlich gewesen wie in Südkalifornien (Snell 1974).

Snell wurde vielfach, nicht nur von der Automobilindustrie, wegen seiner unpräzisen Recherche und seiner verzerrten Darstellung historischer Tatsachen kritisiert. Scott Bottles weist darauf hin, daß Snell sicher nicht die Wahrheit trifft, wenn er von der Zerstörung eines bis dahin gesunden und leistungsfähigen Nahverkehrswesens in amerikanischen Städten spricht (Bottles 1987). Bereits lange vor der Konspiration der Automobilindustrie war der Rückzug des Schienenverkehrs und der schleichende Niedergang des Massenverkehrs zugunsten des Individualverkehrs eingeleitet. Andererseits läßt man sich auf eine sehr fragwürdige Argumentation ein, wenn man das Sterben des Schienen- und des Busverkehrs ausschließlich durch den freien Willen freier Bürger erklärt und dementsprechend legitimiert. Zur schrittweisen Transformation von Mobilitätswünschen in Mobilitätszwänge in Los Angeles bemerkt Roger Keil:

> „Angeblich wollten alle Auto fahren. Tatsache war jedoch, daß die Autoindustrie genau die Rolle gespielt hat, [...] für die alle drei Konzerne 1949 rechtskräftig verurteilt worden waren: kriminelle Konspiration mit dem Ziel des Erwerbs, der Motorisierung und des Wiederverkaufs elektrischer Straßenbahnlinien [...]. Was jedoch weder die eine noch die andere Interpretation erkennt, ist, daß jenseits der unterstellten oder tatsächlichen Böswilligkeit der beteiligten Konzerne die Beseitigung der Big Red Cars und deren Ersetzung durch ein zunächst viel schlechteres Bussystems die Bewohner von Los Angeles schließlich endgültig zu zwangsweisen Konsumenten im entstehenden fordistischen Konsumsystem machten" (Keil 1993: 77).

Zweifellos konnte die Automobilisierung mit tatkräftiger Hilfe der Automobilkonzerne in Los Angeles früher und ausgeprägter geschehen als anderswo (Keil 1993). Der wachsende Individualverkehr erlaubte nun nicht nur eine weitere Zerstreuung der Wohnsiedlungen in der Region, er führte gleichzeitig auch zum rapiden Anwachsen von Verkehrsproblemen, die insbesondere der *CBD* zu spüren bekam. Dieser war weniger als der anderer amerikanischer Städte dem Ansturm der Autolawine gewachsen. Die Straßen waren eng und schlecht angebunden. Bereits 1919 hatte das Verkehrschaos in der Innenstadt solche Ausmaße angenommen, daß das Parken auf der Fahrbahn während der Geschäftszeit verboten wurde (Kunstler 1993).

Im Zeitalter des Automobils wurde dem zentralen Geschäftsbereich seine relativ große Ballung von Arbeitsplätzen, Einzelhandels- und Dienstleistungseinrichtungen zum Verhängnis. Denn mehr oder weniger große Engpässe entstehen zwangsläufig, wenn viele Menschen zur gleichen Zeit auf einen Zielpunkt zustreben (Hägerstrand 1987). Insbesondere zur *Rush-hour* kam es zu Staus. Dieses Problem löste sich in den folgenden Jahrzehnten von selbst, allerdings nicht in der von vielen erhofften Weise:

„Als folgenreiches Mißverständnis hat sich etwa die Einschätzung vieler Akteure in den 20er Jahren erwiesen, daß die vor allem durch das Auto ausgelösten chaotischen Verkehrsbedingungen im Zentrum der Metropole die Bürger auch ohne staatliche Eingriffe dazu zwingen werden, wieder auf öffentliche Verkehrsmittel umzusteigen. Statt jedoch auf das Auto zu verzichten, mieden die Bürger zunehmend das Problemgebiet Zentrum und wählten sukzessive andere Fahrtziele. Auch der Handels- und Dienstleistungssektor verlagerte in der Folgezeit seine Standorte in andere, weniger belastete Gebiete“ (Bratzel 1995: 13).

Wichtige Voraussetzung für die Flexibilisierung der Standorte von Handel und Industrie war der motorisierte Lastwagen, der sich nach dem Ersten Weltkrieg durchsetzte. Der Einzelhandel und andere Einrichtungen konnten sich nun zunehmend von der Innenstadt abwenden und sich zum Beispiel am Wilshire Boulevard niederlassen, Amerikas erstem großen *Highway Strip*, wo es genügend freie Parkflächen gab. Wurden 1929 noch etwa drei Viertel der Kaufhausumsätze im Los Angeles County innerhalb des *CBD* getätigt, so sank dieser Anteil bis 1939 auf 54 % (Bottles 1987). Schon 1930 befanden sich 89 % der Banken, 80 % der Theater und 67 % der Arztpraxen außerhalb des zentralen Geschäftsbereichs (Flink 1988).

Diese räumlichen Veränderungen zogen dann wiederum verkehrliche Konsequenzen nach sich. Fuhren 1923 noch 40 % der Bevölkerung von Los Angeles County an einem normalen Werktag in den *CBD*, so waren es 1941 nur noch 22 %. Im selben Zeitraum wuchs der Anteil derjenigen, die dabei das Auto benutzten, von 48 % auf 62 % (Bottles 1987). Die sich ändernde Zielstruktur der Verkehrsströme bedeutete jedoch zunächst keine Entlastung der Innenstadt. Da noch kaum direkte Verbindungen zwischen den Vororten existierten, führten fast alle Wege über den zentralen Geschäftsbereich. Dieser war nun nicht nur Engpaß für den Zielverkehr, sondern zusätzlich auch Nadelöhr für den wachsenden Durchgangsverkehr.

Die völlige Verstopfung der Innenstadt und die Abwanderung von geschäftlichen Aktivitäten geschah in Los Angeles früher als in anderen Städten der USA. Zur Wahrung ihrer Geschäftsinteressen übte die städtische Wirtschaft zunehmend Druck aus, das Straßennetz zu verbessern (Fogelson 1967). Schon 1924 wurde ein *Major Traffic Street Plan* erstellt, der den Bau neuer sowie die Ausweitung und Begradigung bestehender Straßen vorsah. Mehr als dreißig Jahre vor dem Bundesfernstraßenprogramm forderte der Plan den Einstieg in den Autobahnbau (Keil 1993). 1937 wurde ein sechs Meilen langes Teilstück des *Arroyo Seco Parkway* (später *Pasadena Freeway*) eröffnet. Es war das erste Stück des *Freeway*-Programms der Stadt, die damit ebenso wie New York schon früh die Weichen für eine weitere Automobilisierung und die Etablierung autogerechter Stadtlandschaften stellte (Foster 1971, Wachs 1984).

In den Folgejahren wurde der *Arroyo Seco Parkway* mit mehreren anderen *Freeways* zu einem auf die Bedienung der *Downtown* zugeschnittenen radialen Netz zusammengeführt (Warner 1972, Clark 1983, Keil 1993). Der Krieg änderte jedoch die Planungslogik in entscheidender Weise, denn die Militärindustrie war mehr an suburbanen Standorten interessiert und favorisierte den konsequenten Ausbau des Gittersystems, in dem Los Angeles ursprünglich gewachsen war (Keil 1993). Dies war der Beginn eines jahrzehntelang dauernden Interessenkonfliktes zwischen den in *Downtown* ansässigen Unternehmen einerseits und der Wohnbevölkerung, den Einkaufszentren und den Industriebetrieben in den *Suburbs* andererseits. Dieser Konflikt wurde schließlich zugunsten der Vorstädte entschieden:

> „Das aus der widersprüchlichen lokalen Dynamik entstandene Gittersystem wurde nach der Verabschiedung des Interstate Highway Act von 1956 zum Modell für die gesamtstaatliche Autobahnplanung in Kalifornien. [...] Los Angeles blieb dennoch einzigartig: während heute in amerikanischen Städten zwischen einem Viertel und einem Drittel der Fläche dem Verkehr zur Verfügung steht (Autobahnen, Straßen und Parkplätze), beträgt dieser Anteil in Los Angeles, der Stadt mit dem höchsten Pro-Kopf-Aufkommen an Autos in der Welt, fünfzig Prozent! Dem Automobil, dem Götzen des fordistischen Kapitalismus, wird daher ebenso viel Platz zuteil wie allen anderen menschlichen Aktivitäten zusammengenommen“ (Keil 1993: 79).

Die *Freeways* erschlossen nun neue Räume und leisteten der weiteren Dispersion Vorschub. Sie waren genauso gut eine Antwort auf die Dezentralisierung der Stadt wie deren erneuter Grund (Wachs 1984). So wurde Los Angeles, heute die zweitgrößte Metropolregion der USA (siehe Tabelle 1), schrittweise zum Inbegriff der ressourcenverzehrenden Megastadt, gekennzeichnet durch exzessiven Verbrauch von Freiflächen, von Kraftstoff und von riesigen Wassermengen, die mittlerweile in weit entfernten Räumen angezapft und über Fernleitungen herangeschafft werden müssen. Dabei wurde die Entwicklung staatlicherseits großzügig subventioniert: durch Autobahnbau, finanzielle

Tabelle 1: Bevölkerung, Flächenausdehnung u. Siedlungsdichte der größten Metropolregionen der USA im Jahr 1990

Metropolregion (CMSA)	Bevölkerung (Mio.)	Fläche (qkm)	Dichte (Einw./qkm)
New York	17,93	18.134	990
Los Angeles	14,53	87.970	165
Chicago	8,07	14.553	554
San Francisco	6,25	19.085	327
Philadelphia	5,90	13.844	426

Quelle: Bratzel 1995

Unterstützung des Eigenheimbaus und Förderung der für die Region so wichtigen Rüstungsindustrie.

Learning from America: Die Zwischenkriegszeit in Deutschland

Im Jahr 1929, als auf den Straßen der USA schon über 23 Millionen Personenkraftwagen und über 3 Millionen Lastkraftwagen rollten, waren es in Deutschland erst weniger als 500.000 Pkw und etwa 150.000 Lkw (Forschungsgesellschaft für das Straßenwesen 1974). In Deutschland und dem übrigen Europa setzte die Massenmotorisierung im Vergleich zu den USA mit einer Verzögerung von etwa 40 Jahren ein. Ein wichtiger Grund für den US-amerikanischen Entwicklungsvorsprung war sicherlich der größere Wohlstand und der hohe Grad der Automatisierung der Automobilindustrie. Nicht zu verkennen ist jedoch auch die Tatsache, daß in Deutschland der Kohlenbergbau und die Schwerindustrie bedeutende Wirtschaftszweige darstellten, die stark auf den Massengütertransport auf der Schiene angewiesen waren und entsprechenden Einfluß auf die Verkehrspolitik ausübten (Yago 1984, Horn 1992). Dagegen hatte in den USA gerade der automobil-industrielle Komplex schon früh die Politik erheblich mitbestimmt.

So blieb hierzulande das wichtigste Verkehrsmittel zwischen den beiden Weltkriegen die Eisenbahn. Diese hatte bereits zu Beginn des Jahrhunderts mit dem Neubau von Schnell- und U-Bahnen eine neue Entwicklung für den städtischen Verkehr eingeleitet. Aber gleichzeitig wuchs die Faszination des Autos, es wurde zum gesellschaftlichen Leitbild und Statussymbol, mit dem sich die Großen der Zeit schmückten (Steierwald, Künne 1994). So war, gemessen am tatsächlichen Ausmaß, das der Autoverkehr in Deutschland während der Zwischenkriegszeit erreicht hatte, seine psychologische Bedeutung enorm. Wenigstens in der Einbildungskraft war das Auto „zum Massenartikel geworden: Vom 'Sportsvergnügen für Reiche' zum 'Auto für alle'" (Sachs 1984: 54).

Der Schrecken des Ersten Weltkriegs hatte zunächst die Maschinen- und Modernisierungseuphorie gedämpft, doch das rasante Wachstum der Städte sowie technische und wissenschaftliche Fortschritte führten bald wieder zu einer allgemeinen Aufbruchstimmung (Klemm 1996). Aus Amerika kamen immer wieder neue städtische Rekordmeldungen und Erfolgsgeschichten. Die 20er und 30er Jahre waren daher die Zeit, in der Deutschlands Städtebauer und Verkehrsplaner in Scharen in die USA reisten, um dort selbst einen Eindruck von der Zukunft zu gewinnen. „Dort schien die Entwicklung vorgezeichnet zu sein hinsichtlich des Ausmaßes der Automobilisierung, der Auswirkungen auf die Stadtgestalt, der negativen Begleiterscheinungen in den Innenstädten und der zu verfolgenden Lösungsansätze" (Horn 1992: 12).

Zu den bekanntesten „Amerikapilgern" jener Zeit zählte Ernst Reuter, damaliger Verkehrsdezernent und späterer Regierender Bürgermeister Berlins. Zwar bemängelte er die unkritische Euphorie unter Politikern, Planern und Architekten in Europa gegenüber einer Entwicklung, „die in Wirklichkeit nur vom Grundbesitz planmäßig gewollt ist und verkehrlich, ganz abgesehen von allen möglichen anderen Bedenken sozialpolitischer und sonstiger Natur, bestimmt nicht als Vorbild bezeichnet werden kann." (Reuter 1929: 663). Aber auf die europäischen Städte sah er in realistischer bis resignativer Einschätzung vergleichbare Tendenzen hereinbrechen:

„Der Kraftwagen ist zum stärksten Motor der Entwicklung Amerikas überhaupt geworden, und ohne das Anwachsen des Kraftwagenverkehrs und die Motorisierung Amerikas wären zweifellos viele augenfälligen Erscheinungen der amerikanischen Wirtschaftsblüte nicht möglich. Wenn wir auch in Europa durch planmäßigeren Städtebau, durch Vermeidung systemloser Anhäufung von Wolkenkratzern den Großstadtverkehr in richtigere Bahnen werden lenken können, so wird uns doch keine Macht der Welt vor dem Anwachsen des Kraftwagenverkehrs und dem damit zusammenhängenden Problem bewahren können. [...] Im Innern der Großstädte werden wir wohl oder übel mehr Straßenraum schaffen und Ausfallstraßen wie Querverbindungen in genügender Breite unter richtiger Trennung des Verkehrs so anlegen müssen, daß straßenfreie Kreuzungen später bei weiteren Verkehrssteigerungen möglich sind" (Reuter 1929: 669, Horn 1992: 13).

Die meisten Architekten, Städtebauer und Verkehrsplaner übten sich eher in schlichter Bewunderung für die Verhältnisse jenseits des Atlantiks. Was sie faszinierte waren *einerseits* die ausgedehnten durchgrünten Einfamilienhausgebiete an den Stadträndern und *andererseits* die Innenstädte mit ihren kühnen Hochhäusern aus Stahl, Glas und Beton. Im Jahr 1925 standen in New York bereits fast eintausend Wolkenkratzer. In den USA schien die moderne funktionale Stadt Wirklichkeit geworden, die nichts mehr gemeinsam hatte mit der mittelalterlichen Stadt Europas und dem Stadtideal eines Camillo

Sitte. Die Innenstädte verfügten in der Regel noch über leistungsfähige öffentliche Verkehrssysteme, die jedoch nicht bis in die neuen Wohnvororte reichten. Daher benutzten immer mehr Menschen das eigene Auto auf dem Weg zur Arbeit in die Innenstadt. Dort boten sich dem europäischen Betrachter einerseits Verkehrschaos, andererseits aber auch ehrgeizige verkehrstechnische Projekte wie etwa die Hudson-River-Bridge mit 16 Fahrspuren für den Autoverkehr, mit denen man das Chaos zu beseitigen hoffte.

Die durch persönliche Reisen und durch Berichte gewonnenen Eindrücke der Entwicklung von Stadt und Verkehr in den USA trugen erheblich dazu bei, daß „in den Köpfen" europäischer Architekten und Planer die Leitbilder einer neuen Stadt entstanden, lange bevor die materiellen Voraussetzungen für deren Realisierung gegeben waren: das Bild der „autogerechten Stadt" und das Bild der „gegliederten, aufgelockerten Stadt". Beide Leitbilder waren unmittelbar miteinander verknüpft. Die Stadt mußte dem Autoverkehr Raum schaffen, weil nur so gewährleistet schien, daß die verschiedenen auseinanderstrebenden Nutzungen in der Stadt noch miteinander verbunden blieben. Umgekehrt stellte eine aufgelockerte Bauweise – im Gegensatz zur Enge der mittelalterlichen Stadt und der industriellen Großstadt – sicher, daß genügend Verkehrsraum vorhanden war.

So griffen langsam die Bau- und Siedlungsweisen Nordamerikas auch auf Europa über. Lockere Einfamilienhausbebauung und großzügige Autoverkehrserschließungen wurden zum Vorbild für viele Stadterweiterungen. Die Gartenstadtidee degenerierte zu reinen Wohnsiedlungen mit gartenstadtähnlicher Bebauung wie etwa „Onkel Toms Hütte" des Architekten Bruno Taut in Berlin. Damit datieren wesentliche konzeptionelle Weichenstellungen für den späteren Ausbau der Städte aus den 30er Jahren und haben vor allem Städtebauer und Architekten jener Zeit als geistige Väter (Monheim, Monheim-Dandorfer 1990).

Nach wie vor war das Wohnungsproblem in den Städten ungelöst und gab häufig Anlaß zu sozialen Konflikten. Der Verkehr, an dem zunehmend Kraftfahrzeuge teilnahmen, wurde immer chaotischer. Da das vorhandene, noch überwiegend am mittelalterlichen Stadtgrundriß orientierte Straßennetz nicht auf diese neue Form des Verkehrs ausgerichtet war, erlebten vor allem die Stadtkerne hoffnungslose Überlastungen. Für die Mehrheit der Architekten und Planer war das Automobil aber keineswegs ein Transportmittel, das die Stadt zu zerstören drohte und dessen Einfluß man daher minimieren mußte. Das Automobil brachte vielmehr dem Menschen individuelle Freiheiten und war – wichtiger noch – die Voraussetzung schlechthin, eine bessere Stadt zu realisieren:

„Die Freiheit in der Ausweisung und Gestaltung der Wohnfläche, die der Kraftwagen gibt, gestattet es, die kulturellen und arbeitsmarktpolitischen Vorteile der Großstadt zu nutzen, ohne ihre Nachteile in Kauf nehmen zu müssen. Eine erhebliche Auflockerung der Großstadt wird eintreten; das Einfamilienhaus mit Garten wird auch dem Großstadtmenschen das Heimatgefühl und einen guten Teil der Instinktsicherheit wiedergeben, die er in den lichtlosen und naturfernen Mietskasernen der Großstadt zu verlieren begonnen hatte" (Roggatz 1942: 491, Horn 1992: 15).

Entkernung im Zuge von Altstadtsanierungskonzepten konnte Hand in Hand gehen mit der verkehrsgerechten Umgestaltung der Innenstadtbereiche. In denjenigen Stadtbereichen, die „durchlüftet, besonnt und begrünt" werden sollten, bot sich gleichzeitig die Möglichkeit, mehr Verkehrsraum zu schaffen. Umgekehrt gab die Überlastung des Straßennetzes häufig Anlaß, durch Straßendurchbrüche die vorhandene Bausubstanz „aufzulockern". „Seit Haussmann waren Verkehrsgründe neben stadthygienischen Argumenten aber oft eher ein Vorwand, um Stadtviertel auch 'politisch' zu sanieren, die in diesen Vierteln oft vorhandenen gewachsenen Strukturen der Arbeiterbewegung zu zerschlagen. Im Faschismus ist dies naheliegenderweise verstärkt praktiziert worden" (Horn 1992: 24).

Im Zuge der Erweiterung des Verkehrsraumes wurde es nun Schritt um Schritt möglich, die verschiedenen Verkehrsarten zu trennen und das Straßennetz zu hierarchisieren. Denn noch war es die Regel, daß sich Automobile, Straßenbahnen, Pferdewagen, Radfahrer und Fußgänger den gleichen Fahrweg teilten und sich gegenseitig behinderten. Die auch in der Charta von Athen geforderte konsequente Trennung der Verkehrsarten nach Geschwindigkeiten und die Einteilung des Straßennetzes in Verkehrsstraßen, Erschließungsstraßen und Wohnwege wurden als wichtigste Voraussetzung betrachtet, diesem Chaos ein Ende zu bereiten. Entlang neu geplanter Hauptverkehrsstraßen, so die Vorschläge mancher Städtebauer und Verkehrsingenieure, sollte zunächst sogar auf eine Bebauung ganz verzichtet werden, um die Möglichkeit späterer Straßenerweiterungen offenzuhalten.

Ebenfalls unter dem Aspekt des Abbaus gegenseitiger Störungen der verschiedenen Verkehrsarten entstanden schon Ende der 20er Jahre in zahlreichen Städten Pläne, die Straßenbahnen, die als hinderlich für den Autoverkehr empfunden wurden, durch flexiblere Busse zu ersetzen. Nicht zuletzt deshalb wurde 1929 in Wiesbaden die erste große Umstellungsaktion von der Straßenbahn auf Busse von vielen als Pioniertat gefeiert (Monheim, Monheim-Dandorfer 1990).

Kritische Gegenstimmen zu den Plänen und ersten konkreten Projekten der „autogerechten Stadt" blieben die seltene Ausnahme. Die breite Zustimmung nährte sich entweder aus Faszination oder aus fatalistischer Ergebenheit in eine unabdingbar erscheinende Entwicklung hin zur Massenmotorisierung (Horn 1992). Die negativen Auswirkungen des Autoverkehrs blieben dabei durchaus im Blickfeld, und insbesondere seitens der Denkmalpflege kamen gelegentlich mahnende Worte. Aber zu überzeugend waren die Argumente, wie sie etwa der Frankfurter Stadtbaurat Ernst May vorbrachte: „Das soziale

Niveau ist der Maßstab für den Wert einer Stadt, die gesundheitliche Rettung der zahlreichen Familien, die in gänzlich unzureichenden Altstadträumen verkümmern (Frankfurt, Breslau), ist wichtiger als die sentimentale Erhaltung alter, für die Gegenwart untauglich gewordener Stadtbilder" (zit. in Wohler 1929: 216). Immerhin wuchs aber bei aller Befürwortung der Förderung des Autoverkehrs unter verschiedenen Stadt- und Verkehrsplanern die Einstellung, ihn zumindest aus den Altstädten fernzuhalten.

Nüchternen Betrachtern entging nicht, daß der Straßenbau zur Förderung des Autoverkehrs erhebliche unentgeltliche Vorleistungen des Staates erforderte, während der Schienenverkehr seine Strecken selbst finanzieren mußte. Der Hinweis des Essener Beigeordneten Hermann Ehlgötz im Jahr 1925 auf diese verzerrte Konkurrenzsituation hat bis heute wenig an Aktualität eingebüßt:

„Es wäre gewiß verfehlt, dem neuen Verkehrsmittel die Entwicklungsmöglichkeit beschneiden zu wollen. Unsere Verkehrswirtschaft aber darf nicht aus dem volkswirtschaftlichen notwendigen Gleichgewicht gebracht werden. Auch die Schienenbahn hat ihre Aufgabe im Verkehrsleben noch keineswegs erfüllt, und die Rentabilitätsberechnung ihres neuen scharfen Konkurrenten – des Kraftwagens – würde wesentlich anders aussehen, wenn dieser gleich ihr gezwungen wäre, auch die Abnutzungskosten des Unterbaues – soweit sie das übliche Maß überschreiten – mit einzurechnen. Jetzt liegt die wirtschaftliche Überlegenheit des Kraftwagens einfach darin, daß die Allgemeinheit unbeabsichtigt einen Teil der Förderkosten, nämlich die Instandhaltung der Fahrbahn, mit übernommen hat. Die Forderung nach der volkswirtschaftlichen Gleichbehandlung beider Verkehrsarten ist also keine ungerechtfertigte" (Ehlgötz 1925: 46, Horn 1992: 19).

Dank starker politischer Kräfte wurde der Überlandverkehr in der Zwischenkriegszeit noch weitgehend mit der Eisenbahn abgewickelt. Erste Pläne zum Bau von Autobahnen aus der Weimarer Republik wie etwa die Strecke Hamburg-Frankfurt-Basel (HAFRABA) wurden im wesentlichen erst in der NS-Zeit realisiert. Dagegen faßte im Stadtverkehr das Automobil langsam Fuß – dies jedoch immer noch auf einem Niveau, das gemessen an heutigen Verhältnissen sehr bescheiden war. 1938 fuhren auf Deutschlands Straßen etwa 1,7 Millionen Personen- und Lastkraftwagen (siehe Tabelle 2), 1996 waren es dagegen mehr als 43 Millionen.

Ähnlich wie in den USA formierte sich auch in Deutschland langsam eine gut organisierte Interessenvertretung, die – lange vor der hereinbrechenden Massenmotorisierung – die Automobilisierung und die Schaffung entsprechender Infrastrukturen förderte. Unter dem Einfluß von Beton-, Asphalt-, Mineralöl- und Automobilindustrie entstand in Politik, Verwaltung, Wirtschaft und Wissenschaft ein geistiges Klima, das die Ideen vieler Stadt- und Verkehrsplaner unterstützte. Von Wirtschaft, oberer Verwaltungsbürokratie, interessierten Wissenschaftlern und Ingenieuren, aber auch von Architekten und Städtebauern wurde 1924 die „Studiengesellschaft für Automobilstraßen-

Tabelle 2: Stand der Motorisierung im Jahr 1938

Land	Personenwagen (in 1.000)	Lastkraftwagen (in 1000)	Kraftwagen insg. (in 1000)	Einwohner je Kraftwagen
USA	25.470	4.235	29.705	4
England	1.929	490	2.419	19
Frankreich	1.700	493	2.192	19
Deutschland	1.326	383	1.709	44
Kanada	1.106	200	1.316	8
Australischer Bund	506	226	732	9
Italien	328	108	436	99

Quelle: nach Kautt 1983

bau“ (STUFA) gegründet. Ein wichtiger Arbeitsschwerpunkt der STUFA war die Entwicklung von Richtlinien für autogerechte Stadtstraßen (Horn 1992).

Die STUFA wurde nach dem Krieg zunächst zur „Forschungsgesellschaft für das Straßenwesen“, 1980 dann zur „Forschungsgesellschaft für Straßen- und Verkehrswesen“ (FGSV). Die Kontinuität dieser Gesellschaft steht als Symbol für die Kontinuität einer Politik, die ihren Ursprung in der Zwischenkriegszeit hatte, in der NS-Zeit unter anderem Vorzeichen fortgesetzt wurde und fast nahtlos in die Nachkriegsentwicklung überging, wo nun den Gedanken und Ideen die umfassende Realisierung folgte.

2.6 Die Nachkriegszeit bis heute

Von den Wunschbildern der Vorkriegszeit zur materiellen Wirklichkeit

Nach den katastrophalen wirtschaftlichen und sozialen Verhältnissen der Zwischenkriegszeit, dem Zusammenbruch der Weimarer Republik und dem Schrecken von Nationalsozialismus und Krieg war die deutsche Bevölkerung aller ideellen und materiellen Werte beraubt.[13] In der Bundesrepublik wurde die Schaffung einer Wohlstandsgesellschaft, die auf sozialen Ausgleich be-

13 Die folgenden Ausführungen beschränken sich auf Westdeutschland.

Abbildung 10: Zugelassene Personen- und Kombinationskraftwagen in der Bundesrepublik Deutschland 1950-1996 (ab 1991 einschl. Ostdeutschland)

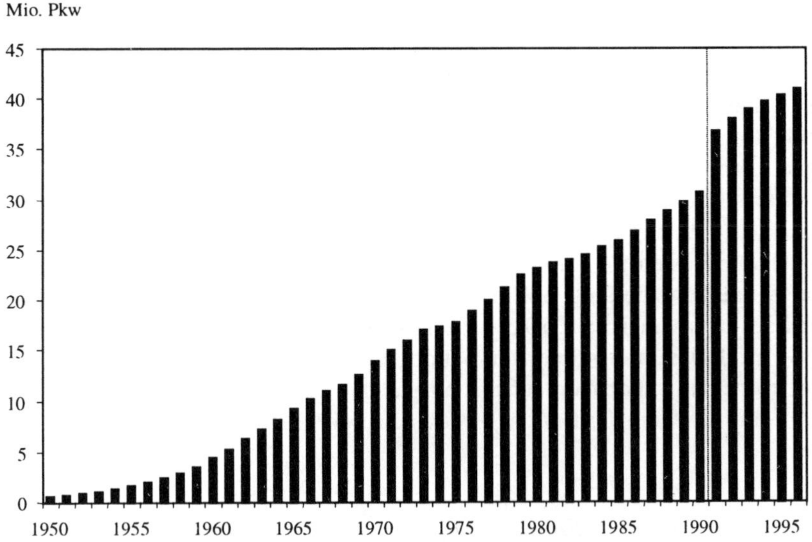

Quelle: Bundesminister für Verkehr 1991 und 1996

dacht war, zum wichtigsten politischen Ziel. Wirtschaftliche und soziale Stabilität sollten die politische Stabilität der jungen Republik garantieren. Arbeit, Fleiß und Wohlstandswachstum wurden zu zentralen Leitbildern und Denkkategorien einer sich entwickelnden „Konsumgesellschaft“. Langsam wurde dabei das Automobil nicht nur zu einer zentralen Voraussetzung, sondern auch zum wichtigen Symbol und materiellen Kulturgut dieser Gesellschaft (Kuhm 1995). Getragen durch einen breiten Konsens, wurde der Individualverkehr vor allem seit Mitte der 50er und in den 60er Jahren massiv gefördert, die Massenmotorisierung zu einem entscheidenden Instrument der Wirtschafts- und Sozialpolitik (Sachs 1984, Klenke 1993, Wolf 1992, Walther 1996).

In den ersten Jahren nach Kriegsende blieb der Pkw zunächst noch einer kleinen Schicht von Wohlhabenden vorbehalten. Jedoch ermöglichte bereits schnell das Motorrad einem breiteren Bevölkerungskreis den „Einstieg“ in die Individualmotorisierung. Aber schon 1952 hatte der Pkw-Bestand wieder das Vorkriegsniveau erreicht, ab 1956 war die Zahl der Motorräder rückläufig, und 1957 gab es in der Bundesrepublik erstmals mehr Personenkraftwagen als Krafträder (BMV 1991). Zum Ende des Jahrzehnts war der Rückstand der

Motorisierung gegenüber den europäischen Industrieländern weitgehend aufgeholt (Kuhm 1996). 1966 gab es mehr als 10 Millionen, 1977 mehr als 20 Millionen und 1990 mehr als 30 Millionen Pkw auf den westdeutschen Straßen (siehe Abbildung 10).

Bereits 1955 wurde die Kilometerpauschale für Pkw-Fahrten zur Arbeit eingeführt und die Kfz-Steuer erheblich reduziert (Klenke 1993). Von größerer Bedeutung für die Automobilisierung war jedoch das allgemeine Wohlstandswachstum. Nicht nur für die private Autonutzung, sondern auch für andere Verkehrsarten galt: Die relative Zunahme der Einkommen betrug ein Vielfaches der Zunahme der Preise für verschiedene Verkehrsdienstleistungen (Heinze 1979, siehe auch Abbildung 26). Zwischen 1965 und 1990 sank der Anteil der Kosten für Anschaffung und Unterhaltung eines eigenen Kraftfahrzeugs am ausgabefähigen Einkommen eines durchschnittlichen Arbeitnehmerhaushalts von 16 auf 10,5 Prozent (BMV 1991). Besonders deutlich war der Verfall der Transportkosten bei den Benzinpreisen. So sank der Preis für Normalbenzin – bezogen auf das ausgabefähige Einkommen – bis zum Jahr 1995 auf etwa ein Drittel des Preises im Jahr 1960 (siehe auch Abbildung 27).

Das Wachstum des Güterverkehrs

Das Wirtschaftswachstum spiegelte sich auch in einem starken Anstieg der zu transportierenden Gütermengen. Die zunehmende Konsumorientierung erklärte, daß hierbei das Aufkommen von leichten, hochwertigen, transportempfindlichen, verderblichen und häufig zu transportierenden Verbrauchsgütern erheblich stärker zunahm als der Transport von schweren Massengütern. So wuchs das Fernverkehrsaufkommen in der Gütergruppe „Fahrzeuge, Maschinen, Halb- und Fertigwaren" von 25,3 Millionen Tonnen im Jahr 1950 auf 202,4 Millionen Tonnen im Jahr 1990 (BMV 1991). Neben der Güterstruktur veränderten sich aber auch die Standortmuster von Produzenten und Konsumenten sowie die Konzepte der Produktion und Logistik. Hierdurch gewannen die Systemvorteile des Lastkraftwagens gegenüber Bahn und Güterschiffahrt – vor allem zeitliche und räumliche Flexibilität und die Möglichkeit eines „ungebrochenen" Haus-zu-Haus-Verkehrs – an Bedeutung (siehe ausführlich Kapitel 5.6).

Daß im Güterfernverkehr der Siegeszug des Lastkraftwagens gegenüber den anderen Verkehrsarten zwar sehr deutlich, aber doch nicht so drastisch ausfiel wie der des Pkw im Personenverkehr, erklärte sich vor allem durch den – bis zur Realisierung des europäischen Binnenmarktes – staatlichen Eingriff in den Güterverkehrsmarkt durch Konzessionierung, Kontingentierung und ein vorgegebenes Tarifsystem. Als Hauptgründe für die Verkehrsmarktordnung galten der Schutz der Deutschen Bundesbahn, eine auf „gleichwertige Lebensverhältnisse im Bundesgebiet" zielende regionale Strukturpolitik und ein (angeblicher) Schutz vor ruinöser Konkurrenz im Straßengüter- und im Binnenschiffsverkehr. Im Gegenzug zur Begünstigung hatte die Deutsche Bundesbahn jedoch umfassende Pflichten zu erfüllen. Als Instrument einer gemeinwirtschaftlichen Verkehrspolitik hatte sie die Pflicht zum Betrieb und zur Beförderung unabhängig von den Gewinnerwartungen, zur Tarifgleichheit im Raum, zur Gewährung von festgelegten Preisen, zur Gewährung von Sondertarifen etwa für die Beförderung von Kohle oder von landwirtschaftlichen Produkten und schließlich zur Verkehrserschließung von wirtschafts- und strukturschwachen Gebieten (Walther 1996).

So war die Verkehrspolitik im Güterfernverkehr seit dem Zweiten Weltkrieg dualistisch. *Einerseits* gewährleistete ein bahnpolitisch orientierter Ordnungsrahmen der Bundesbahn einen gewissen Schutz vor erdrückender Konkurrenz. *Andererseits* sollte der Straßengüterfernverkehr als direkter Konkurrent der Bahn zwar erschwerten Bedingungen unterworfen werden, aber doch genügende Entwicklungsmöglichkeiten behalten, damit nicht die gesamtwirtschaftliche Entwicklung gestört wurde (Walther 1996). Denn bereits sehr früh wurde für die Überzeugung geworben, daß sowohl der Straßenpersonen- als auch der Straßengüterverkehr als wichtige Konjunkturmotoren wirkten:

> „Die Kraftfahrzeugdichte ist ein zuverlässiger Maßstab für den Lebensstandard eines Volkes. Die Industriepläne der Besatzung haben uns dies eindringlich genug eingehämmert. Noch viel weitergehend steuert aber die Kraftfahrzeugdichte eines Landes den Pulsschlag der Wirtschaft. Jede Störung der Wirtschaftsintensität durch Abdrosselung der Kraftfahrt muß verheerende Auswirkungen auf die Wirtschaftsentwicklung, die Preisverhältnisse und die allgemeine Beschäftigungslage zur Folge haben" (Motorwelt 2/1951: 5, Kuhm 1996: 12).

Neben dem gemeinwirtschaftlichen Gütertransport der Bundesbahn und dem gewerblichen Güterkraftverkehrsgewerbe entwickelte sich jedoch eine dritte wichtige Form des Gütertransports: die Eigenproduktion von Transportleistungen. Die Sonderrolle des sogenannten Werkverkehrs der Industrie- und Handelsunternehmen liegt darin, daß sich dieser zwar in einem Wettbewerbsbereich befindet, der von starken staatlichen Regulierungen geprägt ist, er selbst jedoch keiner staatlichen Genehmigungspflicht oder anderen Auflagen unterliegt. Die einzige Beschränkung des Werkfernverkehrs bestand bis 1994 darin, daß es dem werkverkehrsbetreibenden Verlader verboten war, unausgelastete Kapazitäten zum Fremdverkehrstransport zu nutzen („Kabotageverbot").

Anders verhielt es sich im Güternahverkehr.[14] Zwar war dort das Tarifsystem ebenfalls reguliert, aber es gab keine Kapazitätsbeschränkungen für den Lkw. Da der Schienengüterverkehr kaum für die Endverteilung von Gütern zum Kunden geeignet ist, wuchs der Lkw-Verkehr in den Städten im Laufe der Jahrzehnte überproportional an und verursacht dort mittlerweile erhebliche Probleme.

Der Ausbau des Straßennetzes

Wohlstandswachstum, Konsumorientierung und die „Liebe zum Automobil" hätten sich unmöglich in der bekannten Weise entfalten können, wenn nicht parallel dazu staatlicherseits ein massiver Ausbau der Straßenverkehrsinfrastruktur stattgefunden hätte. Entscheidender argumentativer Hintergrund, vor dem diese Entwicklung in Gang gesetzt wurde, waren die gemessen an der heutigen Situation unvorstellbar hohen Unfallzahlen. Im Verhältnis zu den zurückgelegten Fahrzeugkilometern starben im ersten Nachkriegsjahrzehnt zwölfmal so viele Menschen im Straßenverkehr wie in den USA (Kuhm 1996). 1953 kamen im damaligen Bundesgebiet mehr als 11.000 Menschen bei Straßenverkehrsunfällen ums Leben. Obwohl heutige Zahlen immer noch erschreckend hoch sind: Dies waren mehr als in Gesamtdeutschland im Jahr 1995 – bei nun etwa zwölfmal so vielen Kraftfahrzeugen und fünfzehnmal so vielen zurückgelegten Fahrzeugkilometern. In den folgenden Jahren sollten die Zahlen dann noch weiter anwachsen, bis sie im Jahr 1970 den Höchststand von über 19.000 Getöteten im Straßenverkehr erreichten.

Die Unfallproblematik war noch in den unmittelbaren Jahren nach Kriegsende ein wichtiger Grund für die weit verbreiteten Vorbehalte gegen die zügellose Ausbreitung des motorisierten Straßenverkehrs gewesen. Aber mehr und mehr setzte sich die Überzeugung durch, daß das Sterben auf den Straßen durch einen forcierten Ausbau des Straßennetzes, unterstützt durch Verkehrsaufklärung, Verkehrsüberwachung, Verkehrserziehung und Verkehrsrecht, zu mindern sei. In diesem Meinungsbildungsprozeß spielten die Automobilclubs, und hier in erster Linie der größte und einflußreichste, der Allgemeine Deutsche Automobilclub (ADAC), eine maßgebliche Rolle (Kuhm 1996). Anfänglich war jedoch die Politik zur Wahrung einer strikten Haushaltsdisziplin noch sehr zurückhaltend gegenüber den immer lauter werdenden Forderungen nach einem massiven Straßenausbau. Das Jahr 1957

14 Als Nahzone galt in Deutschland gemäß Güterkraftverkehrsgesetz ein Umkreis von 75 km um den Fahrzeugstandort (bis 1992: 50 km; seit 1.7.1998 gegenstandslos).

Abbildung 11: Streckenlängen der Bundesautobahnen und der Deutschen Bundesbahn 1951-1996 (ab 1991 einschl. Ostdeutschland)

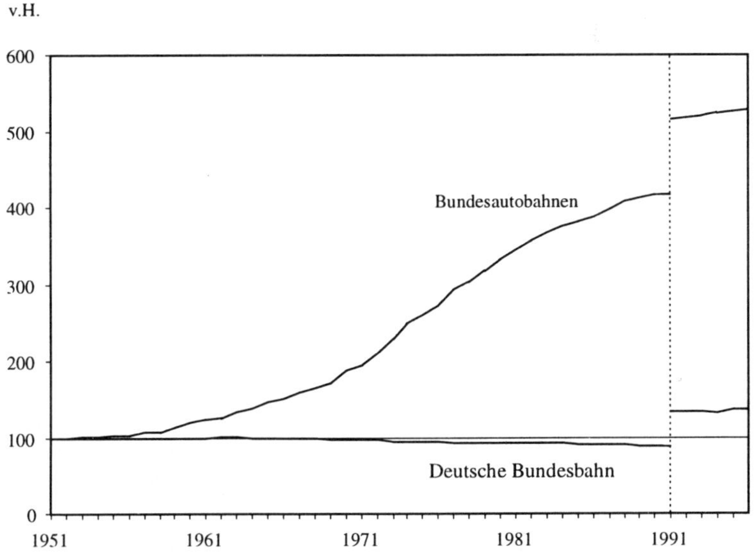

Quelle: Bundesminister für Verkehr 1991 und 1996

brachte dann aber eine entscheidende Wende – nicht nur in verkehrs-, sondern auch in wirtschafts-, sozial- und technologiepolitischer Sicht.

Im Juni 1957 beschloß der Bundestag den „Ersten Ausbauplan für die Bundesfernstraßen“ als Gesetz. Damit war die Voraussetzung geschaffen für den Auf- und Ausbau eines Bundesfernstraßennetzes, das innerhalb von zehn Jahren auf die dreifache Verkehrsbelastung im Vergleich zu 1955 ausgelegt werden sollte. Ein solches Bauvorhaben war nur über eine drastische Aufstockung der Finanzmittel für den Straßenbau zu realisieren. Erste Impulse in diese Richtung waren bereits mit dem Verkehrsfinanzgesetz des Jahres 1955 gegeben worden. Mit dem Straßenverkehrsfinanzierungsgesetz des Jahres 1960 wurde dann erstmals der gesamte Teil des Mineralölsteueraufkommens, das aus dem Kraftfahrzeugverkehr erwuchs, für den Straßenbau zweckgebunden. Durch diesen Akt wurde das seit den preußischen Reformen geltende Prinzip der Einheit des Staatshaushalts durchbrochen (Radkau 1989, Kuhm 1996). Es setzte ein finanzpolitischer Automatismus ein, der die Motorisierungsdynamik auf den Straßenbau übertrug (Walther 1996). Das wachsende Mineralölsteueraufkommen „übte nunmehr einen permanenten Zwang zum Straßenbau aus“ (Radkau 1989, Kuhm 1996: 39).

In der Folge wurde – in einer ständigen Doppelstrategie aus Reaktion auf bereits vorhandene Engpässe und Vorleistung in Erwartung zukünftiger Verkehrszuwächse und wirtschaftlicher Erfordernisse – das überörtliche Straßennetz erheblich ausgebaut. Allein zwischen 1960 und 1970 verlängerte sich das Netz um 17 Prozent, das heißt mehr als 50.000 Kilometer Bundesautobahnen, Bundesstraßen, Landes- und Kreisstraßen wurden neu gebaut. Vor allem der massive Ausbau des Netzes der Bundesautobahnen erlangte internationale Berühmtheit. Es erweiterte sich von rund 2.100 Kilometer im Jahr 1951 auf knapp 9.000 Kilometer im Jahr 1991, während im gleichen Zeitraum das Eisenbahnnetz der Deutschen Bundesbahn sogar zurückgebaut wurde (siehe Abbildung 11).

Der Umbau der Städte

Zusätzlich zur Ausdehnung des Straßennetzes für den überörtlichen Verkehr außerhalb der Ortschaften kam es zum radikalen Umbau der städtischen Verkehrsinfrastruktur. Tiefe Eingriffe in die Stadtgestalt waren hierzu erforderlich, und noch weitergehende Veränderungen der kompletten Stadtstruktur waren langfristig gesehen die Folge.

Alle deutschen Großstädte waren im Zweiten Weltkrieg bombardiert worden. Einige von ihnen – zum Beispiel Dresden, Kassel, Köln, Magdeburg und Würzburg – waren zu mehr als 60 Prozent, die historischen Kerne dieser Städte sogar zu 80 bis 90 Prozent zerstört. Das Ausmaß der Zerstörungen führte teilweise zu Überlegungen, an anderer Stelle eine neue Stadt nach völlig neuen städtebaulichen Vorstellungen zu errichten. Die Verwirklichung solcher Pläne scheiterte vor allem an ökonomischen Argumenten: Die Wiedernutzung der weitgehend intakt gebliebenen unterirdischen Infrastruktur reduzierte die Aufbaukosten erheblich (Schäfers 1996). So erfolgte der Wiederaufbau zunächst weitgehend auf den alten Parzellen und Stadtgrundrissen.

Trotzdem wurden die Kriegszerstörungen häufig zum willkommenen Anlaß genommen, Konzepte aus den 20er und 30er Jahren, aber auch zum Teil die Planungen Albert Speers umzusetzen und dem Verkehr mehr Raum in der Stadt zu verschaffen (Horn 1992). Vielen ging dies jedoch nicht weit genug. So stellte der Präsident der Straßenbauverwaltung von Rheinland-Pfalz 1955 mit Bedauern fest, daß „die einmalige Gelegenheit, nach den Zerstörungen des Luftkrieges gründlich aufzuräumen und großzügig aufzulokkern, durch Kurzsichtigkeit und Engstirnigkeit der Beteiligten weitgehend verpaßt und ungenutzt verbaut" wurde (Wahl 1955: 172, Kuhm 1996: 55f.). Zusehends schienen sich die Verkehrsverhältnisse auch dadurch zu verschärfen, daß der „bescheidene vorhandene Parkraum durch Überbauung von Trümmerflächen laufend abnahm" (Feuchtinger 1953: 127, Kuhm 1996: 56).

Die ersten Jahre nach Kriegsende standen städtebaulich noch ganz im Zeichen des Wiederaufbaus dessen, was vorher bereits vorhanden gewesen war. Nach der unmittelbaren Beseitigung der Trümmer kamen jedoch neue Herausforderungen. Die allmähliche Rückwanderung der während des Krieges Evakuierten sowie der Zustrom von Flüchtlingen und von Teilen der ländlichen Bevölkerung führte nach der Währungsreform zu einem starken Wachstum der Städte. Die alten Strukturen reichten nicht mehr aus, neue Wohngebiete und neue Arbeitsgebiete anzulegen, Stadterweiterungen und umfassende Stadtumbauten wurden notwendig (Borchard 1994). Wie bereits vor dem Krieg waren die Konzepte stark durch die Entwicklung in den USA beeinflußt. Dort schien das Bild der für das Auto umgebauten Stadt in idealer Weise in Einklang gebracht mit dem Leitziel einer offenen, Licht, Luft und Sonne frei zugänglichen Stadt, die nichts mehr zu tun hatte mit der finsteren, unhygienischen, alten Stadt (Angerer 1994). Wesentliches Merkmal der 50er Jahre wurde der massenhafte Bau von durchgrünten Wohnquartieren in Reihen- und Zeilenbauweise.

„Die gegliederte und aufgelockerte Stadt" (Göderitz u.a. 1957) aus dem Jahr 1957 und „Die autogerechte Stadt" (Reichow 1959) aus dem Jahr 1959 wurden zu theoretischen Grundlagenwerken, die den Städtebau der kommenden Zeit entscheidend prägen sollten. Gedanklich war das Leitbild der gegliederten und aufgelockerten Stadt schon in den 20er Jahren in der „Charta von Athen" und ihrem Konzept der „funktionalen Gliederung der Stadt" vorformuliert worden.

> „Doch seit Mitte der 50er Jahre kam es nun zu jener oft rigorosen Trennung der ‚Grundfunktionen' Wohnen, Arbeiten, Sich-Erholen, Sich-Bilden, Sich-Versorgen und Verkehr. In jeweils sorgfältig voneinander abgetrennten Funktionsbereichen wurden nun die Arbeitsstätten, aber auch z.B. die ‚Einkaufszentren' oder die zeittypischen ‚Campus-Universitäten' (meistens auf der ‚grünen Wiese') angelegt. Vor allem aber entstanden jene später viel kritisierten Monokulturen von Wohngebieten, bei denen es sich meist um viergeschossige Wohnzeilen handelte, die sehr bewußt auch neue demokratische und egalitäre Prinzipien verkörpern sollten: Jeder Bewohner sollte über gleich viel Luft und Sonne verfügen können. Hinterhöfe – jene Symbole des kapitalistischen Städtebaus der Gründerzeit, die wir heute wieder so zu schätzen scheinen – galten damals als überholt" (Borchard 1994: 28).

Heute erfreuen sich diese Wohngebiete der 50er Jahre vor allem wegen ihrer guten Infrastrukturausstattung einiger Beliebtheit. Denn ein wesentlicher Grundgedanke dieser Gebiete war die Bildung sogenannter Nachbarschaftseinheiten mit damals 6.000 bis 9.000 Einwohnern, die eine ausreichende Auslastung von Schulen und Einrichtungen für den täglichen Bedarf in fußläufiger Entfernung sicherstellten. Das Freihalten von störendem Durchgangsverkehr sollte zur hohen Wohnqualität in diesen Einheiten beitragen. „Daß die Nachbarschaftseinheit zugleich mit einer Fülle sozialromantischen

Gedankenguts überfrachtet war (ihre überschaubaren sozialen Strukturen sollten ein Gegenangebot zur Anonymität der Großstadt sein), hat der Durchschlagskraft dieses Leitbilds kaum geschadet" (Borchard 1994: 28).

Zeitlich parallel und in logischer Konsequenz zur Auflockerung und Funktionalisierung des Stadtraumes wurde der autogerechte Um- und Ausbau des städtischen Straßenraumes betrieben. Der motorisierte Straßenverkehr wuchs an, nicht nur weil wachsender Wohlstand immer mehr Menschen die Anschaffung eines eigenen Kraftwagens ermöglichte, sondern weil auch die Notwendigkeiten und Anreize wuchsen, von diesem Wagen vielfältigen Gebrauch zu machen. In den neu errichteten Wohngebieten mochte zwar die fußläufige Versorgung möglich sein, doch Arbeitsplätze gab es dort kaum. Wachsende Pendlerströme und Freizeitfahrten ließen den Autoverkehr in den Städten anschwellen und die Rufe nach Maßnahmen immer lauter werden.

Stadtplaner und Verkehrsingenieure befanden sich auf der ständigen Suche nach Raum für den fließenden und den ruhenden Verkehr. Parkplätze und Hochgaragen, Straßendurchbrüche, Umgehungs- und Hochstraßen waren die gängigen Bestandteile der Konzepte (Kuhm 1996). Ebenso wie der Stadtraum insgesamt wurden auch die Verkehrsflächen in der Stadt „funktionalisiert", das heißt möglichst säuberlich nach den verschiedenen Verkehrsarten getrennt. Diese Trennung bedeutete jedoch faktisch: Fußgänger und Radfahrer wurden „an den Rand" sowie in Unter- und Überführungen gedrängt, der öffentliche Massenverkehr zurückgebaut oder in den Untergrund verlegt. Die den Verkehrsfluß des Autos störenden Straßenbahnen wurden in Unterpflasterstraßenbahnen oder U-Bahnen umgewandelt oder zugunsten von Bussen völlig abgeschafft. Durch die – bis heute gängigen – Maßnahmen der Verkehrsregelung (Ampeln, „Grüne Wellen", Verkehrsleitsysteme, Verkehrsfunk), der Straßennetzgestaltung (Einbahnstraßen, Stadtautobahnen, Unter- und Überfahrungen von Knoten, Abbiegespuren) sowie der Regelung des ruhenden Verkehrs (Parkuhren, Umwandlung öffentlicher Flächen in Stellplätze) wurde das gesamte städtische Verkehrssystem auf das Auto zugeschnitten (Curdes 1993). Schrittweise wurde das Auto zum konkurrenzlosen Maßstab der Bau- und Siedlungsplanung:

„So verfielen Politiker, Planer, Wissenschaft, Medien und Bürger in die sprichwörtliche Autobegeisterung der Epoche. Es begann die Boomzeit des Ausbaus einer autoorientierten Infrastruktur in den Städten und damit der Wettlauf des Stadtstraßenbaus mit der Motorisierung. Die Innenstädte sollten dem anschwellenden Strom von Auto fahrenden Käufern und Beschäftigten entsprechend umgebaut werden. Zwischen Zentren und Peripherie sollte für das schnell wachsende Heer von Autopendlern ein neues hochleistungsfähiges Straßennetz angelegt werden. Und immer mehr Parkplätze und Parkhäuser sollten die immer größer werdende Zahl der abzustellenden Autos aufnehmen" (Monheim, Monheim-Dandorfer 1990: 68).

Autobegeisterung und Machbarkeitsglaube führten dazu, daß die Pläne der Stadt- und Verkehrsplaner sogar noch weit über das hinausschossen, was letztlich realisierbar war:

„Es gibt wohl kaum eine deutsche Großstadt, die nicht in den frühen 60er Jahren und meist ohne Rücksicht auf ökologische und finanzielle Ressourcen Verkehrsnetze hat konzipieren und auch ziemlich einstimmig von den Kommunalpolitikern hat beschließen lassen, deren Verwirklichung selbst bei konstanten Rahmenbedingungen einen Zeitraum von drei oder mehr Generationen erfordert hätte. Erst sehr spät hat sich die städtische Verkehrsplanung von diesen auf perfekte Verkehrsbedienung gerichteten und einem oftmals vordergründigen Effizienzdenken verhafteten Zielsetzungen gelöst und statt dessen die Verkehrsberuhigung von Wohngebieten oder gar ganzen Städten als neuen Schwerpunkt erkannt" (Borchard 1994: 30).

Die Erweiterung und Verbesserung des Straßennetzes und die ständige technische Weiterentwicklung der Fahrzeuge ermöglichten eine enorme Beschleunigung der Raumüberwindung. Für die immer größer werdenden Kreise der Bevölkerung, die sich ein eigenes Auto leisten konnten, führte dies jedoch – im Einklang mit der Hypothese von der „Konstanz des Reisezeitbudgets" – nicht dazu, Zeit im Verkehr einzusparen. Offensichtlich waren die meisten Verkehrsteilnehmer bereit, für einen bestimmten Weg, beispielsweise für das tägliche Pendeln zur Arbeit, einen bestimmten Zeitaufwand zu akzeptieren. So wurde die Tatsache, daß Individualverkehr sowohl preiswerter als auch schneller wurde, vollständig in eine Verlängerung der Verkehrsdistanzen und eine Erweiterung der individuellen Aktionsräume „umgemünzt". Die Reduzierung der monetären und der zeitlichen Kosten sowie die gestiegene räumliche und zeitliche Flexibilität des Autoverkehrs stellte zwar nicht die Ursache, aber die entscheidende Voraussetzung für die massenhafte Stadt-Umland-Wanderung der Bevölkerung dar, die in den 60er Jahren einsetzte.

Die eigentlichen Ursachen für die Suburbanisierung lagen – und liegen bis heute – vor allem im Wunsch nach Vergrößerung der Wohnfläche und Verbesserung der Wohnqualität: ein Wunsch, der immer weniger innerhalb der Kernstädte erfüllt werden konnte, je mehr dort die Industrie und der wachsende Straßenverkehr die Umwelt- und Lebensqualität minderte, je mehr dort die Baulandreserven erschöpft oder spekulativ zurückgehalten wurden und je mehr dort das wachsende wirtschaftliche Verwertungsinteresse zu einer Verdrängung der ökonomisch schwachen (Wohn-) Nutzung führte. Vor allem in den Innenstädten begann in den späten 50er Jahren eine solche Verdrängung durch Flächensanierung, Vernichtung gemischter Altbaustrukturen und die Ausdehnung des Dienstleistungssektors.

Das „Haus im Grünen" wurde neben dem eigenen Auto zum gesellschaftlichen Leitbild und Ausdruck wachsenden Wohlstands. Die „um Eigenheim und Automobil gebaute Lebensweise" (Polster, Voy 1991) blieb jedoch für viele ökonomisch unerreichbar. Wer von ihnen aus den alten Stadtquartieren fliehen wollte oder dort verdrängt wurde, dem blieben die sogenannten Großwohnsiedlungen, die nun an den Rändern fast aller Großstädte entstanden. So entwickelte sich neben den Einfamilien- und Reihenhausgebieten die zweite typische Wohnsiedlungsform jener Zeit, die in der Sprache der Planer und Städtebauer Trabantensiedlung, Satellitenstadt, Entlastungsstadt, Parkwohnanlage oder schlicht Großsiedlung hießen. Bekannte Beispiele in Westdeutschland sind die Neue Vahr in Bremen, die für ca. 10.000 Wohneinheiten geplant war, das Märkische Viertel in Berlin mit 17.000 Wohneinheiten oder München-Neu-Perlach mit 28.000 Einheiten (Schäfers 1996).

Zeit des Umdenkens – auch Zeit des Umlenkens?

Zum Ende der 60er Jahre, der Zeit der großen Stadtveränderungen, kündigt sich ein umfassender wirtschaftlicher und gesellschaftspolitischer Wandel an. Die allgemeine Machbarkeitseuphorie weicht einer ersten kritischen Reflexion. Die gesellschaftliche Krise um 1968, die „Ölkrise" von 1973 und die weltwirtschaftliche Rezession von 1974 erschüttern den Fortschrittsglauben der vorangegangenen Jahrzehnte (Klemm 1996). Studenten- und Bürgerproteste richten sich unter anderem gegen technokratische Planung, gegen die Vernichtung von Lebensqualität in Altbauquartieren durch Flächen- und Luxussanierung, gegen die Entwertung der städtischen Funktionen durch den Verkehr, gegen die Verödung der Innenstädte und gegen die Lebensbedingungen in den vielfach als seelenlos empfundenen Vororten. Langsam erobert daneben auch ein völlig neues Thema die politische Diskussion: der Umweltschutz. Als Voraussetzung für die Gesundung der „Profitopolis"[15] wird vielfach – wie in den Anfängen der Moderne – eine Veränderung der gesellschaftlichen Verhältnisse gesehen.

Seit den 70er Jahren fällt es immer schwerer, die Entwicklung der Städte – und auch die Entwicklung des Verkehrs in den Städten – durch einheitliche Trends und klar getrennte Zeitabschnitte zu beschreiben. Es überlagern sich verschiedene Phasen der Stadtentwicklung und die mit ihnen korrespondierenden, teilweise widersprüchlichen Leitbilder (siehe Abbildung 12).

Das Städtebauförderungsgesetz markiert 1971 einen Wendepunkt in der Städtebaupolitik der Nachkriegszeit. Es war das erste Gesetz in der Bundesrepublik Deutschland, das die Einbeziehung der von öffentlichen Maßnahmen betroffenen Bürger ausdrücklich vorschrieb. Nach Jahrzehnten, die notgedrungen im Zeichen des Wiederaufbaus und Neubaus standen, können nun Aspekte der Bewahrung und Entwicklung von Vorhandenem in den Vorder-

15 So beispielsweise der Name einer Ausstellung 1971 in München.

Abbildung 12: Phasen der Stadtentwicklung in der Bundesrepublik Deutschland nach 1945 im Spiegel der städtebaulichen Leitbilder

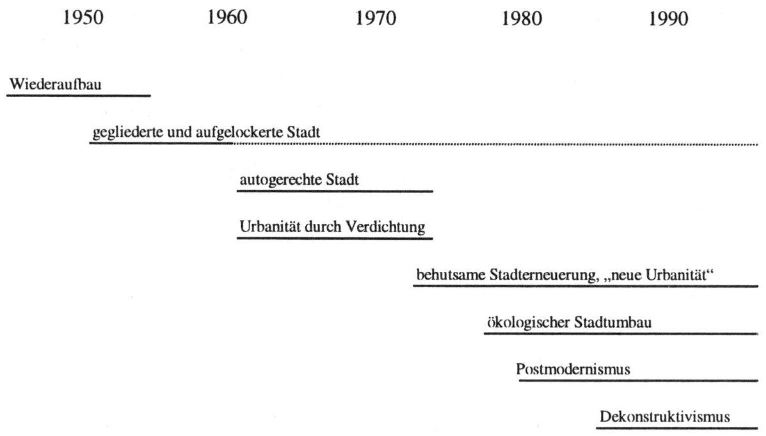

Quelle: in Anlehnung an Curdes 1993 und Borchard 1994

grund treten. Nicht nur bei Planern, sondern auch in breiten Kreisen der Bevölkerung findet eine Neubewertung der historischen Bausubstanz statt. An die Stelle der sogenannten Flächensanierung treten die behutsame, erhaltenden Stadterneuerung und der Denkmalschutz. Auch die spätere Postmoderne in der Architektur kann als Ausdruck dieses geänderten Zeitgeistes betrachtet werden.

Gleichzeitig mit der Aufgabe der Flächensanierungen stirbt auch die Ideologie der „autogerechten Stadt“. In allen größeren Städten zieht die „flächenhafte Verkehrsberuhigung“ in die Wohngebiete ein, vielerorts entstehen Tempo-30-Zonen. Ebenso wie eine vermehrte Grün- und Freiflächengestaltung oder die Erhaltung historischer Stadtkerne und Ensembles werden diese Maßnahmen in den 80er Jahren zu Elementen der Wohnumfeldverbesserung und des „ökologischen Stadtumbaus“.

Die Desillusionierung hinsichtlich der Ergebnisse von Planung, der Planbarbeit von Zukunft und der umfassenden Steuerbarkeit der städtischen Entwicklung führt zu einer immer klareren Hinwendung weg von gesamtstädtischen Konzepten zu einzelprojektbezogenen Gestaltungs- und Problemlösungsversuchen. Parallel zum wohlgemeinten und durchaus erfolgreichen Bemühen um punktuelle Verbesserung der Lebensbedingungen in einzelnen Stadtquartieren verfestigen sich jedoch die Probleme der Stadt als Ganzes.

Die Entmischung der städtischen Funktionen schreitet voran. Die Stadt-Umland-Wanderung der Wohnbevölkerung erfaßt immer weiter entfernte Gürtel der größeren Städte. Die „gegliederte und aufgelockerte Stadt", obwohl heute nicht mehr so bezeichnet, entwickelt sich täglich vielerorts weiter. Im Kontrast dazu bewirken wachsende Rationalisierungszwänge und geänderte Nachfragestrukturen erhebliche Konzentrationsprozesse sowohl im Einzelhandel als auch bei vielen privaten und öffentlichen Dienstleistungen. Diese Konzentration führt zu immer größeren Nutzungseinheiten, die sich kaum noch in das Gefüge gewachsener räumlicher Strukturen integrieren lassen. Aber nicht nur ihre Sperrigkeit, sondern auch die Probleme der Verkehrserzeugung oder der Wunsch nach autoverkehrsgerechter Anbindung sprechen häufig gegen innerstädtische Lagen. Damit wird die „grüne Wiese" vor den Toren der Stadt zum bevorzugten Standort für die wachsende Zahl von Einzelhandels- und Freizeitgroßeinrichtungen, *factory outlet stores* und Speditionen, Bürokomplexe und *High-Tech*-Unternehmen.

Mit der Entmischung der städtischen Nutzungsfunktionen einher geht aber auch eine zunehmende sozial-räumliche Entmischung, die mit wachsenden sozialen Spaltungstendenzen in der Gesellschaft an Deutlichkeit gewinnt. Auch wenn Europa noch weit von US-amerikanischen Verhältnissen entfernt ist, so drohen doch bestimmte Quartiere in der alten Kernstadt schleichend zum Focus sozialer Spannungen und Probleme zu werden.

Die zunehmende Trennung der Nutzungsfunktionen und die immer noch wachsende Autoorientierung der Gesellschaft erklären, daß die Aufwärtsspirale der Verkehrszunahme in den Städten noch nicht durchbrochen ist. Problemadäquate Lösungskonzepte sind nicht in Sicht. Die Aufgabe gesamtstädtischer Konzepte bedeutet auch, daß die städtische Verkehrsgestaltung nicht mehr in ein übergeordnetes Siedlungskonzept eingebunden ist, „dieses Feld also vollends den Technikern überlassen" wird (Klemm 1996: 54). Eine aktive Verdrängung des Autos aus der Stadt wird von einer Mehrheit der Bevölkerung nicht gewünscht. Stattdessen soll der öffentliche Verkehr durch leistungsfähige Angebote zur gleichberechtigten und attraktiven Alternative werden. Dies ist jedoch nach Jahrzehnten seiner Vernachlässigung und der einseitigen Priorisierung des Autos, nach einem grundsätzlichen Wandel der Siedlungsstrukturen und Lebensweisen denkbar schwierig. Zwar wurde das Leitbild der „autogerechten Stadt" mit seinen Auswüchsen, die heute teilweise absurd anmuten, verworfen. Doch können Verkehrsberuhigungsmaßnahmen und die bisherige Förderung von Bus und Bahn, von Radfahrern und Fußgängern nicht darüber hinwegtäuschen, daß die Verkehrsprobleme in den Städten am Ausgang des Jahrhunderts immer noch weitgehend ungelöst sind.

3 Technologiesprünge und Strukturwandel

„In Wirklichkeit handelt es sich bei der Globalisierung um die Verwandlung von Raum und Zeit. Nach meiner Begriffsbestimmung ist sie eine Art *Fernwirkung*, und ihre Verstärkung in den letzten Jahren bringe ich in Verbindung mit dem Aufkommen direkter globaler Kommunikation und des Massenverkehrs."
Anthony Giddens, 1997

Henry Ford perfektionierte die besondere Form der Industrialisierung, die bereits zuvor Adam Smith und Karl Marx analysiert hatten und die schließlich Charlie Chaplin im Film „Moderne Zeiten" trefflich karikierte (Einem u.a. 1995). Die Kernidee der Massenproduktion bestand aus möglichst geringen Stückkosten entsprechend dem Prinzip der sogenannten Skaleneffekte (*economies of scale*) . Ziel war es, wirtschaftliche Produktivität durch eine effiziente Organisation der Arbeit in großen Betriebseinheiten und durch Substitution menschlicher Arbeit durch Maschinen zu maximieren. Die effiziente Arbeitsorganisation wurde entsprechend der Lehre Taylors dadurch erreicht, daß man Planung und Ausführung des Arbeitsprozesses strikt trennte und den ursprünglich ganzheitlichen Arbeitsablauf in möglichst kleine, gleichförmige Einheiten unterteilte, standardisierte und weitgehend automatisierte. Die daraus resultierende „Fließbandarbeit" erforderte nur eine gering qualifizierte Arbeitnehmerschaft.

Da sich Massenproduktion und massenhafte Nachfrage gegenseitig bedingen, mußte nicht nur die hergestellte Ware relativ billig angeboten, sondern auch die Kaufkraft der Bevölkerung stabil gehalten werden. Henry Ford ist für seine Antwort auf dieses Problem berühmt geworden: Seine Lohnarbeiter sollten die Hauptkunden sein (Leborgne, Lipietz 1994).

3.1 Die Krise der standardisierten Massenproduktion

Massenproduktion, Massenkonsum und Wohlfahrtsstaat

Die Große Depression der 30er Jahre zeigte jedoch, daß eine langfristige Stabilisierung des Verhältnisses von Angebot und Nachfrage nicht auf der Ebene der einzelnen Unternehmen zu erzielen war. Dies führte zu einer Neudefinition der Rolle des Staates im Wirtschaftsgeschehen. Vielfach als „Keynesianismus" bezeichnet, unterschied sich diese Rolle nach dem Zweiten Weltkrieg deutlich von dem *Laisser-faire*-Modell der Zeit vor der Depression (Aglietta 1979, Castells 1989, Leborgne, Lipietz 1994).

Erstens schaffte der Staat den politisch-institutionellen Rahmen für eine „Sozialpartnerschaft" zwischen Arbeitgebern und Arbeitnehmern. Die Arbeitgeber erkannten das Recht gewerkschaftlicher Organisation an. Hierdurch wurden der organisierten Arbeitnehmerschaft Kündigungsschutzrechte und Lohnerhöhungen, die sich an der Entwicklung der Preise und der Arbeitsproduktivität orientierten, gesichert. Im Gegenzug respektierten die Gewerkschaften die unternehmerische Autorität in innerbetrieblichen Fragen der Arbeitsorganisation und des Produktionsprozesses.

Zweitens griff der Staat nun aktiv in den Wirtschaftsprozeß ein, indem er durch öffentliche Ausgaben die Nachfrage stimulierte. Er fing Rationalisierungsopfer über sozialstaatliche Regelungs- und Unterstützungsmechanismen, aber auch durch wachsende Anstellung im öffentlichen Dienst auf.

Drittens bemühte sich der Staat um die Herstellung eines günstigen Investitionsklimas und die Sicherung des nationalen Marktes gegen externe Störungen. Auf der Basis eines gesicherten Absatzes auf dem heimischen Markt sollten die Unternehmen auch ihre Position international ausbauen können. Zu diesen Zwecken intervenierte der Staat durch regulatorische Absprachen in der Währungspolitik sowie durch bi- und multilaterale Handelsabkommen. Zentriert um den Internationalen Währungsfonds (*International Monetary Fund – IMF*) und unter der Hegemonie der Vereinigten Staaten wurde durch Kontrolle von Angebot und Preisen die Versorgung der Industrieländer mit Rohstoffen und Energieressourcen sichergestellt.

Damit hatte sich ein charakteristisches Zusammenspiel wirtschaftlich-technologischer Produktionskonzepte und gesellschaftlich-politischer Koordinationsregeln etabliert, das etwa ein Vierteljahrhundert Gültigkeit haben sollte und damit einen gesamten historischen Abschnitt der Wirtschafts- und Sozialgeschichte prägte. Diese „historische Formation" wird häufig auch als „Fordismus" bezeichnet. In der Terminologie der sogenannten Regulationstheorie besitzt diese Phase drei wesentlichen Kennzeichen (Leborgne, Lipietz

1994). *Erstens* war das allgemeine Prinzip der Arbeitsorganisation (oder das „technologisches Paradigma") gekennzeichnet durch eine auf Massenproduktion gerichtete Taylorisierung und Mechanisierung. *Zweitens* war das sogenannte makroökonomische Modell (oder das „Akkumulationsregime") bestimmt durch ein ausgeglichenes Verhältnis von Massenproduktion und Massenkonsum, garantiert durch entsprechende Konsumnormen und ausreichende Kaufkraft. Und *drittens* war das System sozialer, kultureller und politischer Koordinationsregeln (genannt „Regulationsweise"), das der Stützung der Arbeitsorganisation und der makroökonomischen Strukturen diente, unter anderem charakterisiert durch wohlfahrtsstaatliche soziale Absicherung und eine bestimmte Rollenverteilung von Unternehmen und Gewerkschaften.

Steigende Kosten, fallende Preise und gesättigte Märkte

Dieses Modell garantierte den Industriestaaten Nordamerikas und Europas das „Goldene Zeitalter des Kapitalismus" (Lipietz 1986). Die Störung der reibungslosen Versorgung mit Energieressourcen war es dann, die dieses über ein Vierteljahrhundert funktionierende Modell herausforderte. Mit der Verknappung des Erdöls in den Jahren 1973 und 1979 wurde die von der Energieumwandlung abhängige Industriegesellschaft an ihrem empfindlichsten Nerv getroffen.

Allerdings waren diese „Ölpreisschocks" wichtige Auslöser, nicht aber die eigentlichen, tiefer liegenden Ursachen der sich anbahnenden Strukturkrise. Zusätzlich zu den steigenden Kosten für Rohstoffe und Energieressourcen kamen nun auch wachsende Kosten für die Reparatur und den Schutz der Umwelt. Die bislang nahezu unbeeinträchtigte Ausbeutung der Umweltressourcen, bei der erhebliche Kosten externalisiert werden konnten, stieß nun an ihre natürlichen Grenzen oder wurde zunehmend auf politischem Wege eingeschränkt. Im Laufe der 70er Jahre stieg in nahezu allen Industriestaaten das Bewußtsein der Gefahren und Risiken des eigenen Handelns, aus Bürgerinitiativen und Umweltschutzbewegungen ging eine neue politische Kraft hervor. Durch Maßnahmen zur Beseitigung von Umweltschäden nach dem Verursacherprinzip und durch vorsorgende Maßnahmen gegen Luft-, Wasser- und Bodenverschmutzung entstanden den Unternehmen zusätzliche Kosten.

Aber auch die Arbeitskosten stiegen – tatsächlich oder vermeintlich. Das Modell der Sozialparterschaft führte aus Sicht der Unternehmen zu einem übermäßigen Erstarken der Arbeitnehmerschaft. Diese vermochte es nämlich, über gewerkschaftliche Organisation und dauerhafte Einflußnahme auf die staatliche Politik einen wachsenden Anteil an der Wertschöpfung für sich zu reklamieren. Vor allem die auf Massenproduktion hin ausgerichteten Großunternehmen gerieten in eine „Profitklemme durch Vollbeschäftigung" (Leborgne, Lipietz 1994: 98): Sie fürchteten den Verlust der Kontrolle über eine gut verfügbare, leicht zu ersetzende Arbeitnehmerschaft.

Nicht nur steigende Kosten, sondern auch sinkende erzielbare Marktpreise brachten die Unternehmen in immer größere Schwierigkeiten. Europäische und US-amerikanische Produkte gerieten durch die wachsende Zahl von „Billiganbietern" zunehmend unter Preisdruck. Die neue Konkurrenz kam zunächst vor allem aus Japan, wo durch völlig neue Produktionstechniken und Organisationsprinzipien Wettbewerbsvorteile erzielt wurden bzw. das zuvor vorhandene Wettbewerbsgefälle ausgeglichen wurde.

Ausweitung der Märkte und neue Konsumentenwünsche

Das Absinken der Profitraten, das durch steigende Kosten, fallende Preise und teilweise gesättigte heimische Märkte hervorgerufen wurde, veranlaßte nun vor allem die Großkonzerne der Industriestaaten, neue Absatzmärkte zu erschließen, verstärkt Auslandsinvestitionen zu tätigen und einen Teil der Produktion aus den Heimatländern auszulagern. So bewirkte die Suche nach dem Erhalt der *economies of scale* die Internationalisierung der Märkte und der Produktionsprozesse.[1]

Im Jahr 1973 brach das System fester Wechselkurse, das 1944 in Bretton Woods vereinbart worden war, durch die Kündigung der USA zusammen. Dies leitete einen umfangreichen Deregulierungsprozeß im Bereich der Währungspolitik und der staatlichen Investitionskontrolle ein, wodurch sich die Möglichkeiten eines weltweiten wirtschaftlichen Engagements der Unternehmen erhöhten. Hierdurch erschienen nun auch neue Akteure auf der weltwirtschaftlichen Bühne. Die sogenannten neu-industrialisierten Länder (*newly industrialized countries – NIC*) in Lateinamerika, vor allem aber in Südostasien, entwickelten sich durch ausländisches Kapital, massive staatliche Wirtschaftsförderung, billige Arbeitskräfte, strikte tayloristische Betriebsführung und unter weitgehender Ausschaltung von Arbeits- und Umweltschutz von reinen Rohstofflieferanten zu konkurrenzfähigen Produzenten standardisierter Massengüter. Einmal in Gang gesetzt, beschleunigte dieser Prozeß zwangsläufig die Krise der standardisierten Produktion innerhalb der Industriestaaten.

Trotz aufkommender Internationalisierung war eine befriedigende Kapitalverwertung nicht mehr allein innerhalb der traditionellen Formen der Produktion und Arbeitsorganisation aufzufangen. Die weitere Erhöhung der Produktivität im Rahmen standardisierter, hoch arbeitsteiliger Massenpro-

1 Zur Entwicklung multinationaler Konzerne vgl. z.B. Taylor, Thrift 1982

duktion stieß zunehmend auch an ihre technologischen Grenzen. Da sich die Automatisierungsfortschritte verlangsamten, zogen Neuinvestitionen nicht mehr die erhofften Gewinne nach sich (Capello, Gillespie 1994).

Die Suche der Produzenten nach neuen Marktstrategien fand ihre Entsprechung in geänderten Bedürfnissen der Konsumenten. Der Kaufkraftüberschuß breiter Bevölkerungsschichten in den Industriestaaten war nicht mehr durch Mehrkonsum billiger Massenware abschöpfbar, der Bedarf an standardisierten Massengütern stagnierte. Gleichzeitig etablierte sich vor dem Hintergrund der „Pluralisierung der Lebensstile" (Beck 1996: 159) und veränderter Wertmaßstäbe ein differenzierter und spezialisierter, an den Bedürfnissen kaufkräftiger Schichten der Bevölkerung orientierter Markt an Gütern und Dienstleistungen. Der geschlossene Kreislauf von Massenproduktion und Massenkonsum war somit endgültig durchbrochen.

3.2 Von der Industriegesellschaft zur Informationsgesellschaft

Basisinnovationen und lange Konjunkturzyklen

Die Dampfmaschine stellte vor 200 Jahren eine der großen technologischen Innovationen der Menschheitsgeschichte dar. Sie brachte den entscheidenden Durchbruch in der Nutzung von Energiequellen. Die Ersetzung der menschlichen Arbeitskraft durch dampfgetriebene Maschinen ermöglichte enorme Produktivitätszuwächse. Als Dampflokomotive oder Dampfschiff revolutionierte sie wenig später auch das Verkehrswesen. Beschleunigt wurde nicht nur der Produktionsprozeß, sondern auch der Transport von Personen und Gütern.

So durchdrang die neue Art der Energienutzung schrittweise die gesamte Wirtschaft und wurde zu einem zentralen Fundament der aufkommenden Industriegesellschaft. Neue Produktionsweisen und neue Transportmittel hatten grundlegende standörtliche Konsequenzen und begründeten die industriegesellschaftliche Ordnung des Raumes. Die für die Agrargesellschaft typische Gleichverteilung der Bevölkerung im Raum schwand zugunsten der Bildung industrieller Ballungsräume und der teilweisen Entleerung peripherer ländlicher Regionen. Die „national" orientierten Schienennetze unterstützten die Bildung „nationaler Märkte" und bildeten so auch eine wichtige infrastrukturelle Basis der Nationalstaaten.

In der Folge der Dampfmaschine haben verschiedene technologische, gerade auch verkehrstechnologische Innovationen immer wieder die Entwicklung der industriellen Wirtschaft vorangetrieben und eine Reorganisation der Industriegesellschaft – je nach Standpunkt – ermöglicht bzw. erzwungen. Solche sogenannten Basisinnovationen können als Auslöser und als Träger langer Wellen der wirtschaftlichen Konjunktur angesehen werden. Nach dem Begründer dieser Theorie bezeichnete Joseph Schumpeter solche langen Wellen als „Kondratieff-Zyklen". Nikolai D. Kondratieff (1892-1938) hatte neben kurzen und mittellangen Zyklen auch lange Konjunkturwellen mit einer Dauer von etwa 50 Jahren identifiziert (Kondratieff 1926, Schumpeter 1961). Durch ihre Schlüsselposition im Wirtschaftsprozeß wirken Basisinnovationen jedoch nicht nur auf die Konjunktur, sondern leiten jeweils einen tiefgreifenderen technischen, wirtschaftlichen und gesellschaftlichen Wandel ein:

„Basisinnovationen [treten] im längerfristigen Entwicklungsprozeß diskontinuierlich auf, lösen durch ihre Verknüpfung mit komplementären Innovationen eine schubweise Einführung tiefgreifender technischer Neuerungen aus, was wiederum mit einer massiven Neuanlage von Kapital verbunden ist und so zum Aufschwung eines neuen Entwicklungszyklus führt. Die Basisinnovationen haben im Prozeß ihrer Durchsetzung eine doppelte Auswirkung: Einerseits bilden sie die technologische Grundlage für die Herausbildung neuer ökonomischer Aktivitäten und damit neuer Industriebranchen, Dienstleistungsbereiche und wirtschaftlicher Wachstumszentren; andererseits untergraben sie in einem Prozeß der 'schöpferischen Zerstörung' traditioneller Wirtschaftsbereiche vielfach auch die ökonomische Basis ganzer Wirtschaftsregionen. Mit zunehmendem Reifegrad der technischen Neuerungen erschöpft sich jedoch das Entwicklungspotential der Basisinnovationen aus technischen wie aus ökonomischen Gründen. Der durch sie eröffnete Wachstumsspielraum schrumpft bei gleichzeitiger Abnahme der Kapitalproduktivität bzw. sinkender Profitrate. [...] Die 'lange Welle' gerät in die Depressionsphase, und über das damit verbundene 'techologische Patt' und die Destabilisierung sozialökonomischer Strukturen und politisch-regulativer Arrangements entstehen die Rahmenbedingungen für den möglichen Durchbruch neuer Basisinnovationen" (Läpple 1989: 214).

Obwohl dieses Innovationszyklenmodell in seiner theoretischen Begründung umstritten ist (Kleinknecht 1987), lassen sich historisch für die letzten zweihundert Jahre die Durchbruchsphasen neuer Basisinnovationen nachweisen (siehe Abbildung 13). Diese zogen immer auch eine Veränderung von Stadt-, Regional- und Infrastrukturen sowie der damit verbundenen räumlichen Interaktionsformen nach sich (Läpple 1989).

Die digitale Revolution – neue Impulse für Verkehr und Kommunikation

Spätestens seit den 70er Jahren beobachten wir einen neuerlichen Innovationsschub. Die Basisinnovation, die diesen Wandel trägt, ist das komplexe

Feld der Informationstechnik, also jener Technik, die es ermöglicht, Informationen zu erfassen, zu speichern, zu übermitteln, zu bearbeiten und zu präsentieren. Den technologischen Kern dieser Basisinnovation bilden die Mikroelektronik und die auf ihr aufbauende Computertechnologie. Dieser technologische Kern hat ein Bündel völlig neuer Technologiefelder wie etwa die Softwaretechnologie hervorgebracht. Aber auch Bereiche wie etwa die Optoelektronik, die Lasertechnologie oder die Technologie neuer Werkstoffe, die nicht unmittelbar mit der Mikroelektronik und Computertechnologie zusammenhängen, hätten sich ohne diese kaum entfalten können. Andere „ältere" Technologiefelder machten durch den neuen technologische Kern entscheidende Entwicklungssprünge. Insgesamt ist eine immer stärkere Konvergenz und gegenseitige Durchdringung der verschiedenen technologieorientierten Wirtschaftsbereiche festzustellen.

Zu den bereits vorhandenen Technologiefeldern und Wirtschaftsbereichen, die durch die neuen informationstechnischen Entwicklungen völlig neue Impulse bekommen haben, zählen das Kommunikations- und das Transportwesen. Jahrhundertelang definierten die durch Johannes Gutenberg begründeten Print-Medien den Eckpfeiler der Informationsvermittlung. Sieht man von historischen Sonderformen wie etwa dem Gebrauch von Brieftauben ab, war der Transport von Informationen an die jeweils verfügbare Infrastruktur für den Personen- und Gütertransport gebunden. So fuhr seit den Zeiten Franz von Taxis' die Postkutsche auf den normalen Verkehrswegen. Die Erfindung des elektrischen Telegrafen im Jahr 1837 durch Samuel Morse, die Erfindung des Telefons im Jahr 1876 durch Alexander Graham Bell und seine Weiterentwicklung durch Thomas Alva Edison begründeten dann die eigentliche Telekommunikation in „Echtzeit". Hierfür waren zunächst neue Leitungswege erforderlich, deren Hauptstränge allerdings in der Regel weiterhin parallel zu den Schienenwegen verliefen.

Erst die Erfindung der drahtlosen Telegrafie im Jahr 1897 emanzipierte den Informationsverkehr von physischen Leitungsbahnen und machte damit den Weg frei für die wichtigsten Massenkommunikationsmittel des 20. Jahrhunderts, das Radio und das Fernsehen. Bis in die 50er Jahre hatten sich umfangreiche analoge Telekommunikationsnetze auf der Basis von Draht, Kabel und Mikrowellen herausgebildet. In den 60er Jahren lösten dann allmählich digitale Telekommunikationssysteme die älteren analogen ab, und die ersten Kommunikationssatelliten wurden in Dienst gestellt. Schließlich sind seit den 80er Jahren Glasfaserkabel und ISDN (*Integrated Services Digital Network*) auf dem Vormarsch (Mitchell 1996a). Diese neuen Kommunikationstechnologien sprengen nun alle bisherigen Grenzen: „Mit der Einführung der Digitalisierung der vorhandenen Netze und dem Aufbau der neuen digitalen Breitbandnetze wird sich die heute verfügbare Übertragungskapazität um den

Faktor 10.000 erhöhen, so daß der Transport der Ressource Information dann keiner erkennbaren Grenze mehr unterliegt" (Kreibich 1990, Henckel 1994).

Eine bildliche Beschreibung der bahnbrechenden Veränderungen liefert William Mitchell:

„So wie einst Baron Haussmann kühn ein Spinnennetz breiter, gerader Boulevards durch das Straßengewirr des alten Paris gezogen hatte und so wie die Eisenbahnarbeiter des 19. Jahrhunderts Schwellen und Stahl verlegt und die windigen Weiten des nordamerikanischen Grenzlandes hatten schrumpfen lassen, bauten [...] Bautrupps eine Datenautobahn, die die Beziehungen zwischen Raum und Zeit so tiefgreifend umstrukturiert, daß sich unser Leben für immer verändern dürfte. Und dennoch vollzog sich dieser revolutionäre Umbau in kürzester Zeit und – von den meisten unbemerkt – in aller Stille" (Mitchell 1996a: 7).

Die jüngste Technikentwicklung revolutioniert aber nicht nur die Kommunikation, das heißt den Transport von Informationen. Sie beeinflußt auch den „gewöhnlichen" Transport von Personen und Gütern. Moderne Hochgeschwindigkeitsbeförderung etwa durch ICE und Transrapid oder die Ausdehnung und Intensivierung des Flugverkehrs wären ohne den massiven Einsatz moderner Informationstechniken undenkbar. Und auch die komplementär zu den geänderten Produktionsprozessen entwickelten neuen Konzepte der Warenwirtschaft und Logistik sind durch diese Techniken erst möglich geworden.

Auf dem Weg zur Informationsgesellschaft

Die neuen Technologien weisen in ihrer Bedeutung für Wirtschaft und Gesellschaft fundamentale Unterschiede zu früheren Innovationsschüben auf. In mindestens einem Punkt stehen sie aber ganz in der Tradition früherer Neuerungen: Sie begründen eine weitere Runde in der Spirale der Geschwindigkeitserhöhung.

Einerseits bewirken sie eine Erhöhung der Nutzungsgeschwindigkeiten, also etwa der Produktionsgeschwindigkeiten, Transportgeschwindigkeiten und Zirkulationsgeschwindigkeiten des Kapitals. Den Höhepunkt dieser Entwicklung bildet die Gentechnik, deren gezielte Manipulation der DNA einer Beschleunigung der Evolution des Lebens gleichkommt. *Andererseits* verkürzen sich die sogenannten Innovationszyklen und damit auch die Produktlebenszyklen. Die Dimension dieser Innovationsbeschleunigung wird deutlich, wenn man sich vor Augen führt, daß „allein im 20. Jahrhundert über 80 Prozent aller bisher durch Menschen erzeugten wissenschaftlichen und technologischen Erkenntnisses hervorgebracht [wurden], zwei Drittel davon sogar erst nach dem Zweiten Weltkrieg" (Kreibich 1990: 5).

Dieser Trend der Wissensvermehrung in jüngster Zeit weist nun jedoch auf einen grundsätzlichen Unterschied zwischen dem gegenwärtigen techno-

Abbildung 13: Basisinnovationen, lange Konjunkturwellen und gesellschaftliche Entwicklung seit Beginn der industriellen Revolution

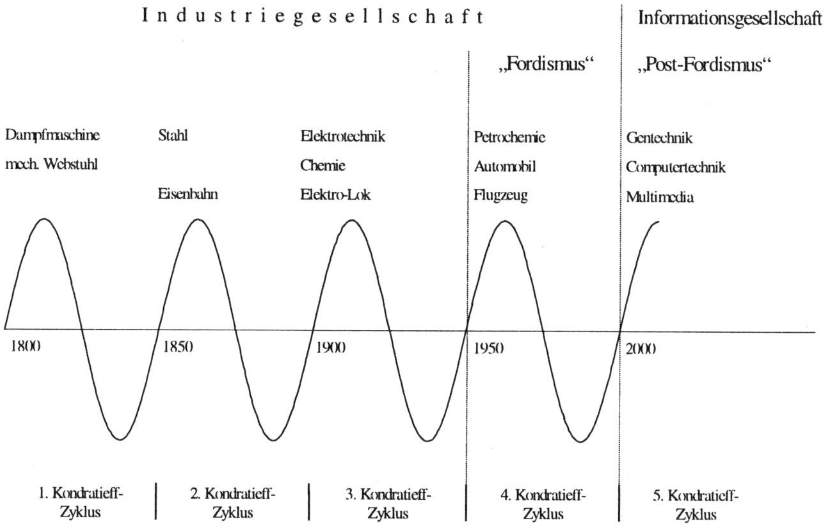

logischen Wandel und den früheren industriegesellschaftlichen Technologiesprüngen. Bisher standen zur Erzielung von Produktivitätszuwächsen Fortschritte bei der Umwandlung und Nutzung von Energie im Mittelpunkt. Dagegen ermöglichen die neuen Technologien nun hauptsächlich Fortschritte bei der Umwandlung von Information zu Wissen und bei der Nutzung dieses Wissens. Information selbst wird zum Rohstoff, Wissen zur Quelle weiterer Produktivitätszuwächse (Castells 1994).

Damit scheint der neuerliche Innovationsschub eine prinzipielle Transformation der Industriegesellschaft einzuleiten (siehe Abbildung 13). Ebenso wie die auf der Dampfmaschine fußenden Produktions- und Transporttechniken schrittweise die gesamte Wirtschaft durchdrangen und zum zentralen Fundament der Industriegesellschaft wurden, so revolutionieren die neuen Informations- und Kommunikationstechnologien den gesamten Wertschöpfungsprozeß und leiten einen umfassenden gesellschaftlichen Wandel ein. Ein solcher gesellschaftlicher Wandel wurde bereits seit längerer Zeit postuliert. Als „Vater der Debatte" gilt Jean Fourastié, der bereits 1949 seine „große Hoffnung des 20. Jahrhunderts" daran geknüpft hatte, daß mit wachsender Produktivität der Industrieproduktion und mit zunehmendem Wohlstand die Konsumenten ihre Nachfrage zunehmend auf Dienstleistungen richten würden (Fourastié 1954, Häußermann, Siebel 1995).

Die seither tatsächlich stark gestiegene Bedeutung nicht nur konsumorientierter, sondern auch produktionsorientierter Dienstleistungen hat zur verbreiteten Bezeichnung der „Dienstleistungsgesellschaft“ (Gartner, Riessmann 1987) geführt. Daniel Bell prägte 1973 den Begriff der „nachindustriellen Gesellschaft“ und erkannte bereits die große Bedeutung der Information: „Information bedeutet alles und wird zur Machtquelle innerhalb der Organisationen“ (Bell 1973, 1979). In den letzten Jahren populär geworden ist auch der Begriff der „Informationsgesellschaft“, den Manuel Castells folgendermaßen definiert: „Unter einer Informationsgesellschaft verstehe ich die spezifische Gesellschaftsstruktur (sei es kapitalistischer, planwirtschaftlicher oder anderer Form des Verhältnisses von Eigentum und Politischem), in der sich die Quellen der Produktivität und der Macht auf direkte Weise aus der Erzeugung von Wissen und der Kontrolle und Verarbeitung von Informationen speist“ (Castells 1994: 122). Ob „Informationsgesellschaft“, „Wissenschaftsgesellschaft“ (Kreibich 1986) oder „Wissensgesellschaft“ (Stehr 1995): Im Kern bringen diese Begriffe zum Ausdruck, daß die immer enger werdende Verknüpfung von Wissenschaft und Industrie einen Strukturwandel einleitet, der sich auch als „Verwissenschaftlichung der Industrie“ oder als „Industrialisierung der Wissenschaft“ beschreiben läßt (Altvater, Mahnkopf 1996). Bestand die Hauptproduktivkraft in vorindustriellen Gesellschaften aus der Muskelkraft und in der Industriegesellschaft aus der Umwandlung fossiler Energien, so speist sie sich in der Informationsgesellschaft aus der Erzeugung von Wissen und der Umwandlung von Informationen.

Die Wirkung der Informationstechnologien auf das Wirtschaftsgeschehen ist äußerst vielschichtig und die Stellung der „Informationswirtschaft“ innerhalb der Gesamtwirtschaft äußerst komplex. Grundsätzlich läßt sich die informationstechnische Industrie von den Informations-Dienstleistungen unterscheiden. Die informationstechnische Industrie produziert Investitions- und Konsumgüter (sowohl Hard- als auch Software), die dem Zweck dienen, Informationen zu erfassen, zu speichern, zu verarbeiten usw. Hierzu zählen nicht nur Büro- und Personalcomputer, sondern auch digitale Telefonvermittlungsanlagen, Roboter, digitale Fernsehgeräte oder Computertomographen – Geräte also, deren Fähigkeiten strukturell denen des Computers gleichen. Dagegen widmen sich die produktions- und konsumorientierten Informations-Dienstleistungen der direkten anwendungsorientierten Verarbeitung und Nutzung von Informationen, wobei sie sich zu einem erheblichen Teil der Produkte der informationstechnischen Industrie bedienen.

Die Angaben zum weltweiten Umsatz der gesamten Informationswirtschaft schwanken, je nach Abgrenzung der Sektoren, für 1994 zwischen ca. 2 und 4,5 Billionen US-Dollar. Davon entfielen 1,2 Billionen US-Dollar auf die informationstechnische Industrie, die damit mittlerweile die größte Industriebranche der Welt ist. Dieser Industriezweig stellt jedoch kein in sich geschlossenes System dar, sondern wirkt in viele andere Industrie- und Dienstleistungsbranchen hinein. Produkte der Informationstechnik findet man heute in einer riesigen Bandbreite von Konsumgütern, zum Beispiel Haushaltsgeräten und Automobilen. So macht Fahrzeugelektronik heute etwa 5 Prozent des gesamten weltweiten Einsatzes von Mikroelektronik aus (BMWi 1995).

Die eigentliche Bedeutung der Informationstechnik für den wirtschaftlichen Wandel liegt jedoch weniger in Produktinnovationen. Wichtiger sind vielmehr die Möglichkeiten der Prozeß- und Organisationsinnovationen sowie der Transport- und Kommunikationsinnovationen. Hierdurch wird heute die betriebliche Organisation und der Produktionsprozeß in einer Vielzahl von Wirtschaftsbereichen tiefgreifend verändert.

3.3 Die Dimensionen wirtschaftlicher Flexibilisierung

Der ökonomische Strukturwandel wurde durch die neuen Technologien – je nach Sichtweise – ermöglicht oder in seinem Trend verstärkt. Tatsache ist sicherlich, daß der Strukturwandel in seinen heutigen Ausmaßen ohne die „digitale Revolution“ undenkbar wäre. Trotzdem ist anzuerkennen, daß die eigentlichen Triebkräfte des Wandels außerhalb der technologischen Sphäre liegen. Technologien können ihre Wirksamkeit erst entfalten, wenn wirtschaftliche und gesellschaftliche Entwicklungen ihren Gebrauch nahelegen. Wie bereits bei früheren Innovationsschüben in der Wirtschaftsgeschichte sind auch die neuen Technologien nicht die eigentlichen Determinanten des Transformationsprozesses. Sie sind notwendig gewordene und geeignete Instrumente zur Weiterentwicklung eines Wirtschaftsmodells, das ohnehin an seine Grenzen gestoßen war, sie sind „die geeigneten Innovationen zur richtigen Zeit“.

Die neuen Technologien lieferten den Unternehmen geeignete Mittel, der Krise des fordistischen Wirtschaftsmodells zu begegnen. Dieses Wirtschaftsmodell war gekennzeichnet gewesen durch das Gleichgewicht des Angebots von und der Nachfrage nach standardisierten Massengütern. Zur Krise kam es vor allem in den 70er Jahren durch steigende Kosten, unzureichende Produktivitätsfortschritte, teilweise gesättigte Märkte und eine Ausdifferenzierung der Konsumentenlandschaft.

Zwischen 1907 und 1927 liefen bei Ford 15,4 Millionen T-Modelle vom Fließband – in einheitlicher Farbe und Ausstattung. Ende der 80er Jahre konnte der Kunde beim Kauf eines BMW zwischen 200 Varianten und etwa 3.000 Sonderausstattungen wählen (Bertram, Schamp 1989).

Moderne Transport- und Kommunikationstechnologien, vor allem aber neue Produktions-, Organisations- und Distributionstechnologien gestatten den Unternehmen die Verwirklichung neuer Konzepte der Produktions- und Unternehmensorganisation. Vorbild war hier in erster Linie die japanische Industrie. Sie erzielte seit den 70er Jahren auf dem Weltmarkt große Erfolge mit völlig neuen, hocheffizienten Organisationsformen. Charakteristisch war unter anderem der Einsatz flexibler Mehrzweck-Produktionsanlagen, die eine relativ schnelle und kostengünstige Umstellung auf neue Produkte erlaubte. Durch Standardisierung der Teile und modularen, baukastenartigen Aufbau reduzierten die japanischen Unternehmen die Teilevielfalt bei gleichzeitigem Gewinn an Typenvielfalt. Die Fertigung erfolgte in regionalen Produktionsclustern durch Auslagerung auf Vorlieferanten. Durch *Just-in-time*-Anlieferung und kontinuierliche Qualitätskontrolle auf jeder Fertigungsstufe senkten sie die Logistikkosten (Einem u.a. 1995).

Die Verwendung von Mikroelektronik und Computertechnologie erlaubt nun zunehmend auch den Unternehmen in westlichen Industriestaaten eine Reorganisation des Fertigungsprozesses. Zunehmend wird dabei das Leitbild der „schlanken Produktion" (*lean producion*) propagiert: „'Lean Production' ist 'schlank', weil sie von allem weniger einsetzt als die Massenfertigung – die Hälfte des Personals in der Fabrik, die Hälfte der Produktionsfläche, die Hälfte der Investition in Werkzeuge, die Hälfte der Zeit für die Entwicklung des Produktes. Sie erfordert auch weit weniger als die Hälfte des notwendigen Lagerbestandes, führt zu viel weniger Fehlern und produziert eine größere und noch wachsende Vielfalt von Produkten" (Womack u.a. 1992).

Die Unternehmen bedienen sich dabei der neuen technischen Möglichkeiten und entwickeln sie ständig weiter, ganz in der Logik der geschilderten Aufwärtsspirale der Erhöhung von Nutzungs- und Innovationsgeschwindigkeiten. Ein entscheidender Punkt ist hierbei die „Programmierbarkeit" der Mikroprozessoren. Anwendungsspezifische Funktionen werden nicht in der Hardware festgelegt, sondern über ein veränderbares Programm dem Mikroprozessor eingegeben. Durch diese Trennung von Hardware und Software ist die technische Voraussetzung geschaffen, die traditionellen, starren Maschinen durch flexible Maschinensysteme abzulösen und so eine hohe Einsatzflexibilität zu realisieren (Halfmann 1984, Läpple 1989).

Tabelle 3: Produktions- und Arbeitsorganisation in der Automobilindustrie

	Fordistisch-tayloristisches Modell	**Post-fordistisches Modell**
Produktions-organisation	Komplexe, aber starre Einzwecktechnologien, zeitaufwendige und teuere Umstellung auf neue Produkte	flexible Mehrzwecktechnologien, relativ schnelle und kostengünstige Umstellung auf neue Produkte
	hohe vertikale Integration (Fertigungstiefe)	abnehmende vertikale Integration
	funktional und räumlich lockere Beziehungen zu Lieferanten	funktional organisierte Zuliefersysteme (*single sourcing*, *modular sourcing* und *global sourcing*)
	viele direkte Zulieferer	starke Abnahme der Zahl der Direktlieferanten
	große Lagerhaltung	geringe Lagerhaltung, jedoch störanfällige *Just in time*-Anlieferung
	Fließbandarbeit	Fließbandarbeit und Gruppenarbeit
Arbeits-organisation	Entwicklung der Produkte durch relativ eng qualifizierte Fachkräfte	Entwicklung in Gruppen
	Fertigung durch an- und ungelernte Arbeitskräfte, relativ einfache Arbeit in vorgegebener Folge	zunehmende Anforderungen an die Qualifikation der Arbeitskräfte, komplexere Arbeitsabläufe
	Trennung von Fertigung, Qualitätskontrolle und Wartung	Integration von Fertigung, Qualitätskontrolle, Wartung und Reparatur
Produkte	wenige, standardisierte Produkte in hohen Stückzahlen, *economies of scale*	zunehmende Produktdifferenzierung, *economies of scope*

Quelle: nach Dicken 1992, Gaebe 1993

Mit gleichbleibendem Maschinenbesatz läßt sich nun eine Vielzahl unterschiedlicher Produkte herstellen. Der Produktzyklus wird vom Lebenszyklus der Maschine entkoppelt und so die Produktivität des eingesetzten Kapitals erhöht (Dicken 1986, Benko, Dunford 1991). Skalen- bzw. Massenproduktionsvorteile (*economies of scale*) werden ergänzt durch den flexiblen Einsatz und den Verbund von Fertigungssystemen, um Vorteile durch ein großes Produktspektrum und flexible Marktanpassung zu erzielen (*economies of scope*).

Von der Planung über die Konstruktion bis zur Lagerhaltung, Fertigung und Distribution können nun alle betrieblichen Arbeitsvorgänge rechnergestützt verrichtet werden. Die dadurch möglich gewordene höhere Arbeitsgeschwindigkeit, Arbeitsgenauigkeit und Komplexität des Arbeitsablaufes schlägt sich in einer sprunghaften Produktivitätsentwicklung nieder und eröffnet breite Möglichkeiten für eine „systemische Rationalisierung" (Altmann, Sauer 1989). Durch die nun mögliche Vernetzung der einzelnen Arbeitsbereiche können die einzelnen Arbeitsvorgänge integriert und genauer koordiniert werden. Dadurch lassen sich Reibungsverluste minimieren und noch vorhandene Zeitreserven ausschöpfen. Durch ein Zeitmanagement, das den ganzen Betriebsablauf umfaßt, werden somit weitere Produktivitätsfortschritte erzielt (Benko, Dunford 1991, Henckel 1994).

Neben der Strategie der *internen* Flexibilisierung auf der Grundlage neuer Produktionstechnologien entwickelt sich schließlich auch eine Strategie der *externen* Flexibilisierung. Hierbei geht es um die Reduktion der Fertigungs- und Dienstleistungstiefe innerhalb des Unternehmens und die Auslagerung von Funktionen an Subunternehmer bzw. Zulieferer (*subcontracting*) (Läpple 1989). An die Stelle unternehmensinterner Produktions- und Dienstleistungszusammenhänge treten damit zunehmend neue Formen zwischenbetrieblicher Arbeitsteilungen und Kooperationsformen bis hin zur Bildung komplexer Unternehmensnetzwerke (Castells 1996).

Am Beispiel der Automobilindustrie zeigt Tabelle 3 zusammengefaßt die wesentlichen Unterschiede der Produktions- und Arbeitsorganisation zwischen dem fordistisch-tayloristischen Modell und dem sogenannten postfordistischen Modell.

Flexibilisierung der Standorte

Moderne Informations- und Kommunikationstechnologien haben nicht nur den eigentlichen Produktionsprozeß und die innerbetrieblichen Arbeitsabläufe, sondern auch die zwischenbetrieblichen Beziehungen und die Aktionsreichweiten der Unternehmen verändert. Die informationelle Vernetzung verschiedener Orte und Akteure mit Hilfe von Modem-, Fax- und Mobilfunktechnik, Satelliten- und Glasfaserkabel-Übertragungssystemen hat zu einer Relativierung, teilweise sogar zur Abschaffung der Bedeutung räumlicher Distanzen geführt (Henckel 1994). Dies ermöglicht eine weite geographische Streuung von Firmenaktivitäten. Die Ausdehnung der Einzugsbereiche bei der Beschaffung von Personal, Maschinen und Vorprodukten, die Durchdringung neuer Märkte und die Koordination der eigenen Tätigkeiten mit denen von konkurrierenden oder assoziierten Unternehmen sind vom logistischen Standpunkt aus weitgehend unproblematisch geworden (Benko, Dunford 1991).

Die Veränderung internationaler Wirtschaftsverflechtungen war einer der Gründe, die das auf standardisierter Massenproduktion basierende Wirtschaftsmodell herausgefordert hatten. Nun suchen viele Unternehmen in der beschleunigten Internationalisierung die Rettung aus der Krise. Im Zuge dieser Internationalisierung orientieren sich Investoren und Produzenten weltweit an den jeweils günstigsten Produktions- und Investitionsbedingungen. Dies können geringe Arbeitskosten, ein generell „unternehmerfreundliches" Klima, Zugang zu Märkten oder Zugang zu Technologien sein. Sofern nicht für bestimmte Produkte hohe Logistikkosten und ein hoher Abstimmungsbedarf eine regionale Integration der einzelnen Schritte im Produktionsprozeß nahelegen, kann dieser nun über Ländergrenzen hinweg in einzelne, räumlich voneinander getrennte Produktionsschritte aufgesplittet werden, die dann von der Unternehmenszentrale aus gesteuert werden.

Konzentration von Managementfunktionen und Dezentralisierung der Produktion bieten den Unternehmen viele Vorteile. Ihre „globale Präsenz" erschließt den multinationalen Unternehmensnetzen ferne Märkte und gewährleistet ihnen den weltweiten Zugang zu Technologie und *Know-how*. Durch variable strategische Allianzen sichern sie sich die Wettbewerbsfähigkeit auf schnellebigen Märkten.

Die „flexible Spezialisierung" wird den sprunghaften Nachfrageänderungen in einer sich rasch wandelnden Welt mit kurzlebigen kulturellen Moden viel besser gerecht als die altbewährte standardisierte Massenproduktion (Piore, Sabel 1985). Allerdings: Das eine, allgemeingültige Organisations-, Produktions-, Produkt- und Marktkonzept gibt es nicht. Vielmehr existieren heute verschiedene Unternehmensstrategien nebeneinander. Sie reflektieren die große Bandbreite unterschiedlicher Produktionserfordernisse verschiedener Produkte, die Vielfalt der Konsumentenbedürfnisse, aber auch ein gewisses Experimentier- und Suchverhalten der einzelnen Unternehmen. Eine ausgeprägte regionale Integration der Fertigung und die Bildung regionaler Produktionscluster steht neben der Aufsplitterung einzelner Produktionsschritte im Weltmaßstab. Neben einem Markt für hochwertige Produkte in geringen Stückzahlen existiert weiterhin ein großer Markt für Massengüter. Produkte, die auf die besonderen Bedürfnisse einzelner regionaler und nationaler Märkte zugeschnitten sind, stehen in Konkurrenz zu ausgesprochenen „Weltprodukten".

Selbst innerhalb einer Branche unterscheiden sich die Unternehmensstrategien deutlich. Ford beispielsweise, das weltweit am stärksten transnational organisierte Unternehmen, baut an mehreren Standorten baugleiche „Weltautos" (*global cars*). Honda dagegen verfolgt eine sogenannte *multi domestic*-Strategie, marktspezifische und häufig auch an den einzelnen Marktstandorten entwickelte Produkte anzubieten. Das Ergebnis sind zwar auch technisch baugleiche Fahrzeuge, jedoch mit Ausstattungsänderungen für den asiatischen, europäischen und amerikanischen Markt (Gaebe 1993).

Flexibilisierung der Beschäftigung

Die Produktivitätssteigerungen, die durch eine technologiegestützte Mechanisierung und Robotisierung, neue Organisationsformen und die neue internationale Arbeitsteilung in den letzten Jahren möglich geworden sind, haben in den entwickelten Volkswirtschaften die Anzahl der Beschäftigten, deren Tätigkeit unmittelbar der Güterproduktion dient, deutlich schrumpfen lassen. Und mit einer Fortsetzung dieses Trends muß gerechnet werden.

Demgegenüber haben Tätigkeiten, die der unmittelbaren Güterproduktion vor- und nachgelagert sind, etwa Forschung und Entwicklung, Design und Marketing, zugenommen. Neben dieser Zunahme produktionsorientierter Dienstleistungen ist auch eine Zunahme konsumorientierter Dienste zu beobachten. Diese Entwicklung hat der „großen Hoffnung des 20. Jahrhunderts", wie Jean Fourastié sie nannte, neue Nahrung gegeben. Die fortschreitende Tertiärisierung wird häufig gleichgesetzt mit einer fortschreitenden Humanisierung der Arbeitswelt. Nicht mehr Fortschritte in der Energieumwandlung, sondern die Verarbeitung von Informationen und die Vermehrung von Wissen sind die Schrittmacher der Wirtschaftsentwicklung. Und da der Träger von Information und Wissen letztendlich der Mensch ist, rückt er nach Ansicht vieler erstmals in den Mittelpunkt des wirtschaftlichen Geschehens (Nefiodow 1996).

Tatsächlich läßt sich zumindest für einen Teil der Arbeitnehmer, denen die fordistisch-tayloristische Produktionsweise höchst einfache Tätigkeiten abverlangt hatte, eine „Requalifizierung" beobachten. Dies gilt auch für diejenigen, die in den produzierenden Berufen verbleiben. Das Bild des Fließbandarbeiters schwindet zugunsten des Bildes eines qualifizierten Beschäftigten, der im Team arbeitet, Entscheidungsspielräume hat und die Fähigkeit zur Bedienung hochkomplizierter Produktionsanlagen besitzt.

Diese optimistischen Einschätzungen und Befunde müssen jedoch relativiert werden. Vor dem Hintergrund wachsender internationaler Konkurrenz scheinen die Unternehmen ihren wirtschaftlichen Erfolg immer weniger an den Interessenausgleich mit den Arbeitnehmern zu binden. Der soziale Ausgleich zwischen Unternehmen und Arbeitnehmerschaft, der einst einen Produktivitätsanstieg mit Einkommenszuwächsen für die Arbeitnehmer verband, wird zunehmend in Frage gestellt. Moderne Technologien geben den Unternehmen ein wichtiges Mittel an die Hand, das Verhältnis von Kapital zu Arbeit zu ihren Gunsten neu zu definieren. Damit deutet sich eine schleichende Aufkündigung des Mitte des Jahrhunderts geschlossenen Sozialpakts an.

Die technikbedingten Möglichkeiten der Dezentralisierung, der Automatisierung und der Flexibilisierung der Produktion versetzen die Unternehmen in die Lage, die Verhandlungsposition der Gewerkschaften zu schwächen. Diese Schwächung ist nach Ansicht von Castells in vielen Ländern explizites

Ziel des Strukturwandels und „*probably the most important single factor in achieving the overall objective of restoring the rate of profit at a level acceptable for business*" (Castells 1989: 24). Allein die mögliche Anwendung solcher Unternehmensstrategien kann als Druckmittel gegenüber den Gewerkschaften eingesetzt werden. Hierbei hilft den Unternehmen die Tatsache, daß sich gerade die typischen Produktionsschritte in Großbetrieben, in denen heute noch die Interessenvertretung der Arbeitnehmerschaft gut ist, für eine Automatisierung oder Auslagerung anbieten. Der Wandel vom zentralisierten Großunternehmen zu dezentralisierten Produktionsnetzwerken untergräbt zusätzlich die Position der Gewerkschaften gegenüber den Unternehmen.

Um rasch auf geänderte Markterfordernisse reagieren zu können, wird die Flexibilisierung der Produktion begleitet von einer Flexibilisierung der Beschäftigungsverhältnisse. Die unbefristete Vollanstellung mit garantierten Sozialleistungen und Kündigungsschutzrechten wird zunehmend ersetzt durch befristete Anstellungsverträge, Anstellungen mit reduzierten Stundenzahlen und eingeschränkten Sozialleistungen sowie Entlassung in die „Scheinselbständigkeit".

Der Kostenaufwand für den Produktionsfaktor Arbeit wird zunehmend auch dadurch gesenkt, daß ökonomisch weniger anspruchsvolle Arbeitnehmergruppen zur Produktion herangezogen werden. Dies geschieht *einerseits* durch Rückgriff auf sozial schwache Gruppen, die geringere Lohnansprüche stellen bzw. ihre Ansprüche wegen des geringen Organisationsgrades nicht artikulieren können. *Andererseits* werden Produktionsstandorte in Regionen mit strukturell niedrigerem Lohnniveau verlagert. Moderne Kommunikations- und Verkehrsinfrastrukturen haben die Voraussetzungen erheblich verbessert, solche Verlagerungen durchzuführen, ohne dadurch den Kontakt zur Unternehmenszentrale, zu anderen Teilsegmenten der Produktion sowie zu den Beschaffungs- und Absatzmärkten nennenswert einzuschränken.

Flexibilisierung, Marktsteuerung und Deregulierung

Parallel zu den geänderten Strategien und Handlungsmustern der Unternehmen ist in fast allen Industrieländern ein schleichender Wandel der Rolle des Staates zu beobachten. Dreh- und Angelpunkt ist dabei immer der internationalisierte Kampf um Arbeitsplätze und Investitionen. Zu den charakteristischen Merkmalen zählt zum Beispiel die Deregulierung vieler Aktivitäten einschließlich der Abschwächung von Sozialregelungen und Umweltregelungen im Arbeitsprozeß. Investitionsfördernde Steuerreformen ziehen eine Reduzierung staatlicher Sozialleistungen nach sich. Vielfach wird eine Verschlankung des Staates, das heißt die Schrumpfung des öffentlichen Sektors bzw. die Privatisierung seiner produktiven Teile angestrebt. Dabei ist jedoch

Tabelle 4: Voraussetzungen und Merkmale des Strukturwandels

	Veränderung des Kapital-Arbeit-Verhältnisses	**Internationalisierung wirtschaftlicher Aktivitäten**	**Veränderung der Tätigkeit des Staates**
Technologieeinsatz	Abbau von Arbeitskraft durch verstärkte Automatisierung	Vernetzung durch Telekommunikation	staatliche Bereitstellung der erforderlichen Infrastruktur
Konzentration von Managementfunktionen	Dequalifizierung des unteren und mittleren Managements	Kontrolle des internationalen Transfers von Kapital, Technologie und Know-how	Verbesserter Einfluß der Unternehmen auf zentrale politische Entscheidungen
Flexibilisierung der Produktion	Flexibilisierung der Anstellungsverhältnisse	schnelle Anpassung an Weltmarkterfordernisse, Bedienung einer differenzierten Nachfrage	Aufweichung der Abgrenzung öffentlicher und privater Interessensphären
Dezentralisierung und Vernetzung der Produktion	Aushöhlung des gewerkschaftlichen Einflusses durch Subcontracting	Wettbewerbsfähigkeit durch variable strategische Allianzen	Verbesserter Einfluß auf Fachpolitiken durch direkten Kontakt zu einzelnen staatlichen Einrichtungen

Quelle: eigene Zusammenfassung nach Castells 1989

der „Rückzug" des Staates nicht allumfassend, sondern hochgradig selektiv. So werden beispielsweise Forschung und Entwicklung im Hochtechnologiesektor zur Sicherung der internationalen Wettbewerbsfähigkeit häufig staatlicherseits unterstützt. Dies geschieht meist sowohl durch Finanzierung von Infrastruktur und Forschung als auch durch Steuervergünstigungen.

Vor dem Hintergrund geänderter Rahmenbedingungen gelingt es den Unternehmen zunehmend auch, durch betriebliche Reorganisation ihren Einfluß auf politische Entscheidungen bzw. ihre Position gegenüber staatlichen Institutionen zu stärken. So unterstützt die Konzentration von Managementfunktionen in hochrangigen Organisationseinheiten die direkte „Tuchfühlung" zu zentralen politischen Entscheidungsinstanzen, während die Dezentralisierung der Unternehmensstruktur die fachlichen Kontakte „auf Arbeitsebene" zu verschiedenen staatlichen Einrichtungen verbessert.

Zusammenfassend verdeutlicht Tabelle 4 die Vielschichtigkeit der Bedeutung des direkten Technologieeinsatzes und der verschiedenen Aspekte neuer, technologiegestützter Betriebsorganisation (Flexibilisierung sowie Dezentralisierung und Vernetzung der Produktion, Konzentration von Managementfunktionen) für den gesamten Strukturwandel. Seine wesentlichen

Merkmale sind die Veränderung des Verhältnisses von Kapital und Arbeit, die Internationalisierung wirtschaftlicher Aktivitäten und die Veränderung der Rolle des Staates.

In regulationstheoretischer Sicht spiegelt sich hierin ein neues umfassendes Steuerungsmodell, ein neues charakteristisches Zusammenspiel wirtschaftlich-technologischer Produktionskonzepte und gesellschaftlich-politischer Koordinationsregeln, das häufig als „Postfordismus" tituliert wird. Das allgemeine Prinzip der Arbeitsorganisation („technologisches Paradigma") äußert sich in technologiegiestützten flexiblen Produktions- und Organisationsstrategien. Das makroökonomische Modell („Akkumulationsregime") ist *einerseits* durch Differenzierung der Konsumwünsche und *andererseits* durch Globalisierung der Märkte gekennzeichnet. Das System von sozialen, kulturellen und politischen Koordinationsregeln („Regulationsweise") ist schließlich charakterisiert durch eine Stärkung der Position der Arbeitgeber gegenüber den Arbeitnehmern sowie durch eine geänderte Rolle des Staates.

3.4 Die Dimensionen der Globalisierung

Die Globalisierung des Handels

Im Jahr 1947 vereinbarten die damaligen Gründungsmitgliedsstaaten das Allgemeine Zoll- und Handelsabkommen (*General Agreement on Tariffs and Trade – GATT*). In bislang acht, oft mehrjährigen internationalen Verhandlungsrunden verpflichtete sich die ständig wachsende Zahl der *GATT*-Mitglieder zur sukzessiven Absenkung der Einfuhrzölle und zur Einhaltung wichtiger Prinzipien für den Warenaustausch. Nach siebenjährigen Verhandlungen wurde Anfang 1994 die sogenannte Uruguay-Runde des *GATT* beendet und die Gründung der Welthandelsorganisation (*World Trade Organisation – WTO*) mit Sitz in Genf beschlossen. Nachdem nun die Zollschranken weitgehend gefallen sind, dient die *WTO* vor allem dem Abbau nicht-tarifärer Handelsbarrieren, etwa von staatlichen Monopolen oder technischen Vorschriften, sowie der Pflege der Handelsbeziehungen und der Streitschlichtung zwischen den Mitgliedern (Grossmann u.a. 1996, Nuhn 1997).

Neben dem Abbau von Handelsschranken förderte eine Reihe von anderen Faktoren die Zunahme des grenzüberschreitenden Handels. Die Transportkosten fielen nicht nur wegen der sehr niedrigen Preise für fossile Energieträger, sondern auch wegen der geringen Lohnkosten im internationalen Transportsektor, beispielsweise im Seeverkehr. Kostenmindernd und geschwindigkeitserhöhend wirkte auch die Weiterentwicklung der Transportsysteme, so zum Beispiel die Einführung des Containerverkehrs oder der Ausbau der Hochgeschwindigkeitsnetze der Bahn, der Fernstraßennetze, des Luftfrachtwesens oder der transkontinentalen Pipelines. Die Entwicklung der elektronischen Kommunikationsmedien unterstützte die weltweite Optimierung vieler dieser Transportrouten.

Aber nicht nur materielle Güter werden zunehmend grenzüberschreitend gehandelt. Entfiel 1975 ein Viertel des Welthandels auf den Verkehr von Dienstleistungen sowie Erwerbs- und Vermögenseinkommen, so ist dies Mitte der 90er Jahre bereits ein Drittel (OECD 1994). In der deutschen Zahlungsbilanz des Jahres 1994 machen solche Transfers 32,5 % der Einnahmen durch Exporte und sogar 43,2 % der Ausgaben für Einfuhren aus. Den größten Anteil in der deutschen Dienstleistungsbilanz stellen Tourismus und Transport mit 46,4 % auf der Einnahmenseite und mit 61,3 % auf der Ausgabenseite. Der hohe deutsche Negativsaldo erklärt sich fast ausschließlich durch die hohen Ausgaben im Reiseverkehr, das heißt durch den Auslandstourismus. Während Deutsche im Jahr 1994 auf Reisen im Ausland 67,2 Milliarden DM ausgaben, flossen nur 17,2 Milliarden DM durch die Reisen von Ausländern nach Deutschland zurück (Altvater, Mahnkopf 1996).

Unter Dienstleistungen werden traditionell solche immateriellen Produkte verstanden, bei denen Produktions- und Konsumtionsort zusammenfallen (*uno actu*-Dienstleistungen), und zwar entweder am Ort des Dienstleistungsanbieters oder am Ort des Konsumenten. Unter die erste Kategorie fallen beispielsweise Tourismusangebote, Ausbildungsleistungen oder medizinische Versorgung. Zur zweiten Kategorie zählen etwa Montagearbeiten, Unternehmensberatungen oder Wirtschaftsprüfungen. Am expansivsten sind jedoch inzwischen die *long distance*-Dienstleistungen, die ohne die Mobilität von Anbietern und Nachfragern auskommen, beispielsweise Transportdienstleistungen, telekommunikativ vermittelte Finanz- und Versicherungsdienstleistungen, Consulting-Leistungen jeglicher Art, aber auch die in einem Industrieprodukt (etwa einer Diskette oder CD-ROM) „verkörperte" Software (Altvater, Mahnkopf 1996).

Die Konsequenzen der sinkenden „Raumwiderstände" durch zunehmende Handelsfreiheit, fallende Kosten und steigende Geschwindigkeit der Raumüberwindung sind beeindruckend. Seit vier Jahrzehnten wächst der weltweite Austausch von Gütern und Dienstleistungen schneller als die Weltproduktion. Seit 1985 übersteigt das Wachstum des Handelsvolumens die Zunahme der Wirtschaftsleistung sogar um das Doppelte. Der Anteil der Weltproduktion, der grenzüberschreitend gehandelt wird, ist von 7 % im Jahr 1950 über 12 % im Jahr 1973 auf 17 % im Jahr 1993 gestiegen. Mitte der 90er Jahre wird damit bereits ein Fünftel aller Güter und Dienstleistungen, die weltweit statistisch erfaßt werden, grenzüberschreitend gehandelt (WTO 1995, Martin, Schumann 1996, Altvater, Mahnkopf 1996).

Die größere Dynamik des Welthandels gegenüber der weltweiten Produktion wird häufig als Beleg für die zunehmende räumliche Arbeitsteilung und weltwirtschaftliche Integration und damit als entscheidendes Indiz für die „Globalisierung" gewertet. Man sollte jedoch einer solchen Einschätzung kritisch gegenüberstehen:

> „Auch wenn der Welthandel in den letzten vierzig Jahren sehr viel schneller gewachsen ist als die weltweite Produktion, sind die Besonderheiten des gegenwärtigen Globalisierungsprozesses doch nicht in erster Linie im *quantitativen* Umfang grenzüberschreitender Handelsverflechtungen zu sehen. Würde die Weltexportquote als Maß für die Globalisierung der Weltwirtschaft zugrunde gelegt, ließen sich die vier Nachkriegsjahrzehnte zwar als eine Periode zunehmender „Offenheit" der Weltwirtschaft bezeichnen; im historischen Vergleich würde sich jedoch auch zeigen, daß die Außenhandelsverflechtung zu Beginn der 70er Jahre gerade wieder auf jenem Niveau angelangt war, das die weltwirtschaftliche Integration bereits vor Ausbruch des Ersten Weltkriegs erreicht hatte [...]" (Altvater, Mahnkopf 1996: 246 unter Hinweis auf Paqué 1995).

Betrachtet man neben dem Welthandel etwa auch die Auslandsinvestitionen oder die transnationale Migration, so nehmen sich die gegenwärtigen Tendenzen der Globalisierung bescheiden aus im Vergleich zur „Weltoffenheit" zum Ende des vorigen Jahrhunderts bis zum Ersten Weltkrieg (Habsbawm 1995). Großbritannien beispielsweise investierte am Ende des letzten Jahrhunderts 40 % seiner Gewinne im Ausland. Fast 90 % der Weltbevölkerung lebten in Territorien mit konvertibler Währung, und das Deutsche Reich war fast ebensosehr vom Weltmarkt abhängig wie heute die Bundesrepublik Deutschland (Piper 1997). Weltumspannende wirtschaftliche Verflechtungen gehörten von Anfang an zur Geschichte des Kapitalismus. Sind also die aktuellen Begriffe „Weltmarkt" und „Globalisierung" nichts als modische Schlagwörter in der politischen Diskussion? Oder was ist neu an den jüngsten Entwicklungen?

Die Globalisierung der Produktionsverflechtungen

In früheren Zeiten waren die Transportkosten, die Kommunikationskosten und die sonstigen Transaktionskosten, die sich durch tarifäre und nichttarifäre Handelshemmnisse ergaben, im Vergleich zu den Produktionskosten hoch. Diese Situation führte zu natürlichen „Konkurrenzgrenzen" (Schneider 1958). Der Anbieter eines bestimmten Produktes stand nur in Konkurrenz zu anderen Anbietern dieses Produktes innerhalb des eigenen Konkurrenzgebietes. Nur innerhalb dieser Grenze überschnitten sich die Absatzgebiete, so daß dort die Produktionsstandorte in „Standortkonkurrenz" traten. Weitere Anbieter jenseits dieser Grenze stellten keine Konkurrenz dar, selbst wenn diese das Produkt unter erheblich geringeren Produktionskosten herstellen konnten: Der Transport über eine bestimmte Entfernung hinaus, die die Konkurrenzgrenze festlegte, „lohnte" sich nicht.

Für viele transportkostenempfindliche Güter waren die Konkurrenzgebiete kleiner als die Staatsgebiete, so daß sich verschiedene lokale und regionale Märkte bildeten, für die es keine Mitbewerber „von außen" gab. Für andere Güter mit geringerer Transportkostenempfindlichkeit reichten die Konkurrenzgrenzen mehr oder weniger weit über Staatsgrenzen hinaus. In diesen Fällen bestimmten komparative Kostenvorteile die Standortwahl, die internationale Arbeitsteilung und damit den internationalen Handel. Gemäß dem viel zitierten Beispiel David Ricardos bedeutete das: Zum *beiderseitigen* Vorteil konnte England Tuch nach Portugal und Portugal Wein nach England exportieren.[2] Die Märkte der Welt waren daher charakterisiert durch relativ viele lokale, das heißt für einen bestimmten Standort spezifische Güter (z.B. Kohle, Eisenerz, aber auch regionale Früchte und lokale Dienstleistungen), und relativ wenige ubiquitäre, das heißt überall vorkommende Güter (z.B. Erde, Holz).[3]

Der starke Verfall der Transport- und sonstigen Transaktionskosten hat zum „Schleifen der Konkurrenzgrenzen" geführt (Altvater, Mahnkopf 1996: 228ff.). Für eine zunehmende Zahl von Gütern gilt heute eine Konkurrenz auf globalisierten Märkten. Nun können Konsumenten theoretisch zwischen Anbietern aus weiteren Teilen der Welt wählen. Ebenso haben Unternehmen die Wahl zwischen verschiedenen weltweiten Anbietern von Rohstoffen und Vorprodukten (*global sourcing*). Und mehr noch: Da gleichzeitig die internationalen Liberalisierungs- und Deregulierungsprozesse die Mobilität des Kapitals erhöhten und Auslandsinvestitionen erheblich erleichterten, haben Unternehmen außerdem die Wahl zwischen verschiedenen Produktionsstandorten. Diese bringen sie in den Genuß geringerer Produktionskosten, der Erschließung neuer Märkte oder der Streuung von Wechselkursrisiken. Neben der Globalisierung des Handels gibt es heute also eine Globalisierung der Produktion:

> „Ein neuer Sportwagen eines koreanischen 'Herstellers' wird in Japan finanziert, in Italien designed, die Konstruktion des Motors und Getriebes erfolgt in Deutschland. In England wird der Wagen montiert, wobei elektronische Komponenten Verwendung finden, die im Silicon Valley erfunden und in Japan hergestellt wurden. Die Werbekampagne der Einführung dieses Wagens wird in Frankreich konzipiert, und die erforderlichen Fotoaufnahmen von einer kanadischen Gesellschaft in Spanien gemacht. Datenverarbeitung findet auf Barbados und die Gehaltsabrechnung in Irland statt" (Setzer 1997: 25).

2 Zur Theorie der komparativen Kostenvorteile siehe Ricardo 1959
3 Zur Unterscheidung ubiquitärer und lokaler Güter siehe Weber 1909

Abbildung 14: Die Spirale abnehmender Raumüberwindungskosten und zunehmender Konkurrenz der Wirtschaftsunternehmen

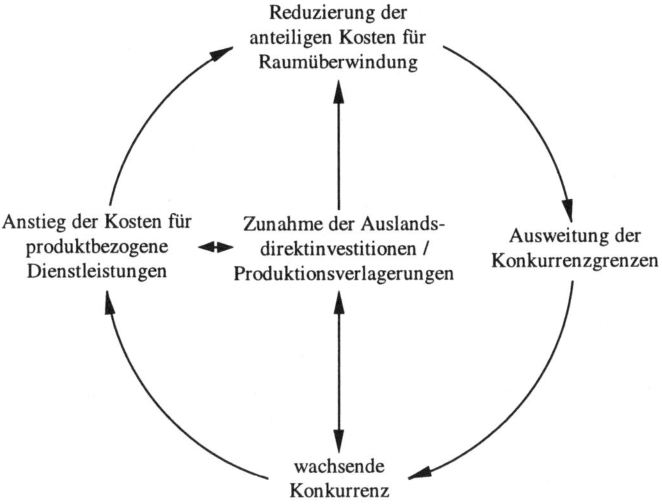

Damit geraten die Unternehmen in eine Spirale wachsender Konkurrenz und zunehmender Globalisierung. Sie stehen nun immer mehr unter Druck, der Schnellste auf dem Markt, der Beste, der Innovativste und der Preiswerteste zu sein. Hierdurch steigen die Kosten für Forschung und Entwicklung, aber auch für Marketing und Design enorm an. Dies hat zur Folge, daß die anteiligen Kosten für die Raumüberwindung weiter fallen, die Konkurrenzgrenzen weiter ausgedehnt werden, der Konkurrenzdruck weiter wächst, der Anreiz für zusätzliche Auslandsinvestitionen weiter steigt (siehe Abbildung 14).

Wenn die natürlichen Konkurrenzgrenzen für bestimmte Güter infolge niedriger Raumüberwindungskosten fallen, dann läßt sich für diese Güter praktisch nur noch ein Weltmarktpreis erzielen. Wer als Unternehmen konkurrieren will, muß in der Lage sein, seine Produktionskosten soweit zu reduzieren, bis er zu diesem Weltmarktpreis anbieten kann. Der Weltmarktpreis zwingt also die verschiedenen Länder, die Rahmenbedingungen für die Produktionskosten – das heißt die Arbeitskosten und alle jene Faktoren, die die Produktivität der Arbeit beeinflussen – anzupassen, um als Produktionsstandort attraktiv zu bleiben. Nach dem Prinzip des *global sourcing* können die Ressourcen aus allen Teilen der Welt beschafft werden, um an solchen Standorten verarbeitet zu werden, die eine solche „systemische Wettbewerbsfähigkeit" aufweisen:

„Solange Produkte aus Asien in Kolonialwarenläden gehandelt wurden, waren sie eine exotische Erweiterung der Produktpalette in den metropolitanen Ländern, aber sie stellten keine Konkurrenz dar. Selbst amerikanische und europäische Autos konkurrierten nicht wirklich, solange die Märkte durch Zölle, aber auch wegen hoher Transportkosten abgeschottet waren. Das ist anders, seitdem infolge der niedrigen Transport-, Kommunikations- und Transaktionskosten Konkurrenzgrenzen zwischen verschiedenen Standorten und Weltregionen abgebaut worden sind und daher in erster Linie die Produktionskosten verglichen werden. Auf dem Weltmarkt zählen bei vergleichbarer Qualität und (inzwischen) international üblichem Design die monetär bewerteten Kosten der Waren. Diese sind (grob kalkuliert) abhängig von (erstens) der Produktivität der Arbeit, (zweitens) von den Lohnkosten, (drittens) dem Wechselkurs und natürlich (viertens) von den öffentlichen Subventionen, die zur Förderung und zum Schutz von 'Standorten' verteilt werden, (fünftens) von den Nutzungsmöglichkeiten öffentlicher Güter sowie (sechstens) von den Möglichkeiten der 'Externalisierung' privater Kosten als soziale Kosten in den globalen Umweltraum" (Altvater, Mahnkopf 1996).

Die traditionelle Form des internationalen Handels – etwa der Handel von Wein gegen Tuch, wie ihn Ricardo beschrieben hatte – hat heute nur noch einen geringen Stellenwert. Der größte Teil ist heute brancheninterner Handel. Beispielsweise stieg der Anteil des brancheninternen Handels am gesamten Handel Deutschlands mit der übrigen Welt von 58,7 % im Jahr 1970 auf 79,9 % im Jahr 1991 (OECD 1994). Diese Zunahme spiegelt *einerseits* die wachsende Bedeutung weltweit agierender Unternehmen und die verschärfte Konkurrenz zwischen ihnen. Zum Beispiel exportiert Deutschland Automobile nach Japan, und Japan exportiert Automobile nach Deutschland. *Andererseits* ist diese Zunahme das Resultat des wachsenden internationalen Handels, der innerhalb von transnational operierenden Unternehmen abgewickelt wird.

Transnationale Unternehmen sind heute die dominierenden Akteure im Globalisierungsprozeß, die sich – jenseits der Nationalstaaten – in einem „quasi rechtsfreien Raum bewegen können" (Stiftung Entwicklung und Frieden 1995). Die UN-Handelsorganisation UNCTAD zählt heute annähernd 40.000 Unternehmen, die in mehr als drei Staaten Betriebsstätten unterhalten. Die 100 größten transnationalen Unternehmen tätigen einen Jahresumsatz um 5,5 Billionen US-Dollar, was etwa dem Bruttosozialprodukt der USA entspricht. Transnationale Unternehmen bestreiten heute mehr als zwei Drittel des Welthandels, fast die Hälfte dieses Austausches wickeln sie innerhalb der konzerneigenen Netzwerke ab (UNCTAD, World Bank 1995, Martin, Schumann 1996).

Bis zur Mitte dieses Jahrhunderts betrieben international agierende Unternehmen im wesentlichen eine Ausbeutung natürlicher Ressourcen in den Kolonien. Nach dem Zweiten Weltkrieg beschränkten sie sich dann darauf, „in ausländischen Niederlassungen, die von den Muttergesellschaften operativ unabhängig waren, Güter und Dienstleistungen fertigzustellen, die in einer früheren Phase des Produktzyklus in den jeweiligen Herkunftsländern der Unternehmen produziert worden waren" (Altvater, Mahnkopf 1996: 249f.). Im Gegensatz dazu beziehen die heutigen transnationalen Unternehmen ihre Niederlassungen in den Industrie-, Schwellen- und Entwicklungsländern in den gesamten Produktionsprozeß ein. Durch Standardisierung und Modularisierung der Produktions- und Servicekomponenten bieten sich heute weitreichende Möglichkeiten, die Wertschöpfungsketten nach rein wirtschaftlichen Kriterien neu aufzugliedern. Dementsprechend kann heute jede einzelne der ausländischen Produktionsstätten eine bestimmte strategische Funktion innerhalb eines globalen Netzwerkes übernehmen, beispielsweise die Nähe zu Märkten, den Zugang zu Technologie, günstige Produktionsbedingungen oder die Absicherung gegen Wechselkursrisiken. Die einzelnen Betriebe stellen nicht mehr nur „verlängerte Werkbänke" dar, sondern umfassen teilweise auch Bereiche wie Forschung und Entwicklung (Nuhn 1997).

Die Globalisierung der Finanzmärkte

Voraussetzung für die Beteiligung an bzw. die Übernahme von auswärtigen Unternehmen oder für den Aufbau eigener Betriebe ist der internationale Kapitaltransfer. Vor den heute in den meisten Ländern erfolgten Liberalisierungen waren hierzu Genehmigungen erforderlich, die als Bestandteil der Industriepolitik der Aufnahmeländer mit Auflagen verbunden waren, beispielsweise der Verwendung nationaler Rohstoffe und Vorprodukte, der Beschäftigung einer Mindestzahl von einheimischen Arbeitnehmern oder der Einhaltung von festgelegten Exportquoten (Nuhn 1997). Mit dem Ausbruch der Verschuldungskrise zu Beginn der 80er Jahre waren Entwicklungsländer zunehmend gezwungen, Kapital jedweder Art, also auch in Form von Direktinvestitionen durch multinationale Konzerne, ins Land zu holen (Dörrenbächer, Wortmann 1997).

Vor dem Hintergrund der internationalen Deregulierung wuchsen die weltweiten Auslandsdirektinvestitionen zwischen 1960 und 1992 von knapp 68 Milliarden US-Dollar auf über 1,9 Billionen US-Dollar an. Seit Beginn der 80er Jahre stiegen die Kapitalabflüsse in Form von Auslandsdirektinvestitionen jährlich um 27,8 %, das ist fast dreimal so schnell wie der Export mit jährlich 11,1 % und viermal so schnell wie das Weltsozialprodukt mit jährlich 9,8 % (UNCTAD, World Bank 1994).

Die Globalisierung der Finanztransaktionen ist aber nicht allein durch produktionsbezogene Kapitaltransfers, sondern vor allem durch rein spekulative Transaktionen gekennzeichnet. Internationale Kapitalanlagen, der Handel mit Währungen und die sogenannten derivativen Finanzgeschäfte gewinnen gegenüber dem Warenhandel ein zunehmendes Gewicht. „Die wirkliche Revolution findet [...] auf den internationalen Finanzmärkten statt, wo immer größere Summen rund um die Uhr um den Globus geschickt werden. [...] Die Währungsreserven aller Industrieländer sind nicht einmal mehr halb so groß wie der Devisenhandel an einem Tag“ (Wirtschaftswoche 45/95: 17). An den internationalen Devisenmärkten stiegen die täglichen (!) Umsätze von 60 Milliarden US-Dollar im Jahr 1983 auf etwa 1,5 Billionen US-Dollar im Jahr 1996 (Martin, Schumann 1996, Krätke 1997). Dies ist mehr als das Hundertfache dessen, was zur Abwicklung des internationalen Handels notwendig ist (Stiftung Entwicklung und Frieden 1995). Die Summe „entspricht annähernd dem Gegenwert der gesamten Jahresleistung der deutschen Wirtschaft oder dem Vierfachen der jährlichen Welt-Ausgaben für Rohöl. In der gleichen Größenordnung bewegen sich die Umsätze mit Aktien, Konzernanleihen, staatlichen Schuldtiteln und unzähligen verschiedenen Spezial-Kontrakten, den sogenannten Derivaten“ (Martin, Schumann 1996: 74f.). Der monetäre Weltmarkt ist damit zu einer verselbständigten Verwertungssphäre von Geldkapital geworden, es hat sich eine „Entkopplung zwischen monetärer und realer Sphäre der Weltwirtschaft“ herausgebildet (Hübner 1988, Krätke 1995).

Zusammenfassend läßt sich die wirtschaftliche Dimension der Globalisierung weniger an einem quantitativen Wachstum grenzüberschreitender ökonomischer Aktivitäten festmachen als vielmehr an strukturellen Veränderungen der Austausch- und Produktionsprozesse. Der Anstieg der Außenhandelsquoten bei Waren, der in jüngster Zeit deutlich anwachsende internationale Dienstleistungshandel, die seit der zweiten Hälfte der 80er Jahre rasant wachsenden Direktinvestitionen, die Kooperation zwischen transnationalen Unternehmen insbesondere mit Blick auf die Technologie- und Produktentwicklung sowie der explosionsartige Anstieg der internationalen Bankgeschäfte charakterisieren gemeinsam einen umfassenden weltwirtschaftlichen Wandel (Zürn 1997).

Allerdings sind die unterschiedlichen Regionen der Welt in sehr unterschiedlicher Weise von diesem Wandel betroffen. Die meisten wirtschaftlichen Austauschprozesse und Konzernverflechtungen spielen sich innerhalb und zwischen den drei Großregionen Nordamerika, Westeuropa und Südostasien statt. Dagegen sind viele Staaten der sogenannten Dritten Welt von der Weltwirtschaft abgekoppelt. Daher wäre ist es gerechtfertigt, statt von einer echten Globalisierung von einer „Triadisierung“ der Weltwirtschaft – mit den drei Gravitationszentren USA, Westeuropa und Japan – zu sprechen (Göll, Schuster 1997).

Globalisierung – nicht nur ein ökonomisches Phänomen

Die weltumspannenden Ströme, durch die die moderne Informationsgesellschaft beherrscht wird, bestehen aus weit mehr als nur aus materiellen und immateriellen Wirtschaftsgütern. Dementsprechend lösen sich breite Definitionen der Globalisierung von der ökonomischen Fixierung und verstehen sie als einen Prozeß, der verschiedene Sachbereiche umfaßt. Einen Grenzfall zwischen der ökonomischen und der außerökonomischen Sphäre der Globalisierung stellt die internationale Migration dar. Wie der transnationale Austausch von Waren, Dienstleistungen und Kapital durch die Verbilligung von Transport und Kommunikation beschleunigt wurde, so sind auch die grenzüberschreitenden Wanderungsströme erst durch die Verbilligung und Beschleunigung des Reisens über Kontinente hinweg und mit der raschen Verbreitung detaillierten Wissens über Lebensstile, Wohlstandsattribute und Arbeitsmarktchancen in den reichen Ländern im heutigen Umfang möglich geworden. So werden immer größere Teile der Bevölkerung in Weltregionen, die von der Weltwirtschaft abgekoppelt und in zunehmender Verarmung leben, zu potentiellen Migranten (Altvater, Mahnkopf 1996).

Ebenfalls in einer Grauzone zwischen wirtschaftlichen und außerwirtschaftlichen Austauschbeziehungen befindet sich die Globalisierung von Umweltproblemen. Die Erscheinungsformen sind vielfältig. Durch Abwanderung der Produktion in Länder mit geringen Umweltschutzauflagen werden lokale Umweltkonflikte verlagert. Die Externalisierung von Umweltkosten durch grenzüberschreitende Abschiebung von Problem und Verantwortung zeigt sich am offensichtlichsten im internationalen Mülltourismus. Durch die jahrzehntelang geübte Praxis der „hohen Schornsteine" werden Schadstoffe über große Entfernungen verfrachtet und emittentenferne Ökosysteme destabilisiert. Schließlich erfährt die Globalisierung von Umweltproblemen ihren vorläufigen Höhepunkt durch die Emission ozonschädigender und klimarelevanter Gase, durch die – ohne jegliche direkte lokale Wirkung – globale Risiken aufgebaut werden.

Im allgemeinsten Verständnis ist Globalisierung ein Synonym für die wachsende „Fernwirkung" des eigenen Handelns. Mit den Worten von Ulrich Beck meint Globalisierung „Handlungen über Distanzen hinweg" (Beck 1995). Dahinter verbergen sich tiefgreifende soziale Veränderungen. Nach Anthony Giddens ist Globalisierung gekennzeichnet durch eine Intensivierung weltweiter sozialer Beziehungen, durch die entfernte Orte in solcher Weise miteinander verbunden werden, daß Ereignisse an einem Ort durch Vorgänge geprägt werden, die sich an einem viele Kilometer entfernten Ort abspielen, und umgekehrt: „Die Globalisierung schafft nicht nur umfassende Systeme, sondern gestaltet auch die lokalen und sogar persönlichen Kontexte der gesellschaftlichen Erfahrung um. Immer stärker werden unsere Alltagsaktivitäten von Ereignissen beeinflußt, die sich auf der anderen Seite der Welt abspielen. Umgekehrt sind lokale Lebensstile global folgenreich geworden" (Giddens 1997: 23). Diese globale Interdependenz wird vor allem auch in den Städten unmittelbar deutlich: „Wer sich heute etwa in irgendeiner Gegend der Welt mit der Erforschung der Städte beschäftigt, stellt fest, daß das, was sich an einem Ort und in einer bestimmten Nachbarschaft abspielt, wahrscheinlich von Faktoren – wie weltumspannenden Finanzmitteln und Warenmärkten – beeinflußt wird, die in beliebiger Entfernung von dieser Nachbarschaft selbst eingesetzt werden" (Giddens 1995: 86).

Die weltumspannende Interdependenz äußert sich auch in kultureller Hinsicht. Kulturelle Schranken lösen sich auf, und es wächst weltweit das Wissen, daß es außerhalb der eigenen Lebensumwelt etwas Anderes gibt (Featherstone 1990, Robertson 1992): „Die Massen- und Informationsmedien spielen in diesem Zusammenhang eine ähnliche Rolle wie die Migration. Durch Migration wird die Verbindung zwischen Fremde und räumlicher Distanz aufgelöst, ebenso wie die Massenmedien Distanzen negieren, indem sie mittels Filmen, Nachrichten usw. andere Lebensstile demonstrieren, die eine Vergemeinschaftung durch den Bezug auf massenmediale Imaginationen erlauben. Zur realen Koexistenz unterschiedlicher Kulturen kommt die virtuelle Koexistenz hinzu" (Korff 1996: 120).

Die weltweite Vernetzung, die Herausbildung einer Zeit- statt einer Raumgenossenschaft erzeugt „Ströme von Vorstellungsbildern". Das „instant everywhere" (Fraser 1993) – das „alles zu jeder Zeit an jedem Ort" – erzeugt immer stärkere kulturelle Anpassungen. „Die Welt wird zum – nicht nur touristischen – Warenhaus" (Henckel 1997a: 4). Durch den Fall „kultureller Konkurrenzgrenzen" können Integration, Toleranz und Universalismus entstehen. Ebenso formiert sich aber auch Widerstand gegen eine vermeintliche „Verwestlichung" oder Überfremdung.

Am ehesten wird man dem Phänomen der Globalisierung gerecht, wenn man sie als allgemeine Ausweitung gesellschaftlicher Interaktion ansieht: „Globalisierung sind eben nicht nur Auslandsdirektinvestitionen und globale Spekulationen, auch der 'Treibhauseffekt', das 'Internet' und 'Hollywood' gehören dazu. [...] Globalisierung bezeichnet demnach den Prozeß der Ausweitung der Verdichtungsräume gesellschaftlicher Interaktionen in den Bereichen Wirtschaft, Umwelt, Sicherheit, Kultur und Mobilität in Richtung auf eine erdumspannende Reichweite" (Zürn 1997: 12). Gerade die Vielfältigkeit von Globalisierung, die die unterschiedlichsten Lebensbereiche erfaßt und durchdringt, dürfte das eigentlich Neue an der augenblicklichen Entwicklung sein.

3.5 Individualisierung und soziokultureller Wandel

Technisierung, Flexibilisierung und Globalisierung sind die zentralen Aspekte des augenblicklichen wirtschaftlichen Wandels. Diese ökonomischen „Megatrends“ finden ihre Entsprechung unter anderem in veränderten Lebensbedingungen, Werthaltungen und Handlungsmustern der einzelnen Individuen. Die Flexibilisierung von Arbeit, Produktion und wirtschaftlicher Organisation „spiegelt“ sich in einer starken Flexibilisierung des individuellen Handelns und der Handlungsoptionen. Am unmittelbarsten deutlich wird dieser wechselseitige Zusammenhang bei der Pluralisierung von Konsumstilen. Die Diversifizierung der Konsumentennachfrage ist eine der Ursachen und Wirkungen der Ablösung standardisierter Massenprodukte durch eine breite und differenzierte Angebotspalette. Jedoch geht die Flexibilisierung individueller Handlungsmuster weit über die Ausweitung der Konsummöglichkeiten hinaus.

Die Ausweitung sozialer Wahlmöglichkeiten

Die Gesellschaft, wie sie sich heute darstellt, ist gegenüber früheren Zeiten durch eine enorme Ausweitung sozialer Wahlmöglichkeiten des Individuums gekennzeichnet. Waren noch bis weit in das 20. Jahrhundert für die Mehrheit der Bevölkerung die Schicht und der Ort, in den man hinein geboren wurde, durch traditionelle Lebensmuster weitgehend vorgegeben und prägend für das Individuum, so haben die Spielräume für die Wahl etwa von Konsumgütern, Transportmitteln, Wohnort, Beruf, Bildungsweg, Freunden und Lebenspartnern erheblich zugenommen. Soziale und räumliche Mobilität etwa in Form von Umzügen, Scheidungen und Arbeitsplatzwechseln haben sich deutlich erhöht (Schuck-Wersig, Wersig 1994).

Die Erweiterung individueller sozialer Wahlmöglichkeiten geht vor allem auf drei Entwicklungen zurück. *Erstens* haben die modernen Transport- und Kommunikationsmöglichkeiten die überörtlichen und überregionalen Kontakte erleichtert und dafür gesorgt, daß soziale Netze weiträumiger wurden. So wurde eine der wichtigsten Begrenzung sozialer Wahlmöglichkeit – die Notwendigkeit des Kontakts zu Menschen, die in der Umgebung wohnten – hinfällig. *Zweitens* hat eine Entkonventionalisierung sozialer Kontakte dazu geführt, daß heute praktisch jeder mit jedem kommunizieren kann. Das Zustandekommen von Kontakten wird heute kaum noch durch verbindliche Vorstellungen reguliert, welche Beziehungen schicklich sind und welche gegen den guten Geschmack verstoßen. *Drittens* hat die Steigerung des Lebensstandards breiten Kreisen der Bevölkerung ein Einkommen oberhalb des

Existenzminimums beschert, wodurch eine Gestaltung des Lebensniveaus über die Befriedigung der elementaren materiellen Lebensbedürfnisse hinaus möglich wurde und sich Perspektiven für einen selbstgewählten Lebensstil eröffneten (Schulze 1994).

Die Steigerung des Lebensstandards korrespondiert auch mit der schrittweisen Reduzierung der regelmäßigen Arbeitszeit im Laufe des 20. Jahrhunderts. Einkommen oberhalb des Existenzminimums und Reduzierung der Arbeitszeit ebneten den Weg von einer Gesellschaft, in der die Arbeit das bestimmende Moment war, hin zu einer Gesellschaft, in der deren Gegenbild, die Freizeit, gesellschaftsprägenden Charakter erhielt. Der Freizeitbereich ist heute derjenige Bereich, in dem Optionenvielfalt, Erlebnisvielfalt und Selbstbestimmung besonders zum Tragen kommen. Die Begriffe „Freizeitgesellschaft", „Multioptionsgesellschaft" oder „Erlebnisgesellschaft" versuchen aus unterschiedlichen Blickwinkeln, die Qualität des jüngsten gesellschaftlichen Wandels einzufangen und beziehen sich im Kern auf sehr ähnliche Phänomene (Schulze 1992, Gross 1994).

In dem Maße, in dem Gesellschaftsmitglieder wohlhabender, informierter und sozialstaatlich besser abgesichert werden, sinkt die Bedeutung von „objektiven" Bedingungen und Ressourcen, zum Beispiel von Einkommensverhältnissen, für das eigene Handeln. Das Berufs-, Konsum- und Erziehungsverhalten und viele andere Tätigkeiten werden in steigendem Maße von „subjektiven" Werthaltungen, Einstellungen, Meinungen und Verhaltensroutinen bestimmt (Hradil 1995). Zwar gibt es weiterhin Vorgaben für das soziale Handeln und ökonomische Einschränkungen der individuellen Wahlfreiheit, aber insgesamt haben sich die Spielräume für Selbstbestimmung und individuelle Lebensgestaltung in den letzten Jahrzehnten erheblich ausgeweitet. So ist aus soziologischer Sicht neben die Unterscheidung von gesellschaftlichem Oben und Unten eine vielfältige Unterscheidung von sozialen Milieus und Lebensstilen gesellschaftlicher Gruppen getreten.

Neue soziale Milieus und Lebensstilgruppen

Traditionell verstand man unter sozialen Milieus Gruppen, die in bestimmten Räumen leben – die Verwurzelung sozialer Milieus im Raum galt als selbstverständlich. Unter den modernen Bedingungen der sozialen und räumlichen Wahlmöglichkeiten hat der Raum jedoch für die Milieukonstitution an Bedeutung eingebüßt. Trotzdem sind die Milieus selbst – definiert man sie als „relativ homogene Personengruppen mit erhöhter Binnenkommunikation" – nicht verschwunden (Schulze 1994).

Wurde man früher mehr oder weniger in räumlich definierte Milieus hereingeboren („Sag mir wo du wohnst, und ich sage dir, wer du bist."), so haben

Abbildung 15: Die sozialen Milieus in Westdeutschland im Jahr 1991 im Kontext der sozialen Lage und der Wertorientierung

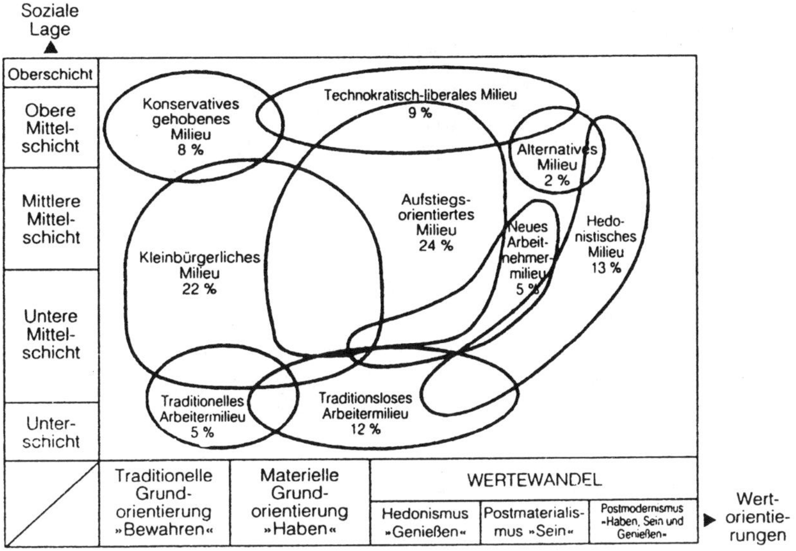

Quelle: Ueltzhöffer, Flaig 1992

sich heute Spielräume eröffnet, ein Milieu selbst zu wählen. Diese Milieus haben sich vom konkreten Raum als *dauerhafter* Umgebung – vom Stadtteil oder von der Stadt – gelöst. „Seinesgleichen“ kennt man und besucht man in verschiedenen Teilen der Stadt und des Landes. Der Raum wird allenfalls als „Szenerie“, als konstruiertes Milieuzeichen von *begrenzter* Dauer, genutzt. Besonders deutlich wird dies in der großstädtischen Kneipen- und Discothekenlandschaft, aber auch in anderen Bezugsräumen sozialer Milieus wie etwa Fußgängerzonen, Flughäfen, Sportplätzen, Vereinslokalen, Museen und Galerien, Konzertsälen, Stadtteilzentren, Luxusgeschäften, Konditoreien, Squashzentren oder Fitneßstudios (Schulze 1994). „Es handelt sich in all diesen Fällen nicht um Lebensräume sozialer Milieus, sondern um gelegentlich und vorübergehend aufgesuchte Rauminseln mit fluktuierenden Besuchern. Die Identifikation von Milieus und Territorien ist meist schwach“ (Schulze 1994: 50).

Soziale Milieus sind gekennzeichnet durch äußere, „objektive“ Lebensbedingungen und durch innere, „subjektive“ Werthaltungen, aus denen gemeinsame Lebensstile hervorgehen (Hradil 1987). In Deutschland wurden in Untersuchungen neun solche Milieus identifiziert (siehe Abbildung 15).

Abbildung 16: Lebensstile in Westdeutschland im Kontext kultureller Vorlieben und unterschiedlicher Aktionsradien

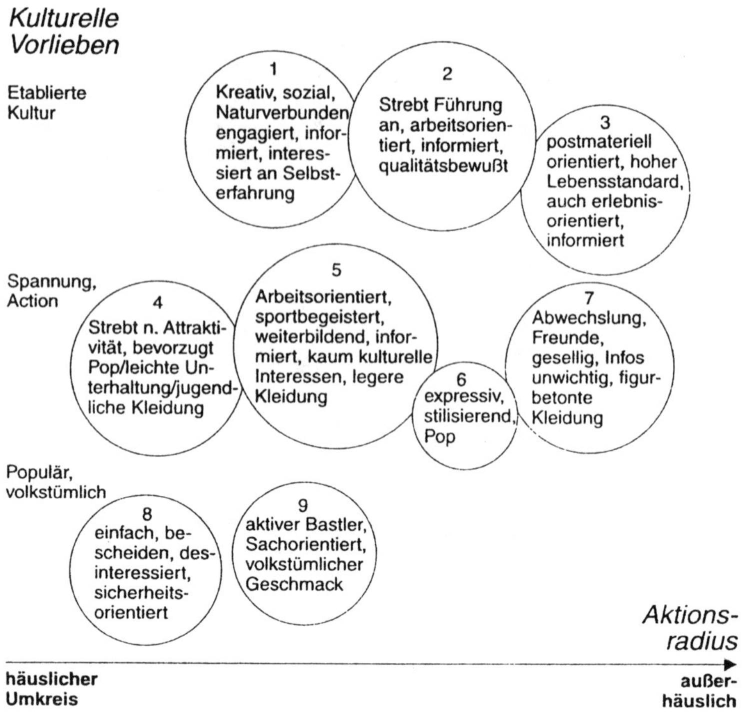

Die Größe der Kreise entspricht in etwa dem Anteil der jeweiligen Lebensstilgruppe in der Bevölkerung (Befragte bis zum Alter von 61 Jahren)

Quelle: Wohlfahrtssurvey 1993, Spellerberg 1994

Bestimmte ältere Milieus, etwa das „kleinbürgerliche Milieu“ (22 % der Bevölkerung) und das „traditionelle Arbeitermilieu“ (nur noch 5 %), sind seit Jahren auf dem Rückzug. Andere „neue“ Milieus, etwa das „aufstiegsorientierte Milieu“ (24 %), das „hedonistische Milieu“ (13 %) und das problematische „traditionslose Arbeitermilieu“ (12 %), wachsen dagegen deutlich an (Hradil 1995). Während solche Milieutypologien vor allem auf Kombinationen von Werthaltungen und Einstellungen von Menschen beruhen, beziehen sich Lebensstiltypologien in erster Linie auf regelmäßige Verhaltensweisen, Zugehörigkeiten und Bewertungen von Personen (siehe Abbildung 16).

Nach wie vor pflegen breite Kreise der Gesellschaft, vor allem solche in schwächerer sozialer Lage, einen „einfachen und bescheidenen" Lebensstil mit überwiegenden Tätigkeiten und Sozialkontakten im häuslichen Umfeld.[4] Hierbei dürfte für viele der Rückzug in die Privatsphäre und der Konsum des Massenmediums Fernsehen eine herausragende Rolle spielen.

Soziale und soziokulturelle Spaltungen

Für diejenigen, die Arbeit haben, steht diese nicht mehr im Mittelpunkt. Aspekte des Erlebnisgewinns, des Konsums und der Freizeitgestaltung gewinnen an Bedeutung. Daneben gibt es aber eine wachsende Zahl von „Modernisierungsverlierern", die in die Arbeits- und Perspektivlosigkeit entlassen werden. Die Angst um den Arbeitsplatz führt dazu, daß der Konkurrenzkampf zwischen Unternehmen auch zum Konkurrenzkampf zwischen Menschen wird. Entsolidarisierung und drohende Spaltungen werden in den sogenannten sozialen Brennpunkten der Städte besonders augenfällig. Zunehmende Kriminalität und wachsendes Unsicherheitsgefühl fördern Abschottung und Isolierung. All dies nährt den weiteren „Rückzug ins Private", den Rückzug in die eigenen vier Wände sowie in die Konsum- und Erlebniswelten. So droht zusätzlich zur Spaltung in Arbeitende und Arbeitslose die Gesellschaft, vor allem die städtische Gesellschaft, auch soziokulturell in zwei polare Entwicklungslinien zu zerfallen.

Den *einen Pol* bildet der Rückzug in den verhäuslichten Medienkonsum. Es gibt nicht Vergleichbares, was so intensiv und häufig betrieben wird wie Fernsehen. Rund 80 % der Westdeutschen verbringen täglich oder fast täglich längere Zeit vor dem Fernsehgerät. Bei rund 70 % der 8- bis 13-jährigen Kinder gehört das Fernsehen zum gewohnten Tagesablauf, bei den Lieblingstätigkeiten rangiert es mit Abstand an erster Stelle (Geissler 1994). Medienkonsum zieht sich, mehr oder weniger ausgeprägt, durch alle sozialen Milieus und Lebensstilgruppen, wobei er für viele Menschen die fast ausschließliche Alltagswirklichkeit darstellt.

Für andere, namentlich die Mitglieder der „neuen" Milieus und Lebensstilgruppen, gibt es neben dieser Realität eine weitere, die den *zweiten Pol* der soziokulturellen Entwicklung bildet. In den Städten erscheint ein neuer Menschentypus, der „neue Urbanit" (Häußermann, Siebel 1987), der sich von den „Zwängen des Familienlebens" befreit und beispielsweise als „Single" Ungebundenheit und Lebenslust, Selbstbestimmung, Dynamik und Individualität

4 Hradil (1992: 28) definiert Lebensstil als eine „typische unverwechselbare Struktur von im Alltagsleben sichtbaren Verhaltensweisen"

anstrebt. Dieser kosmopolitane Städter erscheint als neue urbane Elite: karriere- und nicht familienorientiert; ein ortsunabhängiges, großräumiges Beziehungsnetzwerk statt verwandschaftlicher und nachbarschaftlicher Bindungen pflegend; außerhäuslich engagiert in einem weitreichenden Aktionsraum; distanziert gegenüber dem nahräumlichen Kontext von Wohnquartier und Stadtteil; fixiert auf spezialisierte Gelegenheiten und Dienstleistungen in den Zentren der Städte (Geissler 1994).

Beiden Polen der soziokulturellen Entwicklung ist gemein, daß unter ihnen die Identifikation mit Nachbarschaft und Stadtquartier sowie das Engagement für die unmittelbare Lebensumwelt zerfällt. Begünstigt werden diese Tendenzen durch eine wachsende Umzugsmobilität. Das hohe demographische Austauschniveau in den Stadtquartieren durch Zu- und Abwanderung – nicht zuletzt auch wegen der wachsenden Unbeständigkeit von Partnerbindungen – läßt kaum Zeit, daß sich stabile Strukturen von verläßlichen Nachbarschaftsnetzen in den Wohnquartieren bilden können – eine Entwicklung, durch die die soziokulturelle Polarisierung zusätzlich gefördert wird. Gemeinsam mit der Gefahr der sozialräumlichen Spaltung innerhalb der Stadt, den ökonomischen, sozialen und kulturellen Segregationstendenzen und Trennungslinien stellen diese Entwicklungen die Städte vor eine „soziokulturelle Zerreißprobe“ (Geissler 1994: 101): „Die Defizite der Bevölkerungsentwicklung, die Brüche des sozialen Friedens, die Enträumlichung städtischen Alltagslebens und die grenzenlose Individualisierung von Lebensstilen sowie Wertorientierungen lassen die Städte zu einem zusammenhanglosen Konglomerat werden, dem zunehmend der Kitt zu einer soziokulturellen Daseinswirklichkeit fehlt. Die virtuellen Netze der Telematik können diese Defizite nicht kompensieren“ (Geissler 1994: 101f.).

4 Die Geographie der Informationsgesellschaft

„Heute liegen hier der größte deutsche Flughafen, der belebteste Bahnhof, das verkehrsreichste Autobahnkreuz - lauter Dreh- und Angelpunkte der Geschwindigkeit. Und was sind Banken und Börse anderes als Staustufen im weltweiten Strom des Geldes, das mit Lichtgeschwindigkeit durch die elektronischen Netze fließt? Für den typischen Frankfurter ist das natürlich ein Grund, richtig stolz zu sein auf seine Stadt - und sich nach einer anderen zu sehnen."
aus: „Leben in der Stadt",
SPIEGEL special 12/1998

Jede Gesellschaft ist charakterisiert durch die ihr eigenen Formen der Produktion, des Konsums und der politisch-institutionellen Regulation. Jede Gesellschaft weist daneben auch eine spezifische räumliche Organisation auf: „Raum ist der Ausdruck der Gesellschaft. Da sich unsere Gesellschaften einer grundlegenden und strukturellen Transformation unterziehen, ist es also eine vernünftige Hypothese anzunehmen, daß gegenwärtig neue räumliche Formen und Prozesse entstehen" (Castells 1994: 121).

Menschliche Aktivitäten gehorchen – mehr oder weniger ausgeprägt – dem Prinzip der räumlichen Arbeitsteilung. Sie finden an bestimmten Standorten statt und äußern sich dort etwa durch eine bestimmte „gebaute Umwelt", durch bestimmte Muster der Landnutzung, durch bestimmte Produktionsformen, aber auch durch spezifische soziale und kulturelle Gegebenheiten. Diese Standorte sind durch vielfältige Austauschbeziehungen „vermittelt", beispielsweise durch Handel, Produktionsvernetzung und Kapitalaustausch, in Form von Berufspendelfahrten, Einkaufsfahrten und Urlaubsreisen, aber auch durch Telefongespräche, Satellitenfernsehen und Kommunikation im Internet. Die räumliche Artikulation gesellschaftlicher Funktionen bezieht sich damit sowohl auf die standörtlichen Strukturen als auch auf die räumlichen Austauschbeziehungen bzw. Interaktionsmuster. Charakteristische Zusammenhänge zwischen den Strukturen und den Austauschbeziehungen finden sich auf allen räumlichen Maßstabsebenen, das heißt im globalen, kontinentalen, nationalen, regionalen und lokalen Kontext.

Die räumlichen Austauschbeziehungen sind an bestimmte Transport- und Kommunikationstechnologien und ihre Einbettung in entsprechende Infrastrukturen gebunden: Der physische Transport von Personen und Gütern sowie die elektronische Kommunikation benötigen die dafür geeigneten Mittel und Wege. Die Gesellschaft bedient sich dieser Transport- und Kommunikationsmöglichkeiten, um die Aneignung und Verwertung des Raumes und die räumlichen Austauschbeziehungen ihren Zielen entsprechend zu realisieren. Die Transport- und Kommunikationsmöglichkeiten stellen damit das entscheidende Bindeglied zwischen der Gesellschaft samt ihren Ziel- und Wertvorstellungen einerseits und den entsprechenden räumlichen Ausdrucksformen andererseits dar.

4.1 Vom Raum der Orte zum Raum der Ströme

Die Geographie der Industriegesellschaft

Wie sahen die charakteristischen räumlichen Ausdrucksformen der Industriegesellschaft aus? Im Weltmaßstab verlief eine klare Trennungslinie zwischen Nord und Süd. Die Entwicklungsländer fungierten im wesentlichen als Rohstofflieferanten, daneben allenfalls als Produzenten von Vorprodukten und Halbfertigwaren. Die eigentliche Industrieproduktion fand in den Ländern des Nordens statt. Die weltumspannenden Tauschbeziehungen beschränkten sich auf „Rohstoffe gegen Industrieprodukte“. Die überwiegende Zahl der Transaktionen spielte sich innerhalb der einzelnen Volkswirtschaften ab.

Die Konzentration von Bevölkerung und wirtschaftlichen Aktivitäten in rasch wachsenden Ballungsräumen war wesentliches Merkmal der räumlichen Entwicklung innerhalb der Industriestaaten. Getragen wurde das Wachstum der Verdichtungsräume vor allem durch die „Schlüsselindustrien“, allen voran Stahl-, Automobil-, Chemie- und Elektroindustrie. Daneben entwickelten sich im Zuge der Tertiärisierung erste ausgesprochene Dienstleistungsstandorte. Gleichzeitig erfolgte in den ländlichen Regionen bei einer Mechanisierung und Industrialisierung der Landwirtschaft ein erheblicher Rückgang der landwirtschaftlichen Bevölkerung. Periphere ländliche Regionen wurden bestenfalls zum Sitz ausgelagerter Produktionsstätten im Sinne „verlängerter Werkbänke“ (Esser, Hirsch 1987).

Mit wachsendem Wohlstand breiter Bevölkerungsschichten, der zunehmenden Automobilisierung sowie der Standardisierung und Industrialisierung des Bauens wurde die Suburbanisierung zum bestimmenden räumlichen Trend der Nachkriegszeit. Das Entstehen von Großwohnsiedlungen und Trabantenstädten einerseits und von Eigenheim- und Reihenhaussiedlungen andererseits waren die typischen Entwicklungen in den Randzonen der Stadtregionen (Ipsen 1991). Der Ausdehnung der Städte an ihren Rändern stand ihre innere Zonierung in monofunktionale Einheiten gegenüber. Mehr und mehr löste das Automobil die Massenverkehrsmittel und die nicht motorisierten Verkehrsarten in ihrer Rolle ab, diese homogenisierten Zonen zu reintegrieren und das Funktionieren der Stadt zu gewährleisten.

Ende der Geographie?

Durch welche räumlichen Ausdrucksformen zeichnet sich nun die nachindustrielle Gesellschaft, die Dienstleistungsgesellschaft oder die Informationsgesellschaft aus? Während sich räumliche Interaktionsmuster theoretisch in recht kurzer Zeit ändern können, weisen räumliche Strukturen ein hohes Maß an Persistenz auf. Trotz dieser großen Beharrlichkeit sind Ausmaß und Tempo des gegenwärtigen raumstrukturellen Wandels beachtlich. Allerdings sind die Entwicklungen vielschichtig und nicht immer eindeutig, was entsprechende Interpretationen häufig spekulativ macht. Dies kann nicht verwundern. Denn wenn die gesellschaftliche Transformation einen fließenden, teilweise durch Widersprüche gekennzeichneten Prozeß darstellt, dann muß die Veränderung der gebauten Umwelt und der Landnutzungsmuster erst recht als ein Prozeß angesehen werden, der allenfalls mit zeitlicher Verzögerung zu neuen, sichtbaren Strukturen führt, die sich dem gesellschaftlichen Transformationsprozeß zuordnen lassen.

Bei aller Unsicherheit über die Bewertung der augenblicklichen räumlichen Entwicklungen läßt sich jedoch feststellen, daß die Bedeutung der räumlichen Austauschbeziehungen gegenüber den räumlichen Strukturen zugenommen hat. An die Stelle des Raumes, der durch Standorte geprägt ist, tritt mehr und mehr der „Raum der Ströme“: „Durch diese vielfältigen gesellschaftlichen Prozesse und technologischen Veränderungen entsteht eine Gesellschaft, die durch Ströme beherrscht wird: Ströme von Botschaften, Ströme von Vorstellungsbildern, Ströme von Klängen, Ströme von Kapital, Ströme von Informationen, Ströme von Anweisungen, Ströme von Technologien, Ströme von Waren, Ströme von Arbeit“ (Castells 1994: 124).

Die wirtschaftliche Wertschöpfung und die Befriedigung menschlicher Bedürfnisse finden nicht mehr ausschließlich an den Standorten statt. Vielmehr wird ein Teil von ihnen verlagert von den Standorten in die Transport-

und Kommunikationsnetze. Wissensvermehrung und Informationsaustausch, die wichtigsten Quellen des heutigen Produktivitätsfortschritts, finden nicht mehr nur in Labors und Büros, sondern vermehrt auch im Internet statt. Lastkraftwagen werden im Rahmen von *Just-in-time*-Konzepten zu „rollenden Lägern". Die private Freizeitfahrt am Wochenende dient immer häufiger nicht nur dem Erreichen eines Ziels, sondern ist Erlebnis an sich.

Durch die fortschreitende *time-space-compression* (Harvey 1989), die Verdichtung von Raum und Zeit, kann in gleichbleibender Zeit eine größere Distanz überwunden werden. Zu dieser rein physikalischen, geschwindigkeitsbedingten „Schrumpfung des Raumes" (Dicken 1986) kommen weitere Faktoren, die heute die Überwindung von Distanzen erleichtern, etwa sinkende Transport- und Kommunikationskosten, der Abbau von Handelsbeschränkungen, reduzierte Transportrisiken oder auch eine Verringerung der „psychologischen Distanz".[1]

Die wachsende Bedeutung der „Lichtgeschwindigkeitstechnologien" hat der Geschichte der Raumüberwindung, wie sie in Kapitel 2 beschrieben wurde, eine neue Dimension verliehen. Heute haben wir den Zustand des „*instant everywhere*" (Fraser 1993), also der globalen Gleichzeitigkeit erreicht. Nahezu jede Information ist zu jeder Zeit an jedem Ort abrufbar. Durch die Beschleunigung der Raumüberwindung sind heute die wirtschaftlichen, sozialen und kulturellen Grenzen zwischen den Regionen der Welt in starkem Maße durchlöchert. Mit härter werdender globaler (Standort-) Konkurrenz wird die Konkurrenzfähigkeit in immer stärkerem Maße von einem neuen Faktor abhängig, dem Faktor Zeit: „Im globalen Wettbewerb fressen nicht die Großen die Kleinen, sondern die Schnellen die Langsamen" (ABB-Manager von Koerber in: DIE ZEIT vom 15.12.1995). Schnelligkeit heißt: schnelle Reaktion auf Kosumentenwünsche, Flexibilität der Produktion, schnelle Umsetzung von Wissen in Produkte, schnelle Entscheidungen bei Investitionen.

Hierdurch scheint ein sich selbst verstärkender Kreislauf in Gang gesetzt: Die Beschleunigung der Raumüberwindung hat die globale Konkurrenz erhöht, in der nur noch derjenige bestehen kann, der weiter an der Schraube der Beschleunigung von Produktionsabläufen, Wissenserzeugung und Raumüberwindung dreht. Die Ökonomie wird also immer mehr zu einer Ökonomie der Zeit:

> „Beschleunigte Produktionsabläufe ermöglichten eine Vervielfachung des Ausstoßes, für den beschleunigte Transportsysteme auch die entsprechenden Absatzmöglichkeiten schufen. In kürzerer Zeit geschaffene Werte garantierten den individuellen Produzenten höhere Einkommen bei erweiterter Freizeit, für die ihm dank höherer Geschwindigkeiten ein

1 Zu den verschiedenen Distanzdimensionen siehe Ritter 1994

Vielfaches an Konsummöglichkeiten offenstand. Der wirtschaftliche Zyklus von Produktion-Tausch-Konsum, der früher Wochen und Monate brauchte, vollzieht sich heute in Tagen und Stunden. Und an den Terminbörsen wechseln Millionenwerte, die noch gar nicht geschaffen sind, in Sekunden den Besitzer" (Steiner 1991: 24).

Die Entstehung des „zeitkompakten Globus" (Fraser 1993) und die Ausbildung einer globalisierten „Geoökonomie" (Luttwak 1994) werfen die Frage nach der Beliebigkeit der Standorte auf. Nicht von der Hand zu weisen ist die Gefahr eines entfesselten Kapitalismus (*footloose capitalism*), „der von hypermobilen und nomadisierenden transnationalen Konzernen dominiert [wird], die weitgehend unabhängig von konkreten lokalen Bedingungen agieren" (Schmidt 1996: 232). Oft schon wurde daher „das Ende der Geographie" (O'Brien 1992) prophezeit.

Die neue Geographie der Achsen und Knoten

Die Realität sieht jedoch anders aus. Trotz vieler Erscheinungen einer „Enträumlichung" und „Virtualisierung" der Welt produziert die Informationsgesellschaft heute eher eine *neue* Geographie als ein *Ende* räumlicher Strukturen. Die Austauschbeziehungen, die mit der Flexibilisierung, Globalisierung und Individualisierung einhergehen, materialisieren sich in den Transport- und Kommunikationsachsen. Fernverkehrsnetze, Hochgeschwindigkeitsbahnen, internationale Luftverkehrs- und Schiffsrouten, transkontinentale Pipelines, Überland- und Tiefseekabel bilden das sichtbare Rückgrat, die auf elektromagnetischen Wellen basierenden Kommunikationsströme das unsichtbare Fundament der „neuen" Geographie der Erde.

Das Pendant zu den Achsen sind die Schnittpunkte dieser Achsen, die Knoten im Netz der Ströme. Diese lokalen und regionalen Knotenpunkte fungieren als Quelle, Ziel oder Durchgangsstation der globalisierten Austauschbeziehungen. *Erstens* handelt es sich hier um die „neuen regionalen Produktionskomplexe", in denen die flexiblen Produktionssysteme räumlich gebündelt sind (siehe 4.2). *Zweitens* sind es die Metropolen und „globalen Städte" (*Global Cities*), in denen die regionsübergreifenden Dienstleistungs- und Kontrollfunktionen als Ausdruck der globalisierten Wirtschaft verankert sind (siehe 4.3). Neue Raumstrukturen entstehen aber nicht nur durch die Standortentscheidungen von Unternehmen, sondern auch und vor allem durch die räumlichen Handlungsmuster der privaten Haushalte, die ebenfalls von den schnelleren und preiswerteren Verkehrsmöglichkeiten profitieren und ihre Aktionsräume ausdehnen. Durch die räumliche Überlagerung von regionalen Produktionskomplexen, metropolitanen Dienstleistungszentren und weit ins ländliche Umland reichenden Wohngebieten und Versorgungseinrichtungen entsteht drittens die markanteste „neue Geographie“: die Stadtlandschaft (siehe 4.4).

Die Tatsache, daß das Überleben in einer weltweiten Konkurrenz vor allem eine Frage der Schnelligkeit geworden ist, kommt für die Städte und Regionen in zweifacher Hinsicht zum Tragen. *Erstens* ist ihre Konkurrenzfähigkeit von der großräumigen Lage bzw. der Anbindung an die Transport- und Kommunikationsachsen abhängig. Gestärkt werden also diejenigen Agglomerationen, die sich als vielfältige Netzknoten in den Verkehrs- und Telekommunikationsnetzen sowie immateriellen Netzen darstellen (Henckel 1997a). *Zweitens* ist die kleinräumige Erschließung und Vernetzung innerhalb der Stadt bzw. innerhalb der Region wichtig. Denn bei aller Möglichkeit und Notwendigkeit globaler Präsenz der Wirtschaftsunternehmen: Schnelligkeit und Flexibilität ist auch eine Frage der kleinräumigen Integration von Produktionsschritten, der Erzeugung von regionalen Synergien und der Wissenserzeugung durch *Face-to-face*-Kommunikation. Dies gilt vor allem für solche nicht-standardisierten Produkte, die hohe Transaktionskosten, häufig wechselnde Transaktionen und instabile Marktverhältnisse aufweisen.

Angesichts der Tatsache, daß sowohl die überregionale Anbindung an das Netzwerk der globalen Ströme als auch die Qualität der kleinräumigen Infrastruktur über die Konkurrenzfähigkeit von „Standorten“ entscheidet, wundert es nicht, daß die staatlichen „Beschleunigungsressorts“ an Bedeutung gewonnen haben, vor allem die Verkehrs-, Wirtschafts-, Finanz-, Technologie- und Telekommunikationsministerien (Stiens 1992). Sie sollen die Voraussetzungen schaffen, daß die globalen Ströme auf die heimischen Standorte gelenkt und dort die kleinräumigen Interaktionen gefördert werden. Großräumige Anbindung und kleinräumige Erschließung stellen jedoch lediglich notwendige, aber noch keine hinreichenden Bedingungen für die Wettbewerbsfähigkeit von Standorten dar. Hierfür ist die Entwicklung spezifischer Fähigkeiten erforderlich. Beispielsweise ist der Ausbau eines Großflughafens für eine Region wirkungslos, wenn dort nicht gleichzeitig anpassungsfähige und innovative Milieus für die Schaffung adäquater, das heißt flugverkehrsaffiner Nachfragestrukturen sorgen.

Zusammenfassend kann man festhalten, daß die Raumentwicklung unter den Bedingungen des Post-Fordismus bzw. der globalisierten Informationsgesellschaft nicht auf eine Nivellierung von Standortbedingungen zustrebt. Vielmehr muß man von einer Re-Strukturierung des Raumes ausgehen, an deren Ende es Gewinner- und Verlierer-Regionen geben wird. Die Begriffe Zentrum und Peripherie werden neu zu definieren sein. Die Abgrenzungen zwischen „arm“ und „reich“ werden quer zu den traditionellen, „fordistischen“ Demarkationslinien zwischen Nord und Süd, zwischen Industriestaaten und Entwicklungsländern verlaufen.

Insbesondere einzelne Regionen in den Schwellenländern, die eine günstige Lage aufweisen und ein bestimmtes Industrialisierungsniveau erreichen konnten, werden zu den Gewinnern des augenblicklichen weltwirtschaftlichen Strukturwandels zählen. Für andere Großräume der sogenannten Dritten Welt, vor allem in Afrika, verschärfen sich dagegen einseitige Abhängigkeiten, oder sie werden zunehmend von der Weltwirtschaft abgekoppelt:

„Die Transportrouten verbinden nur mehr bestimmte Zentren und lassen andere Regionen 'links liegen', die für die Rentabilität des im Transportsektor angelegten Kapitals uninteressant oder gar negativ sind. Das fängt bei der Rekomposition der europäischen Eisenbahnnetzwerke unter Bedingungen der Privatisierung und Deregulierung an und hört bei den innerafrikanischen Flugverbindungen nicht auf. Auch bei der logistischen Optimierung des Freihandels wirkt das Prinzip der Inklusion und Exklusion. Die Netze zwischen bestimmten Weltregionen werden immer dichter gespannt, andere Weltregionen werden davon abgekoppelt“ (Altvater, Mahnkopf 1996: 224).

Auch innerhalb der einzelnen Staaten ist eine sehr uneinheitliche Entwicklung zu erwarten. Stagnierende und niedergehende, von Deindustrialisierung betroffene Regionen können im Kontrast zu weiterhin prosperierenden Regionen stehen. Dort bilden sich die Standortzentren von *High-Tech*-Firmen und neuen regionalen Produktionskomplexen. Neu entstehende produktionsorientierte Dienstleistungen tragen ebenso wie die Expansion des finanzwirtschaftlichen Sektors zu einer „Wiederbelebung“ und Prosperität von großstädtischen Büro- und Geschäftszentren bei – eine Entwicklung, die in den „Metropolen“ und den *Global Cities* kulminiert (Krätke 1997).

Neue Polarisierungen deuten sich nicht nur zwischen verschiedenen Regionen an. Gerade innerhalb der Regionen und der Städte sind zunehmende Fragmentierung der Arbeitsmärkte und soziale Segregation mit ihren vielfältigen negativen Begleiterscheinungen zu beklagen. So entstehen auch innerhalb der wirtschaftsstarken Metropolen marginalisierte Räume: „Die Klassifizierung 'Dritte Welt' trifft immer weniger auf Staaten als auf Lebensumstände zu“ (Henckel 1997a: 5)

Renaissance der Regionen?

Das Aufbrechen nationaler Wirtschaftsräume, die mächtige Position transnationaler Unternehmen, die die politischen Akteure in den Ländern, Regionen und Städten im Kampf um Arbeitsplätze und Investitionen erpreßbar gemacht haben, gleichzeitig aber auch die Zunahme grenzüberschreitender Problemlagen – alle diese Entwicklungen haben dazu geführt, daß die Nationalstaaten einen schleichenden Bedeutungsverlust erfahren: „*The nation state is becoming too small for the big problems of life, and too big for the small problems of life*“ (Bell 1988). Demgegenüber gewinnen andere Gebietseinheiten an Gewicht. Dieser „Regionalismus“ zeigt sich in zwei völlig unterschiedlichen Formen:

Einerseits formieren sich als Konsequenz aus dem „Ende der nationalen Ökonomie“ (Reich 1993) neue „Makroregionen“ als wirtschaftliche und politische Zusammenschlüsse von Nationalstaaten, die auf diesem Weg ihre Wettbewerbsfähigkeit in der globalen Konkurrenz verbessern wollen. Die Schaffung des Europäischen Wirtschaftsraumes, das Nordamerikanische Freihandelsabkommen (NAFTA) zwischen USA, Kanada und Mexiko sowie der „Gemeinsame Markt des Südens“ (MERCOSUR) zwischen Argentinien, Brasilien, Paraguay und Uruguay stellen prominente Beispiele neuerer Initiativen zur makro-regionalen Integration dar. *Andererseits* bekommen „Mikroregionen“ eine größere Bedeutung, die aus Städten, Stadt-Umland-Regionen und anderen ähnlichen Raumeinheiten innerhalb der Nationalstaaten bestehen. Trotz globalisierter Märkte, elektronischer Datennetze und einer extrem hohen Mobilität der Akteure hat die Bedeutung der Region mit ihren endogenen Potentialen und Interaktionsformen nicht ab-, sondern zugenommen.

Gerade die Bildung und Stärkung von *Region States* und *City States* (Ohmae 1995) wird in jüngster Zeit als komplementäre Gegenbewegung zur Globalisierung interpretiert. Die theoretischen Diskussionen dieser ambivalenten Entwicklung finden ihren Ausdruck in Begriffen wie „Glokalisierung“ oder *„global-local-interplay“*. Vielfach werden an die „Renaissance der Regionen“ große Hoffnungen geknüpft. Sie erscheinen dabei als geeignete Gebietskulisse zur Lösung der wachsenden wirtschaftlichen, gesellschaftlichen und ökologischen Probleme. Bei einer Einschätzung dieser Hoffnungen muß man sich jedoch fragen, ob sich den lokalen und regionalen Akteuren echte neue Handlungsspielräume eröffnen, oder ob ihnen nicht eine bestimmte „Eigenständigkeit“ im Zuge der Globalisierung lediglich aufdiktiert wird.

4.2 Neue regionale Produktionskomplexe

Die Grenzen des global sourcing

Die vielfältigen ökonomischen, ökologischen, gesellschaftlichen, kulturellen und politischen Konsequenzen einer immer kleiner werdenden Welt haben in jüngster Zeit auch eine Diskussion über die „Grenzen der Globalisierung“ (Altvater, Mahnkopf 1996) entfacht. Zumindest bei *einem* Aspekt der wirtschaftlichen Globalisierung sind diese Grenzen bereits deutlich geworden: beim *global sourcing*, bei der weltweiten Beschaffung einzelner Vorprodukte und Komponenten. Am konsequentesten hatten US-amerikanische multinationale Konzerne seit den 70er Jahren die Strategie verfolgt, in Niedriglohnländern Fertigungsstätten aufzubauen und Zulieferteile beim weltweit kostengünstigsten Anbieter in Auftrag zu geben (Piore, Sabel 1985). Was für einfache Produkte und nicht veredelte Halbfertigwaren problemlos realisierbar war, zeigte sich jedoch für technikintensive Präzisionsprodukte als Fehlschlag. Hinsichtlich der Zuverlässigkeit und der Qualität der Ausführung erlebten die US-Hersteller erhebliche Probleme, die die ganze Strategie in Frage stellten (Einem u.a. 1995).

Zumindest die Herstellung von Produkten mit hohem Technik- und Dienstleistungsanteil wurde in den 80er Jahren wieder in heimische Betriebe oder – aus marktstrategischen Gründen – in andere Industrieländer verlagert. Die europäischen, vor allem aber die japanischen Unternehmen waren dem Trend zur Verlagerung in Billiglohnländer von vornherein nur bedingt gefolgt. Die 80er Jahre sind deshalb durch einen gegenläufigen Trend weg von der Beschaffung der Komponenten aus Entwicklungs- und Schwellenländern geprägt, genauer: „Technisch einfache Teile, Vorprodukte und Grundstoffe werden nach wie vor weltweit bezogen; bei den technikintensiven Produkten ist jedoch ein starker Trend zur Beschaffung aus den Hochlohnländern feststellbar. Zahlreiche multinationale Konzerne haben es aufgegeben, sich weltweit um *low-cost*-Anbieter im Sektor Komponentenbeschaffung für technikintensive Präzisionsprodukte zu bemühen. Enttäuschung über die Nichteinhaltung von Qualitätsvorgaben einerseits sowie die offensichtlichen praktischen Schwierigkeiten, weltweit verläßliche *Just-in-time*-Lieferungen zu garantieren andererseits, führten zu einer Rückbesinnung auf die Vorteile regionaler Beschaffungsmärkte in den Hochlohnländern“ (Einem 1995: 135, Hoffmann, Kaplinsli 1988).

Statt internationaler Marktverflechtungen der Beschaffung, in die alle Länder einbezogen sind, zeichnet sich eine andere standörtliche Konsequenz ab: „Die drei großen Wirtschaftszonen Nordamerika, Japan und Westeuropa werden von den multinationalen Konzernen jeweils mit einem eigenen (oder durch Vertragsbeziehungen gebundenen) Netz von Entwicklungs-, Produktions-, Absatz- und Servicestandorten besetzt“ (Einem u.a. 1995: 136). Multinationale Konzerne sind bestrebt, in jeder der drei Zonen der Triade jeweils komplett präsent zu sein (Thurow 1985). In ihren wirtschaftsgeographischen Strukturen nähern sich die drei Großräume einander an.

Als Alternative zum bedingungslosen *global sourcing* setzen sich in den technikintensiven Branchen der wirtschaftsstarken Industrienationen andere Strategien durch, die den Anforderungen an Qualität, Schnelligkeit, Verläßlichkeit, Integration und Flexibilität eher gerecht werden. Maßstäbe haben hier vor allem japanische Unternehmen gesetzt. Dies läßt sich eindrucksvoll am Beispiel der Automobilindustrie verdeutlichen.

Das Beispiel Automobilindustrie

Die japanische Automobilindustrie ist im Vergleich zur amerikanischen und europäischen Konkurrenz sehr jung. Sie beschritt von Anfang an nicht nur andere Wege der innerbetrieblichen Organisation von Produktion und Arbeit, sondern auch der Gestaltung der zwischenbetrieblichen Beziehungen.

Die japanischen Hersteller produzierten nicht im Konzernverbund „unter einem Dach". Statt dessen montierten große Zulieferer Bauteile für die Montagewerke der Autohersteller, die dadurch nur eine geringe Fertigungstiefe benötigten.[2] Nach dem Prinzip der *lean production* konzentrierte sich die Produktion im eigenen Haus auf die strategisch wichtigen Komponenten, während gleichzeitig eine Vielzahl rechtlich unabhängiger Zulieferbetriebe in einem „quasi-vertikalen" Produktionsverbund einbezogen wurde (Friedmann 1983, Einem u.a. 1995). Diese Zulieferbetriebe verteilten sich auf mehrere hierarchische Stufen. Im Durchschnitt kamen bereits in den 70er Jahren auf einen japanischen Pkw-Hersteller 171 direkte Zulieferer. Diese bezogen ihrerseits Teile und Komponenten von 4.700 Zulieferern, die schließlich von 31.600 Teilelieferanten bedient wurden (Sheard 1983, Bertram, Schamp 1989). Durch diese Kaskade der Zulieferer gelang es den Herstellern, die Zahl der Zulieferbetriebe, mit denen sie direkte kooperative Beziehungen im Sinne einer *co-makership* eingeht, auf eine überschaubare Zahl zu beschränken (Einem u.a. 1995).

Die japanische Kfz-Fertigung war von Anfang an räumlich stark konzentriert. In einem engen regionalen Verbund der Hersteller und Zulieferer aller Hierarchieebenen ließen sich verläßliche *Just-in-time*-Anlieferungen realisieren und verschiedene andere „Agglomerationsvorteile" nutzen. „Räumliche Konzentration der Zulieferer und Autowerke sowie die vollständige Abhängigkeit der Zulieferer machte es frühzeitig möglich, die Lagerhaltung von Bauteilen im Montagewerk zu reduzieren und die Zulieferer zur Anlieferung kleiner Mengen in kurzen Zeitabständen anzuhalten, obwohl moderne Informationstechnologien noch fehlten" (Bertram, Schamp 1989: 286).

Das bekannteste und eindrucksvollste Beispiel liefert das regionale Produktionssystem Toyotas. Die im Jahr 1959 zu Toyota City umbenannte Stadt Koromo bei Nagoya entwickelte sich zum Kern eines Produktionssystems, das heute die benachbarten Städte Kariya, Nagoya und Tokyo umfaßt. Bis

2 „Unter Fertigungstiefe versteht man die Teile eines Endproduktes, die im Unternehmen selbst hergestellt werden. Sie wird zumeist in Geldeinheiten gemessen, d.h. die Senkung der Fertigungstiefe kann zum einen auf der reduzierten Anzahl der selbst hergestellten Teile, zum anderen auf einer Qualitätssteigerung und Verteuerung der zugekauften Teile beruhen." (Bertram, Schamp 1989: 286)

1980 hatten sich elf größere Betriebe in Toyota City niedergelassen, die jeweils auf Vormontage, Montage, Motoren-, Getriebe- und Karosseriebau, Gießerei und Werkzeugmaschinenbau spezialisiert waren. Toyotas zehn Tochterunternehmen bildeten die Zulieferer erster Ordnung, 220 Firmen bildeten die Zulieferer zweiter Ordnung und 30.000 Firmen die Zulieferer dritter Ordnung. Im Jahr 1985 stellte die Automobilindustrie 83 % aller Arbeitsplätze und erwirtschaftete 95 % des Exportwertes von Toyota City (Fujita, Hill 1987, Morales 1992).

Die Autohersteller in den USA ahmen die Strategie der japanischen Konkurrenz seit Ende der 70er Jahre nach. Hierdurch hat sich die traditionelle räumliche Konzentration von Zulieferern an den Großen Seen erheblich vergrößert (Rubenstein 1986). Es stellt sich jedoch die grundsätzliche Frage nach der Größenabgrenzung regionaler Produktionssysteme. Hier muß vor Fehlinterpretationen angesichts der Flächenausdehnung der USA gewarnt werden: Die heutige „Ballung" der US-amerikanischen Automobilindustrie erstreckt sich entlang der Großen Seen immer noch über ein Gebiet, das etwa der Gesamtfläche Deutschlands entspricht.

Aber auch in den deutschen Automobilindustrie sind Ansätze zur Bildung regionaler Produktionscluster auf der räumlichen Ebene *unterhalb* des Bundesgebietes festzustellen. Allerdings vollzieht sich der Wandel nur langsam. Denn die Unternehmen haben – ähnlich wie in den USA – ein traditionelles Standortmuster und Verflechtungen mit Zulieferern, die in einer langen Entwicklung gewachsen sind. Außerdem erlaubt die gute Verkehrsinfrastruktur in Deutschland eine stundengenaue und montagesynchrone Anlieferung auch über größere Entfernungen (Bertram, Schamp 1989). Ein gutes Beispiel für den langsamen und ambivalenten Wandel bietet BMW. Im „logistischen Viereck" München, Dingolfing, Regensburg und Ingolstadt haben sich in der zweiten Hälfte der 80er Jahre zwanzig der insgesamt 1.200 Zulieferer für Pkw-Teile angesiedelt, wobei es sich hier um Zulieferer von *just-in-time*-geeigneten Komponenten handelt.

So entwickeln sich – je nach Art des Produktes – regionale Produktionsverflechtungen als Pendant zu globalisierten Austauschbeziehungen. Dieses Phänomen ist natürlich nicht allein auf die Automobilindustrie beschränkt. Allerdings reicht das – häufig überschätzte – Argument der *Just-in-time*-Anlieferung bei weitem nicht aus, die Bildung regionaler Produktionssysteme zu erklären.

Die Wiederentdeckung der Agglomerationsvorteile

An sich ist die Produktion im regionalen Verbund nicht neu. Bereits im 19. Jahrhundert hatte Alfred Marshall die Bildung von *industrial districts* in

Mittelengland beschrieben und zu erklären versucht (Marshall 1890, 1919). Er deutete die enge Kooperation zwischen Betrieben derselben Branche, aber auch zwischen Betrieben verschiedener Branchen als den Versuch, durch Rückgriff auf einen gemeinsamen regionalen Fundus an Technologien, Erfahrungen und Qualifikationen Produktivitätsvorteile zu realisieren. Was also ein einzelner Großbetrieb durch interne Größen- und Arbeitsteilungsvorteile (*internal economies of scale*) erzielt, erreichen viele kleine Betriebe durch externe Größen- und Arbeitsteilungsvorteile (*external economies of scale*) mittels enger Zusammenarbeit in einer Agglomeration: „Die Agglomeration wirkt quasi wie ein Großbetrieb, indem sie auch Spezialproduktionen eine Auslastung gewährleistet und indem sie aufgrund räumlicher Nähe hilft, die Transaktionskosten zu kontrollieren. Der Grad der externen Arbeitsteilung innerhalb einer Region ist umso höher, je größer das Produktionsvolumen der Gesamtregion. Gleichzeitig bildet sich ein gemeinschaftlich zur Verfügung stehender Pool an *Know-how*, ein spezialisierter Arbeitsmarkt sowie ein Milieu der wechselseitigen Stimulierung von Produkt- und Prozeßinnovationen" (Einem u.a. 1995: 127).

Im Verlauf des 20. Jahrhunderts, das standardisierte Massenprodukte und stabile, über längere Zeiträume kalkulierbare Marktverhältnisse hervorgebracht hatte, verloren zunächst solche „Agglomerationsvorteile" schrittweise an Bedeutung gegenüber dem Vorteil der Produktion in Großunternehmen, die zwar insgesamt eine hohe Fertigungstiefe aufwiesen, deren Teilproduktionen in verschiedenen Zweigbetrieben aber räumlich sehr zerstreut sein konnten. Erst die Krise der standardisierten Massenproduktion und die rapide Beschleunigung von Produkt- und Prozeßinnovationen haben die Chancen für eine regionale Reintegration von Produktionsabläufen wieder erhöht.

Bei der Suche nach geeigneten Strategien zur Bewältigung der neuen Marktsituation überlagern sich zwei unternehmerische Entscheidungen: *Erstens* geht es um die Alternative „vertikal integriertes Großunternehmen" oder „Netz rechtlich unabhängiger kleiner und mittlerer Unternehmen", das heißt um die Arbeitsteilung innerhalb und zwischen den Unternehmen. *Zweitens* handelt es sich um die Entscheidung über eine räumliche Dezentralisierung (bis hin zum *global sourcing*) oder eine territoriale Integration, das heißt um die Arbeitsteilung innerhalb und zwischen den Regionen. Für die Erklärung beider Entscheidungen bietet die Transaktionskosten-Theorie den geeigneten Rahmen.

Die Arbeitsteilung innerhalb und zwischen den Unternehmen hängt nach der Transaktionskosten-Theorie davon ab, ob für ein Unternehmen die interne Regulierung seiner Transaktionen kostengünstiger ist als die externe Abwicklung dieser Transaktionen über den Markt. Danach wird ein Unternehmen die „Spannweite" seiner internen Aktivitäten gerade soweit ausdehnen, bis die Kosten einer zusätzlichen Aktivität (wie Planung, Fertigung, Kotrolle usw.) höher sind als der Erwerb der entsprechenden externen Leistung auf dem Markt. Die Einschränkung des internen Aktivitätenspektrums eines Unternehmens bietet sich zum Beispiel an, wenn sich Kosten durch Auslagerung von Teilfunktionen an „Billiganbieter" senken lassen oder wenn bei unsicherer und instabiler Marktlage ein Teil des Marktrisikos auf andere Firmen abgewälzt werden kann (Krätke 1995).

Die Transaktionskosten-Theorie kann auch zur Erklärung der Arbeitsteilung innerhalb und zwischen den Regionen herangezogen werden (Scott 1988a, 1988b). Je größer die Arbeitsteilung zwischen Unternehmen, umso höher werden die Kosten für die Transaktionen zwischen den Unternehmen sein, die sich etwa durch Zulieferungen, Informationsaustausch und Geschäftskontakte ergeben. Je größer die Transaktionskosten je Produkteinheit, umso stärker werden die betroffenen Unternehmen dahin tendieren, sich in räumlicher Nähe zueinander zu lokalisieren und somit Agglomerationsvorteile zu nutzen:

> „Wenn die Transaktionen zwischen den Unternehmen großen Umfang haben und in der räumlich-zeitlichen Dimension stabil sind, können die betroffenen Firmen relativ *weiträumig verteilte* Standorte einnehmen; diese Bedingungen sind häufig im Bereich der standardisierten Massenproduktion gegeben. Demgegenüber ist bei Unternehmen, die nur wenig standardisierte Produkte für Märkte mit stark schwankender Nachfrage herstellen, eine Tendenz zur räumlichen Agglomeration zu erwarten, da bei solchen Produktionsstrukturen eher vielfältige, häufige und wechselnde Transaktionen zwischen verschiedenen Firmen notwendig sind, und durch räumliche Nähe der Firmen die Flexibilität der Transaktionen gesteigert sowie die Transaktionskosten verringert werden können. Nach dem Transaktionskosten-Konzept ist die räumliche Verteilung der wirtschaftlichen Aktivitäten von Unternehmen nicht allein auf regional differierende Produktionskosten, sondern auch auf die Struktur und Veränderung der Transaktionsbeziehungen und -kosten zwischen den Unternehmen zurückzuführen" (Krätke 1995: 69).

Die Regionalökonomie unterscheidet drei Formen von Agglomerationseffekten. *Erstens* ermöglicht die standörtliche Konzentration von Wirtschaftsaktivitäten „externe" Kostenersparnisse, etwa durch komplementär nutzbare Produktionsstätten oder vorteilhafte Lieferverflechtung. Diese Vorteile lassen sich durch die räumliche Konzentration von Unternehmungen derselben Branche realisieren (*localization economies*), aber auch durch Ballung von Wirtschaftseinheiten verschiedener Branchen (*urbanization economies*). *Zweitens* ergeben sich Agglomerationseffekte durch sogenannte „Fühlungsvorteile" aufgrund der Möglichkeit, die Kontaktintensität zu steigern und Kommunikationsprozesse zu erleichtern. Dies sind eher qualitative Standortvorteile, die sich kaum als direkte Kostenersparnisse ausdrücken lassen. *Drittens* sind Agglomerationsvorteile durch die gemeinsame Nutzung öffentlicher Infrastruktureinrichtungen (z.B. Verkehrsanbindung, Ver- und Entsorgungsanlagen, Bildungseinrichtungen) zu erzielen (Krätke 1995).

Durch regionale Netzwerke spezialisierter Firmen und Subunternehmen bilden sich sozioökonomische Verflechtungsräume oder „kommunikative Räume“ (Klüter 1986). Unternehmensinterne Produktionsverbünde bilden gemeinsam mit Zulieferer- und Abnehmernetzen einen Komplex, der Aufgaben der flexiblen Spezialfertigung in geringen Sückzahlen, aber auch Aufgaben der flexiblen Massenfertigung übernehmen kann.

Die räumliche Reintegration bestimmter Produktionszweige und die Bildung „flexibler Netzwerke“ von Unternehmen in solchen regionalen Produktionssystemen hat Hoffnungen auf ein Wiedererstarken kleiner und mittlerer Unternehmen geweckt. Tatsache ist, daß zur Steigerung der Flexibilität der Entscheidungsprozeß teilweise dezentralisiert und den einzelnen Produktionseinheiten ein größerer Grad an Autonomie gewährt werden muß. Die größere Autonomie erfordert jedoch leistungsfähige Vernetzungen und größer werdende Koordinationsanstrengungen, damit das ganze System noch als Einheit funktioniert. Daher verwundert es nicht, daß beim Übergang von „vertikalen Bürokratien“ zu „horizontalen Netzwerken“ die letztendliche Macht der Entscheidung häufig in der Hand weniger großer, meist multinational agierender Hauptakteure verbleibt, deren Größe, Reichtum und Handlungsspielraum beständig wachsen (Castells, Hall 1994).

Die Geographie der neuen Produktionskomplexe

Wo sind heute solche neuen industriellen Räume zu finden? Piore und Sabel verweisen darauf, daß gerade solche Regionen heute zu den Gewinnern zählen, die bei der industriellen Entwicklung keine Vorreiterrolle spielten und in denen sich handwerkliche Traditionen länger als in den Industrieregionen erhalten haben. Sie sehen gerade in der Konservierung handwerklicher, ganzheitlicher Arbeitstechniken und den darauf ausgerichteten Ausbildungsformen einen Vorteil für die Bildung einer auf flexible Spezialisierung ausgerichteten Region (Piore, Sabel 1985, Einem u.a. 1995). In ähnlicher Weise argumentieren beispielsweise auch Grabow und Henckel: „Jeder Innovationszyklus hat Entwicklungszentren, Orte, die aufgrund bestimmter Standortvorteile die Vorreiter und in späteren Jahren auch die räumlichen Sinnbilder einer neuen langen Welle sind. Durch die starke Konzentration und Monostrukturierung dieser Regionen auf die jeweiligen Wachstumsträger [...] bilden sich die Kerne von neuen langen Wellen tendenziell in ‘neuen’ Regionen, wo noch unverbrauchte Potentiale für neue Entwicklungen liegen; jeder Zyklus braucht neue Räume, die vorher ‘Ruhe’ hatten“ (Grabow, Henckel 1988).

Nach Ansicht von Krätke entspricht jedoch ein solcher Schluß von Innovationszyklen auf die Existenz von „Raum-Zyklen“ nicht der Realität. Tatsächlich haben sich beispielsweise die auf Informations- und Kommunikationstechnologien gestützten Hochtechnologie-Branchen in ganz unterschiedlichen Gebietstypen ausgebreitet, „nämlich erstens in Randzonen vorhandener Großstadtregionen (hier vor allem *High-Tech*-Industrien), zweitens im Bereich innerstädtischer Büro- und Geschäftszentren (hier vor allem die Produkt- und Verfahrensentwicklung im Hochtechnologiebereich), und drittens in bisher nicht-industrialisierten Regionen (z.B. 'sunbelt areas' in den USA und Europa)" (Krätke 1995: 65).

Neue, technologieorientierte Produktionscluster treten nicht nur an unterschiedlichen Orten, sondern auch in einer Vielfalt von Formen auf: als mehr oder minder zufällig sich entwickelnde Zusammenschlüsse innovativer Hochtechnologiefirmen, als gezielt entwickelte Forschungskomplexe multinationaler Konzerne, als Wachstums-Enklaven in traditionellen Industriegebieten, als staatlich geplante und geförderte Technologieparks oder Technopole (Castells 1989, Castells, Hall 1994, Krätke 1995). Trotz der großen Unterschiede in Form und Lokalisation weisen die regionalen „Innovationsmilieus" oder „Produktionsmilieus" (Läpple 1991) einige häufig anzutreffende Merkmale auf: eine hochentwickelte Transport- und Kommunikationsinfrastruktur, die Nähe zu Universitäten und anderen höheren Ausbildungsinstitutionen, die breite Verfügbarkeit hochqualifizierter Arbeitskräfte, die Nähe zu Banken und anderen Anbietern von Finanzdienstleistungen sowie eine Nachbarschaft von Produktionsstätten, anwendungsbezogene Forschung und Entwicklung sowie Leitung und Management.

Was in diesem Zusammenhang als „Nähe" und „Nachbarschaft" bezeichnet wird, bedarf einer besonderen Erörterung. Auf die Relativität dieser Begriffe wurde bereits im Zusammenhang mit den Standortstrukturen der US-amerikanischen und der deutschen Automobilindustrie hingewiesen. Generell kann man davon ausgehen, daß die Distanzen zwischen den verschiedenen Funktionen, die gemeinsam ein regionales Produktionssystem bilden, in Nordamerika größer sind als in Europa. Neue industrielle Räume, wie sie etwa im *Silicon Valley* in Kalifornien oder entlang des als *Route 128* bezeichneten Korridors westlich von Boston zu finden sind, besitzen sowohl hinsichtlich ihrer Ausdehnung als auch hinsichtlich der Distanz zu wirtschaftsstarken Metropolen andere Dimensionen als neue regionale Verflechtungsstrukturen etwa im sogenannten „Dritten Italien" oder im Hamburger, Stuttgarter und Münchener Raum, wo die neuen Wachstumspotentiale stark in die bestehende Agglomeration eingegliedert sind. Trotzdem gilt auch für die Entwicklungen in Europa: „Nähe" und „Nachbarschaft" haben nichts mehr mit „Fußläufigkeit" zu tun:

> „Die Standortbedingung Face-to-face-Kontakte ist [...] nicht im Sinne der alten Fühlungsvorteile der Agglomerationstheorie zu verstehen. Nicht die fußläufige Nähe, wie sie die City bietet, ist heute gefordert, sondern Erreichbarkeit innerhalb von ein bis zwei Stunden. Aus diesem Grund sind Standorte an Autobahnkreuzen oder -auffahrten am Stadtrand, d.h.

an der Nahtstelle von Stadt und Land immer beliebter, weil von dort Kunden und Zulieferer mit Standort City wie auch ländlicher Industriestandorte leicht zu erreichen sind" (Einem u.a. 1995: 167).

Die Nähe zum „Standort City" ist denn auch eine der wesentlichen Merkmale neuer Produktionskomplexe. Fast alle haben sich – sowohl in den USA als auch in Europa – im Einzugsgebiet wirtschaftsstarker Städte angesiedelt, die zwar einen Bedeutungsverlust bei der industriellen Fertigung erfahren haben, diesen jedoch durch einen Funktionszuwachs im Bereich unternehmerischer Lenkungsfunktionen und produktionsorientierter Dienstleistungen kompensiert haben. Vor allem durch die schnelle Erreichbarkeit der Stadt wird die räumliche Nähe zwischen industrieller Fertigung einerseits sowie produktionsorientierten Dienstleistungen, Leitung und Management andererseits realisiert. Diese Konzentration strategischer Unternehmensfunktionen in den Großstädten ist ein weiteres wesentliches Merkmal der Raumstruktur der Dienstleistungs- und Informationsgesellschaft.

4.3 Die globale Stadt

Die Knotenpunkte der globalisierten Ökonomie

Im Zuge von Flexibilisierung und Globalisierung unternehmerischer Aktivitäten wurde zunehmend die interne Arbeitsteilung des Großbetriebs (*internal economies of scale*) ersetzt durch eine externe Arbeitsteilung zwischen spezialisierten Betrieben (*external economies of scale*). Diese Betriebe können heute einerseits – bis hin zur weltweiten Zerstreuung – räumlich stark dezentralisiert sein. Sie können aber auch räumlich integriert und innerhalb neuer regionaler Produktionskomplexe angesiedelt sein. Diese Entwicklung wird vor allem durch die großen transnational operierenden Konzerne getragen, wobei die Dynamik durch die hohe Mobilität des internationalen Investitionskapitals ermöglicht wird.

Sowohl die Globalisierung der wirtschaftlichen Unternehmungen als auch die gesamte Bandbreite der Produkt-, Prozeß-, Organisations- und Finanzinnovationen haben den produktionsorientierten Dienstleistungen, die der Fertigung vor- und nachgelagert sind, eine enorm wachsende Bedeutung verschafft. *Erstens* müssen die verschiedenen räumlich, funktional und organisatorisch aufgesplitteten Produktionsschritte durch entsprechende Managementleistungen wieder integriert werden. *Zweitens* erfordern der zunehmende Zeit- und Konkurrenzdruck, der wachsende Technologiegehalt der Produkte und die steigenden Investitionskosten immer aufwendigere Forschung und Entwicklung sowie immer ausgeklügeltere Strategien der Markterschließung und der Finanzierung.

Man kann unterscheiden zwischen *unmittelbar* produktionsorientierten Dienstleistungen, zu denen vor allem Produkt- und Verfahrensentwicklung zählen, und *mittelbar* produktionsorientierten Dienstleistungen, die vor allem Finanzierung, Marketing und Unternehmensberatung umfassen (Krätke 1995). Die *unmittelbar* produktionsorientierten Dienstleistungen sind auf eine enge räumliche Vernetzung mit der Produktion angewiesen und daher bevorzugt in den regionalen innovativen Produktionskomplexen anzutreffen. Dagegen sind für die *mittelbar* produktionsorientierten Dienstleistungen die regionsübergreifenden und internationalen Geschäftsbeziehungen wichtiger als die unmittelbare Nähe zu den Produktionsstätten: „Die Standortorientierung richtet sich hier auf Zentralität innerhalb des weltweiten Netzes von Finanz-, Kontroll- und Konkurrenzbeziehungen, und folgt den Agglomerationsvorteilen, die bestehende städtische Finanz- und Direktionszentren bieten" (Krätke 1995: 104) Ein treffendes Beispiel hierfür gibt General Motors. Der Konzern unterhält neben seinem Geschäftssitz in Detroit auch ein Hauptbüro in Manhattan, das sämtliche spezialisierten Finanzgeschäfte erledigt, die der Betrieb des Großunternehmens erfordert. Die Produktion von hochspezialisierten Vorleistungen, die aus internationaler Rechtsberatung, Buchführung und -prüfung, Management-Consulting und Finanzdienstleistungen bestehen, ist eher in einem Geschäfts- und Finanzzentrum wie New York als in einer Industriestadt wie Detroit konzentriert (Sassen 1996).

Diese Konzentration hochspezialisierter Dienstleistungen läßt einen neuen städtischen Entwicklungstyp entstehen, der heute vielfach als *Global City* bezeichnet wird. *Global Cities* bilden – neben den sogenannten *Offshore*-Finanzzentren, die hier nicht näher betrachtet werden[3] – gewissermaßen die Knotenpunkte im Netz derjenigen globalen Informations- und Finanzströme, die zur Steuerung der transnational organisierten Wirtschaft erforderlich sind:

> „Während sich die Produktionsaktivitäten über zunehmend größere geographische Distanzen weltweit verteilen, werden strategische Funktionen des Unternehmenssektors, d.h. die Entscheidungen und die Kontrolle darüber, was, von wem, wo und wie produziert wird, in bestimmten Großstädten – den Metropolen oder sog. 'Global Cities' – selektiv konzentriert. Diese Städte werden zu 'geographischen Knotenpunkten' einer transnational organisierten Ökonomie. Sie werden zum Standort von wirtschaftlichen, finanziellen und politi-

3 *Offshore*-Finanzzentren sind in erster Linie als Steueroasen zu verstehen. Die meisten dortigen Banken existieren nur auf dem Papier. Prominentes Beispiel sind die Cayman-Islands.

schen Entscheidungszentren mit einer Vielzahl dazugehöriger unternehmens- und konsumorientierter Dienstleistungsbetriebe" (Krätke 1995: 105).

Das wissenschaftliche Konzept der *Global City* entwickelte sich aus dem Konzept der *World City*. In den frühen Arbeiten zur *World City* spiegelte sich noch die Vorstellung eines nationalen Zentrums der politischen und wirtschaftlichen Macht (Geddes 1915, Hall 1966). In den 80er Jahren prägten dann Friedmann und Wolff der Begriff der *World City* neu, und zwar für internationalisierte Städte, die als Entscheidungs- und Kontrollzentren der globalisierten Ökonomie fungieren (Friedmann, Wolff 1992). Heute werden die Begriffe *World City* und *Global City* weitgehend synonym verwendet. Beide Begriffe haben jedoch nichts gemein mit der landläufigen Vorstellung einer „Weltstadt", die sich – wie etwa Paris – durch einen kosmopolitischen Charakter auszeichnet und damit romantische Vorstellungen von Urbanität hervorruft (Keil 1993). John Friedmann hat sieben notwendige Bedingungen für die Einstufung als *World City* formuliert: Sitz von Hauptquartieren transnationaler Unternehmen, bedeutendes Finanzzentrum, Standort eines schnell wachsenden Sektors unternehmensorientierter Dienstleistungen, Sitz internationaler Institutionen, Knotenpunkt wichtiger Verkehrslinien, Zentrum industrieller Produktionsstätten und Stadt mit bedeutender Einwohnerzahl (Friedmann 1986). Anhand dieser Kriterien identifizierte er eine Städtehierarchie aus insgesamt dreißig *World Cities*.

Mit der *Global City* verbindet man in erster Linie die drei Metropolen New York, London und Tokyo. Dies erklärt sich vordergründig vor allem durch die Dominanz dieser drei Städte als weltweit führende Börsenplätze innerhalb der Triade der Weltwirtschaft. In Japan entfallen 90 Prozent des Aktienhandels auf die Börse von Tokyo, in der USA werden zwei Drittel des Aktienhandels in New York abgewickelt, und in London findet der Wertpapierhandel fast ausschließlich in London statt. In Japan, den USA und Großbritannien sind 39 der weltweit 100 größten Banken und 23 der 25 größten Investmentgesellschaften angesiedelt und fast ausnahmslos in den genannten Städten präsent (Sassen 1996).

Ein Großteil der weltwirtschaftlich relevanten Entscheidungen wird nun an wenigen Orten gefällt, die als *Network Cities* (Veltz 1991) über ständige, dichte Informationsströme miteinander verbunden sind. Nach Ansicht von Castells wäre es jedoch ein Fehler zu meinen, daß nur London, Tokio und New York *Global Cities* wären (Castells 1994). Städte wie Frankfurt, Zürich, Mailand, Hongkong und Singapur spielen ebenfalls eine bedeutende Rolle in einem solchen globalen Netzwerk:

„Nicht alle Welt-Städte haben den Glanz von Paris, die kolonialgeschichtliche Tiefe Londons, die Bedeutung New Yorks, die Diversität von Los Angeles oder die Größe Tokyos. Das bedeutet jedoch nicht, daß es außer diesen Metropolen keine World Cities gibt. Im Gegenteil. Während einige der wichtigsten primären globalen Steuerfunktionen in jenen

Megapolen gebündelt sind, übernehmen andere Städte sekundäre globale Steuerfunktionen. Dies gilt für São Paulo und Toronto ebenso wie für Zürich und Frankfurt. Größe ist ebensfalls kaum ein Kriterium. Während Frankfurt und Zürich selbst mit ihrer Region oder ihrem City Belt kaum metropolitane Ausmaße erreichen, aufgrund ihrer Position im internationalen Finanzgeschäft jedoch als World Cities zu bezeichnen sind, fällt es schwer, einige der größten Städte der Welt, wie etwa Mexiko City oder Kalkutta, deren Stellung in der internationalen Hierarchie unbedeutend ist, mit ihnen in einen Topf zu werfen" (Keil 1995: 183f.).

Über die wichtigsten globalen Städte hinaus haben sich weitere Knotenpunkte von kontinentaler, nationaler und regionaler Bedeutung herausgebildet, die sich mit dem globalen Netzwerk verbinden (Castells 1994). Die Globalisierung der Wirtschaftstätigkeit und der damit zusammenhängende Bedeutungsgewinn des Dienstleistungssektors haben weltweit den Städten eine wachsende Bedeutung verschafft. In den Entwicklungsländern erleben die sogenannten *Megacities* und weitere Großstädte, die ohnehin eine natürliche und wanderungsbedingte Bevölkerungszunahme zu verzeichnen haben, durch die Internationalisierung zusätzliche Wachstumsimpulse. In den Industrieländern können viele Großstädte, deren endgültiger Niedergang in den 70er Jahre beschworen wurde, nun erneut ihre Stellung festigen und einen bedeutenden Teil der Wirtschaftsaktivitäten führender Gewerbezweige an sich ziehen (Sassen 1996).

Neue Ungleichheiten zwischen den Städten

Die ungleichmäßige Verteilung der wirtschaftlichen Kommando- und Kontrollfunktionen bzw. der Komplexe von strategischen Unternehmensaktivitäten bewirkt eine Hierarchisierung des Städtesystems (Krätke 1995). Zu den „Gewinnern" zählen diejenigen Städte, die entweder eine günstige räumliche Ausgangslage in Bezug auf die globalen Transport- und Kommunikationsströme haben oder denen es gelingt, entsprechende Ströme auf sich zu lenken. Häufig werden weitere Konzentrationsprozesse als Ergebnis der Globalisierung und des Konkurrenzkampfes zwischen den Städten vorhergesagt.

Auch innerhalb Europas zeichnen sich solche Prozesse ab. Bereits heute konzentriert sich etwa die Hälfte aller Hauptverwaltungen der 500 größten europäischen Unternehmen in fünf Zentralregionen der Europäischen Union: London und Südost-England, Paris und Ile-de-France, Rhein-Ruhr, Randstad und Frankfurt am Main (Drewett u.a. 1992, Floeting, Henckel 1994). Nach Ansicht von Kunzmann und Wegener werden die europäischen Großstädte auch in Zukunft ihre beherrschende Rolle festigen können, weil sie als Hochtechnologie- und Dienstleistungszentren im Wettbewerb um europäische und außereuropäische Investitionen eindeutig in einer besseren Position gegenüber Klein- und Mittelstädten sind (Kunzmann, Wegener 1991).

Man kann annehmen, daß sich diese räumliche Polarisierung durch die Entwicklung einer europäischen Hochgeschwindigkeits-Transportinfrastruktur, an die tendenziell nur die bestehenden Hauptzentren angebunden sind, zusätzlich verstärken wird. In diesem Zusammenhang können aber entlang der Korridore auch andere Städte in günstiger Lage, die bisher eher nachgeordnete Funktionen hatten, ihre Bedeutung stärken. Eine erstaunliche Aufwertung erfuhr beispielsweise Lille aufgrund seiner Lage als neuer Verkehrsknotenpunkt. Andere Städte wie Aachen, Straßburg, Lüttich oder Arnheim werden vermutlich durch ihre zentrale Lage in Europa ähnliche Drehscheibenfunktionen übernehmen und damit ihre Position stärken können (Sassen 1996).

Neue Ungleichheiten innerhalb der Städte

Der Funktionswandel klassischer Metropolen und deren Entwicklung zu *Global Cities* wirkt sich am augenscheinlichsten im zentralen Geschäftsbereich aus, wo sich ein qualitativ neuartiges Management- und Business-Center als ökonomischer Motor der Stadt etabliert. Die traditionellen Innenstädte werden zu leistungsfähigen Dienstleistungszentren mit avancierter technologischer Infrastruktur ausgebaut (Hepworth 1989). Dabei werden nicht nur ältere Wohnareale oder die wenigen noch verbliebenen Industriebetriebe verdrängt, sondern auch jene tertiären Aktivitäten, die regional orientiert sind oder nicht dem *Financial-Business-Services*-Bereich entsprechen.

Die selektive Tertiärisierung und Aufwertung des Innenstadtbereichs schlägt sich auch in einer erheblichen baulichen Erweiterung nieder. *Einerseits* wird der City-Bereich mit neuen Hochhauskomplexen für Büronutzung versehen. *Andererseits* entsteht an der städtischen Peripherie eine eigene Industrie- und Dienstleistungsstruktur. Zum Teil finden sich dort nachrangige Unternehmensdienstleistungen, die an den Innenstadtbereich angebunden sind (*back offices*) und nur aufgrund ihres Flächenbedarfs ausgegliedert worden sind. Zum anderen entstehen dort die bereits erwähnten neuen Produktionskomplexe der weltmarktorientierten Branchen sowie Reste einer regional verankerten Wirtschaft. Die zwischen aufgewerteter Innenstadt und prosperierendem Umland liegenden Stadtteile erfahren jedoch in der Regel einen empfindlichen Bedeutungsverlust. Die ursprüngliche Metropole entwickelt sich so in einer deutlichen Dualität: Einerseits konstituiert sie sich als *Global City* in unmittelbarer Nähe zu anderen Weltstädten, andererseits setzt sie eine „Reststadt“ frei, die nur unzureichend regional angebunden und von ökonomischer Bedeutungslosigkeit bedroht ist (Krätke 1991).

Die räumliche Desintegration verläuft parallel zu einer Verschärfung sozialer Gegensätze in der Stadt. Aufgrund ihrer besonderen Wertschöpfungsstruktur, die von Finanzdiensten und Beratungsleistungen dominiert wird, werden *Global Cities* häufig von einer wachsenden Polarisierung der Beschäftigungs- und Einkommenstrukturen betroffen. Während die traditionellen produzierenden Berufe stark zurückgehen, expandieren hochqualifizierte Dienstleistungen und Hochtechnologie-Berufe. Die dort Beschäftigten bilden neue Konsummuster, die sich wiederum auch in räumlichen Umbauprozessen wie zum Beispiel in der Gentrifizierung innenstadtnaher Wohnquartiere äußern. Außerdem besitzen sie die Kaufkraft für den ebenfalls expandierenden Bereich der einfachen und niedrigbezahlten privaten Dienstleistungsberufe. Komplementär zur Zunahme von Beschäftigung im oberen Qualifikations- und Einkommensniveau kommt es somit zu einer erhöhten Nachfrage etwa nach Hilfsdiensten, Botengängen, Wartungs- und Reinigungsarbeiten. Diese Nachfrage wird zunehmend über die „Globalisierung des Arbeitsmarktes" gedeckt. Denn jenseits der weltweiten formellen Beschränkungen der Arbeitskräftemobilität bilden vor allem in den metropolitanen Zentren des Städtesystems vielfach „illegale" Immigranten das Reservoir für die Ausbreitung informeller Beschäftigungssektoren im Produktions- und Dienstleistungsbereich mit Niedrigstlöhnen und ungeschützten Beschäftigungsverhältnissen (Krätke 1997).

Die beschriebene Bipolarisierung in der sogenannten *Dual City*, der „Stadt ohne Mittelschicht", die von einer sozialen und teilweise auch ethnischen Segregation begleitet wird, ist schon seit längerem in amerikanischen Großstädten zu beobachten, die eine hohe und kontinuierliche Zuwanderung und damit ein hohes Angebot an Niedriglohnarbeitern verzeichnen. In europäischen Großstädten nehmen diese Tendenzen und die damit verbundenen Probleme ebenfalls zu. In steigendem Maße sind allerdings auch die schnell wachsenden *New Global Agglomerations* der Entwicklungs- und Schwellenländer, beispielsweise Kuala Lumpur, Bangkok oder Shanghai betroffen.

4.4 Die Stadtlandschaft

Die jüngste Entwicklung derjenigen traditionellen Zentren, die als Knotenpunkte im Netz weltweiter Ströme und als Steuerungszentralen der globalisierten Wirtschaft fungieren, ist beeindruckend. Sie ist jedoch nicht das prägendste Merkmal der Raumentwicklung der letzten Jahrzehnte. Parallel zur selektiven Aufwertung der Zentren entstanden im weiteren Großraum der Städte neue Kristallisationspunkte von Wirtschaftsaktivitäten, deren Bedeutung mittlerweile an die der Kernstädte heranreicht oder diese sogar übertrifft. „Die eigentlichen Neuerungen im städtischen Raum des 20. Jahrhunderts ereigneten sich nicht im Zentrum, sondern an der Peripherie. Obwohl es weiterhin Zentren gibt, die auf ihre jeweiligen Regionen identitätsprägend wirken, zeichnet sich die Wirklichkeit der urbanen Form insgesamt doch durch die Entstehung multizentrierter oder vielmehr dezentrierter Regionen aus" (Fishman 1994).

Wohlstandswachstum und die Ausdehnung der Wohnflächen

Die Gestaltung des Lebensniveaus über die Befriedigung der elementaren materiellen Lebensbedürfnisse hinaus äußert sich auch in den steigenden Ansprüchen an Quantität und Qualität von Wohnraum. Verkehrsfortschritt, Wohlstandswachstum und Individualisierungsstreben greifen hier auf besonders auffällige Weise ineinander. Mit der Aufwertung des Individuums und der Kleinfamilie gegenüber der Gemeinschaft und damit auch von Zielsetzungen der „Selbstverwirklichung" gegenüber kollektiven Verpflichtungen gewinnt die Sphäre der eigenen vier Wände an Bedeutung. Die Tatsache, daß viel Zeit in der eigenen Wohnung verbracht und ein großer Teil des Haushaltseinkommens für Wohnzwecke ausgegeben wird, unterstreicht den besonderen Rang, den das Wohnen für breite Bevölkerungsschichten hat. Auch wenn die Eigentumsquote im internationalen Vergleich (noch) nicht sehr hoch ist: Knapp 39 % der Wohnungen in Deutschland (Westdeutschland: 41,7 %, Ostdeutschland: 26,1 %) wurden im Jahr 1993 von den Eigentümern selbst bewohnt (Statistisches Bundesamt 1997). Insbesondere das Einfamilienhaus stellt für viele Menschen einen wichtigen Ruhe- und Rückzugsraum dar, der in idealer Weise Gestaltungs-, Entfaltungs- und Selbstdarstellungsmöglichkeiten bietet, die keiner Rücksichtnahme auf andere Mitbewohner im Haus bedürfen (Aring u.a. 1995).

Lag die Wohnfläche je Einwohner in Westdeutschland 1950 noch bei 14 m^2, so stieg sie nahezu kontinuierlich um jährlich 0,5 m^2 auf 37,9 m^2 im Jahr 1995 an (Ostdeutschland: 32,4 m^2, Deutschland gesamt: 36,7 m^2). Diese deutliche Zunahme der Wohnfläche ergibt sich durch die Überlagerung mehrerer wohlstandsbedingter Trends. *Erstens* bevorzugen Haushalte gleichbleibender Größe immer größere Wohnungen. *Zweitens* wächst die Zahl der Zweitwohnungen nicht nur aus wachsenden Ferien- und Freizeitmotiven, sondern auch vor dem Hintergrund der Tatsache, daß für eine wachsende Zahl von Erwerbstätigen Lebensmittelpunkt und Arbeitsort für ein tägliches Pendeln räumlich zu weit auseinanderfallen. Und *drittens* werden die Haushalte kleiner, ohne daß diese gleichzeitig in kleinere Wohnungen umziehen. Gerade dieser Effekt der Haushaltsstrukturveränderung trägt erheblich zum Wachstum der Pro-Kopf-Wohnfläche bei. Seniorenhaushalte mit ein und zwei Personen, „junge" Single-Haushalte und Familienhaushalte ohne Kinder haben in den letzten Jahren erheblich zugenommen. Diese „Kleinhaushalte" leben heute in Wohnungen, in denen früher die „typische" Familie mit Kindern lebte, so daß im Ergebnis die Anzahl der Wohnungen in den letzten Jahrzehnten erheblich zugenommen hat. Gegenüber dieser wohlstandsbedingten Ausweitung der Anzahl der Wohnungen spielt die rein zahlenmäßige Zunahme der Bevölkerung eine untergeordnete Rolle.

Die angedeuteten Trends bewirken *einerseits* eine Abnahme der Einwohnerdichten im Siedlungsbestand und *andererseits* eine Zunahme der Wohnsiedlungsflächen durch Neubautätigkeit. „Lag um die Jahrhundertwende die durchschnittliche Einwohnerdichte in Großstädten bei 20.000 – 30.000 Bewohnern pro Quadratkilometer Siedlungsfläche, so beträgt sie derzeit allenfalls in den Gründerzeitvierteln noch etwa 10.000 – 15.000, im gesamtstädtischen Durchschnitt aber nur um 5.000 Einwohner pro Quadratkilometer Siedlungsfläche, in den Stadtumlandgemeinden der Großstädte ist sie mit 2.000 bis 4.000 noch geringer" (Apel, Henckel 1995: 31). Gerade in den Neubausiedlungen der Umlandgemeinden ist die vorwiegend praktizierte Bauweise die des freistehenden Einfamilienhauses. In solchen Siedlungen wird in der heutigen Praxis je Einwohner etwa das Dreifache an Wohnbauland beansprucht, das bei einer flächensparenden, verdichteten Einfamilienhausbauweise benötigt würde (Apel, Henckel 1995; BUND, Misereor 1996).

Strukturwandel und die Ausdehnung der Gewerbeflächen

Wie bereits ausführlich beschrieben, übt der wirtschaftliche Strukturwandel einen erheblichen Einfluß auf das nationale und internationale Standortgefüge der Industrie und der produktionsorientierten Dienstleistungen aus. Neue Produktionskonzepte und die Veränderung der Standortmuster wirken sich dabei auch auf die gesamte Bilanz der Gewerbe- und Industrieflächen aus.

Die Aufgabe von Standorten nicht mehr konkurrenzfähiger Industrien, die nicht selten zu den bekannten Problemen „altindustrialisierter" und „strukturschwacher" Räume kumuliert, sowie der Rückbau von Produktionsflächen im Rahmen umfassender betrieblicher Rationalisierungsstrategien steht im Kontrast zur Bildung neuer regionaler Produktionskomplexe. Diese gegenläufigen Entwicklungen bedeuten jedoch für die statistische Flächenbilanz kein „Nullsummenspiel". Im Gegenteil ist in den letzten Jahren vor allem der gewerbliche Flächenverbrauch gewachsen. Allein zwischen 1989 und 1992 haben die Gewerbe- und Industrieflächen in Westdeutschland um 3,5 % zugenommen, die Verkehrsflächen um 1,6 % die Wohnbauflächen „nur" um 1,1 % (Dosch, Müller-Kleißler 1994).

Drastische Rationalisierungen bedeuten für viele Unternehmen nicht nur eine Reduzierung der Belegschaft, sondern umfassende Einsparungen, etwa bei Entwicklungs- und Produktionszeiten, Werkzeug- und Maschinenbestand sowie bei Flächen für Produktions- und Lagerhaltung. Beispiele dafür sind das Opelwerk in Rüsselsheim, wo die Produktionsfläche von 1,2 Millionen Quadratmeter auf 0,8 Millionen Quadratmeter zurückgehen soll, oder das Mercedeswerk in Sindelfingen, wo ebenfalls die Produktionsfläche erheblich zurückgefahren wird. Ähnliche Tendenzen sind aber auch bei den Büroflächen erkennbar. So hat IBM Deutschland ihren Büroflächenbestand seit 1991 von 4,0 auf 2,4 Millionen Quadratmeter, die Fläche pro Mitarbeiter um 20 % reduziert. ABB Deutschland geht sogar davon aus, daß in Zukunft nur ein Drittel der heutigen Fläche wirklich gebraucht wird (Apel, Henckel 1995).

Ein Teil der freigesetzten Flächen kann umstrukturiert und dann neuen innerbetrieblichen Nutzungen zugeführt oder Zulieferern zeitsensibler Vorprodukte übertragen werden. In anderen Fällen führen die Flächeneinsparungen dazu, daß selbständige Immobilienabteilungen der Großunternehmen als eigenständige *Developer* auftreten und entweder alleine oder gemeinsam mit den Kommunen und anderen Unternehmen nutzerunabhängige Flächenentwicklungen betreiben (Fürstenberg 1994, Niehaus 1995, Apel, Henckel 1995). Häufig bleiben jedoch aufgegebene oder rückgebaute Flächen ungenutzt. Dies kann entweder daran liegen, daß die Fläche hinsichtlich Lage, Zuschnitt, Verkehrsanbindung, „Image“ oder vornutzungsbedingter Bodenverunreinigungen Nachteile bietet und daher keinen Interessenten findet. Oder die Fläche wird als „Flächenpuffer“ vom Unternehmen in Reserve gehalten.

Das Vorhalten von Reserveflächen zum Offenhalten zukünftiger Entwicklungsperspektiven spielt für die Unternehmen eine wachsende Rolle. Dies erklärt sich in erster Linie durch die Flexibilisierungsstrategien, die eine Verkürzung von Produktlebenszyklen und eine Steigerung der Nutzungs- und Umlaufgeschwindigkeiten von Standorten mit sich bringen. Die Bildung von Flächenpuffern betrifft nicht nur ehemals genutzte und nun brachgefallene Standorte, sondern vor allem auch Neuansiedlungsprojekte. Dies dürfte einer der wesentlichen Gründe für den sehr starken Anstieg neuer Gewerbeflächen in den letzten Jahren sein.

Außerdem fördert die wachsende Bedeutung neuer Strategien der Gewerbeansiedlung in Form sogenannter Büroparks, *High-Tech*-Parks, Medienparks oder Branchenparks tendenziell einen großzügigen Umgang mit den Flächenressourcen. Solche Parks entstehen häufig in verkehrsgünstiger Lage im suburbanen Raum und kommen damit in den Genuß geringerer Bodenpreise als in den Kernstädten. Angesichts der meist einseitigen autoorientierten Erschließung zeigen diese Gewerbeflächen viel häufiger einen „Parkplatz“-Charakter als einen wirklichen „Park“-Charakter und weisen auffallend hohe Anteile von Verkehrsflächen auf (Apel, Henckel 1995).

Häufig wird argumentiert, daß das Bestreben vieler Betriebe, ihre Lagerhaltung zu reduzieren oder zumindest einen steigenden Lagerflächenbedarf einzudämmen, neue Flächensparpotentiale eröffnet. Dieses Potential sollte jedoch nicht überschätzt werden:

„Die durch reduzierte Lagerhaltung freigesetzten Flächen werden mitunter durch Einrichtungen zur Beschleunigung des Materialflusses und, um Produktionsausfällen beim Stillstand eines Systems vorzubeugen, durch doppelte Fertigungssysteme belegt. Vor allem aber wird die Lagerfläche in der Regel nur verschoben: an Zulieferer und an Spediteure sowie auf die Straße („Rollende Läger"), oder – dies ist innerhalb von Just-in-time-Konzepten die häufigste Strategie – an eigens dafür in der Nähe des Montagewerkes errichtete Auslieferungslager. Im Nettoeffekt wird daher vor dem Hintergrund weiter steigender Produkt- und Teilevielfalt auch bei veränderten Lagerhaltungskonzeptionen bestenfalls mit einem schwächeren Anstieg des Lagerflächenbedarfs, kaum aber mit einem Abbau von Lagerflächen zu rechnen sein" (Einem u.a. 1995: 232).

Erfordernisse der innerbetrieblichen Logistik sind schließlich ein zentraler Grund dafür, daß der Stockwerksbau in der klassischen Produktion auch weiterhin die Ausnahme bleibt (Mielke u.a. 1991). „Der Trend geht weiter in den Flachbau, weil die vertikale logistische Verkettung immer einen Engpaß darstellt und die Flexibilität reduziert. Lediglich im Rahmen von Umstrukturierungen in Richtung auf laborähnliche oder dienstleistungsgleiche Tätigkeiten oder für kleine Unternehmen im Rahmen von Gewerbehöfen haben Stockwerksbauten eine relevante Bedeutung" (Apel, Henckel 1995: 223).

Die Suburbanisierung der Bevölkerung

Wohlstandswachstum und Massenmotorisierung schufen die Voraussetzung für das Verlassen der Stadt mit ihren beengten Wohn- und Lebensverhältnissen und die Hinwendung zum Stadtumland mit seinen allseits bekannten Vorzügen: mit mehr Licht und Luft, mehr Ruhe und Raum. Und abgesehen davon, daß vor allem die geringeren Bodenpreise für das Umland sprachen, wäre es allein vom quantitativen Ausmaß her unmöglich gewesen, die gewachsenen Wohnflächen innerhalb der „alten" Stadtgebiete unterzubringen.

Die Ausdehnung der Stadtregionen in Deutschland sowie die Verschiebung der Gewichte zwischen der Kernstädten und ihrem Umland lassen sich für die letzten Jahrzehnte anhand der Statistik nachzeichnen (Hesse, Schmitz 1998). Betrachtet man die alten Bundesländer, dann fällt auf, daß im Laufe der letzten fünfzig Jahre der Anteil der Bevölkerung, der in den großen Verdichtungsräumen wie zum Beispiel Rhein-Ruhr, Rhein-Main oder den Großräumen Hamburg, Stuttgart oder München lebt, mit knapp unter 55 % nahezu konstant geblieben ist. Ein deutliches Bevölkerungswachstum insgesamt sowie die Stadt-Land- und die Nord-Süd-Gegensätze als Wanderungsmotoren

Abbildung 17: Bevölkerungsentwicklung in den Agglomerationen Westdeutschlands zwischen 1939 und 1996

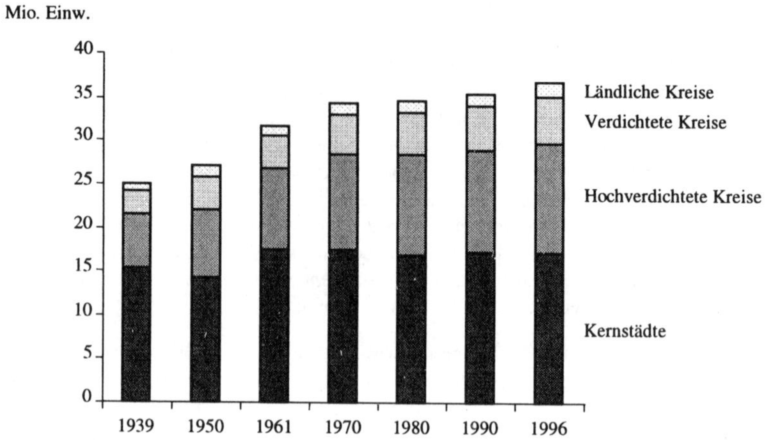

Quelle: Laufende Raumbeobachtung des Bundesamtes für Bauwesen und Raumordnung

haben also vergleichsweise wenig an den großräumigen Verteilungsmustern der Bevölkerung ändern können (Aring 1998).

Die eigentlichen Veränderungen der Bevölkerungs- und Siedlungsstruktur der Nachkriegszeit ereigneten sich nicht etwa im Verhältnis der verschiedenen Großräume zueinander, sondern *innerhalb* der einzelnen Stadtregionen (siehe Abbildung 17). In den Jahren des Wiederaufbaus wuchs zunächst die Bevölkerung sowohl in den Kernstädten als auch in den Umlandgemeinden. Es begann die Ausdehnung der Stadtregionen an den Rändern, jedoch zunächst nicht auf Kosten des Kerns. Diese Situation änderte sich etwa Anfang der 70er Jahre, als die Bevölkerungszahlen der Gesamtregionen langsam stagnierten und viele Kernstädte etwa in dem Maße „schrumpften", in dem die Umlandgemeinden weiter wuchsen.

Seit den 80er Jahren, vor allem aber seit 1990 nimmt die Bevölkerung in Westdeutschland durch Zuzug ausländischer Bevölkerung und Umzüge aus Ostdeutschland wieder deutlich zu. In diesem Prozeß der massiven Zuwanderung können die Kernstädte, deren natürlicher Bevölkerungssaldo stark negativ ist, ihre Bevölkerungszahlen etwa konstant halten. Tatsächlich gelingt es vielen Städten, ihre Attraktivität als Wohnort in einzelnen Stadtteilen zu verbessern. Geänderte Wohnumfeld- und Lebensstilpräferenzen einzelner Bevölkerungsgruppen mit Sinn für „neue Urbanität" kommen ihnen dabei entge-

Abbildung 18: Bevölkerungsentwicklung in den Agglomerationen Westdeutschlands zwischen 1980 und 1996
(absolut und relativ, differenziert nach Kreistypen)

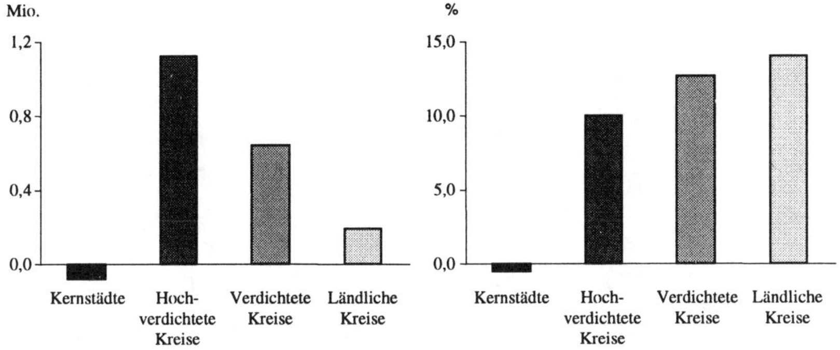

Quelle: Laufende Raumbeobachtung des Bundesamtes für Bauwesen und Raumordnung

gen. Aus diesem Phänomen auf eine Reurbanisierung im Sinne einer allgemeinen Zurückwanderung in die Stadt zu schließen, wäre jedoch verfehlt (Bahrenberg 1996). Denn nach wie vor ist der Fortzug der deutschen Bevölkerung aus der Stadt ins Umland, vor allem der Familien mit Kindern, erheblich. Im Zuge der fortschreitenden Segregation werden damit verschiedene Teilräume der Stadt schleichend zum Wohnort für Singles, zum Ausländerghetto und zum Auffangbecken für soziale Probleme.

Während die Kernstädte ihre Einwohnerzahlen etwa konstant halten, boomen die Umlandgemeinden, schreitet die Suburbanisierung unvermindert fort. Hierbei fallen zwei Tendenzen ins Auge. *Erstens* verlagern sich die Gravitationszentren der Verstädterung immer weiter nach außen, erfassen immer weitere „ländliche" Gebiete (siehe Abbildung 18). „Gewinner" der Entwicklung sind nicht mehr nur die hochverdichteten Kreise im unmittelbaren Umland der Kernstädte wie etwa – im Beispiel der Stadtregion München – die Kreise München Land und Fürstenfeldbruck, sondern auch die verdichteten Kreise (Starnberg, Ebersberg, Freising und Dachau) und die ländlichen Kreise (Landsberg am Lech, Erding). Und *zweitens* werden Bautätigkeit und Bevölkerungswachstum in den Stadtregionen immer disperser. Gerade diejenigen Umlandgemeinden, die ohne zentralörtliche Bedeutung sind und daher nach den gängigen planerischen Leitvorstellungen von einer Entwicklung freigehalten werden sollen, verzeichnen mittlerweile die größte Dynamik (siehe Abbildung 19).

Abbildung 19: Bevölkerungsentwicklung in den Agglomerationen Westdeutschlands zwischen 1980 und 1996 (absolut und relativ, differenziert nach Gemeindetypen)

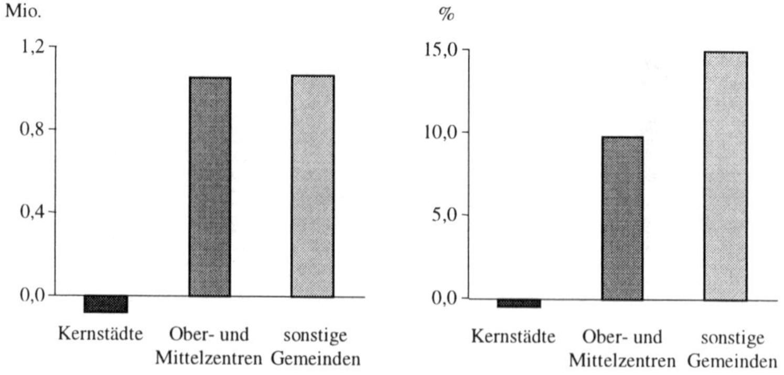

Quelle: Laufende Raumbeobachtung des Bundesamtes für Bauwesen und Raumordnung, eigene Berechnung

Die Suburbanisierung von Arbeitsplätzen und Versorgungseinrichtungen

Lange Zeit wurde das Phänomen der Suburbanisierung mehr oder weniger gleichgesetzt mit der Stadt-Umland-Wanderung der Wohnbevölkerung. Im Schatten des Fortzugs der Bevölkerung aus den Städten vollzog sich – mit zeitlicher Verzögerung – die Suburbanisierung der Arbeitsplätze zunächst fast unbeachtet (Kahnert 1998). Auf der einen Seite handelt es sich hierbei um die haushaltsorientierten Dienstleistungen, von sozialen und medizinischen Einrichtungen bis zum kleinen, den kurzfristigen Bedarf deckenden Einzelhandel. Bei der Suche nach Kundennähe siedeln sich diese Einrichtungen natürlicherweise dort an, wo die Bevölkerung wächst. Auf der anderen Seite handelt es sich jedoch um eine „eigenständige" Suburbanisierung solcher Arbeitsplätze, die nicht auf die unmittelbare Nähe zur Bevölkerung angewiesen sind. Am Beispiel der Stadtregion Bremen wurde aufgezeigt, daß zwischen 1970 und 1987 die „haushaltsorientierte" und die „eigenständige" Suburbanisierung der Arbeitsplätze jeweils gleiche Größenordnungen aufweisen (Bahrenberg 1996).

Schon seit längerem bevorzugen viele Industriebetriebe bei Verlagerung und Neuansiedlung das Umland der Städte. Entscheidungsbestimmend war hierfür nicht nur die häufige Unverträglichkeit mit der Wohnfunktion. Ein weiteres wichtiges Argument war die Verfügbarkeit ausreichender, geeigneter und preisgünstiger Flächen, auch zur Gewährleistung der langfristigen Entwicklungsfähigkeit des Betriebes. Schließlich machte auch die wachsende Bedeutung des Straßengüterverkehrs die Stadtrandlagen mit ihrer guten Anbindung an das örtliche und überörtliche Straßennetz für das produzierende Gewerbe immer attraktiver.

In jüngster Zeit verstärken die verschiedenen technologischen und wirtschaftlichen Entwicklungen den ohnehin massiven regionalen Trend zur Dezentralisierung von Produktion und Dienstleistungen. Moderne Informationstechnologien haben in den letzten Jahren weitreichende Prozeß- und Organisationsinnovationen ermöglicht, den gesamten Produktionsprozeß enorm beschleunigt und gleichzeitig die Bedeutung der Logistik erhöht (siehe 3.3 und auch 5.6).

Die betriebliche und räumliche Aufspaltung des Produktionsprozesses hat tendenziell die Flächennachfrage erhöht. Je mehr die Kernstädte angesichts der Vielzahl der Flächenbedürfnisse bei der Bereitstellung neuer Standorte an ihre Grenzen stoßen und je mehr der zunehmende Straßenverkehr sich im Kern der Verdichtungsräume selbst behindert, umso mehr zieht es – als eigendynamischer Prozeß (siehe Abbildung 20) – die wirtschaftlichen Aktivitäten an den Ballungsrand. Dort sind nach wie vor gewerbliche Bauflächen und Parkplätze ausreichend vorhanden, dort ist die verkehrliche Anbindung gut und die Stauwahrscheinlichkeit noch gering. Und vor dem Hintergrund zunehmender, ebenfalls technisch ermöglichter Internationalisierung der Wirtschaft sind interregionale und interkommunale Konkurrenz um Arbeitsplätze und Steuereinnahmen so angewachsen, daß eine planerische Steuerung oder gar Eindämmung dieser räumlichen Entwicklung äußerst kraftlos erscheint.

Aber nicht nur das produzierende Gewerbe, sondern auch der großflächige Einzelhandel und die relativ junge „Freizeitindustrie“ haben das Umland der Städte mit seiner günstigen Flächenausstattung „entdeckt“ (siehe 5.5). Vor allem in den letzten Jahren sind hier viele Großeinrichtungen auf der sogenannten grünen Wiese entstanden, die nicht mehr nahbereichsorientiert sind, sondern Kundenströme aus der gesamten Stadtregion auf sich ziehen. Und schließlich wandern auch immer mehr Büroarbeitsplätze, die bis zuletzt die Domäne der städtischen Zentren waren, an den Rand der Verdichtungsräume ab. Neue Bürocluster wie etwa in Frankfurt-Niederrad, Eschborn, der Hamburger City-Nord, Köln-Holweide oder Stuttgart-Möhringen und Stuttgart-Vaihingen sind zumeist auf Initiative der Städte als Innenstadt-Entlastungsstandorte geplant und entwickelt worden (Floeting, Henckel 1994). Neben solchen Großprojekten gibt es jedoch unzählige kleinere Büroansiedlungen, die im „Speckgürtel“ fast jeder größeren deutschen Stadt anzu-

Abbildung 20: Eigendynamische Entwicklung von Stadtregionen

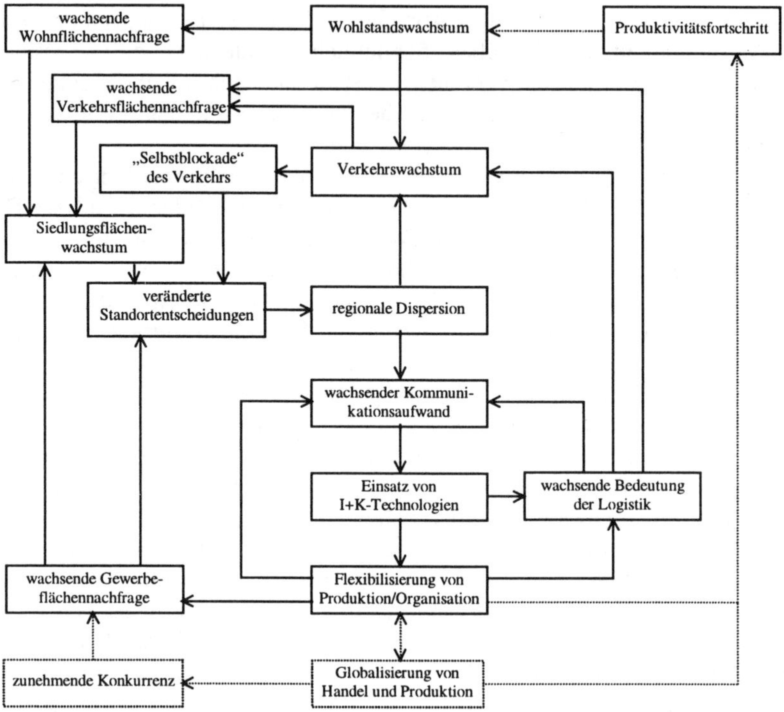

treffen sind. Nicht nur Flächenverfügbarkeit, sondern auch die imageträchtige „Naturnähe" dürfte für moderne „Büroparks" ein wichtiger Aspekt sein, der für das Umland und gegen die Stadt spricht.

In Deutschland gibt es eine Reihe von Beispielen für die räumliche Trennung des repräsentativen Firmensitzes mit „Chefetage", der in den Zentren verbleibt, von den Haupt- und Regionalverwaltungen, die in die Peripherie verlagert werden. Dagegen hat sich eine verwaltungsintere Aufsplittung und die Ausgliederung von Routineoperationen in Form sogenannter *back offices* zumindest in Deutschland bisher kaum durchgesetzt. Ausnahmen bilden etwa die Abrechnungszentralen der größten deutschen Banken in Eschborn und im Frankfurter Messeviertel. Die Gründe liegen nicht nur in der hohen Wertschätzung der *Face-to-face*-Kommunikation, sondern auch in einem – verglichen mit den USA und Großbritannien – bisher geringeren Wettbewerbsdruck im bundesdeutschen Finanzsektor, geringeren Mietpreisunterschieden zwischen innerstädtischen und suburbanen Bürostandorten und dem geringeren Anteil des leicht routinisierbaren Massendatengeschäfts mit Kreditkarten (Floeting, Henckel 1994).

Etwa zwei Drittel aller Arbeitskontakte findet nach wie vor mit Kollegen in einer Entfernung von bis zu 30 Meter vom Arbeitsplatz statt (Einem u.a. 1995). Dies spiegelt die nach wie vor große Bedeutung von *Face-to-face*-Kontakten und erklärt das Festhalten an Organisationsformen, in denen verschiedene Arbeitsschritte in einer betrieblichen Einheit integriert sind. Verläßt man jedoch die Ebene des einzelnen Betriebes mit den Kollegen in den Nachbarzimmern, dann spielt physische Nähe nur noch eine untergeordnete Rolle. Wie bereits erläutert, haben „Nähe“ und „Nachbarschaft“ dann nichts mehr mit „Fußläufigkeit“ zu tun, sondern mit automobiler Erreichbarkeit innerhalb von ein bis zwei Stunden – oder aber mit der Möglichkeit zur Telekommunikation. Diese stellt heute angesichts des technischen Fortschritts kein Problem mehr dar. Telematik gewährleistet die virtuelle Verbindung zwischen den einzelnen, immer weiter auseinander driftenden Standorten in den Verdichtungsräumen. Dies gilt zumindest für alle Formen des Informationsaustausches, die aufgrund eines hohen Routinegehalts keinen unmittelbaren *Face-to-face*-Kontakt erfordern. Gemeinsam mit einem leistungsfähigen Verkehrsnetz gewährleisten die modernen Kommunikationstechnologien, daß die Wirtschaftsunternehmen Agglomerationsvorteile auch noch in stark disperser Siedlung realisieren können. Physische Standortnähe, Verkehrsverflechtungen und Telekommunikation bilden die gemeinsame Grundlage wirtschaftlicher Austauschbeziehungen in den expandierenden Verdichtungsräumen.

Wäre es bereits unmöglich gewesen, alleine die gestiegenen Wohnflächen der privaten Haushalte innerhalb der „alten“ Stadtgebiete unterzubringen, so gilt dies erst recht für die zusätzlichen Flächenbedarfe der gesamten Wirtschaft. Dabei werden die Produktions-, Verkaufs- und Büroflächen durch die komplementären Verkehrsflächen ergänzt, die für die Erschließung, den Güterumschlag sowie die Parkplätze für Kundschaft und Beschäftigte erforderlich sind. Die Summe all dieser Flächen erklärt die „Sperrigkeit“ der neuen gewerblichen Komplexe, die sie für eine Integration in vorhandene baulich-räumliche Strukturen ungeeignet macht. Es ist aber nicht nur die Ökonomie des Raumes (Flächenverfügbarkeit), sondern auch die Ökonomie der Zeit (Flexibilität, Erreichbarkeit und Schnelligkeit), die für viele Unternehmen als Standortkriterium zum Tragen kommt und den Stadtrandlagen Vorteile verschafft. Besonders nachgefragt werden dabei Standorte an Autobahnkreuzen und ähnlichen Verkehrsknotenpunkten (Hesse 1998a). Jüngster Trend und Ausdruck der Wertschätzung schneller und flexibler Raumüberwindung ist die Standortgunst im unmittelbaren Umfeld von Flughäfen.

Tabelle 5: Bevölkerung, Beschäftigte sowie Siedlungs- und Verkehrsfläche in den Agglomerationen Westdeutschlands 1996, 1995 bzw. 1993 und Veränderung gegenüber 1980 (differenziert nach Kreistypen)

	Bevölkerung		Sozialversicherungspfl. Beschäftige		Siedlungs- u. Verkehrsfläche	
	1996 in 1000	Veränd. zu 1980 in %	1995 in 1000	Veränd. zu 1980 in %	1993 in ha	Veränd. zu 1980 in %
Kernstädte	14.992,5	-0,5	6.694,3	-4,3	404.900	11,0
Hochverd. Kreise	12.657,0	10,0	3.679,0	11,6	483.132	18,1
Verdichtete Kreise	5.467,3	12,6	1.449,9	19,7	312.283	23,2
Ländliche Kreise	1.459,3	13,9	363,4	18,3	124.273	16,9
Agglomerat. insg.	34.576,0	6,1	12.186,6	3,2	1.324.588	16,8

Quelle: Laufende Raumbeobachtung des Bundesamtes für Bauwesen und Raumordnung, eigene Berechnung

Tabelle 6: Bevölkerung, Beschäftigte sowie Siedlungs- und Verkehrsfläche in den Agglomerationen Westdeutschlands 1996 und Veränderung gegenüber 1980 (differenziert nach Gemeindetypen, ohne Berlin-West)

	Bevölkerung		Sozialversicherungspfl. Beschäftige		Siedlungs- u. Verkehrsfläche	
	1996 in 1000	Veränd. zu 1980 in %	1996 in 1000	Veränd. zu 1980 in %	1996 in ha	Veränd. zu 1980 in %
Kernstädte	14.992,5	-0,5	6.773,2	-3,2	365.201	11,3
Ober- u. Mittelz.	11.585,3	9,8	3.803,9	10,7	445.143	15,9
Sonstige Gem.	7.998,2	14,9	1.733,3	25,6	440.080	15,8
Agglomerat. insg.	34.576,0	6,1	12.310,4	4,2	1.250.424	14,5

Quelle: Laufende Raumbeobachtung des Bundesamtes für Bauwesen und Raumordnung, eigene Berechnung

Als Ergebnis dieser Entwicklungen zeigen nicht nur die Bevölkerungszahlen, sondern auch die Arbeitsplatz- und Flächenstatistiken in der „Peripherie" der Agglomerationsräume eine erstaunliche Dynamik (siehe Tabelle 5). Während die Kernstädte der Agglomerationsräume zwischen 1980 und 1996 sogar einen Rückgang an Arbeitsplätzen hinnehmen mußten, verzeichneten die als „verdichtet" und „ländlich" bezeichneten Umlandkreise die größten Zuwächse. Die gestiegene Nachfrage nach Standorten für Wohnungen und Gewerbe im suburbanen Raum drückt sich dort schließlich auch in einer forcierten Umwandlung von Freifläche in Siedlungs- und Verkehrsfläche aus. Ebenso wie die Stadt-Umland-Wanderung der Bevölkerung löst sich auch die Suburbanisierung der Arbeitsplätze schleichend von dem raumstrukturellen Leitbild, nach dem die Entwicklung auf Schwerpunktorte mit zentralörtlicher Bedeutung konzentriert werden sollte (siehe Tabelle 6).

Neue Formen der Urbanisierung

Als räumlicher Ausdruck der beschriebenen Veränderungen wird zunehmend eine Fragmentierung der Stadt durch die Profilierung hochselektiver Raumnutzungen beobachtet. Am Beispiel der tiefgreifend rationalisierten Handelslandschaft weist Martin Pawley auf die Entstehung eines neuen abstrakten Urbanismus in England hin:

„In den 80er Jahren wurde im nicht-historischen England ein neues Stadtnetz gebaut, nur daß es nicht so genannt wurde. [...] Außerhalb der alten Städte und Großstädte schossen an 200 Ausfahrten einer 2.500 Kilometer langen Autobahn 1.000 neue Geschäftskomplexe ohne jeden Bezug zum urbanen Kontext oder zur Geschichte aus dem Boden. Geplant wurden mehr als 100 Einkaufszentren außerhalb der Stadt, nicht weniger als neun am Londoner Autobahnring M 25. Dieser neue abstrakte Urbanismus der Handelsstraßen [...] wurde von den Architekturkritikern und Stadtplanern ignoriert. Wirtschaftlich hat er jedoch schon mehr Bedeutung als die ganze kunstästhetische Bautätigkeit des letzten halben Jahrhunderts. Er hat die ganze Lagerhaltung, den Vertrieb und den Einzelhandel aus den Städten herausgenommen“ (Pawley 1994).

Verschiedene theoretische Diskurse zur Stadtentwicklung glauben daher in jüngster Zeit eine nicht nur graduelle Weiterentwicklung, sondern eine prinzipielle Transformation des Städtischen auszumachen (z.B. Fishman 1994, Neitzke, Wustlich 1997/1998, Prigge 1998). In der Begrifflichkeit dieser Diskurse wandelt sich die „Stadt der Moderne“ – je nach Perspektive – zur „Stadt der Postmoderne“ oder aber zur „Stadt der Zweiten Moderne“ (Hesse, Schmitz 1998, Sieverts 1998). Die zu beobachtende Veränderung der räumlichen Struktur der Städte ist hierbei lediglich der sichtbare Ausdruck, der Spiegel eines vielschichtigen wirtschaftlichen, politischen, sozialen und kulturellen Prozesses.

Die ausführlichsten Versuche zur Interpretation der beobachteten Veränderung der Städte kamen zunächst aus den USA, was vor dem Hintergrund des dortigen Ausmaßes des Wandels und des damit einhergehenden Problemdrucks verständlich ist. So hat etwa Edward Soja anhand von Los Angeles, dessen Entwicklung in vielerlei Hinsicht sicherlich einen Extremfall darstellt, sechs verschiedene Aspekte „postmoderner Urbanisierung“ identifiziert (Soja 1995a, 1995b).

Erstens: Der Übergang von starren „fordistischen" zu flexiblen Produktions- und Organisationsformen. Im Zuge dieses Übergangs kommt es zu einer teilweisen „Deindustrialisierung" der Kernstadt und einer „Neuindustrialisierung" durch meist kleine und mittlere Unternehmen in den Vorstädten, was zur „Urbanisierung" dieser Vorstädte führt.

Zweitens: Durch Internationalisierungsprozesse bildet sich ein globales System von „Weltstädten", den sogenannten *Global Cities.*

Drittens: Angetrieben durch die Deindustrialisierung der Kernstadt und die Urbanisierung des Umlandes einerseits und durch die Internationalisierungsprozesse andererseits entsteht ein völlig neues siedlungsstrukturelles Muster, eine neue „urbane Form". Das ehemals „geordnete, pyramidale Dichtigkeitsgefälle, das sich aus dem Stadtinnern bis in die Vororte hinaus erstreckte und das so kennzeichnend für Lehrbücher der urbanen Geographie war" (Soja 1995b: 155), bricht zusammen und weicht einem unüberschaubaren Flickenteppich unterschiedlichster Nutzungen, Nutzungsdichten und Zentralitätsniveaus. „Alte, vorstadtähnliche Verdichtungen von Arbeiten und Wohnen tauchen nun gelegentlich fast unmittelbar neben den zentralen Geschäftsdistrikten auf, während neue Städte 80 km weiter weg inmitten riesiger Stadtlandschaften sprießen" (Soja 1995b: 155).

Viertens: Die ersten drei Restrukturierungsprozesse gehen einher mit neuen Mustern sozialer Fragmentierung, Segregation und Polarisierung. Das „soziale Mosaik der postmodernen Stadt" wird mehr und mehr zu einem Kaleidoskop.

Fünftens: Je mehr die städtische Gesellschaft als soziales und räumliches Ganzes auseinanderfällt, umso mehr stellt sich die Frage nach der lokalen „Regierbarkeit". Das wachsende Unsicherheitsempfinden der wohlhabenden Mittelschicht führt zur totalen Abkapselung und zur Bildung einer „befestigten" Stadt mit ummauerten Grundstücken, die von bewaffnetem Sicherheitspersonal beschützt werden.

Sechstens: Neben die städtische Realität tritt zunehmend eine „urbane Hyperrealität". Die Informationstechnik ermöglicht die Entpersonifizierung der Kommunikation, die Unterhaltungsindustrie und das Internet unterstützen den „Rückzug ins Private", durch Reality-TV und ähnliche Entwicklungen werden schließlich sogar traditionelle Unterscheidungen von Realem und Imaginiertem verwischt.

Gerade der letztgenannte Aspekt „postmoderner Urbanisierung" macht deutlich, daß die wirtschaftlichen und sozialen Transformationen ihre Entsprechung auch auf verhaltensmäßiger und kultureller Ebene finden, wobei sich hierbei – gleichsam als Teil eines sich ändernden Systems gesellschaftlicher Kontrolle – insbesondere die Wahrnehmungsgewohnheiten verändern. Daß schließlich „das Neue" vor allem aber auch in Architektur, Planung und

Tabelle 7: Kurzcharakterisierung des Wandels von der Stadt der Moderne zur Stadt der Postmoderne

	Die Stadt der Moderne	**Die Stadt der Postmoderne**
Siedlungsstruktur	Klare Trennung der Nutzungsfunktionen, monozentrische Struktur, stetig fallende Bodenpreise vom Zentrum zur Peripherie	Ungeordnete Funktionszuweisungen, polyzentrische Struktur mit „Armutsinseln" und „*High-Tech*-Korridoren", komplexe Bodenpreisstruktur
Architektur	Funktionale Architektur, massenproduzierte Baustile	Eklektische Architektur, spektakulär, verspielt und ironisch, für spezialisierte Märkte
Kommunalpolitik	„Stadt als hoheitliche Verwaltungsaufgabe" mit dem Ziel einer sozial gerechten Ressourcenverteilung, Bereitstellung kommunaler Basisdienstleistungen	„Stadt als Unternehmen" mit der Aufgabe, internationales Kapital anzulocken; *public-private-partnerships*, Privatisierung öffentlicher Dienstleistungen
Wirtschaft	Industrielle Massenproduktion unter Ausnutzung ökonomischer Skalenvorteile, starre Produktions- und Organisationsformen	Dienstleistungsorientiert, flexible Produktions- und Organisationsformen, globalisiert, telekommunikationsbasiert, neue Arbeitsplätze im Umland
Planung	Stadtplanung als ganzheitliche und sozialpflichtige Aufgabe	Realisierung räumlich fragmentierter Einzelprojekte unter mehr ästhetischen und weniger sozialen Gesichtspunkten
Gesellschaft	Klassengesellschaft mit ausgeprägter Homogenität innerhalb der einzelnen Gruppen	Hochgradig differenzierte und sozial polarisierte Gesellschaft, deren Mitglieder und Gruppen sich durch vielfältige Lebensstile und Konsummuster unterscheiden

Quelle: eigene Darstellung in Anlehnung an Tim Hall 1998

Politik hineinwirkt und dort sichtbar wird, verdeutlicht die stichwortartige Kurzcharakterisierung in Tabelle 7.

Das Beispiel des Rhein-Main-Gebietes zeigt eindrucksvoll die Überlagerung der verschiedenen neuen Formen der Urbanisierung: die *Global City* Frankfurt und neue regionale Produktionscluster als „Knotenpunkte im globalisierten Netz der Ströme" einerseits, eine allgemeine Siedlungsdispersion andererseits. Die auf den globalen Finanzmarkt gerichtete Entwicklung Frankfurts korreliert mit der Funktion des Rhein-Main-Flughafens als globalem Verkehrsknotenpunkt (Meurer 1994). Darmstadt beispielsweise entwickelt sich zu einem technologieorientierten Universitäts- und Produktionsstandort. Rüsselsheim bildet den Kern eines auf den Automobilbau ausgerichteten Produktionsclusters, von einem transnational operierenden Unternehmen dominiert und vollständig eingebunden in weltwirtschaftliche Verflechtungen.

Parallel zu dieser Etablierung herausgehobener ökonomischer Funktionen bildet sich zwischen Frankfurt, Wiesbaden, Mainz, Darmstadt und Offenbach eine flächendeckende Agglomeration: „Der Raum zwischen den Städten und Dörfern wächst mehr und mehr zu. Hier entsteht, prototypisch für sich verdichtende Gebiete, ein stadtähnliches Gebilde, das sich der Beschreibung in den herkömmlichen Begriffen von Stadt und Land widersetzt. [...] Es entsteht ein bizarres Gebilde mit Landschaftsresten inmitten stadtähnlicher Strukturen mit Büro- und Gewerbeparks, Forschungs- und Entwicklungszentren, Wohnstätten, Einkaufszentren, kulturellen Einrichtungen, Ausbildungsstätten, Freizeit-, Gesundheits- und Sporteinrichtungen“ (Meurer 1994: 22).

Die neuartigen Entwicklungsräume haben viele Kristallisationspunkte. Einrichtungen, die zuvor der Großstadt vorbehalten waren, diffundieren in die ehemaligen Dörfer und auf die „grüne Wiese“. Gleichzeitig wandelt sich der Charakter der alten Stadtzentren. Schrittweise entsteht so eine ganze Reihe benachbarter und miteinander vernetzter interurbaner Fixpunkte. Diese neuen interurbanen Gebilde, die als „Stadtagglomerationen“, „Verdichtungsräume“ oder „verstädterte Landschaften“ bezeichnet werden, sind in ihrem Charakter weder städtisch noch ländlich noch vorstädtisch (Meurer 1994, Fishman 1994). Thomas Sieverts prägte für diesen neuartigen Siedlungstyp den Begriff „Zwischenstadt“: „Diese Zwischenstadt steht zwischen dem einzelnen, besonderen Ort als geographisch-historischem Ereignis und den überall ähnlichen Anlagen der weltwirtschaftlichen Arbeitsteilung, zwischen dem Raum als unmittelbarem Lebensfeld und der abstrakten, nur in Zeitverbrauch gemessenen Raumüberwindung, zwischen der auch als Mythos noch sehr wirksamen Alten Stadt und der ebenfalls noch tief in unseren Träumen verankerten Alten Kulturlandschaft“ (Sieverts 1997: 14).

Dieser neue Siedlungstyp steht also irgendwo „zwischen Ort und Welt, Raum und Zeit, Stadt und Land“. Er hat sowohl städtische wie landschaftliche Eigenschaften und ist, trotz seiner Namenlosigkeit, überall auf der Welt zu finden: „Mit der Globalisierung der arbeitsteiligen, kapitalistisch-industriellen Produktionsweisen haben sich auch die dazugehörigen Lebensweisen und Siedlungsformen auf der ganzen Welt ausgebreitet. Zwischenstädte mit 20 bis 30 Millionen Einwohnern sind in Asien und Südamerika entstanden“ (Sieverts 1997: 14f.). Obwohl die Agglomerationen in den Ländern des Südens – trotz häufig größerer Einwohnerzahlen – immer noch deutlich geringere Flächenausdehnungen aufweisen als die Verdichtungsräume in den Industriestaaten, gleichen sich beide hinsichtlich bestimmter Merkmale immer mehr an: „Eine auf den ersten Blick diffuse, ungeordnete Struktur ganz unterschiedlicher Stadtfelder mit einzelnen Inseln geometrisch-gestalthafter Muster, eine Struktur ohne eindeutige Mitte, dafür aber mit vielen mehr oder weniger stark funktional spezialisierten Bereichen, Netzen und Knoten“ (Sieverts 1997: 15).

Die Vermischung städtischer und landschaftlicher Elemente in der Zwischenstadt erinnert stark an die Idee der Gartenstadt oder erst recht an Frank Lloyd Wrights *Broadacre City*. Während jedoch solche Konzepte geleitet waren von gesellschaftlichen Visionen, verläuft die heutige Entwicklung weitgehend ungeplant, den Prinzipien des Marktes gehorchend. Obwohl einzelne Teilgebiete der Zwischenstadt durchaus „geplant“ werden, ist sie als Ganzes weitgehend das Ergebnis unzähliger individueller Standortentscheidungen. Politik und Planung setzen in den einzelnen Ländern der Welt allenfalls Rahmenbedingungen, die die Entscheidungsfreiheit von Haushalten und Unternehmen mehr oder weniger stark einzuschränken versuchen – häufig mit geringem Erfolg. Das Ergebnis ist eine in der Regel als Unordnung empfundene räumliche Struktur. Im englischsprachigen Raum hat sich für diesen wirren Komplex die Bezeichnung *urban sprawl* durchgesetzt.

Lange Zeit wurde die Alte Stadt idealisiert und die Zwischenstadt, die überall auf der Welt zunehmend zur Realität wird, einhellig negativ bewertet. Eine ganze Generation von Architekten und Stadtplanern sah sich dieser „krebsartigen Wucherung des Landschaftsfraßes“ machtlos gegenüber. In jüngster Zeit kommt jedoch Bewegung in die Beurteilung der verstädterten Landschaften. Teilweise scheint sogar das Urteilspendel „umzuschlagen in eine unkritische Begeisterung über den ‘fraktalen Reichtum’ und die ‘anarchische Dynamik’ der Zwischenstadt“ (Sieverts 1997: 65).

Edge Cities und postsuburbane Regionen in den USA

Die Bildung flächenhaft ausgedehnter Stadtlandschaften ist mittlerweile überall auf der Welt zu beobachten. Am weitesten fortgeschritten ist sie jedoch in den USA (Wiegandt 1997). Dort treten vor dem Hintergrund der unverstellten Durchsetzung ökonomischer Interessen bestimmte Merkmale der Stadtentwicklung besonders kraß und deutlich hervor (Hoffmann-Axthelm 1992). Ohne die kulturellen und baurechtlichen Beschränkungen Europas wirken sich dort Investitionsentscheidungen, Bevölkerungsbewegungen, Lebensstilpräferenzen und technologische Veränderungen viel unmittelbarer auf die Stadt aus. In den USA erkennt man, in welche Richtung sich Stadtregionen bei freier Entfaltung von Marktkräften – also quasi spontan, in einem Prozeß der Selbstorganisation – entwickeln.

Die Geschichte der Stadtentwicklung in den USA ist die Geschichte der schrittweisen Verwirklichung gesellschaftlicher Wertvorstellungen, ermöglicht durch wirtschaftlichen Wohlstand sowie durch moderne Transport- und

Kommunikationstechnologien. Obwohl sich die Entwicklung in vielem nicht grundsätzlich von der in Europa unterscheidet, so ist doch die Dynamik der dauernden Veränderungen weitaus stärker. Eine weitverbreitete Skepsis gegenüber allem Städtischen zieht sich wie ein roter Faden durch die gesamte Geschichte der USA. Von jeher wurde die überschaubare Kleingemeinde als besser und amerikanischer empfunden als die verdorbene und korrupte Welt der kompakten Stadt (Holzner 1990, 1996). Ein weiterer wichtiger Aspekt ist die mangelnde Bereitschaft der amerikanischen Gesellschaft zur sozialen und ethnischen Integration. So sind erste Tendenzen zum lockeren pseudoländlichen Siedeln sowie zum abgesonderten segregierten Wohnen schon in den amerikanischen Städten des 19. Jahrhunderts zu beobachten (Stilgoe 1988). Auch Frank Lloyd Wrights städtebauliche Utopie der völlig dezentralisierten amerikanischen Stadt, steht ganz in dieser Tradition. Und was man sich schon immer erträumt hatte, macht heute die moderne Technik im großen Stil möglich. So ist die amerikanische Stadtlandschaft, wie sie sich heute darstellt, das kulturgeographische Ergebnis einer über zwei Jahrhunderte geltenden Lebensordnung, Ausdruck der amerikanischen Gesellschaft und ihres *Way of Life* (Holzner 1990).

Obwohl die Suburbanisierung in den USA bereits früher einsetzte als in Europa, fand auch dort die stärkste Welle der Stadt-Umland-Wanderung erst nach dem Zweiten Weltkrieg statt. Durch staatliche Zinssubventionen, Steuererleichterungen und Kreditbürgschaften wurde in den Umlandgemeinden ein wahrer Bauboom ausgelöst. Der Ausbau des Straßennetzes, ein wesentlicher Aspekt der Subventionierung des Individualverkehrs (Hanson 1992), stellte hierbei eine wichtige Voraussetzung dar. So wurde durch den *Interstate Highway Act* von 1956 schrittweise der Bau eines 41.000 Meilen langen Autobahnsystems mit 90-prozentiger Beteiligung des Bundes ermöglicht. Nicht nur der Wunsch nach einem eigenen Heim im Grünen trieb die Menschen in die Wohnvororte. Als schlecht empfundene Bildungsmöglichkeiten, Armut, Kriminalität und Rassenkonflikte in den Kernstädten stellten ganz wesentliche Umzugsmotive dar. So setzte sich im Laufe der Jahrzehnte der Segregationsprozeß fort, die sozialen Probleme in den Kernstädten verschärften sich, was wiederum die Abwanderung der Mittelschicht forcierte.

Bis in die 50er Jahre hinein waren die *Suburbs* als reine Wohnvororte (*bedroom communities*) noch völlig auf die Kernstädte als Arbeitsplatz- und Versorgungszentrum ausgerichtet und von diesen abhängig. Seither setzte jedoch ein bis heute andauernder Prozeß der „Urbanisierung der *Suburbs*" ein (Gober 1989). Dadurch, daß nach der Wohnbevölkerung in den letzten Jahrzehnten auch die Arbeitsplätze in das Umland der Kernstädte abgewandert sind, hat sich ihre Struktur grundlegend gewandelt. Die *Suburbs* stellen heute in der Regel nicht mehr monotone Schlafstädte, sondern funktional höchst differenzierte Gebilde dar. Diese neuen urbanen Gebilde mit ihrem vielfältigen Angebot werden in der Literatur je nach Sichtweise und örtlicher Besonderheit sehr unterschiedlich bezeichnet, beispielsweise als: *Suburban Downtowns, Suburban Activity Centers, Urban Cores, Galactic Cities, Superurbias, Disurbs, Exurbs, Service Cities, Perimeter Cities, Peripheral Centers.* Joel Garreau prägte den mittlerweile häufig zitierten Begriff der *Edge City* (Garreau 1991).

Um sämtliche großen Metropolen der USA reiht sich heute eine Vielzahl solcher neuen Städte. So findet man beispielsweise im Großraum New York insgesamt 17 und um Washington D.C. 16 voll ausgestattete *Edge Cities.* Zusammen gibt es in den USA heute bereits mehr als 200 solcher Randstädte mit jeweils mehr als 500.000 Quadratmetern Bürofläche und 60.000 Quadratmetern Einzelhandelsfläche. Gemessen an städtischen Merkmalen sind sie alle größer als die alten *downtowns* mittlerer Großstädte. Zwei Drittel aller amerikanischen Büroarbeitsplätze sind mittlerweile in solchen *Edge Cities* angesiedelt, wobei 80 Prozent dieser Arbeitsplätze erst in den letzten 20 Jahren entstanden sind. Selbst um New York, der bedeutendsten Metropole der USA, gibt es weitaus mehr Bürofläche in *Edge Cities* als in Midtown Manhattan (Garreau 1991).

Lange Zeit entsprachen Form und Gestalt amerikanischer Großstädte mehr oder weniger dem berühmten Bild, das von der *Chicago School of Sociology* in den 20er Jahren entworfen wurde (Burgess 1925): Ein zentraler Geschäftsbereich mit seinen Wolkenkratzern, umgeben von einer Zone der Fabrikgebäude und dicht bebauten Arbeitersiedlungen, schließlich umfaßt von einem dünn besiedelten Ring der Vorstädte. Diese Stadt, die „Metropole alten Stils“, war das singuläre Zentrum einer ansonsten ländlich geprägten Region, sie stellte den „Brennpunkt aller regionalen Vorteile“ dar (Mumford 1938). Sie war Ausdruck des Versuchs, das Problem des langsamen und teuren Transports dadurch zu lösen, daß man Menschen und Ressourcen an einem einzigen Punkt konzentrierte (Fishman 1991). Die jüngere amerikanischen Raumentwicklung läßt nun jedoch die traditionellen Modelle der monozentrischen Region als obsolet erscheinen (Richardson, Gordon 1993; Berry, Kim 1993). Die *Edge Cities* sind hierbei die herausragenden Kristallisationspunkte der Aktivitätsverschiebungen und -ausweitungen innerhalb der Agglomerationen. *Spread City, Urban Village, Megalopolis, Nonplace Urban Field* oder *Polynucleated City* sind gängige Bezeichnungen für diese neuartigen polyzentrischen Verdichtungsräume (Kling u.a. 1991; Gottdiener, Kephart 1991).

In der „postindustriellen Metropolis“ (siehe Abbildung 21) existieren Wohnsiedlungen, Schulen und Krankenhäuser, *Malls, Shopping-Strips, Office Parks, Industrial Parks* und *Theme Parks* (Freizeitparks) mehr oder weniger ungeordnet nebeneinander. Markante Beispiele für stark entwickelte Teilräume innerhalb der polyzentrischen räumlichen Formation sind das Silicon

Abbildung 21: Die postindustrielle Metropolis

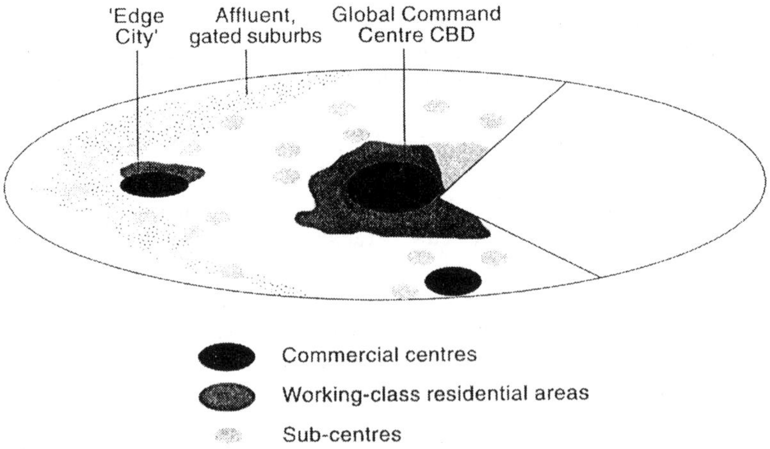

Quelle: Graham, Marvin 1996; Hall 1998

Valley südlich San Francisco, Orange County südlich Los Angeles, der als „Route 128“ bekanntgewordene Korridor außerhalb von Boston, das Gebiet um Tysons Corner westlich Washington D.C. und Du Page County westlich Chicago. Der räumliche Maßstab dieser urbanen Landschaft „ist nicht die nach Häuserblock zählende Straße, sondern der Wachstumskorridor, der sich über 50 oder 100 Meilen erstreckt“ (Fishman 1991, Sudjic 1993).

Einen besonderen Charakter weist der neuere Urbanisierungsprozeß in den Wachstumsregionen des *Sunbelt* im Süden und Westen der USA auf. Sieht man von wenigen Ausnahmen wie zum Beispiel San Francisco ab, so gab es hier bis ins 20. Jahrhundert hinein keine wirklichen Städte. Die schrittweise Verstädterung konnte also nicht in räumlicher Anlehnung an historische Strukturen erfolgen, so daß dort selbst die Kernstädte wie Los Angeles, Atlanta, Houston, Dallas oder Phoenix vorstädtisch anmuten. So erscheint beispielsweise eine Stadt wie Houston in Texas mit ihrer Fläche von ca. 1.500 Quadratkilometern als endlose, autogerechte Vorstadt mit einzelnen verstreuten Clustern zentraler Funktionen.

Obwohl die verschiedenen Funktionscluster in der polyzentrischen Stadtlandschaft sich im potentiellen täglichen Kontaktfeld der alten Kernstadt befinden, haben sie sich durch ihre funktionale Vielfalt von dieser mehr oder weniger unabhängig gemacht. Die Kernstadt wird damit zu einem Zentrum unter vielen, häufig ist sie nicht einmal mehr das bedeutendste.

Abbildung 22: Schwarzpläne von Detroit aus den Jahren 1916, 1950, 1960 und 1994

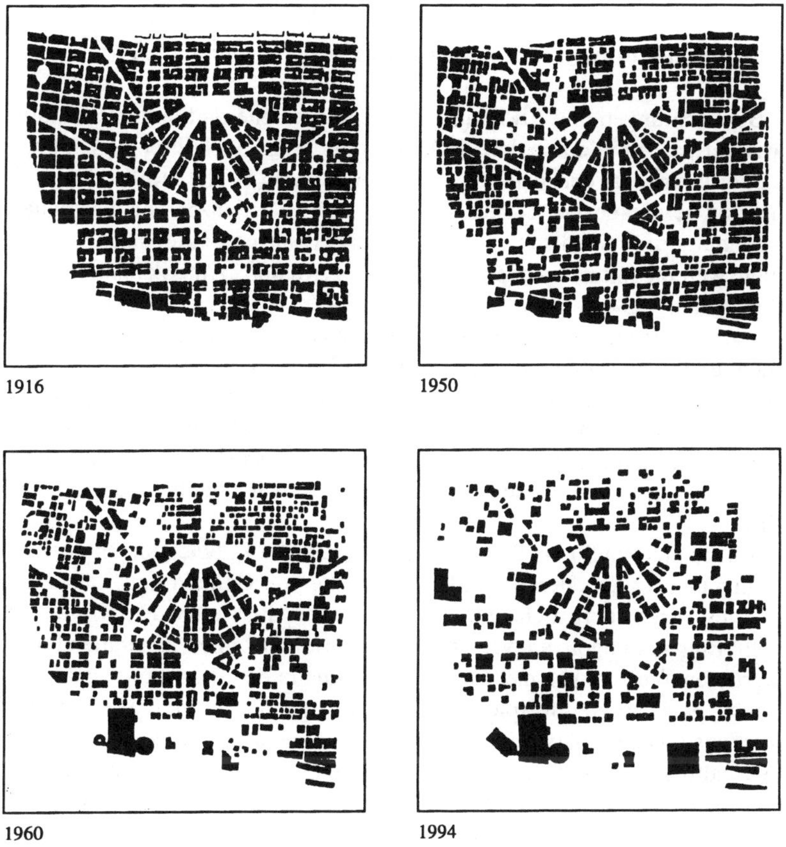

Quelle: nach Plunz 1995

Die wirtschaftlichen und sozialen Folgen für die Kernstadt sind in der Regel fatal. Zwar können sich die meisten Stadtkerne noch ein Spektrum von spezialisierten Geschäften, Restaurants und kulturellen Einrichtungen erhalten, das wiederum als Anreiz für die Sanierung der umgebenden Wohnbezirke und die „Renaissance" des Stadtkerns als Touristen- und Tagungszentrum dient. „Aber nur wenige Straßenzüge von so blühenden Stadtkernen [...] entfernt stößt man auf ungeheure Armut, Verfall, De-Industrialisierung und Stadtflucht" (Fishman 1991). Eines der extremen Beispiele ist Detroit, dessen

Downtown mittlerweile weniger dicht besiedelt ist als seine Umgebung (siehe Abbildung 22): Detroit ist zur „Vorstadt“ seiner Vorstädte geworden (Plunz 1995, Unger 1995).

Stadtregionen in Nordamerika und in Europa – ein Vergleich

Die Beobachtungen und Erklärungsversuche zur neueren Stadtentwicklung in Nordamerika, vor allem in den USA, wirft die Frage nach ihrer Bedeutung für die Beurteilung der europäischen Verhältnisse auf (T. Hall 1998). Diese Frage ist von bemerkenswerter Aktualität, denn die Tendenzen der flächenhaften Ausdehnung und chaotisch erscheinenden Zerfransung europäischer Stadtregionen werden immer wieder mit dem Begriff der „Amerikanisierung“ der europäischen Raumstruktur interpretiert. Dabei werden die Prozesse in den USA, die beispielsweise immense Verkehrsströme, exzessiven Flächenverbrauch und bedrohliche Formen sozialer Desintegration nach sich ziehen (Schmitz 1995), hierzulande verständlicherweise als stadtzerstörerisch betrachtet und mit eindeutig negativem Vorzeichen gelesen – weshalb die behauptete „Amerikanisierung“ der Raumstruktur wie ein Damoklesschwert über den europäischen Stadtregionen zu schweben scheint (Hesse, Schmitz 1998).

Tatsächlich muß man davon ausgehen, daß die Entwicklungen der Städte diesseits und jenseits des Atlantiks eine Reihe von Gemeinsamkeiten aufweisen. Dies verwundert nicht, gleichen sich doch die treibenden Kräfte hinter diesen Entwicklungen an verschiedenen Orten in einer zunehmend global integrierten Welt immer mehr an. Die Merkmale der „postmodernen Urbanisierung“, wie sie am Beispiel von Los Angeles ausgemacht wurden, gelten also ebenso wie die ökologischen Folgeprobleme prinzipiell auch für europäische Stadtregionen – mehr noch: Sie erweisen sich logischerweise zunehmend als prototypisch für die Stadtentwicklung überall auf der Welt, vor allem in den sogenannten Schwellenländern. „Mit der Globalisierung der arbeitsteiligen kapitalistisch-industriellen Produktionsweisen haben sich auch die dazugehörigen Lebensweisen und Siedlungsformen auf der ganzen Welt ausgebreitet“ (Sieverts 1997: 14f.). Am deutlichsten sichtbar wird dies in den sogenannten *Megacities* wie Mexiko City oder São Paulo, dem – mit den Worten Edward Sojas – „Auswuchs der postmodernen Urbanisierung“ (Soja 1995b).

Unterzieht man jedoch die Verhältnisse in den USA und Europa einer differenzierteren Betrachtung, so werden jenseits der unbestreitbaren Gemeinsamkeiten deutliche Unterschiede sichtbar. Die wesentlichen Unterschiede liegen dabei einerseits in den völlig verschiedenen quantitativen Größenordnungen der Stadtentwicklung, andererseits aber auch in einigen qualitativen Merkmalen. Diese Unterschiedlichkeit sowohl in quantitativer als auch qualitativer Hinsicht läßt sich eindrucksvoll anhand des Phänomens der *Edge Cities* und anhand ihrer Bedeutung für die Position der Innenstädte bzw. zentralen Geschäftsbereiche verdeutlichen. Legte man den zitierten Maßstab – 500.000 Quadratmeter Bürofläche und 60.000 Quadratmeter Einzelhandelsfläche – an, ließe sich in Deutschland keine einzige Umlandentwicklung als *Edge City* bezeichnen.[4] Bei aller Beachtlichkeit der Entwicklungen „auf der grünen Wiese" und in den Vorstädten Deutschlands – Welten trennen uns von der Dynamik des stadtregionalen Wandels in den USA. Ähnliches gilt auch für andere europäische Länder. So hält in Großbritannien, das in den letzten Jahre durchaus Schauplatz beachtlicher Außenentwicklung und Dezentralisierung war, allenfalls der Südosten Londons einem Vergleich mit US-amerikanischen Verhältnissen stand (T. Hall 1998).

Auch der Zerfall der US-amerikanischen Innenstädte ist in seinem Ausmaß bisher nicht mit den Problemen der Kernstädte in den europäischen Stadtregionen zu vergleichen, die – gewissermaßen komplementär zum Boom der Außenzentren – einen verheerenden Niedergang erlebten. Das Beispiel Detroit verdeutlicht, wie weit die Verhältnisse in Europa von denen in den USA entfernt sind. Ob jedoch lediglich eine Zeitverzögerung den Zustand der europäischen Stadtregionen von den Verhältnissen in der Neuen Welt trennt, oder ob kulturelle und andere Restriktionen Europa langfristig vor einer Entwicklung wie in den USA bewahren, muß bisher noch Spekulation bleiben. Auf der einen Seite sprechen historische Indizien für das lediglich zeitverzögerte Nachfolgen Europas. Das 20. Jahrhundert hat schon viele Entwicklungen erlebt, die von Nordamerika ausgingen und mit zeitlicher Verzögerung auch die Alte Welt erfaßten; hierzu zählen etwa die Massenmotorisierung, die verschiedenen Wellen der Suburbanisierung und andere Merkmale der Stadtentwicklung. Auf der anderen Seite stehen aber gewichtige Gründe, die eine weitgehende „Amerikanisierung" der Raumstruktur in Europa dauerhaft verhindern könnten. Da sind zunächst unterschiedliche objektive – und auch subjektiv unterschiedlich wahrgenommene – Beschränkungen des Raumes, die ihren Niederschlag in den Mechanismen des Bodenmarktes und in planungsrechtlichen Regularien finden. Außerdem trifft man in Europa insgesamt auf ein historisch-kulturell verwurzeltes Gesellschaftsverständnis und auf Planungskulturen, die sich sehr deutlich von denen in den USA unterscheiden. Trotz vieler beobachtbarer Angleichungen in globalem Maßstab spricht einiges dafür, daß alle diese Unterschiede eine hinreichende Persistenz

4 Eigene Untersuchung auf Basis der Laufenden Raumbeobachtung des Bundesamtes für Bauwesen und Raumordnung

aufweisen und eine vollständige Amerikanisierung der Stadtregionen in Europa verhindern werden.

Auch in Europa wird die Dezentralisierung innerhalb der Stadtregionen mit großer Wahrscheinlichkeit weiter fortschreiten. Aber die zentrifugalen Kräfte werden vermutlich nicht das Zentrum selbst aushöhlen und – anders als im genannten Beispielfall Detroit – nicht den Niedergang des Kerns bewirken. Hierin könnte langfristig der entscheidende Unterschied zwischen den USA und Europa liegen. Vieles deutet jedoch darauf hin, daß auch in Europa die Regionskerne keine absolut herausragende Bedeutung mehr haben werden. Sie werden sich wohl mit der Rolle eines *primus inter pares* begnügen müssen, wobei das Primat vielleicht weniger ökonomisch begründet sein wird als vielmehr kulturell in dem Sinne, daß der Kern eine tragende Rolle bei der Identitätsbildung und -wahrung für die gesamte Region spielt.

4.5 Die virtuelle Stadt

Unter Schlagworten wie die „virtuelle Stadt", die „telematische Stadt", die „Telepolis" oder die „Stadt am Netz" werden heute zwei unterschiedliche Fragen diskutiert. *Erstens* geht es darum, wie sich die reale Stadt unter den Bedingungen des Einsatzes computergestützter Telekommunikation verändert. *Zweitens* stellt sich die Frage, ob und wie sich die neuen Kommunikationsformen zu einer neuen Lebenswelt verdichten: Entwickeln sich Analogien zwischen realen städtischen und virtuellen Gemeinschaften? Werden Funktionen der klassischen Stadt ersetzt oder ergänzt? Oder werden durch die Telematik sogar neue Qualitäten geschaffen und Chancen eröffnet, die die reale Stadt nicht bietet? (Levy 1996) Anders ausgedrückt: Es geht *erstens* um die Telekommunikation *in* der Stadt und *zweitens* um die Telekommunikation *als* Stadt (Bolz 1996). Beide Fragen hängen natürlich eng zusammen. Je mehr sich die reale Stadt verändert und ausdehnt, umso mehr wird die zeitsparende und bequeme Telekommunikation zur naheliegenden Option. Und je fortschrittlicher moderne Telekommunikationsnetze sind, umso mehr wird sich die reale Stadt verändern und traditionelle urbane Funktionen aufgeben können.

Urbane Funktionen im Cyberspace

Der *ersten* Frage widmeten sich die vorigen Abschnitte „Die globale Stadt" und „Die Stadtlandschaft". Im folgenden geht es um die *zweite* Frage: Bieten sich – jenseits aller Gefahren für die reale Stadt – neue Chancen für kollektive

Lebensformen durch die Anwendung der Telematik? William Mitchell geht davon aus, daß der Begriff der Gemeinschaft grundlegend überdacht werden muß:

„Historisch gesehen dienten architektonische und städtebauliche Räume dazu, an bestimmten Aktivitäten Beteiligte zusammenzubringen. Die Gemeinschaften waren darauf angewiesen, daß ihre Mitglieder zusammenwohnten. Wollte man Mitglied einer Gemeinschaft werden, mußte man sich innerhalb ihrer räumlichen Grenzen ansiedeln: Man zog in eine Stadt [...] oder trat in ein Kloster ein. Innerhalb einer traditionellen kleinen Gemeinschaft befand sich von da ab alles in nächster Nähe. Alle Aktivitäten liefen mittels Mitteilungen von Angesicht zu Angesicht und Handlungen von Hand zu Hand ab. Mit der industriellen Revolution entwickelte sich eine mächtige Alternative. Nun wurde es möglich, an einem Ort zu leben und an einem anderen zu arbeiten und seine Freizeit zu verbringen. Man konnte sich schnell und billig zu Plätzen bewegen, die vom Wohnort weit entfernt waren. Man konnte täglich zur Arbeit pendeln, ins Kino fahren oder zu einem Geschäftstreffen fliegen. [...] Jetzt, da die digitale Kommunikationsinfrastruktur installiert ist und Computer billig und allgemein verbreitet sind, treten virtuelle Treffpunkte mit den natürlichen Räumen als Schauplatz menschlicher Interaktion in Konkurrenz zueinander, und die Telekommunikation wird ein immer attraktiverer Ersatz für die Transportmittel. Man kann elektronisch mit weit entfernten virtuellen Gemeinschaften Verbindung aufnehmen, ohne seinen Wohnort wechseln oder reisen zu müssen. Als Ergebnis verlagern sich soziale und geschäftliche Aktivitäten in zunehmendem Maße in den Cyberspace“ (Mitchell 1996b).

Den Begriff *Cyberspace* prägte der amerikanische Science-Fiction-Autor William Gibson in seinem Roman *Neuromancer* (Gibson 1984). Er bezeichnet eine virtuelle Landschaft, den Raum der virtuellen Realität, der nur in den vernetzten Computern existiert. Am weitesten fortgeschritten ist die Verlagerung urbaner Funktionen in diese virtuelle Realität im Bereich der weltweiten Vernetzung der Finanzwirtschaft (Franken 1996). Dank der Elektronik haben sich hier abstrakte Marktplätze, der „Cyberspace der internationalen Finanz“, gebildet (Sassen 1996).

Diese Virtualisierung städtischer Funktionen ergreift jedoch langsam immer mehr Lebensbereiche. Vieles mutet dabei noch sehr futuristisch an. Doch *Teleshopping*, Telearbeit, Telelernen oder Telemedizin sind gängige Neologismen für neue Formen elektronisch vermittelter Aktivitäten und Interaktionen, die früher eine physische Präsenz in der realen Stadt erforderte. Nun wird der Zugang zu den Arbeitsplätzen und zu Diensten wie Schulen, Bibliotheken, Warenhäusern und zu Einrichtungen der Seelsorge einer weitverstreuten Bevölkerung erleichtert. Aber letztlich ist der Aufenthaltsort der Person unerheblich. Man kann sich sowohl aus einer Großstadt als auch von einer entlegenen Südseeinsel ins Internet einwählen. Dort bilden sich neue „virtuelle Gemeinschaften“, von den verschiedensten *Newsgroups* bis hin zu Senioren-Selbsthilfegruppen.

Durch die technologische Entwicklung und die Zunahme elektronisch vermittelter Interaktionen werden sich nach Ansicht Mitchells vertraute räumliche Formen und Muster der realen Stadt auflösen. Er beschreibt seine Vision anschaulich am Beispiel der Geschichte des Bankautomaten. Bis vor kurzem waren Bankgebäude ein wichtigter Bestandteil der Innenstädte. Die aufkommenden Bankautomaten wurden zunächst innerhalb dieser Bankgebäude installiert und waren damit nichts als ein elektronischer Ersatz des Kassenangestellten. Als Bankautomaten dann an der Vorderseite der Bank angebracht wurden, um einen 24-Stunden-Service an sieben Tagen pro Woche anzubieten, wurden sie zu Elementen der Straßenlandschaft. Später dann wurde klar, daß es mehr Sinn machte, die Automaten dort aufzustellen, wo die Leute Geld brauchten: im Einkaufszentrum oder am Flughafen. Die neueste Entwicklung geht nun dahin, die Banknoten durch elektronisches Bargeld zu ersetzen. Der für das *Homebanking* gerüstete PC und die elektronische *Point-of sale*-Kasse stellen dementsprechend die Weiterentwicklung des Bankautomaten dar. Der Gang zum Bankschalter als typische Aktivität in der Stadt verliert zunehmend an Bedeutung. Was der Innenstadt bleibt, sind symbolische *Front Offices*, die – zumindest im Falle der *Global Cities* – als Knotenpunkte der internationalen Finanztransaktionen fungieren. Ansonsten prophezeit Mitchell: „Das alte, architektonisch einheitliche Bankgebäude an zentraler Stelle wird sich wie ein Zuckerwürfel in einer Tasse Tee auflösen" (Mitchell 1996b: 67).

Es werden aber nicht nur existierende räumliche Formen aufgelöst. Durch die elektronisch vermittelten Aktivitäten können auch neue räumliche Strukturen entstehen. Einsparung von Nutzfläche an einer Stelle dürfte mit zusätzlichem Raumbedarf an anderer Stelle einhergehen: „Wenn die Wohnhäuser beispielsweise zunehmend mit den Funktionen Arbeit, Erziehung und Unterhaltung belastet werden, werden sie sich ändern müssen" (Mitchell 1996b: 68). Aber vielleicht wird es auch die Möglichkeit geben, die Idee der Nachbarschaft neu zu überdenken: „Wenn wir von der plausiblen Annahme ausgehen, daß elektronisch geregelte Heimarbeit in großem Maßstab das Pendeln in die Innenstadt ersetzen wird, dann heißt das, daß es in den früheren Schlafstädten eine zunehmende Tagbevölkerung geben wird" (Mitchell 1996b: 69).

Digitale Städte

Während sich allgemeine „virtuelle Gemeinschaften" unabhängig von regionaler Zugehörigkeit über gemeinsame Interessen und Bedürfnisse zusammenfinden, haben die Bewohner einer „virtuellen Stadt" einen gemeinsamen räumlichen Bezugspunkt. Obwohl man sich als „virtueller Tourist" theoretisch von jedem beliebigen Punkt der Welt in eine solche „digitale Stadt" einwählen kann, so richten sich doch die *digitale Stad Amsterdam*, die Bremer *InfoThek*, die *Internationale Stadt* in Berlin, das Münsteraner *Publikom* oder das kalifornische *VirtualCity* explizit an die Bewohner der realen Städte und Regionen (Kurnol 1996).

De digitale Stad Amsterdam ist das weitreichendste europäische Projekt, das eine elektronische Verbindung zwischen Bevölkerung und Stadt herstellt (Emrich 1995). Sie wurde 1994 als *Online*-Dienst gegründet, der im Januar 1996 bereits 36.000 „Bewohner" beherbergte, von denen 20.000 regelmäßig aktiv waren. Das Netzwerk hat inzwischen die Form einer unabhängigen Stiftung und beschäftigt zwölf feste Mitarbeiter. Vorrangiges Ziel ist es, den Bewohnern der Region (abgesehen von den Telefon- und den Providergebühren) kostenlosen elektronischen Zugang zu behördlichen, kulturellen und gewerblichen Informationen zu ermöglichen.

So findet eine Art „Verdoppelung der Einrichtungen und Institutionen der klassischen Stadt" statt (Levy 1996: 153): Auskünfte der Verwaltung, Öffnungszeiten der Gemeindeverwaltung oder Kataloge der Bibliotheken. Verschiedene Bewohnergruppen haben das Recht, einen „Platz" in der digitalen Stadt einzunehmen. Jeder dieser Plätze hat einen thematischen Schwerpunkt wie Kultur, Nachrichten, Politik und Sport. So können die Gruppen Informationen austauschen und „elektronische Konferenzen" organisieren. Unmittelbar um jeden „Platz" herum gruppieren sich „Gebäude": Dies sind Seiten im *World Wide Web*, die von größeren gesellschaftlichen Vereinigungen, öffentlichen Institutionen oder kommerziellen Anbietern betreut werden. Sie zahlen für die Möglichkeit, ihre Informationen und Dienste anzubieten, eine Miete. An jedem „Platz" gibt es außerdem ein „Café", in dem sich Bewohner und Besucher zu einem Online-Gespräch treffen können. Ein „Kiosk" bietet weitere Internet-Publikationen zum betreffenden Thema an. „Seitenstraßen" führen zu verwandten Seiten im *World Wide Web*. Außerdem können Bewohner ihre eigenen „Häuser" in Form von WWW-Seiten einrichten.

Mehr Demokratie durchs Internet?

Die Bildung digitaler Städte verleitet zu der kühnen Frage, ob durch elektronisch vermittelte Interaktion nicht nur neue virtuelle Gemeinschaften gebildet, sondern vielleicht auch reale Gemeinschaften gestärkt werden können. Mit der griechischen *Polis* verband sich die Idee öffentlicher Kommunikation und transparenter Entscheidung einer Gemeinschaft mündiger Bürger. Diese Idee war daran gebunden, daß ein Ort – die *Agora*, der Marktplatz – zur Realisierung der umfassenden Partizipationsmöglichkeiten zur Verfügung stand. Nach Ansicht von Stefan Münker sind jedoch mit der „Tendenz der zunehmenden

Enträumlichung des Politischen“ heute konkrete Orte nicht länger zur Realisierung der politischen Idee notwendig, und die Kommunikation politischer Verbände und staatlicher Organe ließe sich nun gleichfalls unabhängig von urbanen Strukturen und räumlicher Verdichtung durchführen (Münker 1996). Bietet elektronische Kommunikation die Chance, ein Gegengewicht zur Enträumlichung des Politischen zu schaffen und reale Gemeinschaften wiederzubeleben? „Glaubt man den Apologeten des Cyberspace, so waren wir nie näher an der Realisierung demokratischer Ideale als seit Erfindung des Internet“ (Münker 1996, Rheingold 1994).

Während etwa in Deutschland die Diskussion um die demokratischen Potentiale und die Möglichkeiten der Bürgerbeteiligung durch die neuen Medien kaum geführt wird, scheint in den USA die Tatsache, daß der Einsatz von Telekommunikation einen Einfluß auf die Demokratie hat, unbestritten (Emrich 1995). Die Vorstellungen von „elektronischer Demokratie“ laufen dabei in drei Hauptrichtungen.

Erstens steht die Ansicht im Raum, daß allein durch die zunehmende Informationsflut im Internet Transparenz und Entscheidungskompetenz gefördert werden, etwa nach dem Motto: Mehr Information bedeutet mehr Öffentlichkeit, mehr Öffentlichkeit ist gleichbedeutend mit mehr Demokratie.

Zweitens geht es um die Möglichkeit, viele Menschen gleichzeitig über ein Vorhaben abstimmen zu lassen. Die Befürworter der sogenannten „Ted-Demokratie“ („Teledialog-Demokratie“) gehen davon aus, daß die Bevölkerung durch die Vernetzung mit Computern in die Lage versetzt wird, bei anstehenden Entscheidungen ihr eigenes Votum abzugeben und sich auf diese Weise nicht mehr durch Repräsentanten vertreten lassen muß. Gegner dieses Verfahrens sehen die Gefahr der Bevorzugung gut organisierter Interessengruppen, die durch Massen-E-Mails und Schaffung „informeller Machtkartelle“ ein „Diktat der Masse“ durchsetzen können. Konkreter dürfte jedoch die Gefahr sein, daß durch die „Demokratie per Knopfdruck“ die Prozesse der Meinungsbildung und Entscheidungsfindung in unzulässiger Weise verkürzt werden. Das „Diktat der Masse“ wird ergänzt durch das „Diktat der Zeit“. Der in Wirtschaft und Gesellschaft vertraute Prozeß der Beschleunigung hält Einzug in die Politik.

Drittens wachsen Hoffnungen, daß das Internet nicht lediglich einen Ersatz für die klassische *Polis* bieten, sondern durch Bildung einer „Netzwerk-Demokratie“ eine neue Qualität der politischen Auseinandersetzung und Konsensfindung schaffen kann. Hierin liegt – wenn überhaupt – das ernsthafteste Argument für eine Auseinandersetzung mit den demokratischen Potentialen der neuen Medien: „Um kein falsches Verständnis der ‘elektronischen Demokratie’ aufkommen zu lassen, sei genauer gesagt, daß es sich nicht darum handelt, voneinander ‘getrennte’ Menschenmassen gleichzeitig über einfache Vorgaben abstimmen zu lassen, die ihnen durch einen telegenen Demagogen unterbreitet werden, sondern es geht darum, daß Probleme kollektiv und kontinuierlich ausgearbeitet und kooperativ, konkret und möglichst eng mit den betroffenen Gruppen verbunden gelöst werden“ (Levy 1996: 161).

Hiermit ist nicht nur die Lösung lokaler Probleme gemeint. Die elektronische Vernetzung endet nicht an den Stadtgrenzen und bezieht sich damit nicht nur auf das städtische Gemeinwesen. Das Potential der neuen Medien liegt gerade darin, Menschen über große Distanzen hinweg verbinden und neue Formen von „Nähe“ schaffen zu können. Erfahrungsaustausch und gegenseitiges Lernen über Stadt- und Landesgrenzen hinweg bietet die Chance zu neuen Formen „kollektiver Intelligenz“ (Levy 1996). Vielleicht birgt die Beschleunigung der Kommunikation durch moderne Technologien etwas Gutes, indem sie hilft, „die nicht aus der Welt zu schaffende Langsamkeit, Trägheit und Starrheit des Territoriums durch deren Veranschaulichung im Cyberspace in Echtzeit zu kompensieren“ (Levy 1996: 161). Und vielleicht liegt hierin ein wichtiger Ansatz, die Globalisierung der politischen Problemlösungskompetenz, die bis heute der Globalisierung der sozialen und ökologischen Probleme hinterherhinkt, zu fördern.

In der Diskussion um das Für und Wider einer „elektronischen Demokratie“ taucht immer wieder ein weiteres Argument auf: Die Vernetzung der Menschen erfolge nicht nur über räumliche, sondern auch über soziale Grenzen hinweg. Zweifellos sind virtuelle Gemeinschaften nicht notwendigerweise durch traditionelle Demarkationslinien wie Geburtsort, Nationalität oder Religion gekennzeichnet (Bolter 1996). In einer „Online-Diskussion“ hat daher jeder Teilnehmer die gleiche Möglichkeit, sich zu behaupten und sich Gehör zu verschaffen. Hierarchien aufgrund von Status und Autorität werden zusätzlich dadurch abgebaut, daß die Kommunikation im Computernetz asynchron verlaufen kann und damit die Dominanz wortgewaltiger Meinungsmacher gemindert wird. Zweifel an diesem Gleichheitsanspruch bleiben jedoch bestehen. Denn interessanterweise bilden sich im gleichen Maße, wie traditionelle Ausweise des sozialen Status an Bedeutung verlieren, neue Formen der „Exklusivität“. Es liegt beispielsweise der Verdacht nahe, daß E-Mail-Adressen renommierter Unversitäten und Forschungseinrichtungen als „bessere Adressen“ wahrgenommen werden als etwa diejenigen der großen kommerziellen Internet-Provider (Emrich 1995).

Bei allen Chancen und Potentialen, die die neuen Medien für mehr Demokratie und Partizipation bieten und die sicherlich auch genutzt werden sollten, muß vor übertriebenen Erwartungen gewarnt werden. Das Internet wird – mit den Worten von Altvater und Mahnkopf – nie den Marktplatz, die Eckkneipe oder den Gemeinderat ersetzen können. Da in der „virtuellen Polis“ die Meinungsträger nicht körperlich präsent sind, fehlt das engmaschige Netz aus Vertrautheit, Solidarität und Sicherheit, durch das die Ernsthaftigkeit und Verbindlichkeit des Dialogs abgesichert wird. „Gerade auch der nichtverbale Ausdruck von Anerkennung oder Mißachtung, Respekt oder Gleichgültigkeit gegenüber dem Kommunikationspartner bildet die Voraussetzung dafür, daß Menschen einander als Subjekte wahrnehmen und als politische Wesen wechselseitig in die Pflicht nehmen können" (Altvater, Mahnkopf 1996: 286).

5 Perspektiven der Verkehrsentwicklung

„Alles ist jetzt ultra: Reichtum und Schnelligkeit ist das, was die Welt bewundert und wonach jeder strebt."
Johann Wolfgang von Goethe, 1823

Die geschilderten technologischen, wirtschaftlichen, gesellschaftlichen und räumlichen Transformationsprozesse werden von einem beachtlichen Verkehrswachstum und einer umfassenden Veränderung räumlicher Verkehrsverflechtungen begleitet. Diese Entwicklungen und ihre spezifischen Hintergründe werden im nun folgenden Kapitel näher beleuchtet. Trotz der zunehmenden globalen Dimension der Verkehrsentwicklung und der damit verbundenen Probleme geschieht dies hauptsächlich aus einem deutschen bzw. europäischen Blickwinkel heraus. Unter ähnlichen gesellschaftlichen Rahmenbedingungen behalten jedoch die hierzulande zu beobachtenden Wirkungsmechanismen auch in anderen Teilen der Welt ihre Gültigkeit.

5.1 Das Verkehrswachstum und seine Hintergründe

Die Zunahme des motorisierten Verkehrs, vor allem die Zunahme des motorisierten Straßenverkehrs, wird weltweit anhand einer Reihe von Kenngrößen dokumentiert. Abbildung 23 zeigt den zeitlichen Verlauf des Motorisierungsgrades verschiedener Länder in den 80er Jahren. Sowohl die Niveauunter-

Tabelle 8: Weltweiter Bestand an Personenkraftwagen und Kraftfahrzeugen insgesamt 1995 und 2020

	1995		2020	
	Pkw	Kfz insg.	Pkw	Kfz insg.
OECD-Staaten	383,3 Mio.	536,1 Mio.	574,2 Mio.	782,4 Mio.
Nicht-OECD-Staaten	111,3 Mio.	240,4 Mio.	283,3 Mio.	580,3 Mio.
Welt insgesamt	494,6 Mio.	776,5 Mio.	856,6 Mio.	1.362,7 Mio.

Quelle: OECD/ECMT 1995

schiede zwischen den Ländern als auch die Dynamik des Zuwachses korrelieren in hohem Maße mit dem durchschnittlichen Pro-Kopf-Einkommen und seinem Wachstum. In kaum einem Land zeichnet sich bisher eine mögliche Sättigung der Motorisierung ab. Selbst in den USA mit einem Bestand von über 77 Pkw je 100 Einwohner ist noch kein Ende der Entwicklung absehbar.[1] Verantwortlich ist hierfür vor allem die zunehmende Nachfrage der Haushalte nach Zweit- und Drittfahrzeugen. Sowohl das wachsende Angebot von Spezialfahrzeugen, die auf Freizeitbedürfnisse zugeschnitten sind, als auch der geplante Einstieg in die Produktion sogenannter „Drei-Liter-Autos" spiegeln hierbei die augenblicklichen Markttrends (Läpple 1997).

Zur Zeit weisen die meisten Entwicklungsländer im Vergleich zu den Industriestaaten noch extrem niedrige Motorisierungsraten auf. Hierin deutet sich ein kaum lösbares Dilemma an:

„Aus humanitären Gründen sowie im Interesse einer politischen Stabilisierung unserer Weltgesellschaft muß alles versucht werden, in den Ländern, in denen die Mehrheit der Bevölkerung arm ist, einen Entwicklungsprozeß in Gang zu bringen, der zu einer signifikanten Pro-Kopf-Steigerung des verfügbaren Einkommens und damit zu einer Zurückdrängung der Armut führt. Mit einer Steigerung des Einkommens wird jedoch auch ein entsprechender Anstieg der Motorisierung verbunden sein. In Ländern wie der Volksrepublik China ist bereits eine derartige wechselseitige Dynamik von Einkommenssteigerung und Motorisierung in Gang gekommen" (Läpple 1997: 198).

1 Die wichtigsten Kenngrößen des Verkehrs sind neben dem Motorisierungsgrad (Anzahl der Fahrzeuge je 100 Einw.) das Verkehrsaufkommen und die Verkehrsleistung. Als Verkehrsaufkommen bezeichnet man die Anzahl der zurückgelegten (Personen-) Wege bzw. die Menge der transportierten Güter. Die Verkehrsleistung ist das Produkt aus Verkehrsaufkommen und zurückgelegter Entfernung und bemißt sich in Personen-Kilometer bzw. Tonnen-Kilometer. „Verkehrsleistung" wird in jüngster Zeit häufiger durch „Verkehrsaufwand" ersetzt, entsprechend werden beide Begriffe in diesem Buch synonym verwendet.

Abbildung 23: Anzahl der Personenkraftwagen je 100 Einwohner in verschiedenen Ländern

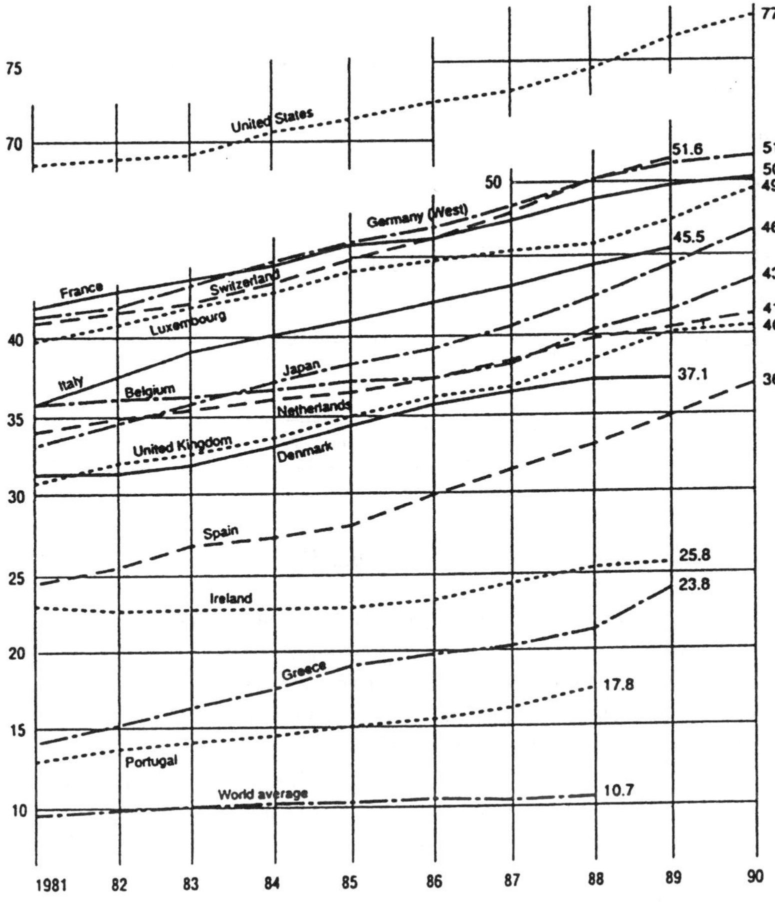

Quelle: European Conference of Ministers of Transport (ECMT) 1993

Nach Schätzungen der OECD wird der weltweite Bestand an Personenkraftwagen von 494,6 Millionen im Jahr 1995 auf 856,6 Millionen im Jahr 2020 anwachsen, bei den Kraftfahrzeugen insgesamt geht man von einer Steigerung von 776,5 Millionen auf über 1,3 Milliarden aus (siehe Tabelle 8). Ebenso wie der Kraftfahrzeugbestand ist auch die motorisierte Verkehrsleistung stark gewachsen und wird auch in Zukunft weiter zunehmen. So hat sich in Westeuropa die Personenverkehrsleistung zwischen 1970 und 1993 von etwa 2 auf

Abbildung 24: Entwicklung der motorisierten Personenverkehrsleistung in Deutschland 1950-1995 (ab 1991 einschl. Ostdeutschland)

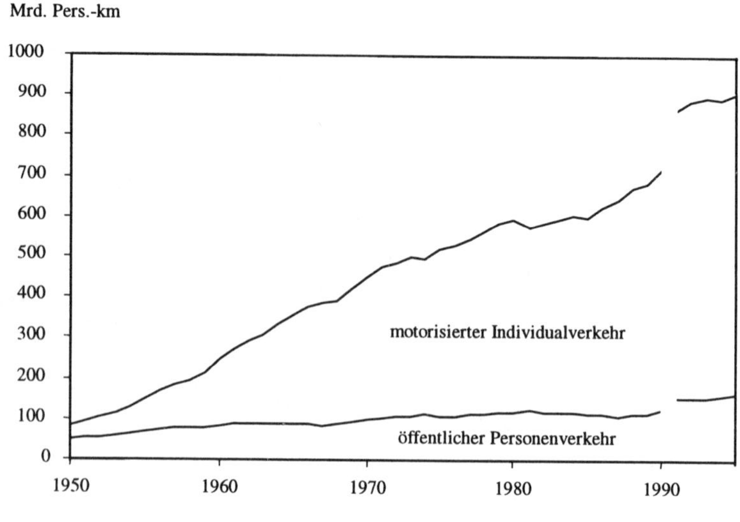

Quelle: Bundesminister für Verkehr 1991 und 1996

4 Billionen Personen-Kilometer verdoppelt. Etwa 90 % dieser Zunahme entfiel auf den Pkw-Verkehr, der 1993 einen Anteil von 84 % an der gesamten Personenverkehrsleistung hatte. Im gleichen Zeitraum wuchs die Güterverkehrsleistung in Westeuropa um knapp zwei Drittel auf 1,4 Billionen Tonnen-Kilometer. Dieser Zuwachs ist per Saldo dem Straßengüterverkehr zuzuschreiben, der seinen Anteil an der gesamten Güterverkehrsleistung von der Hälfte im Jahr 1970 auf mehr als zwei Drittel im Jahr 1993 vergrößerte, während gleichzeitig der Anteil der Eisenbahn von 30 % auf 16 % zurückging (Läpple 1997).

Ein ähnliches Bild der Verkehrsentwicklung spiegelt sich auch in den deutschen Verkehrsstatistiken. Die Zahl der Pkw stieg in der alten Bundesrepublik zwischen 1960 und 1990 von 4,3 Millionen auf 30,7 Millionen, im Jahr 1996 waren in Gesamtdeutschland knapp 41 Millionen Personenkraftwagen zugelassen. Während zwischen 1960 und 1990 das gesamte Verkehrsaufkommen je Person, das heißt die Anzahl der zurückgelegten Wege, weitgehend konstant blieb (Kloas, Kunert 1993, Holz-Rau 1997), hat sich die Anzahl der Pkw-Fahrten mehr als verdoppelt, blieben die Fahrten mit öffentlichen Verkehrsmitteln etwa konstant und gingen der Fußgänger- und Radverkehr erheblich zurück (Holz-Rau 1997). Stärker als das motorisierte Personenverkehrsaufkommen wuchs jedoch die motorisierte Personenverkehrslei-

Abbildung 25: Entwicklung der Güterverkehrsleistung in Deutschland 1950-1995 (ab 1991 einschl. Ostdeutschland)

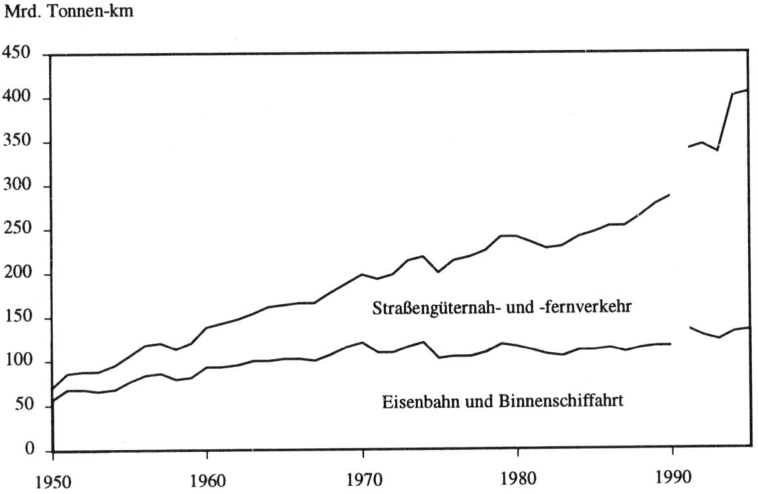

Quelle: Bundesminister für Verkehr 1991 und 1996

stung (siehe Abbildung 24). So stieg der Aufwand im motorisierten Individualverkehr zwischen 1960 und 1990 von 154,5 Milliarden Personen-Kilometer auf 593,8 Milliarden Personen-Kilometer. Die annähernde Vervierfachung der Pkw-Verkehrsleistung bei Verdoppelung des Pkw-Verkehrsaufkommens spiegelt die Tatsache, daß die durchschnittliche Weglänge jeder einzelnen Pkw-Fahrt erheblich zugenommen hat, und zwar von 10,8 auf 17,7 Kilometer (BMV 1991).

Ein wenig anders stellt sich die Situation dagegen im Güterverkehr dar (siehe Abbildung 25), wo der starke Anstieg der Verkehrsleistung – zwischen 1960 und 1990 wuchs er von 136,7 Milliarden Tonnen-Kilometer auf 285,3 Milliarden Tonnen-Kilometer an – überwiegend auf eine Erhöhung des Güteraufkommens zurückzuführen ist.

Die Entwicklung des Verkehrs hinsichtlich Volumen, *Modal split* und räumlicher Verflechtungsstrukturen steht im Kontext gesellschaftlicher und räumlicher Prozesse. Gesellschaft, Raum und Verkehr bilden dabei ein äußerst komplexes Beziehungsgefüge. Geht man davon aus, daß jede Gesellschaft eine ihr eigene räumliche Organisation aufweist, dann bilden die Determinanten des Ortsveränderungsverhaltens – Raumwiderstände, räumliche Allokation von Nutzungen sowie Ausbildung von Aktionsräumen und Marktgebieten – die Bindeglieder zwischen der Gesellschaft und ihrer räumlichen

Organisation. Die Fähigkeit einer Gesellschaft zur Aneignung des Raumes wird also durch diejenigen Faktoren bestimmt, die für die Verkehrsentstehung verantwortlich sind. Daraus läßt sich folgern: Jede Gesellschaft besitzt nicht nur die ihr eigenen Formen der räumlichen Organisation, sondern auch die ihr eigenen Formen des Verkehrs.

Mit der Aufdeckung der Hintergründe der augenblicklichen Verkehrsentwicklung verbindet sich das Ziel, realistische Potentiale für eine politisch-planerische Beeinflussung der Verkehrsnachfrage und Anhaltspunkte für eine Lösung der gegenwärtigen Verkehrsprobleme aufzuzeigen (siehe dazu Kapitel 6). Insgesamt resultiert die Zunahme der Personen- und Güterverkehrsleistung aus mehreren sich gegenseitig beeinflussenden Veränderungen: Da sind *einerseits* die sinkenden Raumwiderstände durch höhere Geschwindigkeiten, das heißt geringeren Zeitaufwand zur Raumüberwindung, und durch fallende Transportkosten, das heißt geringeren monetären Aufwand zur Raumüberwindung; und da sind *andererseits* die veränderten Handlungsmuster der privaten Haushalte und der Unternehmen.

5.2 Die Abnahme der Raumwiderstände

Die Abkopplung von den Eigenzeiten und Rhythmen der Natur ist ein wesentliches Merkmal der neueren Menschheitsgeschichte. Die Beschleunigung der Verkehrsvorgänge spielt hierbei eine gewisse Schlüsselrolle, stellt jedoch bei weitem nicht das einzige Phänomen dar. Sie ist vielmehr eine von vielen Erscheinungsformen einer allgemeinen Geschwindigkeitserhöhung, die in jüngster Zeit immer mehr Lebensbereiche, Tätigkeiten und Prozesse erfaßt. Hierzu zählen etwa die Beschleunigung der Kommunikation, der Kapitaltransfers, der Wissensvermehrung, der Produktion und der Produktzyklen. Hieran knüpfen sich dann auch weitergehende Prozesse wie zum Beispiel die Verkürzung von Standort-, Gebäude- und Flächennutzungszyklen. Da damit gleichzeitig die Anforderungen an eine schnelle Flächenbereitstellung, Baugenehmigung und Erschließung steigen, kommt es schließlich auch zur Beschleunigung öffentlicher Planungs- und Genehmigungsverfahren (Schmidt-Eichstaedt 1992, Battis u.a. 1995, Henckel 1997b).

Die Beschleunigung der Verkehrsvorgänge wurde und wird ermöglicht durch den technischen Fortschritt. Komplementär dazu sorgt die allgemeine Wohlstandsentwicklung für die breite Realisierung der technischen Möglichkeiten. Dies geschieht *einerseits* über die erhöhten verfügbaren Einkommen, die immer mehr Haushalten die Möglichkeit der Teilnahme an immer schnelleren Verkehrsformen erlauben. Und dies geschieht *andererseits* über öffent-

Abbildung 26: Einkommen, Lebenshaltungskosten und Preise für Verkehrsdienstleistungen 1962-1995

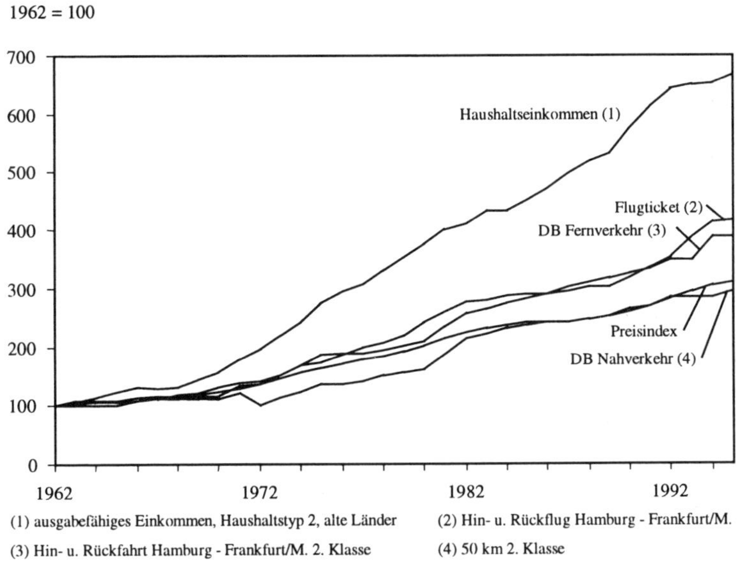

Quelle: Bundesminister für Verkehr 1991 und 1996

liche, das heißt vor allem steuerfinanzierte Investitionen in eine Verkehrsinfrastruktur, die auf immer höhere Geschwindigkeiten ausgelegt wird, als notwendige staatliche Vorleistung für mehr und für schnelleren Verkehr.

Die Motive, sich immer schneller fortzubewegen, sind vielfältig. Für den Berufspendler kann gelten, eine größere Entfernung zum Arbeitsplatz in gleichbleibender Zeit zurückzulegen. Für den Wochenendausflügler zählt vielleicht die reine „Freude am Fahren" und die Lust an der Geschwindigkeit. Und der Speditionsunternehmer sieht sich einem wachsenden nationalen und internationalen Wettbewerb ausgesetzt. In jedem Fall bedeutet steigende Geschwindigkeit die Möglichkeit, Standorte zu flexibilisieren, Aktionsräume zu erweitern und räumliche Marktbeziehungen zu verändern.

Massenmotorisierung und PS-Aufrüstung

Eine notwendige Voraussetzung für das Wachstum des Verkehrs war und ist der steigende Wohlstand breiter Bevölkerungskreise. Die Einkommenssteigerung, die weit über der Preisentwicklung bei den Grundbedürfnissen (Woh-

Abbildung 27: Preis für Normalbenzin 1962-1995

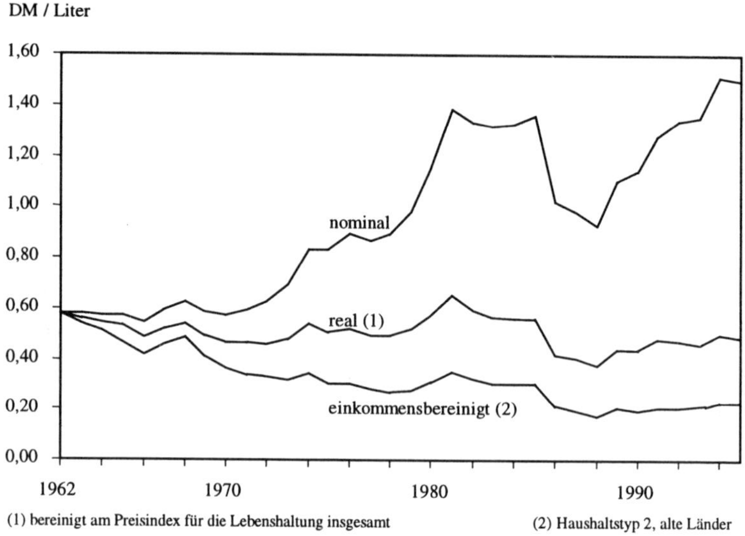

Quelle: Bundesminister für Verkehr 1991 und 1996

nen, Essen, Kleidung) lag, schuf Spielräume für neue Ausgabenfelder bzw. andere Gewichtungen bei der Einkommensverwendung. Dabei kam den Ausgaben für Verkehrsdienstleistungen ein hohes Gewicht zu (Heinze 1979). Beschleunigt wurde diese Entwicklung außerdem dadurch, daß gleichzeitig auch die relativen Kosten für sämtliche Formen der Verkehrsteilnahme sanken. So stieg das ausgabefähige Haushaltseinkommen kontinuierlich schneller als die Preise typischer Verkehrsdienstleistungen wie etwa Bahnfahrkarten und Flugtickets (siehe Abbildung 26).

Ebenso sanken auch die Kosten für Anschaffung und Unterhaltung eines eigenen Kraftfahrzeugs in Relation zur Entwicklung des Einkommens eines durchschnittlichen Arbeitnehmerhaushaltes. Nicht nur die fixen Kosten der Individualmotorisierung, sondern auch die variablen Kosten erlebten einen spürbaren Preisverfall. So sank, bei einkommensbereinigter Betrachtung, der Preis für Normalbenzin bis zum Jahr 1995 auf etwa ein Drittel des Preises im Jahr 1962 (siehe Abbildung 27). Fallende Fixkosten und variable Kosten erklären, daß immer mehr Haushalte ein eigenes Fahrzeug, vielfach auch einen Zweitwagen, anschaffen und intensiv nutzen können.

Die Anschaffung eines eigenen Fahrzeugs erforderte nicht nur einen immer kleineren Anteil des Durchschnittseinkommens, gleichzeitig bekam der Kunde für sein Geld immer komfortablere und leistungsfähigere Automobile.

Abbildung 28: Entwicklung der mittleren Geschwindigkeit von Personenkraftwagen auf Bundesautobahnen in Westdeutschland 1978-1991

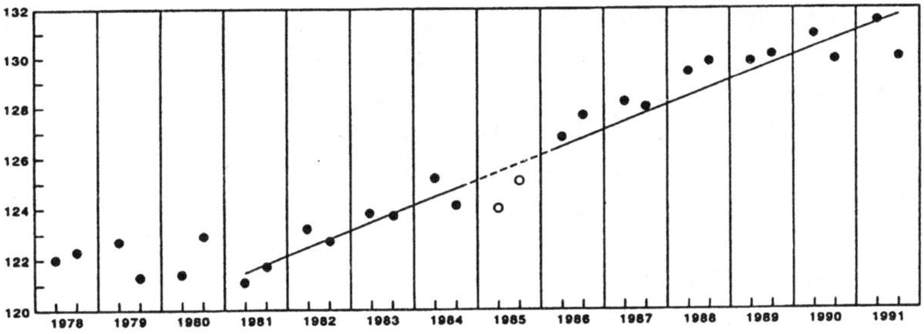

Quelle: Bundesamt für Straßenwesen; Umweltbundesamt 1994

Zwischen 1960 und 1993 stieg die durchschnittliche Motorleistung aller deutschen Personenkraftwagen von 34 auf 85 PS (BUND, Misereor 1996). Im Jahr 1973 erreichten 25,5 % des Pkw-Bestandes eine Höchstgeschwindigkeit von mehr als 150 km/h, 1988 waren es bereits 47,5 % (Umweltbundesamt 1994). Allein zwischen 1986 und 1993 stieg der Anteil der (in Westdeutschland) neu zugelassenen Fahrzeuge mit einer Höchstgeschwindigkeit von mehr als 150 km/h von 72,9 auf 84,5 % (BUND, Misereor 1996). „Das abschrekkendste Beispiel für motorische Hochrüstung ist bekanntlich die S-Klasse von Mercedes-Benz: 1972 wurde noch eine Motorenpalette von 160 PS bis zum Spitzenmodell von 224 PS angeboten, 1991 aber lag die Spannbreite der angebotenen Tempomobile zwischen 231 PS und 408 PS" (Canzler, Knie 1994: 60). Auch wenn die steigende Motorleistung zu einem erheblichen Teil dazu eingesetzt werden muß, die immer komfortableren und schwereren Fahrzeuge zu bewegen, so bleibt doch ein wichtiger Zweck, immer höhere Beschleunigungswerte und Höchstgeschwindigkeiten zu realisieren (siehe Abbildung 28).

Höhere Geschwindigkeiten sind aber nicht nur die Zielvorgabe für die Automobilindustrie. Seit den 80er Jahren konzentriert sich die Innovationskraft der Bahn mit dem ICE auf den Ausbau von Hochgeschwindigkeitsstrekken und die Entwicklung von Tempo-Triebköpfen. „Man muß gar nicht an den geplanten Transrapid mit seinen 500 km/h denken, um zu erkennen, daß flitzende Geschwindigkeiten bis auf den heutigen Tag das maßgebliche Leitbild in der Entwicklung der Transportgeräte darstellt" (BUND, Misereor 1996: 160).

Verbesserung der Erreichbarkeit in Deutschland

Hohe Geschwindigkeiten erfordern nicht nur entsprechende PS-Stärken, sondern auch die dafür *geeigneten* Verkehrswege. Und sie erfordern ausreichend *viele* Verkehrswege, die in der Lage sind, die wachsenden Verkehrsmengen aufzunehmen. Leistungsfähige Verkehrswege, auf denen möglichst viele Personen und Güter in möglichst kurzer Zeit an möglichst viele Orte gelangen können, gelten allgemein als Voraussetzung für Wohlstand und Wirtschaftswachstum. Wegen dieser Schlüsselposition wird in Deutschland der Ausbau der Verkehrsinfrastruktur seit langem als besonders wichtige öffentliche Aufgabe angesehen. Zunehmende kritische Stimmen, die etwa auf die ökologischen Konsequenzen von immer mehr Verkehr auf immer mehr Verkehrswegen verweisen, haben an diesem politischem Stellenwert bisher wenig ändern können. Im Gegenteil scheinen in jüngster Zeit mehrere sich überlagernde Entwicklungen die Bedeutung des weiteren Infrastrukturausbaus gefestigt zu haben.

Da ist *erstens* der allgemein wachsende Konkurrenzdruck, unter den Städte, Regionen und Staaten im Zuge der Internationalisierung wirtschaftlicher Verflechtungen geraten. Die Verbesserung der Verkehrserschließung und der Erreichbarkeit wird im Kampf um Investitionen und Arbeitsplätze als wichtiges Mittel angesehen, eigene Wettbewerbsvorteile zu erlangen.

Zweitens führt, wie in Kapitel 4 beschrieben, der Strukturwandel nicht nur zu einer stärkeren Bedeutung solcher „Mikroregionen", sondern auch zu einer Formierung von „Makroregionen" als strategische Zusammenschlüsse im globalen Wettbewerb. So dient die Schaffung eines Europäischen Binnenmarktes und die schrittweise politische Integration Europas auch der Ausweitung von räumlichen Marktbeziehungen. Diese Logik verlangt jedoch – in scheinbarem Widerspruch zur gegenseitigen Konkurrenz – eine stärkere Kooperation und die Schaffung von infrastrukturellen Voraussetzungen für eine Intensivierung der Verkehrsverflechtungen. Zunehmend wird dabei Deutschland in der Funktion der „Drehscheibe" gesehen und damit ein Infrastrukturausbau vor allem für den reibungslosen Fernverkehr politisch legitimiert.

Drittens verstärkt die deutsche Vereinigung sowie der Transformationsprozeß in Mittel- und Osteuropa die beiden erstgenannten Prozesse. Der enorme „Nachholbedarf" an leistungsfähigen Verkehrswegen in Ostdeutschland, aber auch der Wille zum „Lückenschluß" zwischen dem früheren Bundesgebiet und den neuen Ländern sowie zur Öffnung des Verkehrsraumes nach Osten haben dafür gesorgt, daß der massive Ausbau der Verkehrsinfrastruktur auf der politischen Tagesordnung bleibt.

Die wichtigste Rolle beim Ausbau der Verkehrswege in Deutschland spielt der Bund. In seiner „Baulast" befinden sich das Schienennetz der Deutschen Bahn, die Binnenwasserstraßen und die Bundesfernstraßen, das heißt die Bundesautobahnen und Bundesstraßen. Die Länge der Bundesfernstraßen beträgt mit knapp 53.000 Kilometer nur etwas über acht Prozent der Netzlänge aller öffentlichen Straßen in Deutschland. Jedoch werden auf diesem relativ kleinen Teil 257,5 Milliarden Fahrzeugkilometer und damit etwa 52 % der Kfz-Fahrleistung im gesamten Straßennetz abgewickelt. Die Bundesfernstraßen werden nicht nur vom überregionalen Verkehr, sondern in erheblichem Maß auch vom regionalen und lokalen Verkehr genutzt. Die Planung der Bundesfernstraßen hat schließlich aber auch deshalb besondere strategische Bedeutung, weil durch sie weitgehend das nachgeordnete Netz festgelegt wird (Wagner 1996).

Das wichtigste Instrument der Verkehrsplanung auf Bundesebene ist der Bundesverkehrswegeplan (BVWP). Er legt als Infrastrukturausbauplan den investitionspolitischen Rahmen für den Ausbau der Bundesverkehrswege fest. Der Bundesverkehrswegeplan wird von der Bundesregierung beschlossen. Diejenigen Teile des BVWP, die Aussagen über den Schienen- und den Straßenverkehr machen, sind zugleich Entwürfe für die Bedarfspläne der Eisenbahnen des Bundes und der Bundesfernstraßen, die vom Gesetzgeber verabschiedet und alle fünf Jahre aktualisiert werden.

Der erste gesamtdeutsche Bundesverkehrswegeplan aus dem Jahr 1992 (BVWP ´92) geht bis zum Jahr 2012 von einem Investitionsvolumen für Neubau, Ausbau und Unterhaltung von 538,8 Milliarden DM aus (BMV 1992). Diese Summe teilt sich auf in 209,6 Milliarden DM für Bundesfernstraßen, 213,6 Milliarden DM für Eisenbahnstrecken, 30,3 Milliarden DM für Bundeswasserstraßen und 85,3 Milliarden DM für sonstige Investitionen, hauptsächlich in Form von Finanzhilfen nach dem Gemeindeverkehrsfinanzierungsgesetz. Um keine Zeit bei der Realisierung leistungsfähiger Ost-West-Verbindungen zu verlieren, waren bereits 1991 im Vorgriff auf den BVWP'92 insgesamt 17 Verkehrsprojekte als „Verkehrsprojekte Deutsche Einheit“ von der Bundesregierung ausgewählt worden. Zur zügigen Umsetzung der Projekte wurden seitens des Bundes verschiedene „Beschleunigungs“-Maßnahmen ergriffen: „Planungszeiten wie in den alten Bundesländern häufig zu beklagen, waren nicht zu verantworten. Deshalb wurden sowohl gesetzgeberische Maßnahmen (Verkehrswegeplanungsbeschleunigungsgesetz, Investitionsmaßnahmengesetze) als auch organisatorische Maßnahmen (Gründung privatrechtlich organisierter Planungs- und Baugesellschaften [...]) zur Verkürzung der Planungs- und Bauabläufe durchgeführt“ (Gipper 1995).

Die Planung der großräumigen Infrastruktur in Deutschland verfolgt zwei grundsätzliche Zielrichtungen. *Einerseits* orientiert sich die verkehrsinfrastrukturelle Ausstattung am bereits vorhandenen oder am zu erwartenden Bedarf, das heißt an der Nachfrage der Wirtschaft und an der Summe individueller Ansprüche. *Andererseits* bietet die Verkehrsinfrastruktur Transportangebote und übt – als potentielles Instrument der Raumordnung und Regionalpolitik – über die Erschließung und Versorgung des Raumes Einfluß auf die Entwicklung eines Landes und seiner Teilräume aus (ARL 1992). Im einen Fall ist eine Verkehrsnachfrage bereits gegeben, im anderen Fall soll sie ganz bewußt zur Stärkung strukturschwacher Räume stimuliert werden. In Ostdeutschland, das insgesamt als strukturschwach angesehen wird, wirken beide Zielrichtungen zirkulär und greifen Hand in Hand: Eine verbesserte Infrastruktur soll die internen und externen räumlichen Marktbeziehungen verbessern und die Basis für eine Verkehrsnachfrage bieten, die dann – entsprechend prognostiziert – als Orientierungsgröße für den Ausbau der Verkehrswege dient. Im früheren Bundesgebiet dagegen, wo die Anbindung an die großräumige Verkehrsinfrastruktur bereits als weitgehend ubiquitär angesehen werden muß und strukturpolitische Argumente für einen Ausbau von Verkehrswegen kaum noch ins Gewicht fallen, steht die Bewältigung „realer", das heißt heutiger oder in naher Zukunft zu erwartender Verkehrsmengen sowie die Einbindung in den europäischen Kontext argumentativ im Mittelpunkt.

Dementsprechend stützt sich der Bundesverkehrswegeplan als „wachstumsorientierter Ausbauplan" (Gather 1997) bzw. „Anpassungsplan" bei der Dimensionierung der Fernverkehrswege in erster Linie auf prognostizierte Verkehrsbelastungen (Holz-Rau 1995). Die detaillierte Voraussage von „Verkehrsmengengerüsten" stellt zumindest in der bisherigen Praxis eine wesentliche Grundlage für die Neubau- und Ausbauplanung des Bundes dar. Für den BVWP ´92 wurden jeweils drei Prognosevarianten für Personen- und Güterverkehr erarbeitet. Entsprechend der „wahrscheinlichsten" Prognosevariante ging man davon aus, daß gegenüber 1988, das heißt vor dem Fall der Mauer und der Öffnung Osteuropas, bis zum Jahr 2010 die Verkehrsleistung in Gesamtdeutschland im motorisierten Personenverkehr um 23,9 % und im Güterverkehr um 73,7 % zunehmen werden (Gorißen, Schmitz 1992).

Im Spannungsfeld zwischen der Schaffung von Voraussetzungen für wirtschaftliches Wachstum und der Sicherung internationaler Wettbewerbsfähigkeit einerseits und dem Schutz der Umwelt vor wachsenden Verkehrsmengen andererseits wurde der Bundesverkehrswegeplan 1992 vielstimmig befürwortet, aber auch von verschiedenen Seiten mit unterschiedlichen Argumenten kritisiert (BfLR 1992; Apel, Henckel 1995; Holz-Rau 1995). Demnach wird beispielsweise der Bundesverkehrswegeplan nicht dem Anspruch einer integrierten, verkehrsträgerübergreifenden Planung gerecht. Parallelinvestitionen in Straßen, Schienenverbindungen und Wasserstraßen lassen keine nennenswerte Verlagerung des Verkehrs auf umweltverträgliche Verkehrsmittel erwarten. Wie komplex die Probleme einer Verkehrsverlagerung tatsächlich sind und wie ambitioniert deshalb eine wirkliche integrierte Verkehrsplanung wäre, zeigt folgende Überlegung: „Gelingt [...] die Verlagerung des innerdeutschen Flugverkehrs auf die Schiene, kann dies verheerende Folgen haben. Wenn die freiwerdenden Start- und Landemöglichkeiten, was wahrscheinlich ist, durch zusätzliche Mittel- und Langstreckenflüge belegt werden, ist mit Belastungserhöhungen um das 10- bis 50fache zu rechnen. Nur wenn jeder freiwerdende Slot blockiert wird, kommt es zu tatsächlichen Entlastungen" (Holz-Rau 1995).

Außerdem ist zu berücksichtigen, daß trotz eines leichten Schwergewichts auf Investitionen in das Schienennetz die kapazitären Effekte auf der Straße erheblich höher sind. Hieran knüpft sich auch die Kritik, daß die „bedarfsorientierte Ausbauplanung", die sich an prognostizierten Bedarfswerten orientiert, als selbsterfüllende Prophezeihung gerade erst diejenigen Verkehrsmengen induziert, die sie vorgab, bewältigen zu müssen. Außerdem sind von einem weiteren Anwachsen des Straßenverkehrs vor allem die Städte als Quelle und Ziel der Hauptverkehrsströme betroffen, wodurch deren Bemühen um eine Verlagerung des Autoverkehrs auf den öffentlichen Verkehr und nicht motorisierte Verkehrsformen konterkariert wird.

Verbesserung der Erreichbarkeit in Europa

Die schwierige Dialektik der Verkehrsinfrastrukturpolitik zwischen dem gesamtwirtschaftlich motivierten Wachstumsziel und dem strukturpolitisch motivierten Ziel des Ausgleichs zwischen prosperierenden und schwachen Regionen setzt sich auf europäischer Ebene fort. Dort lauten die entsprechenden Schlagworte „Wettbewerbsfähigkeit" und „Kohäsion".[2]

„Faktisch hat sich im Politikfeld Verkehr, trotz der exponierten Stellung im Rahmen der Römischen Verträge, bis weit in die 80er Jahre wenig entwikkelt, was den Namen 'gemeinsame Verkehrspolitik' [...] verdient hätte, ganz im Gegensatz zu den Maßnahmen im Handelsbereich und im Agrarsektor" (Plehwe 1997: 221). Die Wende kam im Jahr 1985, ausgelöst durch die Aufforderung des Europäischen Gerichtshofes an den Europäischen Rat, eine gemeinsame Verkehrspolitik entsprechend den Vorschriften der EG „in demselben liberalen Geist wie in der übrigen Wirtschaft" zu erarbeiten (Floeting 1995).

Trotz einzelner herausragender Projekte zum Abbau von Barrieren in Europa wie etwa der Verbesserung des Alpentransits und des Baus des Kanaltunnels waren die Verkehrsnetze als Ausdruck der historischen Interessen und Notwendigkeiten weitgehend national orientiert. Mit dem Inkrafttreten des

2 Zu den verschiedenen Dimensionen dieser doppelten Zielsetzung der europäischen Verkehrspolitik siehe z.B. Vickerman 1996

Vertrages von Maastricht am 1. November 1993 wurden im Verkehrsbereich nicht nur die Dienstleistungsfreiheit innerhalb der Gemeinschaft verwirklicht, nichttarifäre Handelshemmnisse abgebaut sowie verkehrsbezogene Steuern und Abgaben harmonisiert. Die Europäische Union besitzt nun auch die Möglichkeit, transeuropäische Netze in den Bereichen Verkehr, Telekommunikation und Energie zu fördern. Unter Titel XII „Transeuropäische Netze" heißt es im Vertrag von Maastricht:

„Art. 129b [Ziele] (1) Um einen Beitrag zur Verwirklichung der Ziele der Artikel 7a und 130a zu leisten und den Bürgern der Union, den Wirtschaftsbeteiligten sowie den regionalen und lokalen Gebietskörperschaften in vollem Umfang die Vorteile zugute kommen zu lassen, die sich aus der Schaffung eines Raumes ohne Binnengrenzen ergeben, trägt die Gemeinschaft zum Auf- und Ausbau transeuropäischer Netze in den Bereichen der Verkehrs-, Telekommunikations- und Energieinfrastruktur bei.
(2) Die Tätigkeit der Gemeinschaft zielt im Rahmen eines Systems offener und wettbewerbsorientierter Märkte auf die Förderung des Verbundes und der Interoperabilität der einzelstaatlichen Netze sowie des Zugangs zu diesen Netzen. Sie trägt insbesondere der Notwendigkeit Rechnung, insulare, eingeschlossene und am Rande gelegene Gebiete mit den zentralen Gebieten der Gemeinschaft zu verbinden."

Der Aufbau eines einheitlichen und zusammenhängenden Fernverkehrsnetzes spiegelt den Willen zur Schaffung einer neuen wirtschaftlichen und politischen Einheit und setzt damit konsequent die europäische Tradition des 19. und frühen 20. Jahrhunderts fort, als das Aufkommen der Nationalstaaten zur Bildung nationaler Handels- und Kommunikationsnetze führte, die umgekehrt dann das Zusammenwachsen dieser neuen Einheiten stärkten (Bukold 1996). Dabei setzt die EU heute nicht nur auf das Schleifen politischer und wirtschaftlicher Barrieren durch den Abbau physischer Raumwiderstände, sondern auch auf die identitätsstiftende Wirkung eines gemeinschaftlichen Verkehrsnetzes: „Mit diesen Maßnahmen trägt die Verkehrs- und Infrastrukturpolitik der EU zur Förderung eines dauerhaften und ausgewogenen wirtschaftlichen Fortschritts bei. Außerdem ist sie ein wichtiges Instrument, um die Bürger in der Europäischen Union zusammenzuführen. Die gemeinsame Verkehrspolitik fördert somit die europäische Integration und die Heranbildung einer gemeinsamen europäischen Identität" (Europäische Kommission 1996).

Als sichtbares Symbol der europäischen Einheit wird das europäische Verkehrswegenetz nicht nur ein Mittel für ökonomische und regionalpolitische Ziele, sondern ein Ziel an sich (Hey 1997). Im Juni 1996 wurde das Gesamtkonzept der transeuropäischen Verkehrsnetze durch den Verkehrsministerrat verabschiedet. Es basiert auf Leitschemata der Kommission für Hochgeschwindigkeitsbahnen, konventionellen Schienenverkehr, Fernstraßen, kombinierten Verkehr und Binnenschiffahrt. Im Schienenverkehr wurden beispielsweise 23.000 Kilometer für das europäische Netz der Hochgeschwindigkeitszüge festgelegt, von denen rund 10.000 Kilometer neu zu bauen sind. Die Realisierung der ehrgeizigen Vorhaben wird die Netzkapazitäten enorm erhöhen. Man rechnet beispielsweise bis zum Jahr 2010 mit einer Zunahme des Personenverkehrsleistung in Europa um etwa 50 % gegenüber 1988. Der grenzüberschreitende Personenverkehr wird um 90 % anwachsen und dann rund ein Drittel der gesamten Personenverkehrsleistung ausmachen. Im grenzüberschreitenden Eisenbahnverkehr geht man sogar von einer Steigerung um 230 % aus (INTRAPLAN/INRETS 1993).

Aus den Leitschemata für die transeuropäischen wurden vierzehn vorrangige Projekte ausgewählt. Bei vier von ihnen ist Deutschland direkt betroffen: Die Hochgeschwindigkeitsverbindungen Berlin-Brenner-Verona, Paris-Köln-Rhein/Main-London, Paris-Karlsruhe und die Verbindung des Kombinierten Verkehrs bzw. der konventionellen Bahn zwischen Rotterdam und dem Rhein-Ruhr-Raum (siehe Tabelle 9).

Weder die umfassenden Leitschemata noch die vierzehn prioritären Projekte besitzen für die Mitgliedstaaten rechtliche Verbindlichkeit. Allerdings gewährt die Gemeinschaft nur Zuschüsse für ausgewählte Projekte. Da die Finanzhilfen eingeschränkt sind, muß der wesentliche Anteil der Kosten für die Realisierung der transeuropäischen Netze aus Mitteln der Mitgliedstaaten oder durch private Investoren aufgebracht werden. Die Kommission hat die Gesamtkosten für die Realisierung der Netze bis 2010 auf 400 Milliarden ECU (ca. 770 Milliarden DM) veranschlagt. Sie geht davon aus, daß aus dem EU-Haushalt bis 1999 jährlich nur etwa 0,3 Milliarden ECU für die Verkehrsnetze zur Verfügung stehen. In Irland, Griechenland, Portugal und Spanien stehen darüber hinaus Mittel aus dem Kohäsionsfonds bereit (Europäische Kommission 1996).

Etwa 80 % der veranschlagten 90,8 Milliarden ECU für die vierzehn vorrangigen Projekte beziehen sich auf Eisenbahnprojekte und weitere 9 % auf eine bessere Verknüpfung von Schiene und Straße. Nur 10 % sind für reine Straßenbauprojekte vorgesehen (Bukold 1996). Insofern setzt die Verkehrspolitik der EU viel klarere Akzente zur Förderung des Schienenverkehrs gegenüber dem Straßenverkehr als etwa die Bundesverkehrswegeplanung. Trotzdem bleiben Zweifel an der Nachhaltigkeit einer solchen Politik.

Der größte Teil der geplanten Investitionen geht in den Hochgeschwindigkeitszugverkehr, der im Entfernungsbereich zwischen 200 und 400 Kilometern zur Konkurrenz mit der Straße, zwischen 400 und 800 Kilometer zur Konkurrenz mit dem Luftverkehr gezwungen wird. Im Kampf um immer höhere Geschwindigkeiten wird die Eisenbahn jedoch energetisch ähnlich ungünstig wie der Autoverkehr (Holz-Rau 1995). Der Abbau von Raumwiderständen durch Beseitigung von Engpässen und Barrieren sowie durch Verbesserung der Netzqualität bezweckt ausdrücklich die Erhöhung der globalen Wettbewerbsfähigkeit und die Gewährleistung der Kohäsion in der

Gemeinschaft. Ob diese Ziele jedoch mit den beabsichtigten Mitteln erreicht werden können bleibt abzuwarten. Mit Sicherheit werden die Zeitentfernungen zwischen den großen europäischen Metropolen einerseits sowie zwischen verschiedenen peripheren Räumen und den Metropolen andererseits merklich verkürzt.

Diese offensichtliche Tatsache verschleiert jedoch aus Sicht der Raumordnung mindestens drei Sachverhalte. *Erstens* läßt sich die grundsätzliche Lageverteilung der Regionen zueinander durch Infrastrukturausbau praktisch nicht verändern (Lutter 1995): Zentrum bleibt Zentrum und Peripherie bleibt Peripherie – nur in veränderter zeitlicher Relation. *Zweitens* wirkt die Verbesserung der Erreichbarkeit durch Anbindung an ein Hochgeschwindigkeitsnetz innerhalb der einzelnen Regionen hochgradig selektiv. Erreichte Zeitvorteile werden am Quell- oder Zielort schnell wieder verspielt, wenn dort keine ausreichende Anbindung der Region gewährleistet ist, die eine „Feinverteilung" in die Fläche ermöglicht. Daher beschränkt sich der Nutzen des Hochgeschwindigkeitsverkehrs meist auf das unmittelbare Umfeld der zentralen Zugangsknoten im Netz, das heißt auf die Agglomerationskerne (Vickerman 1996). Und *drittens*: Vorausgesetzt, der durch schnelleren Transport erzielte Zeitvorteil läßt sich überhaupt in Produktionskostenvorteile umsetzen und zur Veränderung von Produktionsstandorten und Marktbeziehungen im Raum nutzen, muß diese Veränderung nicht unbedingt zum Vorteil strukturschwacher Regionen sein. Im Gegenteil, die Marktzugangsbedingungen können sich gerade für solche Unternehmen in den zentralen Regionen verbessern, die es verstehen, die Kaufkraft und die geringeren Faktorkosten in der nun leichter erreichbaren Peripherie zu ihrem eigenen Vorteil auszunutzen. Selbst wenn die Verbesserung der Erreichbarkeit in strukturschwachen Regionen die dortige Produktion fördert, bedeutet das keineswegs zwangsläufig, daß die regionsansässige Bevölkerung an diesem Aufschwung partizipiert (Armstrong, Vickerman 1995, Vickerman 1996).

Die in Kapitel 4 beschriebene Geographie der Informationsgesellschaft ist in überregionaler Hinsicht vor allem auch eine Geographie der Hochgeschwindigkeitsgesellschaft. Die sich im vereinten Europa abzeichnende verkehrliche und räumliche Entwicklung deutet genau in diese Richtung.[3] Ob und inwiefern es gelingt, neue regionale Disparitäten, neuartige Belastungen der Agglomerationskerne und zusätzliche Umweltprobleme durch einen Wandel vom „Raum der Orte" zum „Raum der Ströme" zu verhindern, wird entscheidend von der diesbezüglichen Steuerungskompetenz der Gemeinschaft ab-

3 Dabei spielen im Kontext von Internationalisierung und Strukturwandel nicht nur Straßen- und Schienenverkehr eine Rolle, sondern auch der See- und Luftverkehr; siehe hierzu z.B. Nuhn 1994, Haas 1994

hängen. Die augenblickliche Situation im verkehrspolitischen Bereich gibt hier jedoch Anlaß zur Kritik. Auch wenn im Vergleich zum gesamten Investitionsvolumen für die transeuropäischen Netze der Anteil, den die Gemeinschaft trägt, immer noch gering erscheint, ist es der EU in den letzten Jahren gelungen, das zu verteilende Investitionsvolumen für Verkehrsinfrastrukturen merklich zu erhöhen, ohne jedoch die Qualität ihrer Verwendung angemessen kontrollieren zu können. Ihr Einfluß beschränkt sich im wesentlichen auf die Verteilung der Finanzmittel, ohne in die nationalen Bedarfsermittlungen, Prioritätensetzungen und Planungsverfahren eingreifen zu können. „Aus der Asymmetrie zwischen ihren distributiven und allokativen Kompetenzen erwächst sehr schnell die Gefahr ökonomischer Ineffizienz (z.B. Über- und Unterfinanzierung bestimmter Verbindungen), ökologischer Insuffizienz oder sonstiger 'Nebenwirkungen'" (Hey 1997: 69).

Tabelle 9: Prioritäre EU-Verkehrsprojekte

Projekt	betroffene Mitgliedstaaten	Kosten-voranschl. (Mio. ECU)
Hochgeschwindigkeitsverbindung / Kombiverkehr Nord-Süd Berlin – Halle/Leipzig – Erfurt – Nürnberg – München – Brenner – Verona	D, A, I	20.830
Hochgeschwindigkeitsverbindung (Paris) – Brüssel – Köln – Rhein/Main – Amsterdam – London	B, D, NL, UK	15.754
Hochgeschwindigkeitsverbindung Süd Madrid – Barcelona – Perpignan – Montpellier Madrid – Vitoria – Dax	E, F	12.870
Hochgeschwindigkeitsverbindung Ost Paris – Metz – Strasbourg – Appenweiler – Karlsruhe Metz – Saarbrücken – Mannheim Metz – Luxemburg	D, F	4.460
Konventionelle Eisenbahn / Kombiverkehr Rotterdam – Rhein/Ruhr	D, NL	3.291
Hochgeschwindigkeitsverbindung / Kombiverkehr Lyon – Torino – Milano – Venezia – Trieste	F, I	13.550
Autobahn Pathras – Athen – Thessaloniki – Prohanon Igoumenista – Thessaloniki – Alexandropoulis – Ormenio	GR	6.367
Autobahn Lisboa – Valladolid	E, P	1.072
Konventionelle Eisenbahn Cork – Dublin – Belfast – Larne – Stranraer	IRL, UK	238
Flughafen Malpensa (Milano)	I	1.047
Schienen- und Straßenverbindung Øresund	DK, S	3.366
Schienen- und Straßenverbindung Nordisches Dreieck	FIN, S, (N)	4.400
Straßenverbindung Irland-UK-Benelux	IRL, UK	2.680
Schienenverbindung West Coast	UK	680
Gesamt		**90.805**

Quelle: Europäische Kommission 1996

5.3 Die Veränderung räumlicher Handlungsmuster

Neben der Preisgünstigkeit und hohen Transportgeschwindigkeit erklärt auch die Individualisierung der Transportvorgänge, die einen leichten Zugang zu anderen Menschen und Örtlichkeiten verspricht, den Erfolg des heutigen, stark autoorientierten Verkehrssystems (Hägerstrand 1975, Whitelegg 1993). In diesem Zusammenhang ist die Tatsache interessant, daß der Pkw gerade auch im Nahbereich häufig genutzt wird, und das selbst dann, wenn durch Stau und Parkplatzsuche eher ein Zeitnachteil gegenüber anderen Verkehrsformen gegeben ist. Offensichtlich ist der individuelle, subjektiv bewertete Nutzen des Pkw – etwa dadurch, daß er ein hohes Maß an Bequemlichkeit und Flexibilität bietet – selbst unter solch ungünstigen Bedingungen noch größer als die „Kosten" in Form von Geldaufwand, Zeitaufwand und Streß.

Wenn selbst unter solch ungünstigen Bedingungen das Auto anderen Fortbewegungsmöglichkeiten vorgezogen wird, dann verwundert es nicht, daß unter günstigeren Bedingungen die Nutzung des Pkw erheblich attraktiver ist als der Weg zu Fuß, die Fahrt mit dem Fahrrad oder die Benutzung öffentlicher Verkehrsmittel. Unter normalen günstigen Bedingungen, das heißt ohne Stau und Parkplatzprobleme, bietet der Individualverkehr nicht nur Komfort und Bequemlichkeit, sondern zusätzlich seinen eigentlichen Systemvorteil: Er bietet die Möglichkeit, zu jeder gewünschten Zeit schnell von einem Ort zu einem nahezu beliebigen anderen Ort zu gelangen. Dieser Vorteil wird jedoch von den meisten Verkehrsteilnehmern nicht genutzt, um Zeit „einzusparen". Zwar ist Zeit ein knappes, nicht vermehrbares Gut, aber offensichtlich sind Menschen bereit, ein bestimmtes Mindestbudget an Zeit für Ortsveränderungen zu akzeptieren. Statt also Zeit „einzusparen", wird der Zeitvorteil in eine Erweiterung des eigenen Aktionsradius umgemünzt.[4]

Die Vergrößerung der Aktionsreichweiten korreliert einerseits mit dem wirtschaftlichen Strukturwandel, andererseits mit dem beschriebenen soziokulturellen Wandel und der Veränderung von Lebensstilen. Viele Aspekte dieses gesellschaftlichen Wandels – der Wochenendausflug zum Meer oder in die Berge, der Besuch von Freunden und Verwandten, die Fahrt zur Großstadt-Disco, der Besuch von kulturellen Großveranstaltungen oder das Leben

4 Die Hypothese von der Konstanz des Reisezeitbudgets gilt in dieser Eindeutigkeit nur für den Personenverkehr. Beim Transport von Gütern gibt es dagegen, wie in den Kapiteln 3 und 4 dargelegt, Anzeichen für eine differenziertere und ambivalentere Entwicklung. Während Transportbeschleunigungen teilweise direkt in eine Flexibilisierung der Standorte und eine Ausweitung der Marktgebiete umgesetzt werden, fördert die dadurch forcierte Konkurrenzsituation eine stärkere Ökonomisierung der Zeit, wodurch teilweise wieder räumliche Reintegrationsprozesse in Gang gesetzt werden können.

in grüner Idylle fernab vom Arbeitsplatz – sind erst durch eine Beschleunigung der Verkehrsvorgänge möglich geworden. Umgekehrt sorgen neue gesellschaftliche Leitbilder, Erlebnis- und *Lifestyle*-Orientierungen dafür, daß die Möglichkeiten, die der heutige Verkehr bietet, von vielen auch bis an die Grenzen ausgeschöpft werden.

Am Beispiel der Veränderung des „Kinderalltags" läßt sich eindrucksvoll aufzeigen, wie sehr die verschiedenen gesellschaftlichen Tendenzen ineinandergreifen, stadträumliche Lebenswelten verändern, nachbarschaftliche Öffentlichkeiten aushöhlen und eine neue, mobilitätsaufwendige „Lebenskultur" bilden:

„• Der Kinderalltag ist in der Stadt in hohem Maße kontrolliert. Die freie Bewegung der Kinder ist nur noch in dafür zugelassenen 'Reservaten' möglich.

• Als Ersatz für den traditionellen Kinderstraßenalltag dient zunehmend die organisierte Sportaktivität. Die Sportvereine bieten einen geregelten Bereich für freie Bewegung; dort kann das Leistungsdenken der Gesellschaft früh eingeübt werden.

• Fernsehen, Familie, kommunale und freie Einrichtungen usw. – sie alle machen Programme für Kinder. Es gibt das organisierte Abenteuer zu festen Öffnungszeiten und nach ausgeklügelten pädagogischen Erlebniskonzepten.

• Die Beziehungen der Kinder untereinander beruhen nicht mehr auf zufälligem Zusammentreffen. Verabredungen werden in der Schule getroffen und müssen mit der programmierten Freizeitplanung von Sportverein, Musikschule, Ballettunterricht, kirchlichen Gruppenangeboten usw. harmonieren.

• Viele Kinder verinseln als Einzelkinder in den Kinderzimmern. Zwischen den Ereignissen des organisierten Wochenprogramms nutzen sie die reichhaltig mit elektronischen Apparaturen ausgestatteten Zimmer wie 'Medienlabore'.

• Im Umgang mit ihren immer besser ausgebildeten Eltern lernen die Kinder frühzeitig, Beziehungen, Emotionen und Motive sprachlich zu behandeln. Sie agieren immer mehr als kleine Erwachsene, die mit ihren Eltern 'Situationsdefinitionen aushandeln'. Zugleich verselbständigen sie sich frühzeitig von elterlicher Betreuung und werden zu selbständigen kompetenten Nutzern der innerstädtischen Infrastruktur" (Geissler 1994: 112).[5]

Sieht man von einzelnen familiengerechten Wohnsiedlungen ab, in denen sich eine nachbarschaftliche Kinderöffentlichkeit in beschränktem Maße erhalten hat, ist die „Straßenkindheit" fast völlig organisierten Kinderwelten gewichen. Losgelöst von sozialen Bezügen im Stadtquartier sind die dazu erforderlichen Aktivitätsgelegenheiten über das gesamte Stadtgebiet verstreut, und Eltern, vor allem Mütter, leisten zunehmende Chauffeurdienste, damit die Kinder termingerecht zu den verschiedenen Ereignisorten gelangen.

Die Erweiterung der Aktionsreichweiten, die seit Beginn der Industrialisierung zu beobachtende Transformation von Zeitgewinn in Raumgewinn,

5 Unter Verweis auf Thiemann 1988 und Büchner 1992

spiegelt sich in zwei unterschiedlichen Kategorien individueller (und betrieblicher) Handlungsmuster.

Die *erste* Kategorie der verkehrlich wirksamen Handlungsmuster ist die Wahl der Aktionsräume (Haushalte) und Marktgebiete (Unternehmen) sowie der damit zusammenhängenden räumlichen Interaktionen. Hier hat die Wahlfreiheit erheblich zugenommen. Beispielsweise können von der Wohnung als Lebensmittelpunkt aus mehr und weiter entfernte Ziele angesteuert werden: Arbeitsplätze, Bildungseinrichtungen, Einkaufsgelegenheiten, Freizeitangebote und Urlaubsorte. Diese Wahl der Aktionsräume (Haushalte) und Marktgebiete (Unternehmen) gliedert sich wiederum in zwei Teilaspekte. Da ist *einerseits* die ebenfalls längerfristig angelegte Wahl des eigenen Wohnstandortes und die Wahl bestimmter, auf Dauer angelegter Aktivitätsorte (z.B. Arbeitsplatz, Schul- und Kindergartenplatz, Sportverein und Freundeskreis) und Marktbeziehungen (Beschaffungs- und Absatzmärkte). Und da ist *andererseits* die mehr „spontane“ Wahl von Ereignisorten und Marktbeziehungen. Im Falle der privaten Haushalte handelt es sich hierbei um Orte ohne oder mit nur schwacher dauerhafter Bindung, etwa Einkaufsgelegenheiten, kulturelle Ereignisse, Freizeiteinrichtungen und Urlaubsziele. Während durch die auf Dauer angelegte Wahl von Wohn- und Aktivitätsorten ein großer Teil der räumlichen Interaktionen und des alltäglichen Ortsveränderungsverhaltens prädeterminiert wird, zieht die spontane Wahl von Ereignisorten eine ebenso spontane Verkehrsteilnahme nach sich.

Wenn aber Lebensmittelpunkt und Aktivitätsgelegenheit nicht mehr notwendigerweise nah beieinander liegen müssen, können *beide* Standorte verändert werden. Damit ergeben sich Veränderungen in der *zweiten* Kategorie verkehrlich wirksamer Handlungsmuster: die größere Wahlfreiheit in der Allokation der Raumnutzungen, die im Zusammenwirken hoheitlicher Planungsvorgaben mit öffentlichen und nicht-öffentlichen Investitionsentscheidungen realisiert werden. Die Wohnstandorte können aus dem nahräumlichen Verbund von Aktivitätsgelegenheiten ausscheren, und umgekehrt können die räumlichen Nutzungsgelegenheiten sich weiter von der Wohnbevölkerung fortbewegen. Eine Ausweitung der Reichweite bei *individueller* Betrachtung bedeutet gleichzeitig aber auch eine Ausweitung der Einzugsgebiete bei *kollektiver* Betrachtung, das heißt: Eine Aktivitätsgelegenheit kann nun gleichzeitig von einer wachsenden Zahl von Menschen angesteuert werden. Dies bietet die Möglichkeit zur besseren Auslastung von privaten und öffentlichen Einrichtungen bzw. zur Ausnutzung ökonomischer Skalenvorteile. Große Schulzentren statt Schulen im Stadtteil, Kliniken statt Arztpraxen, insbesondere aber multifunktionale Einkaufszentren und Freizeitgroßeinrichtungen sind der weitverbreitete Beleg für diese Entwicklung.

Die Unterscheidung zwischen der Allokation von Raumnutzungen auf der einen Seite und der Wahl von Wohnorten und Aktivitätsorten, Betriebsorten und Marktbeziehungen auf der anderen Seite erscheint auf den ersten Blick rein akademisch. Aber diese Unterscheidung liefert einen zentralen Schlüssel zum Verständnis der augenblicklichen Verkehrsentwicklung. Die Allokation der Raumnutzungen ergibt in der Summe die sichtbare Raumstruktur, das heißt die Siedlungs- und Landnutzungsstruktur. Innerhalb dieser sichtbaren Raumstruktur können jedoch die Aktionsräume und Marktgebiete auf vielfältige Weise abgegrenzt, räumliche Interaktionen von Individuen und wirtschaftliche Marktbeziehungen beliebig strukturiert sein. Einem Wohngebiet als Teil der Raumstruktur sieht man nicht an, wohin seine Bewohner zur Arbeit fahren, ob sie den Supermarkt „um die Ecke" oder das entferntere Einkaufszentrum nutzen. Ebenso sieht man einem Industriebetrieb nicht direkt an, woher die Arbeitnehmer kommen, wo die Zulieferbetriebe ansässig sind und wohin Zwischen- oder Endprodukte geliefert werden. Und auch ein Obstanbaugebiet gibt dem Betrachter zunächst keinen Hinweis, ob hier für den städtischen Wochenmarkt oder für den Weltmarkt produziert wird.

Innerhalb einer gegebenen Raumstruktur sind die unterschiedlichsten Verkehrsverflechtungen möglich. Die Zeiten, in denen aufgrund hoher Transportkosten, langsamer Verkehrsmittel und schlechter Verkehrswege fast zwangsläufig nächstgelegene Aktivitätsorte aufgesucht wurden und kleine Marktgebiete entstanden, sind vorbei. Je geringer die Raumwiderstände wurden, umso mehr emanzipierten sich die individuellen Aktionsmuster und die Marktbeziehungen von raumstrukturellen Vorgaben. Der motorisierte Bewohner eines Wohngebietes *kann* – um bei dem genannten Beispiel zu bleiben – einen nahegelegenen Supermarkt aufsuchen, er *muß* es aber nicht. Erst dann, wenn es eine solche Einkaufsmöglichkeit in der Nähe nicht oder nicht mehr gibt, bietet sich keine Alternative mehr zur kilometeraufwendigen Einkaufsfahrt. Raumstruktur und die in ihr verorteten Nutzungen bilden also einen Rahmen für individuelles Handeln. Eine räumliche Nähe von Aktivitätsgelegenheiten ist keine hinreichende, aber eine notwendige Voraussetzung für kurze Verkehrswege.

5.4 Wohnwelt, Arbeitswelt und Berufspendelverkehr

Die räumliche Trennung von Wohnen und Arbeiten

Der Wunsch nach qualitativ und quantitativ ausreichendem, familiengerechtem und gleichzeitig finanziell erschwinglichem Wohnraum läßt sich zunehmend nur am Rande der Städte bzw. Verdichtungsräume realisieren. Das

Wohnen im suburbanen Raum ist damit beherrschendes Leitbild für einen überwiegenden Teil der Bevölkerung geworden. Trotz eines Einstellungswandels bei einigen Bevölkerungsgruppen, die die Vielfalt des städtischen Lebens in gemischten Stadtquartieren insbesondere in Innenstädten bewußt suchen (Blasius, Dangschat 1990), bleibt das Leben im suburbanen Raum die bevorzugte Lebensform (Aring u.a. 1995).

Die gestiegenen Ansprüche beim Wohnen zeigen sich auch in der Wertschätzung von Ruhe, Naturnähe, guter Luft oder in der Suche nach einem „angenehmen" nachbarschaftlichen Umfeld, wohingegen potentiell störende Einrichtungen in der Nachbarschaft auf Ablehnung stoßen, auch wenn diese aus der Sicht der Allgemeinheit wichtig und nützlich sind (Schuck-Wersig, Wersig 1994). Arbeitsplätze, häufig als Gefahr für „störungsfreies" Wohnen angesehen, fehlen meist vollständig. Selbst Kinderspielplätze, Altenwohnheime oder Wohnungen für Asylbewerber werden als Störpotential gewertet. Außerdem macht die geringe Siedlungsdichte eine flächendeckende Nahbereichsversorgung unrentabel, und das umso mehr, je weiter Rationalisierungsdruck und Konzentrationsprozeß – insbesondere im Einzelhandel – fortschreiten (Aring u.a. 1995).

In den suburbanen Räumen hat sich eine Lebensweise, für die Eigenheim und Automobil eine zentrale materielle Basis darstellen, in prägnanter Form entwickeln können (Polster, Voy 1991). Die dort entstandenen Wohnsiedlungen reflektieren besonders deutlich den Zusammenhang von Wohlstandswachstum, gesellschaftlichen Leitbildern, Wohnflächenausdehnung, Motorisierungswachstum und Verkehrsbeschleunigung. Die Verfügbarkeit eines eigenen Fahrzeugs, das eine weitgehende Freiheit in der Wahl des Zeitpunktes und der räumlichen Ziele der Verkehrsteilnahme bietet, ist häufig elementare Voraussetzung für den Umzug in das Einfamilienhaus am Stadtrand, wo die Anbindung an den öffentlichen Verkehr in der Regel schlecht und die Möglichkeit der Zielerreichung zu Fuß oder mit dem Fahrrad stark eingeschränkt ist. Die Überbrückung der größer werdenden Entfernungen, um Arbeitsplatz, Versorgungs-, Bildungs- und Freizeiteinrichtungen zu erreichen oder soziale Kontakte zu pflegen, ist innerhalb eines akzeptierten Zeitrahmens nur dann möglich, wenn das eigene Automobil und das vorhandene Straßennetz möglichst hohe Geschwindigkeiten zulassen.

Expansionsbestrebungen und geänderte Standortwünsche veranlassen in jüngerer Zeit viele Betriebe ebenfalls, im suburbanen Raum anzusiedeln. Diese „nachholende" Stadt-Umland-Wanderung vieler Arbeitsplätze führt jedoch offensichtlich nicht dazu, daß es nun wieder zu einer größeren räumlichen Nähe der Wohnstandorte und der Arbeitsplatzstandorte kommt, wie sie aus vor- und frühindustrieller Zeit bekannt ist. Im Gegenteil schreitet im Prozeß der Ausdehnung der Siedlungsflächen die räumliche Trennung der Nutzungen immer weiter voran. Ein wichtiger Grund hierfür sind die geschilderten größeren Flächen- und Gebäudeeinheiten, die sich auch in immer größeren zusammenhängenden Standorten niederschlagen und eine kleinräumige Mischung der Funktionen ausschließen.[6] Unterstützt wird die Bildung größerer Gewerbegebiete vielfach auch durch die Praxis der kommunalen Wirtschaftsförderung, die in der Vergabe subventionierter, erschlossener Grundstücke für gewerbliche Nutzung ihr zentrales Instrument besitzt. Einen ähnlich großen Einfluß auf die wachsende Separierung städtischer Funktionen hat der bereits genannte Wunsch der Wohnbevölkerung nach einem störungsfreien Wohnumfeld.

Ein weiterer zentraler Motor der Funktionstrennung in der Stadt und am Stadtrand ist der Bodenmarktmechanismus, der zur räumlichen Konzentration von Nutzungen gleicher oder ähnlicher Ertragskraft führt. Renditeüberlegungen von Investoren machen Nutzungsmischungen nicht grundsätzlich unmöglich, erschweren sie jedoch beträchtlich (Aring u.a. 1997). Nicht zu unterschätzen ist auch der Einfluß des Immissionsschutzrechtes und der einschlägigen Rechtsprechung, die eine Tendenz der Nutzungstrennung fördern. Schließlich reflektiert die räumliche Funktionstrennung eine entsprechende organisatorische Arbeitsteilung zwischen Investoren: „Es gibt Wohnungsbaugesellschaften und Gewerbegebietsentwickler mit gegenseitig abgeschotteten Wirkungskreisen. Entwicklungsträger, die sowohl Wohnungsbau als auch gewerbliche Nutzungen aufeinander abgestimmt entwickeln wollen und können, sind zumindest in Deutschland dünn gesät“ (Jessen 1995: 396; Rudd-Jones 1992).

Die Pendlergesellschaft

Die zunehmende räumliche Trennung der Wohnstandorte und der Arbeitsplätze ist zu einem chrakteristischen Phänomen unserer Gesellschaft geworden. Als „Pendlergesellschaft“ (Ott, Gerlinger 1992) erfordert sie eine ständig wachsende Berufsverkehrsleistung. Genau 20 % des motorisierten Individualverkehrs, 23,7 % des Bus- und 28,8 % des Eisenbahnverkehrs sind dem Berufsverkehr zuzurechnen.[7] Diese Prozentzahlen sind nicht sehr hoch. Da jedoch die berufsbedingten Wege für viele Erwerbstätige einem (immer noch) starren tageszeitlichen Rhythmus unterworfen sind, führen sie zu den bekannten „Verkehrsspitzen“ am Morgen und am Nachmittag mit Staus und überfüllten öffentlichen Verkehrsmitteln.

6 Vgl. hierzu und zur folgenden Aufzählung von Ursachen Jessen 1995.

7 West- und Ostdeutschland 1994, gemessen am Verkehrsaufwand in Personen-Kilometer; vgl. BMV 1996

Tabelle 10: Berufspendler über die Gemeindegrenze nach hauptsächlich benutztem Verkehrsmittel in Westdeutschland 1961, 1970 und 1987

	1961	1970	1987
Pendler über die Gemeindegrenze insg.	6,13 Mio.	7,43 Mio.	9,88 Mio.
- mit Pkw oder motorisiertem Zweirad	33,5 %	58,4 %	82,0 %
- mit Bus oder Bahn	51,6 %	35,5 %	16,1 %
- mit Fahrrad oder zu Fuß	14,9 %	6,1 %	1,9 %

Aufgrund der Veränderung der Gemeindegrenzen infolge kommunaler Gebietsreform ist die reale Dynamik des Prozesses stärker als hier dargestellt

Quelle: Volkszählungen, Statistisches Bundesamt 1961, 1970 und 1987

Tabelle 11: Berufsauspendler nach Zeitaufwand für den Weg zur Arbeit in Westdeutschland 1970 und 1987

	1970	1987
bis 15 min	19,7 %	14,5 %
15 – 30 min	43,9 %	46,9 %
30 – 60 min	27,5 %	31,7 %
mehr als 60 min	8,9 %	6,9 %

Quelle: Volkszählungen, Statistisches Bundesamt 1970 und 1987

Das Phänomen des Berufspendelverkehrs hat sich im Laufe der letzten Jahrzehnte drastisch gewandelt. Benutzten im Jahr 1970 erst 34,5 % aller Berufspendler[8] einen eigenen Pkw oder ein motorisiertes Zweirad, so waren es 1987 bereits 66,9 %. Noch ausgeprägter zeigt sich die Bedeutung des motorisierten Individualverkehrs, wenn man nur die (zunehmende) Zahl derjenigen Erwerbstätigen betrachtet, die über die Grenzen ihrer Wohngemeinde hinweg zur Arbeit fahren. Tabelle 10 zeigt die entsprechende Entwicklung im Spiegel der Ergebnisse der verschiedenen Volkszählungen. Benutzten im Jahr 1961 nur 33,5 % der Auspendler einen Pkw oder ein motorisiertes Zweirad (letzteres spielte damals noch eine beträchtliche Rolle), so waren es 1970 schon 58,8 % und 1987 schließlich 82,0 %.

Das Zeitbudget für berufsbedingte Wege weist in Übereinstimmung mit theoretischen Konzepten zum raumrelevanten Verhalten im Zeitverlauf eine erstaunliche Konstanz auf. Aufgrund der individuellen Bereitschaft, ein be-

8 Einschließlich derjenigen, die zu Fuß gingen oder das Fahrrad benutzten

stimmtes Zeitbudget zu akzeptieren, konnten die Möglichkeiten schnellerer Raumüberwindung vollständig genutzt werden, den individuellen Aktionsradius zu erweitern, das heißt die räumliche Bindung von Wohn- und Arbeitsplatz zu lockern. So betrug die durchschnittliche Entfernung zwischen Wohn- und Arbeitsplatz für alle Pendler, die ein eigenes Kraftfahrzeug oder den öffentlichen Verkehr benutzten, Anfang der 60er Jahre etwa 9 Kilometer und lag Ende der 80er Jahre bei etwa 13,5 Kilometer.[9] Dabei kommen nicht nur die Möglichkeiten des Individualverkehrs zum Tragen. Durch Einführung des Schienen-Hochgeschwindigkeitsverkehrs wird beispielsweise der Raum Fulda bei einer Entfernung von 105 Kilometern und einer ICE-Reisezeit von 54 Minuten als Wohnstandort für Beschäftigte in Frankfurt am Main interessant.

Die größten Pendlerströme sind erwartungsgemäß von den typischen Wohnvororten auf die großen Zentren gerichtet. Von Norderstedt nach Hamburg oder von Garbsen nach Hannover fuhren 1987 täglich mehr als 17.000 Menschen zur Arbeit. Betrachtet man die Summe aller Einpendler aus dem Umland, dann stellen Frankfurt am Main, München und Hamburg die größten Einpendelzentren in Deutschland dar. So zieht die Dienstleistungsmetropole Frankfurt täglich mehr als eine Viertelmillion Arbeitskräfte aus den Umlandgemeinden an (siehe Tabelle 12). Die Daten reflektieren eindrucksvoll die Prozesse auf dem Arbeits- und dem Wohnungsmarkt. *Erstens* verfügen die großen Einpendelzentren über ein breites Angebot an Erwerbsmöglichkeiten und üben damit eine starke Anziehungskraft auch auf Bewohner des entfernteren Umlandes aus (arbeitsmarktinduziertes Pendeln). *Zweitens* weisen die großen Dienstleistungszentren bis in ihr verstädtertes Umland hinein ein überdurchschnittliches Boden- und Mietpreisniveau auf, was viele dortige Haushalte zum Fortzug ins entferntere Umland veranlaßt (wohnungsmarktinduziertes Pendeln).

Im Kontext des arbeitsmarkt- und wohnungsmarktinduzierten Pendelns stehen auch das Phänomen der Tagespendler über extrem große Distanzen und das Problem der „Fernpendler".[10] 1987 zählten mehr als eine Million Erwerbstätige, das sind fast 10 % aller gemeindegrenzüberschreitenden Pendler, zur Gruppe der „Wochenpendler" bzw. „Wochenendheimfahrer".[11] Nach landläufiger Ansicht betrifft dieses Phänomen, das für die Betroffenen mit

9 Berechnet nach Angaben in BMV 1991

10 Der Begriff des Fernpendlers ist nicht eindeutig definiert. Während das Erhebungskonzept der Volkszählung 1987 Fernpendler gegenüber Tagespendlern abgrenzte als Personen, die von einer anderen als der „hiesigen" Wohnung aus zur Arbeitsstätte fahren, verstehen z.B. Ott und Gerlinger (1992) unter Fernpendler jene Personen, deren Arbeitsweg – ohne genaue Entfernungs- und Zeitangabe – täglich mehrere Stunden beträgt.

11 Nach einer unveröffentlichten Volkszählungs-Auswertung des Statistischen Bundesamtes

Tabelle 12: Die größten Einpendelzentren in Westdeutschland 1987

Einpendelzentrum	Einpendler	mittl. Pendeldistanz (km)	Verkehrsleistung (Pers.-km)
Frankfurt a.M.	258.000	23,9	6.178.000
München	251.000	28,5	7.168.000
Hamburg	213.000	28,0	5.976.000
Stuttgart	189.000	20,6	3.903.000
Düsseldorf	171.000	21,8	3.725.000
Hannover	163.000	24,9	4.061.000
Köln	162.000	25,7	4.153.000
Nürnberg	117.000	22,5	2.635.000
Mannheim	87.000	16,8	1.470.000
Bremen	80.000	23,7	1.907.000

Die Pendeldistanz berechnet sich als Luftlinienentfernung zwischen Wohnort und Arbeitsplatz. Mittlere Pendeldistanz und Verkehrsleistung beziehen sich auf alle gemeindegrenzüberschreitenden Pendelwege, das heißt ohne Wege innerhalb der Zentren.

Quelle: Eigene Berechnung nach Volkszählung 1987

erheblichen physischen, psychischen und sozialen Anstrengungen verbunden ist, vor allem minderqualifizierte Arbeitnehmer aus strukturschwachen ländlichen Regionen. Interessanterweise zwingt die Interpretation der Volkszählungsergebnisse zu einer Revision dieser Vorstellung. Bei den Fernpendlern und Wochenendheimfahrern dominieren offensichlich qualifizierte Fachkräfte mit durchschnittlichem bis überdurchschnittlichem Einkommen.[12]

Abbildung 29 zeigt die Hauptströme der Berufspendler in Westdeutschland.[13] Deutlich treten die großen Einpendelzentren hervor. Ebenso klar werden die unterschiedlichen räumlichen Strukturen verschiedener Pendel- bzw. Arbeitsmarktregionen sichtbar. Sie spiegeln die unterschiedlichen topographischen und administrativen Gegebenheiten sowie vor allem unterschiedliche

12 Nach den Angaben des Statistischen Bundesamtes und in Übereinstimmung mit Ergebnissen einer regionalen Pendlerstudie im Raum Fulda – vgl. Ott, Gerlinger 1992. Eine teilweise Neubewertung des Phänomens des Fernpendeln wurde jedoch nach dem Zusammenbruch der DDR und der deutschen Wiedervereinigung notwendig.

13 Zur Berechnungs- und Darstellungsmethode siehe Nystuen, Dacey 1971

Tabelle 13: Räumliche Pendelverflechtungen innerhalb der zentralörtlichen Hierarchie in Westdeutschland 1987: Anteile der Pendlerströme in v.H.

von \ nach	Großzentren	Oberzentren/ Mittelzentren	sonstige Gemeinden	Summe
Großzentren	5,0 *(46,3)*	3,8 *(35,2)*	2,0 *(18,5)*	10,8 *(100,0)*
Ober-/Mittelzentr.	14,8 *(46,4)*	11,2 *(35,1)*	5,9 *(18,5)*	31,9 *(100,0)*
sonst. Gemeinden	18,4 *(32,1)*	26,8 *(46,8)*	12,1 *(21,1)*	57,3 *(100,0)*
Summe	38,2	41,8	20,0	100,0

Quelle: Eigene Berechnung nach Daten der Volkszählung 1987

Ausformungen des Industrialisierungs- und Verstädterungsprozesses im Verlauf der Geschichte wider (Sinz, Blach 1994). Hamburg und München als dominierende Kerne liegen inmitten typischer monozentrischer Pendelräume. Dagegen bildet das Ruhrgebiet einen polyzentrischen Pendelraum mit einer Vielzahl gleichwertiger Zielknoten. Der Großraum Stuttgart ist schließlich das typische Beispiel für einen hierarchisch organisierten Pendelraum, in dem *einerseits* einzelne Umlandgemeinden (vor allem Mittelzentren) relativ bedeutende Pendlerziele darstellen, *andererseits* von diesen Zielknoten die Hauptpendlerströme in Form einer Kaskade auf das Regionszentrum gerichtet sind.

Abbildung 29 und Tabelle 12 weisen auf die großen Städte als „Magneten" der Pendlerströme. Sie suggerieren damit ein räumliches Verhaltensmuster – Wohnen im Umland, Arbeiten im Zentrum – das zwar für viele noch gilt, aber in dieser Eindeutigkeit längst nicht mehr Bestand hat. Die stattgefundene Suburbanisierung von einem größeren Teil der Arbeitsplätze hat zusätzlich zu den dargestellten Hauptpendlerströmen weitere Ströme entstehen lassen, die innerhalb der Regionen tangential bzw. „kreuz und quer" verlaufen (siehe Tabelle 13). Nach wie vor verhalten sich 60,0 % aller (gemeindegrenzüberschreitenden) Pendler nach „traditionellem" Muster, das heißt sie fahren in einen Ort zur Arbeit, der in der zentralörtlichen Hierarchie „höher" steht als der Wohnort: von einem Ober-/Mittelzentrum in ein Großzentrum (14,8 %), von einer Gemeinde ohne größere zentralörtliche Bedeutung entweder in ein Großzentrum (18,4 %) oder in ein Ober-/Mittelzentrum (26,8 %). Aber daneben pendeln inzwischen 28,3 % aller Pendler zwischen Orten gleicher Hierarchiestufe und 11,6 % in der Hierarchie abwärts. Vieles deutet darauf hin, daß dieser Prozeß mit zeitlicher Verzögerung ähnlich abläuft wie in den USA, wo bereits in den 30er Jahren viele Arbeitnehmer von einem *Suburb* in einen anderen pendelten (d'Eramo 1998).

Abbildung 29: Hauptströme der Berufspendler

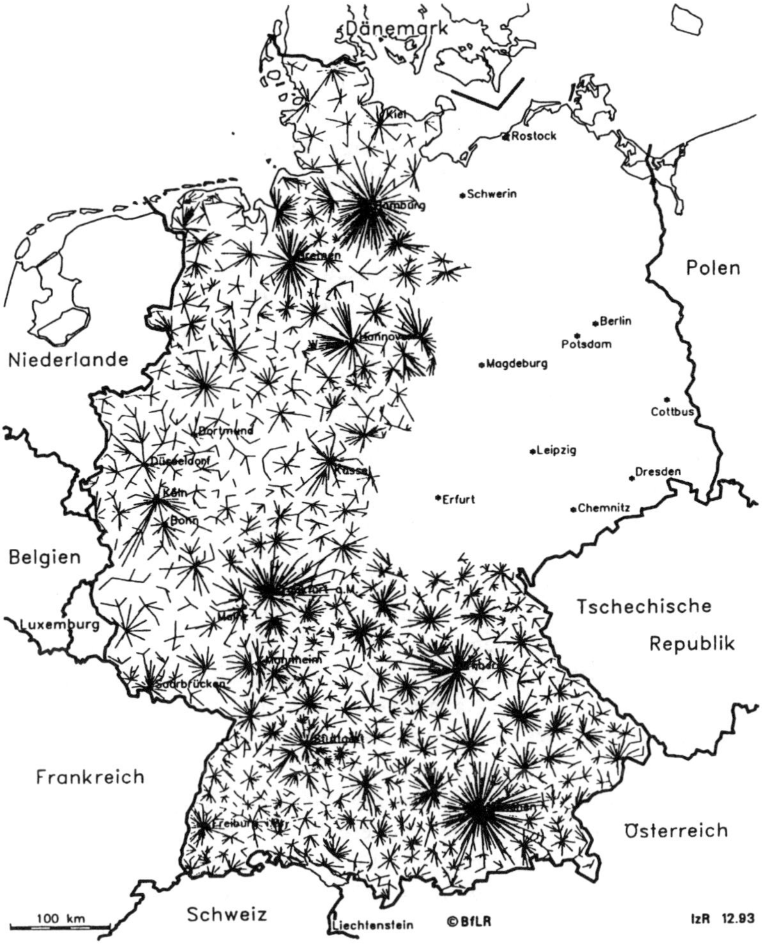

Auswertung der Volkszählung 1987

Jeweils stärkster Auspendlerstrom aus den Gemeinden in ein Einpendelzentrum höherer Ordnung, für Ostdeutschland keine Daten

Quelle: Schmitz 1993

Die Veränderung der Arbeitswelt und mögliche Verkehrskonsequenzen

Nicht nur die weiteren standörtlichen und aktionsräumlichen Veränderungen bei den Haushalten und Unternehmen werden in Zukunft Verkehrskonsequenzen nach sich ziehen. Auch die komplexe Umgestaltung der Arbeitswelt, die vor dem Hintergrund des technischen Fortschritts sowie des gesamten wirtschaftlichen und gesellschaftlichen Strukturwandels zu erwarten ist, wird wahrscheinlich Auswirkungen auf den Verkehr haben.

Nach dem Einzug der Mikroelektronik als Universaltechnologie wird die Arbeit der Zukunft von der weiteren Diffusion der Informations- und Kommunikationstechnologien als den Schlüsseltechnologien des 21. Jahrhunderts geprägt sein.[14] Die Informatisierung wird dabei alle Tätigkeiten – sowohl im produzierenden Bereich als auch bei den Dienstleistungen – tiefgreifend verändern. Parallel dazu werden sich die Qualifikationsanforderungen weiter wandeln. Manuelle Tätigkeiten und Routinearbeiten verlieren an Bedeutung zugunsten komplexer Aufgaben an hochtechnisierten Arbeitsplätzen, flexiblen Fertigungsanlagen und spezialisierten, beratungsintensiven Dienstleistungen. Dezentralisierung in kleinere Einheiten, Prozeß- und Kundenorientierung anstelle von Abteilungsdenken sowie Gruppen- und Teamarbeit erfordern auch neue und erweiterte Kompetenzen der Beschäftigten. Neue Berufsfelder wie etwa der Informations-Broker, Info-Grafiker oder Werbe- und Medienvorlagenhersteller sind erforderlich, die speziell der Bewältigung der wachsenden Komplexität dienen. Während also Erwerbspersonen ohne formalen Ausbildungsabschluß in noch steigendem Maße Arbeitslosigkeitsrisiken tragen werden, wird die Nachfrage nach qualifizierten Fachkräften hoch bleiben. In ähnlicher Weise wird die Spreizung der Einkommensverteilung zunehmen.

Eine schleichende „Entbetrieblichung" führt zur Zersplitterung und Ausfransung des Arbeitsmarktes. Viele Unternehmen werden zukünftig nur noch eine „Kernbelegschaft" beschäftigen, die die Wertschöpfung unter flexibler Hinzunahme projektbezogener freier Mitarbeiter bewerkstelligt. Ist ein solcher „Unternehmenszweck" erfüllt, das Projekt abgeschlossen, löst sich das Netzwerk wieder auf, die „atmende Organisation" zieht sich wieder zusammen. Arbeitnehmer werden dann zum freien Unternehmer ihrer Arbeitskraft, zum modernen „Doppelgänger" als Arbeitnehmer-Unternehmer, zum „neuen (Schein-) Selbständigen".

14 Zur folgenden stichwortartigen Zusammenfassung vgl. Setzer 1997

Diese und ähnliche Entwicklungen werden unmittelbare und mittelbare Auswirkung auf den Berufsverkehr haben. Die anhaltende Spezialisierung auf dem Arbeitsmarkt mindert die Wahrscheinlichkeit, überhaupt in der Nähe der eigenen Wohnung einen geeigneten Arbeitsplatz zu finden. Ist eine solche Beschäftigungsmöglichkeit in größerer Entfernung vom Wohnort gefunden, wird die individuelle Bereitschaft, durch Umzug den erforderlichen Pendelweg zu verkürzen, umso geringer sein, je mehr sich das Beschäftigungsverhältnis vom „Normalarbeitsverhältnis“, der klassischen Vollzeit- und Festanstellung unterscheidet. Zeitlich befristete oder unsichere Anstellungen fördern große Pendeldistanzen selbst dann, wenn grundsätzlich ein Interesse an einer Nähe von Wohn- und Arbeitsplatz vorhanden ist. Dies gilt erst recht für den Arbeitnehmer-Unternehmer, der ständig in der Lage sein muß, von seinem Wohnort aus flexibel auf neue „Aufträge“ zu reagieren.

Verkehrliche Konsequenzen hat auch die Flexibilisierung der Arbeitszeiten. Dies gilt weniger hinsichtlich der Pendelentfernungen und der räumlichen Quelle-Ziel-Beziehungen als vielmehr hinsichtlich der zeitlichen Struktur und der Verkehrsmittelwahl. Das starre Arbeitszeitgefüge, charakterisiert durch einen „normalen“ Acht-Stunden-Arbeitstag und eine „geregelte“ Fünf-Tage-Woche mit arbeitsfreiem Wochenende, verliert an Bedeutung. Beispielsweise wuchs der Anteil der Beschäftigen mit flexiblen Arbeitszeiten von 6 % im Jahr 1972 auf 22 % im Jahr 1993. Mehr als 15 % der beschäftigten Männer und knapp 35 % der beschäftigten Frauen hatten im Jahr 1993 eine Teilzeitarbeit (MAGS 1994; Czyganowski, Hesse 1996). Für die Flexibilisierung von Tages-, Wochen-, Monats- und Jahresarbeitszeit gibt es verschiedene komplementäre Ursachen (siehe Abbildung 30). Das unternehmerische Interesse konzentriert sich hierbei auf eine Ausdehnung der Betriebsnutzungs- und Maschinenlaufzeiten sowie die Möglichkeit, durch flexiblen Arbeitseinsatz auf Nachfrageschwankungen reagieren zu können. Dieses Interesse stößt in der Arbeitnehmerschaft nicht nur auf Widerstand, sondern – bei entsprechender Ausgestaltung der Flexibilisierung – zunehmend auch auf positives Echo. Ein Ausbruch aus dem starren Arbeitszeitgefüge wird von vielen als Chance erkannt, sei es zur besseren Verwirklichung eines freizeitorientierten Lebensstils oder zur besseren Vereinbarkeit von Familie und Beruf.

Die Meinungen gehen auseinander, ob eine weitere Flexibilisierung der Arbeits- und Betriebszeiten ein Mehr oder ein Weniger an Verkehrsbelastung bedeutet. Einerseits bietet die Entzerrung von Verkehrsspitzen für den öffentlichen Verkehr die Chance, effektiver und attraktiver zu arbeiten. Andererseits könnte der Pkw-Verkehr durch Entlastung der Staus an Attraktivität zurückgewinnen. Außerdem vermindert die Flexibilisierung der Arbeitszeit die Möglichkeit der Bildung von Fahrgemeinschaften. Verteilen sich die wachsenden Verkehrsströme auf größere Zeiträume des Tages, verringern sich die Ruhezeiten und damit die Wohn- und Freizeitqualitäten der Straßen-

Abbildung 30: Ursachen der Auflösung des starren Arbeitszeitgefüges

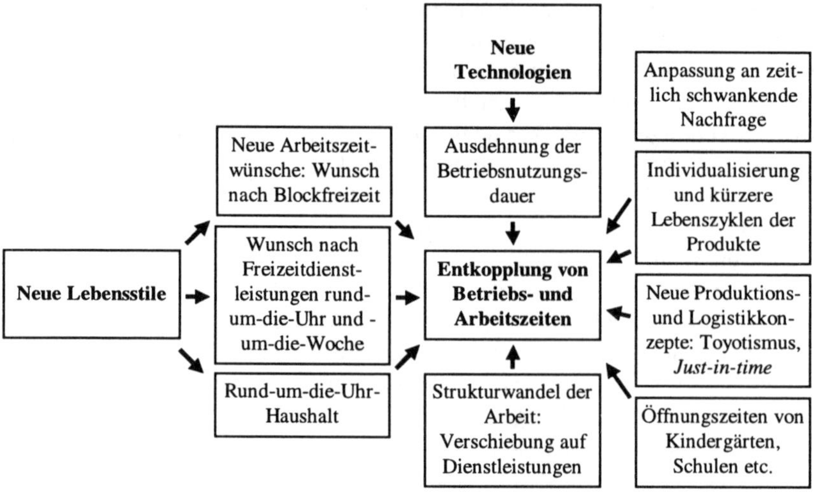

Quelle: nach Garhammer 1994; Czyganowski, Hesse 1996

anwohner (Trachte 1996). Die Entwicklungen im Personenverkehr werden dabei durch gleichgerichtete Trends im Gütertransport noch verstärkt:

„Die Ausweitung der Arbeits- und Betriebszeiten mit der Tendenz zur 'Rund-um-die-Uhr'-Produktion würde einen neuen Schub in Umweltbelastung und kompensatorischen Kosten auslösen. Die Flexibilisierung der Arbeitszeiten könnte zwar zu einer Entzerrung von Verkehrsspitzen beitragen, würde jedoch – angesichts der Struktur und der Angebotszeiten des öffentlichen Personennahverkehrs – zu einem weiteren Anstieg des motorisierten Individualverkehrs führen. Die Ausweitung der 'just-in-time'-Produktion in die Nacht und das Wochenende hinein hat eine erhebliche Erhöhung der Lieferfrequenzen und eine Ausdehnung der Lärm- und Schadstoffemissionen rund um die Uhr zur Folge" (Czyganowski, Hesse 1996: 13f.).

Den Vorteilen, die durch eine Flexibilisierung der Arbeitszeit realisierbar sind, stehen Risiken gegenüber. Das Tempo, in dem große Mengen produziert und konsumiert werden, führt zu einem steigenden Ressourcenverbrauch sowie zur Entwertung der Umwelt (Czyganowski, Hesse 1996). Die Flexibilisierung der Arbeitszeit hat aber auch weitreichende soziale Konsequenzen. Die Entkopplung der individuellen Arbeitszeit von der Betriebszeit macht soziale Kontakte schwieriger. Die Flexibilisierung der Arbeitszeit reiht sich ein in eine allgemeine Flexibilisierung der Öffnungszeiten von Läden, Behörden und Praxen, von Freizeit-, Kultur- und Bildungseinrichtungen (Opaschowski 1997). Die Ausdehnung von Betriebs-, Öffnungs-, Verkehrs- und

Medienzeiten bereitet den Weg zu einer „kontinuierlich aktiven Gesellschaft“.

Telearbeit und mögliche Verkehrskonsequenzen

Die Kontroversen um verkehrliche, ökologische und soziale Konsequenzen einer sich ändernden Arbeitswelt werden beim Thema „Telearbeit“ besonders deutlich. Telearbeit bezeichnet eine Form der Bildschirmarbeit, bei der die Arbeit mittels Informations- und Kommunikationstechniken mit gewisser Regelmäßigkeit außerhalb des Betriebes erbracht wird.

Seit mehr als zwanzig Jahren, ausgelöst durch die Ölkrise von 1973, wird darüber diskutiert, ob und wie man durch Anwendung der Telematik die Einheit von Wohn- und Arbeitsort, die durch die Industrialisierung getrennt wurde, wiederherstellen und physichen Verkehr durch Telekommunikation substituieren kann (Kordey 1994). Obwohl sich die hohen Erwartungen bis heute nicht erfüllten, hat sich seither eine bunte Vielfalt verschiedener Organisationsformen der Telearbeit entwickelt. Die ausschließliche „Teleheimarbeit“ wird vollständig in der Wohnung des Telebeschäftigten erbracht. Bei der „alternierenden Telearbeit“ wechselt der Telearbeiter zwischen mehreren Arbeitsorten, vor allem dem Arbeitsplatz und dem Büro. Die „mobile Telearbeit“ wird an ständig wechselnden Orten erbracht, zum Beispiel im Außendienst oder in Betrieben von Kunden oder Lieferanten. Bei der Telearbeit in Satelliten- oder Nachbarschaftsbüros wird die Arbeit in ausgelagerten Büros des Unternehmens oder in einem Gemeinschaftsbüro unterschiedlicher Unternehmen in Wohnraumnähe der Telearbeiter geleistet. Sogenannte *Telecottages*, Telehäuser oder Teleservicezentren haben sich – bisher allerdings kaum in Deutschland – in strukturschwachen Gebieten gebildet und stellen, als Mischung aus Serviceangebot und Telearbeitsplatz, eine Telekommunikationsinfrastruktur für die lokale Wirtschaft bereit (Korte 1996, Bundestagsdrucksache 13/9271 vom 27.11.1997).

Durch die Verbesserung der notwendigen Technik kann zukünftig praktisch jede Bürotätigkeit als Telearbeit durchgeführt werden:

> „Telearbeit wird von einem breiten Spektrum unterschiedlicher Berufsgruppen ausgeführt, wobei unter den Tätigkeiten bislang noch diejenigen dominieren, die wenig betriebsinterner Kommunikation bedürfen oder auf der Telefonkommunikation basieren. Klassische Tätigkeitsfelder für Telearbeit sind Daten- und Texterfassung, Bestellannahme, Telefonmarketing, einfache Sachbearbeitung und Buchhaltung, Arbeitsvor- und Nachbereitung, Forschung und gutachterliche Tätigkeit, Grafikdesign, Übersetzen, Programmieren und EDV-Wartungsarbeiten. Wegen der verbesserten technischen Voraussetzungen können in Zukunft annähernd alle Bürotätigkeiten, auch solche mit hohem Kommunikations- und Ressourcenbedarf, in Form von Telearbeit durchgeführt werden“ (Kordey 1994: 88f.).

Zunächst stand bei der Telearbeit die dezentrale Leistungserbringung von Einzelpersonen im Vordergrund. Zwischenzeitlich ermöglicht es die Informations- und Kommunikationstechnik, daß auch mehrere Individuen räumlich verteilt und vernetzt in einem „virtuellen Team“ zusammenarbeiten. Diese „Telekooperation“ findet ihren Höhepunkt im „virtuellen Unternehmen“, bei dem es sich um einen Zusammenschluß von rechtlich unabhängigen und räumlich getrennt telearbeitenden Einzelpersonen oder Kleinstunternehmen in einem Netzwerk handelt, das auf dem Markt als eine Einheit unter einem Firmennamen agiert (Korte 1996).

Telearbeit könnte in Zukunft vor allem deshalb an Bedeutung gewinnen, weil sie der Logik der Veränderung der Arbeitswelt entspricht. Durch Telearbeit lassen sich etwa Kosten reduzieren und Arbeitsspitzen besser bewältigen. Telearbeit dürfte vor allem für solche Arbeitnehmerkreise vermehrt zur Realität werden, die als befristet Angestellte, Werkvertragnehmer oder sonstige projektbezogene freie Mitarbeiter nicht mehr zur Kernbelegschaft der Unternehmen gehören (Setzer 1997). Telearbeit ist aus Unternehmersicht das geeignete arbeitstechnische und arbeitsorganisatorische Konstrukt, die Möglichkeiten des ökonomischen *Outsourcing* auszuschöpfen. Telearbeit und *Outsourcing* entpuppen sich damit als zwei Seiten derselben Medaille (Schütte 1996).

Ähnlich wie bei der Flexibilisierung der Arbeitszeit stoßen aber auch bei der Telearbeit, das heißt bei der Flexibilisierung des Arbeitsortes, die Interessen der Unternehmen durchaus auf ähnlich gerichtete Interessen bei der Arbeitnehmerschaft. Seitens der Mitarbeiter kann das Interesse an Telearbeit beispielsweise darin liegen, die Arbeit mit häuslichen Verpflichtungen kombinieren zu wollen, zumindest teilweise zu Zeiten und an Orten arbeiten zu können, an denen sie ungestörter und produktiver sind, und schließlich Möglichkeiten zur Reduzierung des Pendelaufwandes zu haben (Korte 1996).

Die Schätzungen zur Anzahl heutiger Telearbeiter schwanken beträchtlich, je nach Begriffsbestimmung und methodischer Abgrenzung in Deutschland zwischen 30.000 und 875.000, in den USA zwischen 3 und 20 Millionen. Nach einer jüngsten Hochrechnung gibt es in Deutschland derzeit ca. 500.000 mobile Telearbeiter (vorwiegend Außendienstmitarbeiter), ca. 350.000 alternierende Telearbeiter (mit und ohne Online-Verbindung zu ihrem Arbeitgeber bzw. Auftraggeber), ca. 22.000 Telearbeiter, die ausschließlich zu Hause arbeiten und ca. 3.500 Telearbeiter in Satelliten- und Nachbarschaftsbüros.[15] In einer anderen, EU-weiten Untersuchung, nach der

15 Nach einer Hochrechnung des Fraunhofer-Instituts für Arbeitswirtschaft und Organisation – zitiert in Bundestagsdrucksache 13/9271 vom 27.11.97

es in Deutschland lediglich 150.000 Telearbeitsplätze gibt, ist Großbritannien mit 560.000 Plätzen europäischer Spitzenreiter (Empirica 1994; Korte 1995, 1996).

In starkem Kontrast zu den eher bescheidenen heutigen Zahlen – 150.000 Telearbeiter in Deutschland machen nur etwa 0,4 Prozent der Beschäftigten aus – stehen die Voraussagen und Entwicklungsperspektiven für die kommenden Jahrzehnte. Legt man das im Rahmen einer Untersuchung geäußerte Interesse von Erwerbstätigen und Unternehmen an Telearbeit zugrunde, „kann man daraus ein Interessenpotential an Telearbeit von knapp einem Fünftel aller 140 Mio. Arbeitsplätze in der EU ermitteln. Zwischen 17 % und 21 % der Arbeitsplätze in den untersuchten Ländern sind potentielle Telearbeitsplätze, insofern als sowohl Arbeitgeber als auch Arbeitnehmer an Telearbeit interessiert sind“ (Korte 1996: 135).

Ob sich diese Potentiale realisieren lassen, hängt von einer Vielzahl von Faktoren ab (Mokhtarian, Saloon 1994; Handy, Mokhtarian 1996; Ahrling u.a. 1996). Die Einschätzungen reichen, sowohl hinsichtlich des möglichen quantitativen Umfangs als auch hinsichtlich der qualitativen Auswirkungen der Telearbeit, von Euphorie bis zu tiefer Skepsis. „Aus der Sicht der Bevölkerung halten sich die künftigen Chancen und Risiken der Telearbeit die Waage. Einerseits wird auf die Möglichkeit hingewiesen, beim *Teleworking* die Arbeitszeit individueller einteilen zu können (23 Prozent). Andererseits wird auch ein Problem darin gesehen, daß die Telearbeiter die sozialen Kontakte am Arbeitsplatz vermissen. Berufstätige Frauen betonen eher die Risiken, berufstätige Männer mehr die Chancen von Telearbeit“ (Opaschowski 1997: 53). Da im Zuge des allgemeinen Strukturwandels der Arbeit die zukünftige Ausgestaltung der Telearbeit wohl eher durch Rahmenbedingungen und Unternehmensinteressen bestimmt wird als durch Arbeitnehmerwünsche, ist es eher unwahrscheinlich, daß die optimistische Prophezeihung John Naisbitts in Erfüllung geht: „Das neue elektronische Herzland wird von Menschen bevölkert sein, die in ihrer Arbeit nicht an einen bestimmten Ort gebunden sind, Menschen, die ihre Arbeit überall tun können und die sie in einer Umgebung tun können, die ihnen zusagt. Wir werden uns nicht mehr in Städten oder Vorstädten zusammendrängen, wie wir das noch im Industriezeitalter getan haben“ (Naisbitt 1990: 385).

Es geht bei der Diskussion um das Für und Wider von Telearbeit aber nicht nur um Vor- und Nachteile für den einzelnen Arbeitnehmer und das einzelne Unternehmen, sondern auch um ökologische, volkswirtschaftliche, raumordnerische und soziale Ziele. Hierzu zählen in erster Linie die Hoffnungen auf eine Reduzierung des Pendelverkehrs und eine Entzerrung von Verkehrsspitzen, in Verbindung mit entsprechenden Wirkungen hinsichtlich der Verringerung des Energieverbrauchs und der Umweltbelastungen (ISI 1994). „Andere Erwartungen betreffen eine Senkung der Nachfrage nach

Büroflächen in den Innenstädten und die Chance, auch in strukturschwachen ländlichen Regionen neue qualifizierte Arbeitsplätze zu schaffen. Sozialpolitische Chancen liegen in der Integration von Behinderten sowie im leichteren Wiedereinstieg von Müttern in ein Beschäftigungsverhältnis bzw. der partnerschaftlichen Rollenverteilung zwischen Mann und Frau" (Kordey 1994). Außerdem wäre denkbar, daß durch verstärkte Teleheimarbeit die Wohnquartiere an Bedeutung gewinnen und sich so neue Potentiale der Nutzungsmischung erschließen könnten (Floeting, Grabow 1998).

Auf der anderen Seite werden gerade die möglichen Verkehrsauswirkungen häufig skeptisch betrachtet. Bisherige Erfahrungen aus Zeitbudgetstudien und Beobachtungen zur Wohnstandortwahl lassen vermuten, daß nicht nur die eingesparte Zeit für die Fahrt zur Arbeit in andere Verkehrsvorgänge investiert wird, sondern daß auch die Unabhängigkeit der Wohnstandortwahl vom Standort des Arbeitsplatzes weiter wächst:

„Sicherlich kann die intensive Anwendung der Telearbeit zu einer Entzerrung der Verkehrsbelastung in der morgend- und abendlichen Rush Hour führen. Andererseits läßt sich vermuten, daß die durch die Nutzung der Telekommunikation eingesparte Zeit teilweise in Form von anderen Reisen, beispielsweise zu Versorgungs- und Freizeitzwecken, aufgebraucht wird. Zudem bewirkt Telearbeit gleichzeitig auch eine größere Flexibilität bei der Wahl des Wohnstandortes und somit möglicherweise größere Distanzen zwischen Arbeits-, Wohn-, Versorgungs-, Ausbildungs- und Freizeitort für den Telearbeiter selbst und seine Familienmitglieder" (Kordey 1994: 95).

Ob also, wie einerseits vermutet, eine verstärkte Telearbeit zu einer räumlichen Reintegration menschlicher Aktivitäten und zur Aufwertung der unmittelbaren Lebensumwelt beiträgt, oder ob im Gegenteil solch neue Arbeitsformen eine weitere individuelle und räumliche Desintegration der einzelnen Nutzungsfunktionen fördern, bleibt abzuwarten. Nennenswerte Auswirkungen sind ohnehin erst dann zu erwarten, wenn die Telearbeit von einer Randerscheinung der Arbeitswelt zu einem wirklichen bedeutenden Phänomen werden sollte.

5.5 Konsum- und Erlebniswelt, Einkaufs- und Freizeitverkehr

Von der Eigenarbeit zur Versorgung

In früheren Jahrhunderten war die Familie im wesentlichen ein Selbstversorger. Der Haushalt befriedigte die meisten elementaren Bedürfnisse durch Eigenarbeit: durch Kochen, Waschen, Kinderbetreuung, Nahrungsmittelkonservierung und vieles mehr. Eine außerhäusliche Versorgung durch Tausch und Kauf auf überwiegend lokalen Märkten fand nur in vergleichsweise geringem Umfang statt. Im Zuge der Industrialisierung, der zunehmenden Arbeitsteilung und der schrittweisen Veränderung der Rollenverteilung zwischen den Geschlechtern wurde ein wachsender Teil der Hausarbeit bzw. Eigenarbeit in marktförmige Bereiche der Ökonomie verlagert und somit durch den Einkauf von Gütern ersetzt. Gleichzeitig wurde auch der nicht marktförmige Tausch von Dienstleistungen in sozialen Netzen (Verwandte, Freunde, Nachbarn) zurückgedrängt gegenüber der Inanspruchnahme von marktförmig angebotenen Diensten (z.B. durch Handwerker, Putzfrau, Kinderfrau, Wäscherei).[16]

Während der Zeitaufwand für „klassische“ Formen der Hausarbeit (Kochen, Waschen usw.) aus verschiedenen Gründen abgenommen hat, bekommen verkehrsinduzierende Formen der Hausarbeit wie Einkauf und Kinderbetreuung eine wachsende Bedeutung (Offe, Heinze 1990). So dient heute ein beachtlicher Teil der Personenverkehrswege solchen Versorgungszwecken (siehe Tabelle 14). Häufig werden dabei diese Wege in komplexe Wegeketten integriert (siehe Abbildung 31).

Im Gegensatz zum Berufsverkehr wurde der Versorgungsverkehr mit all seinen Facetten bisher nur unzureichend analysiert. Beispielsweise stellt die verkehrliche Relevanz veränderter Formen der Kinderbetreuung ein bislang vernachlässigtes Forschungsthema dar. Kindergärten und ähnliche Einrichtungen bieten zwar Müttern bei der Kinderbetreuung Entlastung. Die Wahrnehmung solcher Angebote erfordert aber eine beachtliche Verkehrsleistung, und ein erheblicher Teil der Zeiteinsparung wird durch die Fahrdienste wieder aufgebraucht. Solche Fahrten werden aber nicht nur für die verschiedenen Formen der Fremdbetreuung jüngerer Kinder geleistet.

16 Eine ausführliche Erörterung und begrifflich-theoretische Einordnung von „Versorgung“, „Reproduktionsarbeit“ und „Hausarbeit“ geben Beik, Spitzner 1996

Tabelle 14: Personenverkehrsaufkommen nach Fahrtzwecken und Verkehrsbereichen in Deutschland 1994

Anteile der Fahrtzwecke an den Verkehrsbereichen in v.H.

	Fußwege	Fahrrad	ÖSPV[a)]	Eisenb.	MIV[b)]	Luftverk.
Beruf	8,1	18,2	21,9	38,9	24,0	0,0
Ausbildung	7,5	14,2	27,2	18,6	2,6	0,0
Geschäft	1,2	1,5	2,4	5,3	14,9	31,0
Versorgung	37,7	28,2	26,4	15,1	21,0	0,0
Freizeit	45,5	38,0	22,0	21,2	37,4	4,0
Urlaub	0,0	0,0	0,2	1,0	0,2	64,9
insgesamt	100,0	100,0	100,0	100,0	100,0	100,0

Anteile der Verkehrsbereiche an den Fahrtzwecken in v.H.

	Fußwege	Fahrrad	ÖSPV[a)]	Eisenb.	MIV[b)]	Luftverk.	insg.
Beruf	11,5	9,3	10,0	3,5	65,8	0,0	100,0
Ausbildung	27,2	18,5	31,8	4,3	18,2	0,0	100,0
Geschäft	3,9	1,7	2,4	1,0	90,6	0,3	100,0
Versorgung	38,6	10,4	8,7	1,0	41,4	0,0	100,0
Freizeit	32,6	9,8	5,1	1,0	51,6	0,0	100,0
Urlaub	0,0	0,0	10,1	8,4	54,0	27,6	100,0

a) Öffentlicher Schienenpersonenverkehr b) Motorisierter Individualverkehr

Quelle: Bundesminister für Verkehr 1996

Wie bereits dargestellt, werden Chauffeurdienste zu einer typischen Begleiterscheinung der gesamten Kindheit. Die Freizeitgestaltung von Kindern ist zunehmend organisiert, institutionalisiert und kommerzialisiert. So wächst beispielsweise der Anspruch auf eine umfassende Förderung in Musikschulen, Tanz-, Spiel- und Sportgruppen (Beik, Spitzner 1996). Daß es insgesamt weniger Kinder gibt, bedeutet nicht nur, daß Spielgefährten immer schwerer in der direkten Nachbarschaft zu finden sind. Weniger Kinder bei gleichzeitig wachsender Siedlungsdispersion bedeutet auch, daß die öffentlichen und kommerziellen Einrichtungen für Kinder größere Einzugsgebiete benötigen und daher in der Regel von der Wohnung weiter entfernt sind. Neben den Entfernungen sind es aber auch die erheblichen Gefahren für Kinder im Straßenverkehr, die Eltern veranlassen, das Hinbringen und Abholen vom Kindergarten, der Schule, Freunden und Freizeiteinrichtungen zu organisieren.

Abbildung 31: Typische Wegekette berufstätiger Frauen

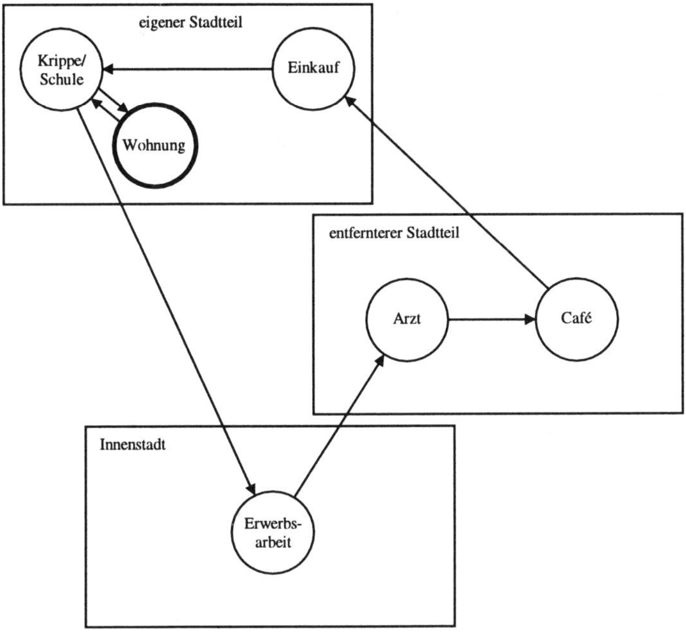

Quelle: Buschkühl-Lindermann u.a. 1994

Vom Versorgungseinkauf zum Erlebniskonsum

Neben der Tatsache, daß Eigenarbeit durch den Einkauf von Fremdleistungen substituiert wird, läßt sich in den letzten Jahrzehnten ein weiteres Phänomen beobachten. Das erreichte Wohlstandsniveau hat dazu geführt, daß für viele der Einkauf von Fremdleistungen nicht mehr nur der Befriedigung elementarer Lebensbedürfnisse, sondern der Gestaltung des Lebensniveaus über diese elementaren materiellen Bedürfnisse hinaus dient.

Wohlstand bedeutet nicht nur gestiegene Ansprüche und Wahlmöglichkeiten hinsichtlich der eigenen Wohnung (siehe 5.4), sondern auch hinsichtlich einer Reihe weiterer Konsumfelder. Ziemlich genau die Hälfte der Ausgaben der privaten Haushalte für den „Privaten Verbrauch" entfällt heute auf die Bereiche Wohnungsausstattung, Gesundheits- und Körperpflege, Verkehr und Nachrichtenübermittlung, Bildung, Unterhaltung und Freizeit sowie sonstige Ausstattungen (siehe Tabelle 15).

Tabelle 15: Struktur der Ausgaben privater Haushalte für den Privaten Verbrauch 1994

	Westdeutschl.	Ostdeutschl.	Deutschland
Privater Verbrauch insgesamt in Mio. DM davon in Prozent:	1.647.070	255.790	1.902.860
Nahrungsmittel, Getränke, Tabakwaren	20,1	27,6	21,1
Bekleidung, Schuhe	7,1	5,5	6,9
Wohnungsmieten	18,3	12,7	17,5
Energie (ohne Kraftstoffe)	3,6	4,4	3,7
Möbel, Haushaltsgeräte u.a.	8,7	10,3	8,9
Gesundheits- und Körperpflege	6,2	5,8	6,1
Verkehr und Nachrichtenübermittlung	16,4	16,0	16,4
Bildung, Unterhaltung, Freizeit	11,0	11,4	11,0
Persönliche Ausstattung	8,6	6,3	8,3

Quelle: Volkswirtschaftliche Gesamtrechnungen, vgl. Statistisches Bundesamt 1997

Flexibilisierte Formen der Produktion, wie sie in Kapitel 3 beschrieben wurden, haben sowohl zu einer erweiterten Produktpalette bei den Massenprodukten als auch zu einem differenzierten Angebot hochwertiger Qualitätsprodukte geführt. So haben die erweiterten Wahlmöglichkeiten im Konsumbereich *einerseits* eine weitere Demokratisierung durch Preisdifferenzierung auch für untere Wohlstandsschichten und *andererseits* eine Erhöhung der Luxus-Komponente durch Angebotsdifferenzierung bewirkt. „Dem entsprechen auch Beobachtungen des Kaufverhaltens, das immer mehr innerhalb von Produktklassen die mittleren Preislagen zugunsten entweder der niedrigen oder der hohen Preislagen vernachlässigt“ (Schuck-Wersig, Wersig 1994: 195).

Unterschiedliche Angebotspaletten bedienen heute die Konsumbedürfnisse unterschiedlicher sozialer Schichten und Lebensstilgruppen. Umgekehrt haben erst die Wahlmöglichkeiten im Bereich des Konsums von Gütern und Dienstleistungen die Pluralisierung von Lebensstilen ermöglicht. Produkte sind für viele Menschen heute nicht einfach Träger eines instrumentellen Nutzens, sondern besitzen eine starke symbolische Bedeutung, haben expressive Funktion und versprechen dem Käufer die Befriedigung immaterieller Bedürfnisse (BUND, Misereor 1996). Die geänderte Wertigkeit der Produkte überträgt sich zunehmend auch auf den Konsumvorgang selbst. „Kaufen“ ist heute weit mehr als nur „Sich Versorgen“. Nur noch etwa die Hälfte des Konsums fällt in die Kategorie des „Versorgungskonsums“, bei dem es darauf ankommt, möglichst schnell, problemlos und auf dem kürzesten Wege einzukaufen. Die andere Hälfte fällt in die Kategorie des „Erlebniskonsums“, für den man mehr Zeit investiert, der genußvoll und unbeschwert sein soll und der so zu einem Teil der Freizeitgestaltung wird (Opaschowski 1997).

Neben der Zeit, die zum Beispiel durch Erwerbsarbeit fremdbestimmt ist, und derjenigen Zeit, die für die Organisation des eigenen Lebens und die existenziellen Erfordernisse benötigt wird, bleibt die „eigentliche“ Freizeit als die Zeit, über deren Verwendung der Mensch frei verfügen kann.[17] Daß die Freizeit in unserer Gesellschaft so stark an Bedeutung gewinnen konnte, ist vor allem der an das Wohlstandswachstum gekoppelten Verkürzung der Arbeitszeiten zuzuschreiben. Allein zwischen 1960 und 1993 nahm die durchschnittliche Jahresarbeitszeit der Arbeitnehmer durch Zurückdrängung der Wochenendarbeit, Verlängerung der Jahresurlaubszeit und Verkürzung der Wochenarbeitszeit um rund 500 Stunden ab (DGF 1996). Ferner vergrößerte sich durch eine verlängerte Ausbildungszeit und durch eine frühere Verrentung die Lebensarbeitszeit. „An der Grundtendenz, daß das absolute Zeitvolumen für Freizeitbetätigungen zugenommen hat, ändert auch nichts, daß im Zuge derselben Entwicklung die Zeitsouveränität bzw. die Möglichkeiten der Zeitsynchronisation in bestimmten sozialen Gruppen eher abgenommen haben.“ (Hatzfeld 1997).

Zugleich wuchsen die spezifischen Freizeitausgaben der Deutschen zwischen 1995 und 1997 um mehr als 650 %. Dabei stieg nicht nur das absolute Freizeitbudget, sondern auch der Anteil am Haushaltseinkommen, der dem Bereich Freizeit zugeordnet werden kann (siehe Tabelle 15). Analog zum Bereich der „Hausarbeit“, wo die außerhäusliche Versorgung vermehrt die häusliche Eigenarbeit ersetzte, wurden auch im Freizeitbereich menschliche Bedürfnisse sozialer und kommunikativer Art immer mehr aus dem häuslichen Bereich ausgelagert. Dabei verändert sich die Freizeit in der Bewertung vieler Menschen von einer reinen Erholungszeit zu einer „kreativen Aktiv-, Erlebnis- und Vergnügungszeit“, die in zunehmendem Maße zur Sphäre der Selbstfindung und Selbstverwirklichung wird. Gleichzeitig werden das Interesse an vergnügungsorientierten Angeboten und die Anforderung an ein vielfältiges Angebotsprofil immer größer (Hatzfeld 1997).

In diesem Zusammenhang wird Freizeitgestaltung zu einem Experimentierfeld, in dem sich Arbeitswelt, Bildung und Weiterbildung, Erlebnis, Ge-

17 Opaschowski (1976) unterscheidet in diesem Zusammenhang Determinationszeit, Obligationszeit und Dispositionszeit, vgl. Opaschowski 1976, Dumazedier 1974, Holzapfel u.a. 1996

sundheitsvorsorge und soziales Engagement überlagern und immer stärker voneinander abhängig werden (Hatzfeld 1997). Auffallend ist auch die wachsende Überlagerung von Versorgungstätigkeiten und Freizeitgestaltung. Der zunehmende Erlebnisaspekt von Einkaufstätigkeiten und das wachsende Freizeitbudget sind dafür verantwortlich, daß die Grenzen zwischen Versorgung und Freizeit immer stärker verwischen:

„Die strikte Trennung in Zeit, die für Versorgungszwecke benötigt wird, und tatsächlich frei verfügbare Zeit ist in der jüngeren Vergangenheit für viele Menschen immer schwerer nachvollziehbar geworden, seit die Kaufhaus- und Einkaufszentrenkonzerne dazu übergegangen sind, den Einkauf selbst banaler Artikel nicht nur als Versorgungsakt aufzufassen, sondern durch die Schaffung eines attraktiven Ambientes als 'Einkaufserlebnis' zu zelebrieren. Das biedere Einkaufen diversifiziert und wird zum Teil – besonders in Verbindung mit zunehmender Lockerung der bisher im internationalen Vergleich rigiden Ladenöffnungszeiten – zum Shopping. Die damit verbundenen Attribute 'Genuß' und 'Erlebnis' sorgen dafür, daß das Gefühl dafür, daß eigentlich obligatorische Verrichtungen durchgeführt werden, verlorengeht und ein Freizeitcharakter suggeriert wird“ (Holzapfel u.a. 1996).

Vor diesem Hintergrund sind in den letzten Jahren im Konsum- und im Freizeitbereich völlig neue Angebotsformen entstanden.

Neue Erlebniswelten

Die starke Ausweitung der Angebotspalette ist der entscheidende Grund für die Zunahme der Verkaufsflächen im Einzelhandel: „Wo vor noch gar nicht allzulanger Zeit in einer Warenkategorie vielleicht zwei oder drei Produkte zur Wahl standen (etwa Milch-, Nuß-, Bitterschokolade), sind es heute Dutzende, denen sich als Konkurrenten noch Dutzende andere Formen von schokoladehaltigen Süßwaren zur Seite gesellen. Neben vielen anderen Gründen ist hier auch eine Ursache für das Verschwinden von kleinen Nahversorgungseinheiten zu sehen: Kein 'Tante-Emma'-Laden könnte diese Angebotsvielfalt vorhalten, müßte dies aber, um der Luxus-Bedürfnisstruktur gerecht zu werden“ (Schuck-Wersig, Wersig 1994: 196).

Parallel zur Zunahme der Verkaufsflächen steigt im Einzelhandel auch der Bedarf an Parkraumflächen, da immer mehr Kunden den Einkauf mit dem eigenen Auto tätigen, um die wachsende Menge der – häufig auch sperrigen – Konsumgüter problemlos abtransportieren zu können. Der zunehmende Flächenbedarf für Verkauf und Parkraum führt fast zwingend dazu, daß die neuen Einzelhandelseinrichtungen nicht in den Innenstädten, sondern am Rand bzw. außerhalb der Städte entstehen. Weitere wichtige Gründe für die Wahl solcher Standorte liegen etwa in der günstigen Erreichbarkeit sowohl für den gewerblichen Lieferverkehr als auch für den privaten Einkaufsverkehr sowie in den gegenüber den konfliktreichen, verhandlungsintensiven Citystandorten geringen Planungskosten (Läpple 1996, Hesse 1997).

Aber es nehmen nicht nur die Flächen im Einzelhandel zu. Parallel dazu ist eine ausgeprägte räumliche Konzentration des Angebots zu beobachten, das heißt eine Reduzierung der Zahl verschiedener Angebotsstandorte. Das Ausmaß dieser Konzentration geht deutlich über das hinaus, was allein durch die genannten Substitutionsbeziehungen und die Ausschöpfung skalenökonomischer Vorteile erklärbar ist. Hier fallen vielmehr zwei weitere Aspekte ins Gewicht, die zu „Agglomerationsvorteilen“ im Einzelhandel führen: Eine Orientierungsnotwendigkeit für den Verbraucher und der bereits angedeutete Gesichtspunkt des Erlebniskonsums.

Damit der Verbraucher seine Wahlfreiheit auch wirklich realisieren kann, muß ihm das Ausmaß des Angebotes bekannt und die vergleichende Orientierung innerhalb des Angebots möglich sein. Dies betrifft zunächst die Orientierung innerhalb einzelner Warentypen, was seit längerem schon in den Städten zur räumlichen Ballung von Fachgeschäften gleichen Typs führt, zunehmend aber auch neuartige Großformen bis hin zu sogenannten *Megastores* hervorbringt. Eine nächste Stufe der Orientierung bezieht sich auf Produkte, die einander ergänzen. Der entsprechende Angebotstyp Supermarkt ist heute längst nicht mehr nur auf den Lebensmittelbereich beschränkt, sondern als „Fachmarkt“ – vom Baumarkt bis zum Gartencenter – für fast alle Warengruppen zu finden. Die verschiedenen Formen der Konzentration greifen vermehrt auch auf den Dienstleistungsbereich über: „Reisebüros gewinnen immer mehr Multifunktionalität, Kinos werden an nur wenigen Stellen der Stadt zu Kinokomplexen zusammengezogen, in denen fast das gesamte aktuelle Programm nachgefragt werden kann, Museen werden immer mehr zu Museumskomplexen zusammengeführt“ (Schuck-Wersig, Wersig 1994: 197).

Wahlfreiheit bedeutet aber nicht nur, daß Waren und Dienstleistungen innerhalb eines Typs konkurrieren. Ein wesentliches Merkmal des Erlebniskonsums ist es gerade, daß sich der Einkauf von einem konkreten Versorgungsziel löst und völlig unterschiedliche Angebote wahrgenommen und miteinander verglichen werden. Dies erklärt nicht nur den Erfolg von Geschäftskonzentrationen in Galerien, Passagen und Einkaufszentren, sondern neuerdings auch die Kombination von Waren-, Dienstleistungs- und Freizeitangeboten in großen Einheiten (*„Urban Entertainment Centers“*).

Solche Komplexe, die dann meist in der Regie großer Unternehmen konzipiert, entwickelt und betrieben werden, bieten aufgrund ihrer Kompaktheit die Möglichkeit zur Kontrolle und bewirken allein schon durch ihre überwiegende Lage außerhalb der Städte eine soziale Selektion der Kundschaft. Als pseudo-öffentliche Räume scheinen sie eher dem Bedürfnis vieler Menschen nach Schutz vor Kriminalität und nach Abgrenzung gegenüber Randgruppen zu entsprechen als die klassischen Geschäftsviertel der Städte.

Fachmärkte und multifunktionale Waren- und Dienstleistungskomplexe erleben in den letzten Jahren vor allem in Ostdeutschland als Folge des dortigen politischen und gesellschaftlichen Wandels einen wahren Boom und tragen dort erheblich zur Zersiedlung im Umland der Städte und zum allgemeinen Siedlungsflächenwachstum bei (Häußermann 1995). Was sich in Westdeutschland im Laufe von mehreren Jahrzehnten langsam und weitgehend „geordnet" entwickelte, wurde in Ostdeutschland vor dem Hintergrund ungeklärter Eigentumsverhältnisse und zunächst geringer politischer Steuerungsbereitschaft und planerischer Steuerungskompetenz innerhalb kürzester Zeit in recht ungeordneter Weise „nachgeholt". So liegt die durchschnittliche Pro-Kopf-Verkaufsfläche von Einkaufszentren in Ostdeutschland mittlerweile um den Faktor 2,5 höher als in Westdeutschland. Eine Spitzenstellung nimmt hier der Saalepark im Umland der Stadt Halle ein. Mit einer Verkaufsfläche von 126.000 Quadratmeter übertrifft dieser Standort die gesamte Einzelhandelsverkaufsfläche im Stadtgebiet Leipzig um mehr als das Doppelte (Jürgens 1994).

In der ersten Hälfte der 90er Jahre hat sich in Gesamtdeutschland die Zahl der regionalen *Shopping Center* mit über 10.000 Quadratmeter Verkaufsfläche verdoppelt. Gleichzeitig wurden ehemals monofunktionale, anspruchslose „Verkaufsmaschinen" revitalisiert und zu erlebnisreichen Einkaufsparadiesen aufgewertet. Es entstehen aber nicht nur neue Angebotsformen, die Einzelhandelseinrichtungen mit einzelnen Freizeitaktivitäten (z.B. Angliederung von Kinos) verbinden, sondern es kommt in großem Maßstab zu einer weitgehenden Vermischung von Konsum, Freizeit und Entertainment in multifuktionalen Großkomplexen. Mit der „Neuen Mitte" von Oberhausen entstand die erste nach amerikanischem bzw. englischem Erfolgsrezept konzipierte *Shopping Mall* in Deutschland (Frehn 1996).[18]

Viele Menschen gestalten aber heute ihre freie Zeit nicht nur in Kopplung mit Tätigkeiten wie etwa dem Einkaufen, sondern genießen sie nach wie vor als „reine" Freizeit. Gerade hierfür sind in den letzten Jahren vielfältige neue, erlebnisorientierte Angebote entstanden. Klassische öffentliche Einrichtungen wie Sportplätze, Turnhallen, Schwimmbäder und Theater werden zunehmend ergänzt und teilweise auch verdrängt durch privatwirtschaftliche Einrichtungen. Bei aller Heterogenität der Unternehmensstrategien und Wachstumsmärkte lassen sich bei der Errichtung solcher kommerzieller Freizeitangebote zwei Grundtendenzen unterscheiden. *Einerseits* werden durch Großanlagen wie etwa Multiplex-Kinos, Spaß- und Erlebnisbäder, Freizeitparks

18 Zum Thema „Neue Mitte" von Oberhausen siehe z.B. auch Werner 1996, Albus 1996, Basten 1998

und Großveranstaltungshallen ökonomische Skalenvorteile realisiert. Vielfach entstehen solche Großformen nicht nur nach amerikanischem Vorbild, sondern auch durch amerikanische Projektentwickler oder in amerikanischer Trägerschaft. *Andererseits* entstehen, vor allem nach Filialisierungs- und *Franchise*-Konzepten, vielfältige kleinere Angebote wie etwa Spielhallen, Tennis- und Squashplätze, Fitneßcenter und Sonnenstudios (Hatzfeld 1997).

Die Idee der Freizeitgroßformen greift auch auf die Werbung und Vermarktung ganzer Tourismusregionen über. Das Projekt „Planet Harz" beispielsweise, ein Investitionsprojekt von 500 Millionen DM, versteht sich als offene Freizeitgroßeinrichtung und umfaßt den Ostharz von Blankenburg bis nach Wernigerode und Quedlinburg. Diese „Erlebnislandschaft" schließt alle Anlagen ein, wie sie für Großeinrichtungen charakteristisch sind, also Hotels, Ferienhäuser, Golf- und Tennisanlagen, Spaßbäder, Reitschulen, Spiel- und Schießplätze, aber auch Bunjee-Jumping und Wintersport aller Art; Thermen und Fitneßzentren; Bio-Bauernhöfe und Kinderspielwelten Restaurants, Einkaufszentren Discos, Musicaltheater, Phantasiewelten, Workshops und Ausstellungen (Heinze 1998).

Bemerkenswert ist auch die gewandelte Bedeutung der Kultur im Rahmen der Freizeitgestaltung. Kultur erfreut sich eins allgemein wachsenden Interesses und hat sich von einer reinen traditionellen „Hochkultur" zu einer Freizeit- und Breitenkultur entwickelt. Als „Massenkultur" läßt sie *einerseits* vielfältige Nischen und Individualisierungen zu, trägt *andererseits* aber auch dem Bedürfnis nach Konformität Rechnung. Open-Air-Veranstaltung, Klassik-Entertainment-Shows, Musikfestivals, Musicals, Theaterpremieren und herausragende Kunstausstellungen sind zu typischen Beispielen für erlebnisorientierte Kulturveranstaltungen geworden (Opaschowski 1997). Auch diesen Entwicklungstendenzen wird vielfach durch besondere räumliche Angebotsformen Rechnung getragen. Bestes Beispiel sind die eigens errichteten Musicalhallen, von denen 1997 in Deutschland zwölf in Betrieb waren. Viele Musicals arbeiten mit großem wirtschaftlichem Erfolg, der auch auf das Umfeld ausstrahlt. So hat das *Starlight-Musical* in Bochum ein gesamtes Umsatzpotential für die Region von rd. 125 Millionen DM pro Jahr. Bei einem Sitzplatzangebot von 1.000 bis 2.000 und hohen Auslastungsquoten erreichen die Musicals Besucherzahlen von bis zu 750.000 pro Jahr (Hatzfeld 1997).

Neue Angebotsformen für Einkauf, Kultur und Freizeit entstehen, sofern es sich um ausgesprochene Großformen handelt, wegen ihrer mangelnden Integrierbarkeit in vorhandene bauliche Strukturen vornehmlich an den Rändern der Städte und Stadtregionen. Daneben ist aber auch eine verstärkte „Innenstadtinszenierung" erkennbar, die auf eine Aufwertung und Umgestaltung der Innenstadt zu einer „Erlebniswelt" abzielt. Der Neu- und Umbau von Luxuspassagen etwa dient nicht nur dazu, die Innenstadt als Standort gegenüber peripheren Einrichtungen zu profilieren, sondern auch dazu, daß sich die

Gesamtstadt im zunehmenden Konkurrenzkampf der Städte um Investoren und Kunden behauptet (Frehn 1996). Hier reiht sich das Bemühen um attraktive Einkaufs- und Freizeitangebote, flankiert durch facettenreiche Markt- und Kulturveranstaltungen, ein in eine allgemeine „Festivalisierung der Stadtpolitik" (Häußermann, Siebel 1993). In diesem Kontext gewinnt auch die städtische Imagepflege durch Großprojekte wie etwa Messegelände und Kongreßzentren immer mehr an Bedeutung.

Verkehrsauswirkungen geänderter Rahmenbedingungen im Einkaufs- und Freizeitbereich

Verkehrliche Mobilität ist die zentrale Voraussetzung, die Wahlfreiheiten im Konsum- und Freizeitbereich zu realisieren (Opaschowski 1995). „Dies ist ja vielleicht auch das Charakteristikum städtischer Agglomerationen überhaupt: Die Multiplizität der Angebote auf relativ überschaubarem Raum. Städtische Lebensqualität heißt daher auch, die Vielzahl der Angebote und Möglichkeiten nicht nur zur Verfügung zu haben, sondern sie auch wahrzunehmen. Stadt heißt Verkehr und damit auch und insbesondere Freizeitverkehr. Diesen generell einzuschränken bedeutet in letzter Konsequenz, die Wahlmöglichkeiten einzuschränken und damit zumindest Aspekte gewohnter Lebensqualität zu verändern" (Schuck-Wersig, Wersig 1994: 234).

Mehr erleben in gleicher Zeit bedeutet aber auch, daß Raum schneller überwunden werden muß, um die verschiedenen Erlebnisangebote zu erreichen. „Weil in den Wohlstandsgesellschaften die Zahl der Möglichkeiten – Güter, Dienste, Ereignisse – explodiert ist, doch der Tag in seiner konservativen Art weiterhin nur 24 Stunden hat, sind Hektik und Streß zur Signatur ihres Alltags geworden. Zeitknappheit ist die Nemesis, die Rachegöttin, des Wohlstands" (BUND, Misereor 1996: 223). Raum muß aber auch deshalb schneller überwunden werden, um in gleicher Zeit nicht nur mehr zu erleben, sondern auch in angemessener Zeit die Distanzen zu den Einrichtungen zu überwinden, die zum ökonomischen Überleben ausreichend groß sein und einen ausreichend großen Einzugsbereich besitzen müssen. Wie sehr gerade große multifunktionale Einkaufs- und Freizeitzentren von einer ortsfremden Kundschaft abhängig sind, veranschaulicht Tabelle 16 am Beispiel der Städte Halle und Bremen. Während die Innenstädte vor allem von der ortsansässigen Bevölkerung aufgesucht werden, sind das Einkaufszentrum Weser-Park in Bremen und der Saale-Park im Umland Halles in starkem Maße von einer ortsfremden Kundschaft aus bis zu 50 km Entfernung abhängig. Daß daneben sowohl der Saale-Park als auch die Bremer Innenstadt erhebliche Besucherströme von jenseits einer 50-km-Grenze anlocken, zeigt den „touristischen" Wert beider Standorte.

Tabelle 16: Herkunft der Besucher von Stadt- und Einkaufszentren in Halle und Bremen in Prozent der Befragten

	Halle-Innenstadt	Saalepark	Bremen-Innenstadt	Weser-Park
Stadtgebiet des Befragungsorts	87,3	2,0	66,3	63,1
Umland (Landkreise und Städte in 50 km Luftlinienentfernung)	6,6	79,0	18,7	34,0
Sonstige Orte	6,1	19,0	15,0	2,9

Quelle: Frehn 1996

Die größeren Entfernungen zu den Konsum- und Freizeiteinrichtungen schlagen sich in einer deutlichen Zunahme der Verkehrsleistung nieder. Mit der Zunahme der Entfernungen geht häufig auch ein Wechsel des Verkehrsmittels einher. Dies gilt insbesondere für den Besuch von Einrichtungen „auf der grünen Wiese“, die häufig nur mit dem Auto zu erreichen sind.

Speziell für den Freizeitbereich wirkt sich außerdem verkehrsfördernd aus, daß sowohl die Anzahl der „Kultur- und Freizeitinteressierten“ als auch die Frequenz des Besuchs der entsprechenden Angebote ansteigt. Für die Verkehrszunahme ist aber nicht nur das gestiegene Interesse an meist kommerziellen Angeboten verantwortlich. Nach wie vor rangiert der Besuch von Freunden und Verwandten an erster Stelle der Skala sozial-orientierter Freizeitbeschäftigungen. Die gestiegene Freiheit in der Wahl sozialer Beziehungen und die zunehmende Umzugsmobilität sind dafür verantwortlich, daß sich die räumlichen Kontaktkreise erheblich erweitert haben. Bildeten sich Freund- und Bekanntschaften früher vor allem innerhalb der einzelnen Städte, so sind sie für viele Menschen heute über die Region und das ganze Land verstreut. Die veränderte Rollenverteilung zwischen den Geschlechtern und die wachsende Erwerbstätigkeit von Frauen führt mittlerweile, auch angesichts der angespannten Lage auf dem Arbeitsmarkt, zu einer Vielzahl von „Wochenendbeziehungen“ und damit zu zusätzlicher „Freizeitmobilität“.

Eine Sonderrolle innerhalb der freizeitorientierten Mobilität nimmt der Urlaubsverkehr ein.[19] Wohl in keinem anderen Verkehrsbereich hat sich im Laufe der letzten Jahre die Wahl der Ziele und damit das Distanzverhalten so stark verändert wie gerade im Urlaubsbereich. Und nirgendwo sonst wird der Trend zur Suche nach Abenteuer und Erlebnis so deutlich wie hier. Champagnerparty am Polarkreis, mit Bus und Boot durch Guayana, mit Jeep und

19 Unter Urlaubsverkehr faßt die Statistik alle Freizeitfahrten mit fünf und mehr Tagen Dauer zusammen.

kleinen Flugzeugen durch tropische Regenwälder und ursprüngliche Indio-Dörfer – dies sind typische Angebote aus aktuellen Reisekatalogen (Opaschowski 1997). Aber nicht nur Abenteuer-, Exotik-, Kultur- und Studienreisen sind immer häufiger mit einer weiten Flugreise verbunden. Auch der weniger anspruchsvolle Pauschaltourismus ist heute, da die Freizeitindustrie Weltregionen wie etwa die Karibik oder Südostasien für den Massentourismus entdeckt und erschlossen hat, in seinen Entfernungsstrukturen kaum noch vom „gehobenen" Ferntourismus zu unterscheiden. Beispielsweise stieg die weltweite Verkehrsleistung des grenzüberschreitenden Personen-Charterflugverkehrs in den 80er Jahren durchschnittlich um 4 % pro Jahr an und erreichte 1991 ca. 185 Milliarden Personen-Kilometer (Nüßer, Schmitt 1991).

Im Urlaubsverkehr fällt ebenso wie im Freizeitverkehr auf, daß ein relativ großer Anteil der gesamten Verkehrsleistung durch eine – nach wie vor – relativ kleine, hochmobile Bevölkerungsschicht verursacht wird (Heinze, Kill 1997). Dies zeigt sich auch in neueren regionalen Verkehrsuntersuchungen. So werden in verschiedenen Gemeinden des Stuttgarter Raumes rund 50 % des gesamten Freizeit-Verkehrsleistung im motorisierten Individualverkehr von nur 10 % der Gebietsbevölkerung, 35 % sogar nur von 5 % der Gebietsbevölkerung zurückgelegt (Holz-Rau, Kutter 1995). Ähnlich zeigte eine Befragung in Köln, daß an Samstagen und Sonntagen jeweils etwa 70 % des gesamten Verkehrsaufwands von 10 % der Befragten verursacht werden (Lanzendorf 1998). Einer hochmobilen kleinen Bevölkerungsgruppe mit Interesse an einem raumgreifenden Freizeitverhalten steht eine Mehrheit gegenüber, die in der Freizeit wenige der gar keine Fahrten unternimmt. Diese polare Entwicklung spiegelt genau die beschriebene Polarisierung der Gesellschaft in die Mitglieder der „neuen" Milieus und Lebensstilgruppen mit ausgeprägter Erlebnisorientierung und diejenigen, die hauptsächlich einen Rückzug in die eigene häusliche Umgebung praktizieren (siehe 3.5).

Aus diesem Befund jedoch zu schließen, daß eine relativ große Bevölkerungsschicht mit einer ausgeprägten inhäusigen Orientierung einen verkehrssparsamen Freizeit-Lebensstil pflegt, muß in dieser Pauschalität bezweifelt werden. Zwar verursachen Freizeitaktivitäten, die zu Hause stattfinden, zum Zeitpunkt ihrer Ausführung keinen Verkehr, sie sind jedoch nur scheinbar gänzlich verkehrsvermeidend. Tatsächlich sind zur Ausübung vieler innerhäuslicher Aktivitäten vor- und nachgelagerte Verkehrsbewegungen erforderlich. So kann etwa der Heimwerker „erst dann zur Tat schreiten, wenn er sich die nötigen Werkzeuge und Materialien besorgt hat – und gar nicht so selten geschieht es, daß er doch nicht die richtigen Schrauben hat, das Isolierband vergessen hat u.ä.m., und ein weiteres Mal der Weg zum Baumarkt angetreten werden muß. Vergegenwärtigt man sich, daß der Jahresumsatz von *Do-it-yourself*-Artikeln 1992 50 Milliarden DM mit einem Plus von 11 % ausmachte, so wird deutlich, daß das Verkehrsaufkommen in diesem Bereich durchaus nicht gering ist" (Schuck-Wersig, Wersig 1994: 247). Dieses Beispiel verdeutlicht einmal mehr die Schwierigkeit einer sauberen Abgrenzung des Freizeitverkehrs gegenüber dem Versorgungsverkehr: Die Überschneidungen zeigen sich nicht nur beim Einkauf *als* Freizeitgestaltung, sondern auch beim Einkauf *zur* Freizeitgestaltung.

Einkaufs- und Freizeitverkehr unterscheiden sich vom Berufsverkehr unter anderem dadurch, daß die Zielentscheidungen keinen starren Vorgaben entsprechen, sondern – zumindest theoretisch – mit jedem Mobilitätsanlaß neu getroffen werden: In welchen Supermarkt fahre ich heute; gehe ich Freunde besuchen oder ins Kino; welches Musical sagt mir zu? Diese Flexibilität unterstützt im Freizeitbereich die gegenüber dem Berufsverkehr noch stärkere Lösung der individuellen Mobilitätsentscheidung von räumlichen Angeboten und Vorgaben. Das Ergebnis sind die zum Teil auffallend großen Distanzen, die heutzutage in der Freizeit und zur Freizeitgestaltung überwunden werden, etwa in Form von Wochenendfahrten zu entfernten, attraktiv erscheinenden Zielen. In diesem Zusammenhang ist Freizeitverkehr auch längst nicht mehr nur unter dem Gesichtspunkt der Erreichung eines Ziels mit Freizeitcharakter zu sehen. Neben die zweckgerichtete Mobilität, die notwendig ist, um verschiedene Ziele zu erreichen, tritt eine „Erlebnismobilität", bei der das Unterwegssein und die „Freude am Fahren" zur Freizeitbeschäftigung an sich wird, das Reiseziel in ihrer Bedeutung dahinter zurücktritt.

Ein Blick in die Zukunft des Einkaufs- und Freizeitverkehrs ist äußerst schwierig. Vieles spricht sicherlich für eine Fortsetzung der gesellschaftlichen und räumlichen Trends: für eine anhaltende Konzentration im Einzelhandel und in der Freizeitindustrie, für die wachsende Bedeutung von Erlebnisaspekten im Rahmen der persönlichen Lebensstile und für eine fortgesetzte Ausweitung individueller Aktionsräume. Wichtig ist es aber auch, mögliche gegenläufige Entwicklungen zur Kenntnis zu nehmen.

Ein neuer Trend zeichnet sich durch das Vordringen moderner Formen der Telekommunikation in die privaten Haushalte ab. Hierdurch könnte in absehbarer Zeit bei ausreichend hoher Benutzerzahl ein nennenswerter Teil der heute persönlich getätigten Einkäufe durch sogenanntes *Teleshopping* erledigt werden:

> „Das rasante Innovationstempo bei neuen Informations- und Kommunikationstechnologien wird zu einer schnellen Diffusion von Multimediaanwendungen führen. Das hat zur Folge, daß der Kunde von morgen dem Einkaufsstreß im versorgungsorientierten Einzelhandel aus dem Wege gehen und bequem von zu Hause bestellen und sich auch dorthin liefern lassen wird. Bei bestimmten Warengruppen wird der Konsument dank Multimedia völlig auf den Kauf physischer Produkte im Handel verzichten und seine Bedürfnisse statt dessen direkt via Multimedia befriedigen – durch den Genuß von Musik und Videos über das Internet, das gezielte Abrufen hochaktueller Artikel aus Zeitungen und Zeitschriften via Datenbankabfrage oder auch die Nutzung von Software-Produkten und Rechnerleistung über Online-Dienste statt eigene PCs" (Meffert, Burmann 1996: 45).

Ein technologisch ausgereiftes *Teleshopping* könnte den seit langem praktizierten Einkauf per Versandhaus-Katalog und sonstige Zustelldienste ersetzen, ergänzen oder wiederbeleben. Eine rasche Verbreitung der erforderlichen Multimedia-Anwendungen dürfte dabei auch deshalb gewährleistet sein, weil diese genau zu den seit geraumer Zeit verfolgten Kostensenkungsstrategien der Unternehmen passen (z.B. bargeldlose Transfers, Entkoppelung von Kauf und Lieferung) (Hesse 1998b). Vor diesem Hintergrund wäre es durchaus realistisch, wenn *Teleshopping* zu einer Entlastung vor allem der Innenstädte vom Liefer- und Einkaufsverkehr beiträgt. Jedoch sollte vor übertriebenen Erwartungen gewarnt werden. Die Kommunikation durch Multimedia (Aussuchen, Bestellen, Bezahlen) würde nur einen Teil der zur Versorgung notwendigen Transportvorgänge substituieren und reduzieren. Ein großer Teil würde lediglich auf die Zustelldienste verlagert werden. Die Bilanz wird wesentlich davon abhängen, wie sehr sich solche Dienste logistisch optimieren lassen und welche Lieferentfernungen sie tolerieren.

Die Chancen der Verkehrsreduzierung durch *Teleshopping* liegen vor allem im Bereich der rein versorgungsorientierten Einkäufe. Dagegen dürften sie bei Einkäufen mit einem hohen Freizeit- und Erlebnischarakter eher gering sein. Auch der Versuch einer Prognose zum Freizeitverkehr verlangt eine differenzierte Betrachtung. *Einerseits* spricht einiges für den weiteren Rückzug vieler Menschen in die häuslichen vier Wänden als Reflex auf soziale Orientierungslosigkeit, Unsicherheitsgefühl oder Individualisierungsstreben. Die multimedialen Anwendungen zu Hause könnten die Möglichkeiten zu einem solchen Rückzug noch verbessern. *Andererseits* muß man davon ausgehen, daß das Bedürfnis nach Massenidentifikation durch Teilnahme an Großveranstaltungen zumindest konstant bleiben wird: „Wenn auch die zunehmende Individualisierung hierzu in einem gewissen Gegensatz steht, wird es dennoch wenig wahrscheinlich sein, daß es zu einer deutlichen Verringerung derartiger Veranstaltungsformen kommen wird, zumal keine Alternativen der Substitution in Sicht sind. Weder das Fernsehen noch die Technologieform Cyberspace werden dieses Bedürfnis grundlegend ersetzen können" (Schuck-Wersig, Wersig 1994: 301). Auch deutet wenig darauf hin, daß das Interesse an den heute typischen Freizeit- und Tourismusangeboten nachlassen könnte. Ob allerdings diese Bedürfnisse und Interessen in Zukunft wie gewohnt befriedigt werden können, ist nicht gesichert. So könnte etwa eine denkbare Verknappung privater Budgets auch der Kultivierung raumgreifender Lebensstile einzelnen Bevölkerungsgruppen engere Grenzen setzen.

5.6 Strukturwandel, Güterverkehr und Logistik

Wirtschaftsverkehr – die unbekannte Größe

Die bisher behandelten Berufs-, Versorgungs- und Freizeitverkehre stehen im Zusammenhang mit der privaten Lebensführung der Verkehrsteilnehmer. Daneben gibt es Verkehre, die nicht unmittelbar der privaten Bedürfnisbefriedigung dienen, sondern im Rahmen erwerbswirtschaftlicher Tätigkeiten erfolgen. Diese können als Wirtschaftsverkehr bezeichnet werden. Hierzu zählen *erstens* Fahrten, die ausschließlich der Frachtbeförderung bzw. dem Gütertransport dienen (klassischer Güterverkehr im gewerblich-industriellen und kommunalen Bereich, als Werkverkehr oder als gewerblicher Verkehr), *zweitens* andere Verkehre des ökonomischen Bereichs, wozu auch Geschäftsfahrten ohne Güterbeförderung zählen, und *drittens* Mischformen, deren Zweck sowohl der Gütertransport als auch die Vermittlung einer Dienstleistung ist. Bei den reinen Gütertransporten handelt es sich *einerseits* um Güterbewegungen zwischen verschiedenen Unternehmen, Unternehmensteilen, Betrieben, Arbeitsstätten usw. („Anlieferverkehr") und *andererseits* um Güterbewegungen zwischen Betrieben und Endverbrauchern („Auslieferungsverkehr") (Schwerdtfeger 1976; Hatzfeld, Würdemann 1993).

Wirtschaftsverkehr wird vor allem von der Industrie, der Bauwirtschaft, dem Handel und den privaten Haushalten nachgefragt (siehe Tabelle 17). Der Wirtschaftsverkehr beinhaltet damit auch beachtliche Anteile des Personenverkehrs, und zwar die des produzierenden Gewerbes, des Großhandels, des Einzelhandels, der Handelsvermittlung, der Kreditinstitute, des Versicherungsgewerbes, des Verkehrsgewerbes und der Nachrichtenübermittlung, des Handwerks sowie der sonstigen Gewerbetreibenden und Anbieter von Dienstleistungen (Neumann 1989). Die hier getroffene Unterscheidung zwischen privatem Verkehr und Wirtschaftsverkehr liegt gewissermaßen quer zur gängigen Unterscheidung zwischen Personenverkehr und Güterverkehr. Sie ist aber sinnvoll, wenn man an einer vertieften Betrachtung der unterschiedlichen Verkehrsursachen und Mobilitätsanlässe interessiert ist.

Der Anteil des Wirtschaftsverkehrs am gesamten motorisierten Verkehr wird häufig unterschätzt. So wurde für westdeutsche Städte (mit mehr als 50.000 Einwohnern) für das Jahr 1990 ein Anteil des Wirtschaftsverkehrs an den gesamten Fahrleistungen von 29 % berechnet. Davon entfielen 9 % auf größere Nutzfahrzeuge und 18 % auf kleine Nutzfahrzeuge und gewerblich genutzte Pkw. Andere Untersuchungen kommen im Ergebnis auf noch größere Anteile des Wirtschaftsverkehrs am Gesamtverkehr (Umweltbundesamt 1994, Reinkemeyer 1994, Hatzfeld-Junker 1996, Hesse 1998b).

Tabelle 17: Strukturschema zum Wirtschaftsverkehr

Betreiber und/oder Anbieter von Wirtschaftsverkehr	
Werkgüterverkehr	Land- und Forstwirtschaft, Industrie, Bauwirtschaft, Großhandel, Einzelhandel, ...
Gewerblicher Güterverkehr	Speditionen (Güternah- und Güterfernverkehr), Kurier-, Paket- und Expressdienste, Möbeltransporte, Umzugsverkehr
Verkehr von Dienstleistern	Handwerk, Service (z.B. Gebäudereinigung), Geschäftsreiseverkehr, sonstige Dienstleistungen
Öffentlicher Wirtschaftsverkehr	Abfallbeseitigung, Straßenreinigung, Straßenunterhalt, Grünflächenpflege, Feuerwehr, Rettungsdienst, Polizei, Militär, ...
Nachfrager von Wirtschaftsverkehr	
Industrie	Empfang und Versand von Gütern, Umschlag/Lagerei, Import/ Export, Zwischenwerksverkehr, unternehmensnahe Dienstleistungen, Entsorgung
Bauwirtschaft (großteils auch Betreiber)	Rohstoffbezug, Baustellenbelieferung, Bauschutt-/ Bauaushubtransport, Baustelleneinrichtung, Spezialfahrzeuge (z.B. Kräne), Gerüsttransporte
Handel	Großhandel: Empfang von Waren, Versand/Auslieferung, Lagerung/Kommission Einzelhandel: Empfang von Waren, Auslieferung, Versandhandel, Entsorgung
Private Haushalte	Empfang von Waren: Direktvertrieb (Heizöl), Hauslieferung (Möbel, Lebensmittel, ...), Versandhandel Haushaltsnahe Dienste: Reparaturen, Installationen, Pflegedienst, Fertigessen, ... Abfallentsorgung

Quelle: in Anlehnung an Hatzfeld, Hesse 1996

Insbesondere zu den Dienstleistungsverkehren innerhalb des Wirtschaftsverkehrs ist die statistische Datenbasis lückenhaft und äußerst undifferenziert. Für Aussagen muß man sich hier auf Teilmengen bzw. pauschalierte Angaben beschränken. So wuchs beispielsweise der „Geschäfts- und Dienstreiseverkehr" in Westdeutschland zwischen 1976 und 1989 von 80,1 auf 88,3 Milliarden Personen-Kilometer an (BMV 1991). Im Jahr 1994 hatte er in Gesamtdeutschland mit 108,5 Milliarden Personen-Kilometer einen Anteil von 14,9 % an der gesamten Pkw-Verkehrsleistung (BMV 1996).

Das beachtliche Volumen des Geschäfts- und Dienstreiseverkehrs überrascht kaum, wenn man sich vor dem Hintergrund des wirtschaftlichen Strukturwandels die allgemein gestiegene Bedeutung von Dienstleistungen vergegenwärtigt. Da ist auf der einen Seite die breite Palette der produktionsorientierten bzw. unternehmensnahen Dienstleistungen. Durch die wachsende überregionale und internationale Konkurrenz, die gestiegenen Ansprüche an Geschwindigkeit und Flexibilität in der Produktion sowie die zunehmende betriebliche und räumliche Aufsplitterung des Fertigungsprozesses haben die Tätigkeiten, die der unmittelbaren Güterproduktion vor- und nachgelagert sind, etwa Forschung und Entwicklung, Design und Marketing, an Bedeutung gewonnen. Insbesondere die Koordinationsanstrengungen, die erforderlich sind, damit der differenzierte, spezialisierte und räumlich fragmentierte Fertigungsprozeß noch als Einheit funktioniert, induzieren einen erheblichen Dienstleistungs- bzw. Geschäftsreiseverkehr. Und da sind auf der anderen Seite die haushaltsorientierten Dienstleistungen: Die bereits beschriebene Auslagerung eigenwirtschaftlicher Tätigkeiten in die formale Ökonomie bedeutet nicht nur eine Zunahme des privaten Versorgungsverkehrs, sondern auch zusätzlichen Wirtschaftsverkehr, etwa durch Versandhandel, Handwerkerdienste, ambulante Pflegedienste oder die verschiedenen Formen des Speise-Lieferservice („Pizza-Taxi").

Trotz seines nennenswerten Umfangs wird der Dienstleistungsverkehr in der Verkehrspolitik bisher kaum als Problem wahrgenommen, sondern als vernachlässigbare Restgröße innerhalb des Personenverkehrs behandelt. Anders verhält es sich mit dem Güterverkehr. Er ist derjenige Teil des Wirtschaftsverkehrs, ja sogar derjenige Teil des Verkehrs insgesamt, der in der Umwelt-, Wirtschafts- und Verkehrspolitik am kontroversesten diskutiert wird. Vor allem der Straßengüterverkehr gilt nicht zuletzt wegen seiner Wachstumsdynamik als großes Problem für die Umwelt und für die Lebensqualität in den Städten. Er gilt aber auch als äußerst sensibler Träger und Motor der Wirtschaftsentwicklung, weshalb Maßnahmen zu seiner Steuerung oder Einschränkung bisher politisch nicht mehrheitsfähig waren.

Güterverkehr in Zahlen

Beim Güterverkehr handelt es sich um eine große Bandbreite völlig unterschiedlicher Transportvorgänge. Zu ihm zählen der Hochsee-Containertransport und der internationale Luftfrachtverkehr ebenso wie die Küsten- und Binnenschiffahrt sowie der grenzüberschreitende Eisenbahn- und Straßenschwertransport, aber auch die Feinverteilung von Gütern in den Städten durch Kleinlastwagen und Personenkraftwagen.[20]

20 Häufig wird der Straßengütertransport mit einem Lkw-Transport gleichgesetzt, was jedoch nicht ganz korrekt ist; denn kleinere Gütertransporte – etwa bei Kurier-, Express- und Paketdiensten – werden vielfach auch mit Personenkraftwagen erbracht.

Im folgenden wird lediglich der Güternah- und der Güterfernverkehr innerhalb der Grenzen Deutschlands näher betrachtet (siehe Tabelle 18).[21] Während das Verkehrsaufkommen im Personenverkehr – gemessen in der Anzahl zurückgelegter Wege – im Laufe von Jahrzehnten nahezu konstant blieb bzw. lediglich im Rahmen des Bevölkerungswachstums leicht anstieg, weist das Güteraufkommen – gemessen in transportierten Tonnen – nicht nur in absoluten Werten, sondern auch relativ zur Bevölkerungszahl einen deutlichen Zuwachs auf (Holz-Rau 1997). Wurden im Jahr 1960 in Westdeutschland Güter mit einem Gewicht von insgesamt 1.661,7 Millionen Tonnen transportiert, so waren es 1990 bereits 3.458,8 Millionen Tonnen. Ein sehr großer Teil dieser Güter wurde im Straßengüternahverkehr, also über kurze Entfernungen bis 75 Kilometer, transportiert. Auch innerhalb des Nahverkehrs fällt die relativ große Bedeutung kleiner Transportdistanzen auf: Etwa ein Drittel der Waren wird über Entfernungen bis 5 Kilometer befördert.

Während das Güteraufkommen zwischen 1960 und 1990 um 108,1 % wuchs, stieg die gesamte Güterverkehrsleistung im gleichen Zeitraum von 138,7 auf 298,2 Milliarden Tonnen-Kilometer um 114,9 % an. Hiermit korrespondiert eine Zunahme der mittleren Transportweite im gesamten Güterverkehr um 3,2 %. Deutlicher fällt das Wachstum des Transportaufwands – und der mittleren Transportweiten – bei einzelnen Verkehrsträgern aus, vor allem beim Güterverkehr auf der Straße. Am ausgeprägtesten ist diese Entwicklung beim Straßengüterfernverkehr, wo der Transportaufwand sich zwischen 1960 und 1990 mehr als verfünffacht hat. Zwar nehmen auch hier die mittleren Transportweiten zu, aber die Zunahme des Transportaufwands ist zu einem weit stärkeren Maße durch das Anwachsen der zu transportierenden Warenmengen (Faktor 4,493) als durch die Zunahme der mittleren Transportweiten (Faktor 1,150) zu erklären.

Im Zuge des Anwachsens der zu transportierenden Gütermengen vollzog sich eine ausgeprägte Verschiebung in den Anteilen der einzelnen Verkehrsträger an diesem Transport. Das Transportaufkommen der Eisenbahnen lag im Jahr 1990 nur unwesentlich über dem Niveau des Jahres 1960, und auch die „sonstigen Verkehrsträger“ (vor allem die Binnenschiffahrt) wiesen keine beachtlichen Zuwächse auf. Das bedeutet, daß der überwiegende Teil (knapp 76 %) des zusätzlichen Güteraufkommens auf der Straße abgewickelt wurde. Betrachtet man lediglich den Güterfernverkehr, so hatte 1990 die Straße einen Anteil am Transportaufkommen von 41,8 %. Daß hierbei der größere – allerdings rückläufige – Anteil mit Eisenbahnen und Binnenschiffen abgewickelt

21 Hierzu zählt auch der grenzüberschreitende Verkehr, der jedoch statistisch nur vom bzw. bis zum Grenzübertritt ausgewiesen wird.

Tabelle 18: Güteraufkommen, mittlere Transportweiten und Güterverkehrsleistung in Westdeutschland 1960 bis 1990

	1960	1970	1980	1990	Veränderung zw. 60 u. 90	(Faktor)
Güteraufkommen in Mio. Tonnen						
1 Straßengüternahverkehr[a)]	1090,0	1972,2	*2177,4*	2410,0	121,1 %	(2,211)
2 Straßengüterfernverkehr	97,5	164,9	298,2	438,1	349,3 %	(4,493)
3 Straßengüterverkehr (1+2)	1187,5	2137,1	2475,6	2848,1	139,8 %	(2,398)
4 Eisenbahnen	290,4	378,0	350,1	303,7	4,6 %	(1,046)
5 Sonstige[b)]	183,8	329,6	327,7	307,0	67,0 %	(1,670)
6 Güterfernverkehr (2+4+5)	571,7	872,5	976,0	1048,8	83,5 %	(1,35)
7 Güterverkehr insgesamt (1+6)	1661,7	2844,7	3153,4	3458,8	108,1 %	(2,081)
Mittlere Transportweite in km						
1 Straßengüternahverkehr[a)]	*18,3*	18,3	*19,7*	*19,7*	7,7 %	(1,077)
2 Straßengüterfernverkehr	239,0	254,1	268,3	274,8	15,0 %	(1,150)
3 Straßengüterverkehr (1+2)	36,4	36,5	49,6	58,9	61,9 %	(1,619)
4 Eisenbahnen	179,4	189,2	185,4	203,5	13,4 %	(1,134)
5 Sonstige[b)]	236,1	199,6	201,4	223,1	-5,5 %	(0,945)
6 Güterfernverkehr (2+4+5)	207,8	205,4	216,1	239,0	15,0 %	(1,150)
7 Güterverkehr insgesamt (1+6)	83,5	75,7	80,5	86,2	3,2 %	(1,032)
Güterverkehrsleistung in Mrd. Tonnen-km						
1 Straßengüternahverkehr[a)]	*19,9*	36,1	*42,8*	*47,5*	138,0 %	(2,380)
2 Straßengüterfernverkehr	23,3	41,9	80,0	120,4	416,7 %	(5,167)
3 Straßengüterverkehr (1+2)	43,2	78,0	122,8	167,9	288,2 %	(3,882)
4 Eisenbahnen	52,1	71,5	64,9	61,8	18,6 %	(1,186)
5 Sonstige[b)]	43,4	65,8	66,0	68,5	57,8 %	(1,578)
6 Güterfernverkehr (2+4+5)	118,8	179,2	210,9	250,7	111,0 %	(2,110)
7 Güterverkehr insgesamt (1+6)	138,7	215,3	253,7	298,2	114,9 %	(2,149)

a) Werte für den Straßengüternahverkehr teilweise geschätzt
b) Binnenschiffahrt, Luftfracht einschließlich Luftpost, Rohrfernleitungen

Quelle: Bundesminister für Verkehr 1991, teilweise eigene Berechnung

wird, erklärt sich durch die Affinität schwerer Massengüter zu diesen Verkehrsträgern. Die herausragende Bedeutung der Straße zeigt sich erst dann, wenn man den Nahverkehr in die Betrachtung einbezieht: 1990 wurden 82,3 *% aller* Güter, die in Westdeutschland bewegt wurden, auf der Straße transportiert.

Personenverkehrs- und Güterverkehrsleistung sind also beide in jüngster Vergangenheit enorm gestiegen, allerdings mit deutlich unterschiedlichen Hintergründen. Der Güterverkehr wächst nicht ausschließlich, vor allem durch Zunahme der zu transportierenden Warenmengen. Dabei profitiert der Straßengüterverkehr zusätzlich von den Verlagerungen weg von der Schiene. Die Entfernungszunahme spielt eine nachgeordnete Rolle, zumindest bei gemittelter Betrachtung sämtlicher Gütergruppen. Im Personenverkehr dagegen stellen sich die Verhältnisse genau umgekehrt dar. Er wächst insgesamt vor allem durch eine Zunahme der Entfernungen. Auch beim motorisierten Individualverkehr übertrifft dieser Effekt mittlerweile den Effekt des weiteren Umsteigens vom öffentlichen Verkehr oder von nicht motorisierten Verkehrsarten. Dagegen ist der Einfluß zunehmender Wege bzw. Fahrten zu vernachlässigen.

Güterverkehrswachstum – ein Erklärungsversuch

Wachsender Wohlstand bedeutete in den letzten Jahrzehnten wachsende Nachfrage nach Investitions- und Konsumgütern, und wachsende Güternachfrage zog einen wachsenden Gütertransport nach sich. Dies ist zunächst ein richtiger und einfacher Zusammenhang – zu einfach, um neben der reinen Zunahme der transportierten Gütermengen zusätzlich auch den Bedeutungsverlust des Eisenbahntransports zugunsten des Straßengüterverkehrs und die Veränderung der Entfernungsstrukturen zu erklären. Denn im Zuge des Wohlstandswachstums kam es über die reine Steigerung der Güternachfrage hinaus zu einer komplexen Umgestaltung von Nachfrage und Angebot bzw. Produktion. Das Ergebnis des umfassenden Wandels läßt sich heute dadurch beschreiben, *was* produziert wird (Güterstruktur), *wie* produziert wird (Fertigungsstruktur) und *wo* produziert wird (Standortstruktur) (Diller u.a. 1994).

Sich ändernde Nachfrage bewirkt eine Veränderung der Struktur der in der Volkswirtschaft gehandelten Güter. Dieser Effekt wird noch dadurch verstärkt, daß die Nachfrager der heutigen Konsumgesellschaft zunehmend Wert auf ein differenziertes Angebot innerhalb einzelner Marktsegmente legen. Verkürzte Innovationszyklen führen außerdem dazu, daß neue Produkte in kürzeren Abständen auf den Markt kommen und alte Produkte verdrängen (Diller u.a. 1994). Der rückläufigen Bedeutung schwerer Massengüter wie Kohle und Erze steht eine wachsende Bedeutung der expandierenden Konsumgütermärkte gegenüber. Dies führt zu wachsenden Transporterfordernissen beispielsweise für Fahrzeuge, Maschinen, Halb- und Fertigwaren, chemische Erzeugnisse sowie Nahrungs- und Futtermittel. Mit diesem Wandel verbinden sich unterschiedliche Reaktionsmöglichkeiten der Verkehrsträger: Während die Schiene und das Binnenschiff angestammte Märkte verlieren, fallen dem flexiblen Lkw und der Luftfracht neue Frachtpotentiale zu (Hesse 1998b).

Vor allem der Straßengüterverkehr profitiert von diesen Veränderungen. „So hat der Lkw wegen seiner hohen Netzbildungsfähigkeit Vorteile beim Sammeln und Verteilen der heterogenen Güter wie Halb- und Fertigwaren, während die Bahn Vorteile beim Transport homogener Massengüter besitzt. Die Qualität des Straßentransportes ist höher, da die Ware schonender behandelt wird als auf der Schiene, z.B. im Rangierbetrieb. Auch dieses wirkt sich natürlich bei der Entscheidung über die Transportmittelwahl insbesondere bei Halb- und Fertigwaren zugunsten des Lkw aus. Aufgrund der relativ geringen Distanzen in Deutschland (und Europa) ist der Lkw schneller, da der Bahntransport i.d.R. eine zusätzliche Be- und Entladung durch Lkw benötigt und an feste Fahrpläne gebunden ist“ (Diller u.a. 1994: 104).

Dieser als *Güterstruktureffekt* bezeichnete Vorteil für den Straßengüterverkehr ist gekoppelt mit einem *Güterwerteffekt*. Denn während die Transportkosten sich wegen des Verfalls der Kraftstoffpreise und der durch Deregulierung und Liberalisierung herbeigeführten Überkapazitäten auf den Transportmärkten nur mäßig entwickelten, steigt die Wertigkeit der Produktpalette je Volumeneinheit, erst recht je Gewichtseinheit stark an. Entsprechend sinkt der Anteil der Transportkosten an den gesamten Produktionskosten. Damit relativieren sich die spezifischen Vorteile der Massenguttransportmittel Bahn und Binnenschiff, über ihre großen Kapazitäten Skaleneffekte zu realisieren – mit dem Ergebnis, daß die spezifischen Systemvorteile des Lkw wie etwa Flexibilität und Netzbildungsfähigkeit als Konkurrenzvorteile voll zum Tragen kommen können.

Vor dem Hintergrund verbesserter Transportmöglichkeiten sowie neuartiger Informations- und Kommunikationstechnologien haben sich unter den Bedingungen wachsender Konkurrenz auf den Weltmärkten, wie in Kapitel 3 beschrieben, sowohl die betrieblichen als auch die räumlichen Produktionsverhältnisse einschneidend verändert. Beide Phänomene, der Wandel der Fertigungsstruktur und der Wandel der Standort- bzw. Marktstruktur, greifen ineinander und lassen sich kaum voneinander trennen. Sie ergeben sich beide aus dem Organisationsprinzip, den Fertigungsprozeß, der ehemals innerhalb eines Betriebes vertikal integriert war, in einzelne Schritte aufzuspalten, um so Optionen bezüglich der Auslagerung von Fertigungsstufen an Zweigwerke und externe Zulieferer zu eröffnen und somit je nach Erfordernis die Möglichkeiten der weltweiten Beschaffung (*global sourcing*) und der Bildung funktionaler Zuliefernetzwerke (*single sourcing, modular sourcing*) bestmöglich auszuschöpfen.

Großräumige *Fertigungsstrukturen* moderner Branchen wie etwa der Automobilindustrie, deren Transportketten im Rahmen von Netzwerken und weltweiter Beschaffung organisiert werden, sind nicht zuletzt aufgrund erheblicher Lohnkostendifferenzen und marginaler Transportpreise offenbar sehr rentabel (Hesse 1998b). Aber auch auf regionaler Ebene haben sich die Beschaffungs- und Absatzmärkte als Folge der gestiegenen räumlichen Verflechtungen erheblich erweitert, wobei das Phänomen der großräumigen Transportketten mittlerweile auch bei solchen Gütergruppen zu beobachten ist, die hinsichtlich der Relation von Warenwert zu Transportkosten traditionell als transportkostenempfindlich gelten und somit über eine gewisse Raumbindung verfügen (Hesse 1998b). Am Beispiel eines Alltagsproduktes wurde die Erhöhung der Raumdurchlässigkeit und die Ausweitung von Aktionsräumen eindrucksvoll aufgezeigt (siehe Abbildung 32). Auch viele andere Produkte haben sich, insbesondere dem „Diktat" der Verbraucher nach jahreszeitenunabhängiger Versorgung entsprechend, in ihrem Lebenszyklus zunehmend internationalisiert.

Die betrieblich und räumlich segmentierten Produktionsschritte werden über Transportvorgänge reintegriert. Daß hierbei der *Standort- bzw. Marktstruktureffekt* sich in den aggregierten Zahlen der Güterverkehrsstatistik nur nachrangig in einer Erhöhung der Transportentfernungen bemerkbar macht, hat vor allem eine Ursache. In der Regel führt die Segmentierung der Produktion weniger zu einer Erhöhung ehemals geringerer Transportentfernungen, mehr jedoch zu einer Induzierung neuer Transportvorgänge, die vorher nicht existierten, weil die entsprechenden Produktteile lediglich betriebsintern „bewegt" wurden. Betrachtet man nicht die durchschnittliche Transportweite (Verhältnis von Transportaufwand zu Transportaufkommen), sondern die durchschnittliche „Transportintensität" (Verhältnis von Transportaufwand zu Endproduktmenge), so ist in Westdeutschland eine Steigerung um 40,6 % alleine zwischen 1975 und 1992 festzustellen (BMV 1996: 259). Mit anderen Worten: Das Verhältnis von Transportaufkommen zu produzierter Warenmenge ist erheblich ungünstiger geworden; es müssen heute – unabhängig von der Entfernung – *mehr* Gewichtseinheiten der Rohstoffe und Vorprodukte transportiert werden, um *eine* Gewichtseinheit des Endproduktes zu erzeugen.

Vom Gütertransport zur logistischen Kette

Mit der Reduzierung der Eigenfertigung, dem zunehmenden Bezug von Halbfertigteilen aus Fremdproduktion oder lohnkostengünstigeren peripheren Standorten des Unternehmens geht häufig auch eine Veränderung des zeitlichen Produktionsablaufes einher. „Wurde bisher innerhalb jedes einzelnen Produktionsschrittes ohne Rücksicht auf den Bedarf der nächsten Produktionsstufe produziert (Push-Prinzip), so wird nun die Produktionsmenge jeder einzelnen Stufe auf den Bedarf der nächsten Stufe hin ausgerichtet, das heißt es wird auf Abruf produziert (Pull-Prinzip)" (Diller u.a. 1994: 106).

Abbildung 32: Transportbeziehungen für die Herstellung und den Vertrieb eines Erdbeerjoghurts

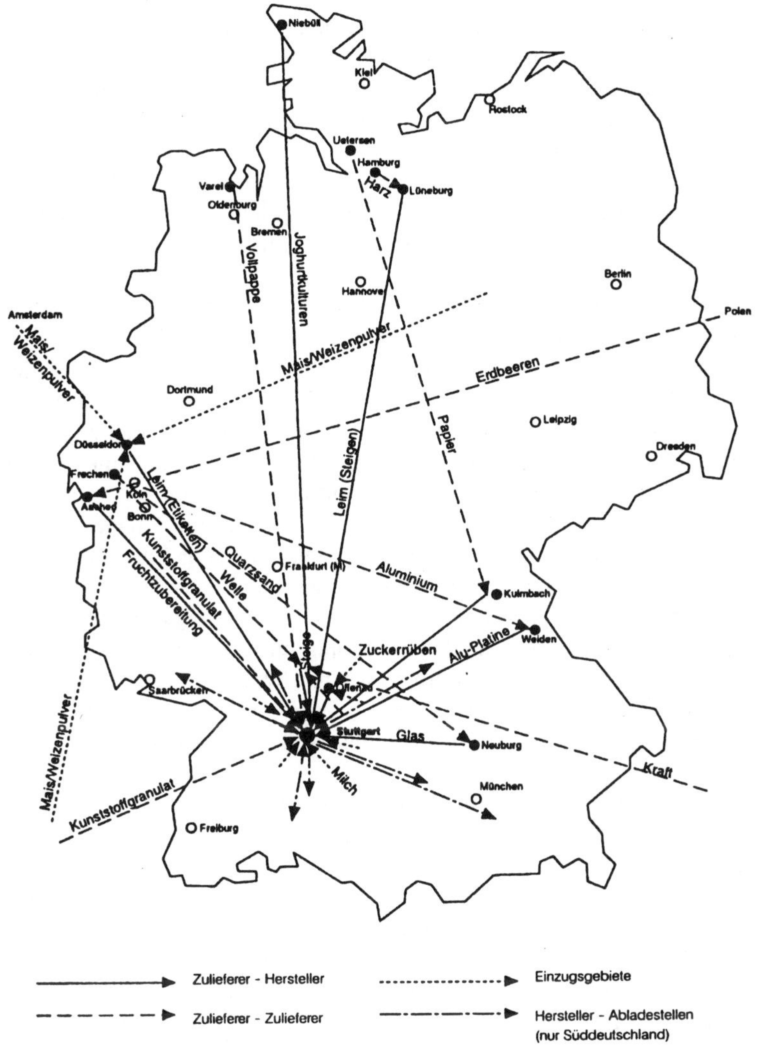

Quelle: Böge 1993

Fertigungssegmentierung und bedarfsorientierter Produktionsablauf erfordern eine Neuorganisation der betriebsinternen und zwischenbetrieblichen Materialflüsse. Insbesondere die Strategien produktionssynchroner zwischenbetrieblicher Anlieferung werden unter dem Begriff der *Just-in-time*-Konzepte zusammengefaßt. Mit diesen Konzepten werden mehrere Ziele verfolgt, beispielsweise die Reduktion der Kapitalbindung durch Abbau von Lagerbeständen zwischen den Produktionsstufen, die Erhöhung der Wettbewerbsfähigkeit durch Verkürzung der Durchlaufzeiten und die Reduzierung von Fehlerquellen, da die lagerlose Produktion zu geringen Ausschußquoten zwingt (Diller u.a. 1994).

Just-in-time-Konzepte sind eine entscheidende Bedingung für die Realisierung der angestrebten Optionenvielfalt hinsichtlich Auslagerung von Fertigungsstufen an Zweigwerke und externe Zulieferer. Dabei sind mehrere Varianten zu beobachten. Teilweise sucht sich der Kunde einen Zulieferer, der bereits in Werksnähe angesiedelt ist oder bereit ist, dort einen neuen Standort zu errichten. Durch die räumliche Nähe wird der Zulieferer in die Lage versetzt, über einen Spediteur oder durch den Werksverkehr mehrmals täglich direkt „ans Band" zu liefern. Ein solcher Aufbau regionaler Betriebsnetze ist dagegen nicht erforderlich, wenn die Güter nicht mehrmals täglich in einem bestimmten Takt angeliefert werden. Dann kann der Lieferant einen regelmäßigen Transport zwischen seinem Werk und dem des Abnehmers organisieren, wodurch die räumliche Nähe zwischen Lieferant und Kunde an Bedeutung verliert. Auch die konzerninterne Verbundfertigung funktioniert in der Regel nach diesem Prinzip. Schließlich können die Unternehmen – häufig in Kooperation mit einer Spedition – werksnahe Versorgungszentren betreiben, um von dort aus eine taktgenaue Anlieferung an das Werk zu ermöglichen. Dies geschieht häufig in Kooperation mit einer Spedition, denen die Funktionen Transport und Lagerung übertragen werden und die als „Logistikdienstleister" teilweise auch schon betriebliche Funktionen übernehmen (Wildemann 1988, Diller u.a. 1994).

Die Anwendung des *Just-in-time*-Prinzips ist allerdings nur sichtbarster Ausdruck, die „Spitze des Eisberges" einer umfassenden logistischen Rationalisierung. Der Begriff der Logistik, der aus dem Militärwesen stammt und unter dem dort Fragen der Marschplanung, des Nachschubwesens und der Bevorratung behandelt werden, wurde erst nach dem Zweiten Weltkrieg in die wirtschaftswissenschaftliche Diskussion aufgenommen.[22] Dort versteht man unter Logistik alle operativen und dispositiven Tätigkeiten, „die sich auf die bedarfsgerechte, nach Art, Menge, Raum und Zeit abgestimmte Bereit-

22 Zu den folgenden Ausführungen vgl. vor allem Läpple 1993.

stellung von Realgütern beziehen, die für die Durchführung konkreter Aufgaben erforderlich sind. Hinzu kommt nach der Aufgabenerfüllung die erforderliche Entsorgung" (Ihde 1984). Je nach Sichtweise und Praxisbezug trifft man *entweder* auf eine *engere* Verwendung des Begriffes, bei der es insbesondere um die Steuerung und Durchführung von Material- und Warenbewegungen und somit vor allem Transportfragen geht, *oder* auf eine *erweiterte* Verwendung des Logistikbegriffs im Sinne eines unternehmensübergreifenden, ganzheitlichen Rationalisierungsansatzes (Danckwerts 1991). In die Optimierung der Transportvorgänge, das heißt der räumlichen Transfervorgänge, müssen zunehmend qualitative, quantitative und zeitliche Aspekte integriert werden. Diese erweiterte Betrachtungsweise kommt in der populären Aufgabenumschreibung der Logistik zum Ausdruck: „Transportvorgänge müssen so organisiert werden, daß das richtige *Material* in der gewünschten *Qualität* in der ausreichenden *Menge* zur rechten *Zeit* am *Ort* ist" (Läpple 1993: 30).

Logistikstrategien korrespondieren mit den gewandelten Strategien in Produktion und Handel und haben sich in unterschiedlichen Unternehmensbereichen herausgebildet. Allgemein unterschiedet man: die *Distributionslogistik* als Strategie zur Lösung von Problemen des Auslieferungstransports und der Lagerhaltung; die *Beschaffungslogistik* als Ansatz zur Optimierung der Entscheidungen und operativen Funktionen, die im Zusammenhang mit der Beschaffung von Vorprodukten und Rohmaterialien stehen; und schließlich die *Produktionslogistik* im Zusammenhang mit der Organisation des innerbetrieblichen Materialflusses. „Die entscheidende neue Qualität des logistischen Planungs- und Steuerungsansatzes entfaltete sich jedoch erst mit der Überwindung von Teiloptimierungen, das heißt durch die Gesamtoptimierung der kompletten logistischen Kette vom Zulieferer über die Beschaffung, die Produktion, die Lagerhaltung bis hin zur Distribution an die Kunden" (Läpple 1993: 29).

Am Beispiel der Blumenauktion des niederländischen Dorfes Aalsmeer verdeutlicht Läpple eindrucksvoll, wie auf der Basis neuer Informations-, Steuerungs- und Produktionstechnologien nicht nur die Materialfluß- und Transportketten, sondern die gesamte Wertschöpfungskette völlig neu durchorganisiert und rationalisiert wurden. Die entscheidenden Standortfaktoren für die Erfolgsgeschichte des Dorfes 10 Kilometer südlich von Amsterdam sind sein Autobahnanschluß und vor allem seine unmittelbare Nachbarschaft zum Flughafen Schiphol. Vor dem Hintergrund eines 60 %-Anteils der Niederlande am Weltmarkt von Schnittblumen und Zierpflanzen entwickelte sich die Blumenauktion von Aalsmeer, der etwa 5.000 Blumenzüchter angehören, zum weltgrößten Blumenauktionsunternehmen. Bereits 1991 tätigte es einen Umsatz von 2 Milliarden DM. Die entscheidenden Wettbewerbsinstrumente des Unternehmens sind die sehr entwickelten Logistikstrategien in

Verbindung mit dem Einsatz modernster Informations- und Kommunikationstechnologien.

Die für den Export bestimmten Blumen werden mit dem Lkw über die Autobahn ins Ruhrgebiet, nach Belgien und in andere europäische Regionen transportiert oder mit dem Flugzeug nach England oder in die USA geflogen. Dabei ist wegen der kurzen Haltbarkeit von Schnittblumen die Distribution eine äußerst zeitkritische Aufgabe, zu deren Bewältigung sämtliche Prozesse der räumlichen und zeitlichen Überbrückung, der klimatischen und mengenmäßigen Konditionierung und der damit verbundenen Dienstleistungen im Rahmen einer integrierten Planung und Durchführungsorganisation als *Distributionslogistik* zusammengefaßt werden. Während zunächst auf der Auktion von Aalsmeer vor allem Blumen versteigert wurden, die in der Umgebung auf Feldern und in Gewächshäusern angepflanzt wurden, zwang der zunehmende internationale Wettbewerbsdruck zur besseren Auslastung der Auktion, besonders durch Ausgleich der saisonal bedingten Schwankungen der regionalen Freilandproduktion, und damit zur Anlieferung von Blumen aus tropischen und subtropischen Ländern per Flugzeug. Durch die Zusammenführung dieser importorientierten *Beschaffungslogistik* mit der exportorientierten *Distributionslogistik* „entstand ein weltweites Informationsnetzwerk, wodurch sich Alsmeer – gestützt auf die Telekommunikationssysteme des Flughafens Schiphol – zu einem zentralen Knotenpunkt des Weltmarktes für Blumen entwickelte, wo alle Informationen über Preis-, Markt-, Produkt- und Produktionsentwicklungen zusammenflossen. Auf dieser Informationsgrundlage entstand die eigentliche logistische Innovation: die Einbeziehung des 'Produktionsprozesses' der Blumen – von der Aussaat bis zur Ernte – in die logistische Kette in der Form der *Produktionslogistik*" (Läpple 1993: 28). Inzwischen wird bei 75 % der Betriebe die Blumenproduktion über Klimaregulierung und Dosierung der Nährstoffe in Abhängigkeit von der Marktentwicklung gesteuert.

Die Raumwirksamkeit der Logistik

Die logistisch integrierte Beschaffung, Produktionssteuerung und Güterverteilung erfordert dafür geeignete, strategisch günstige Standorte. Der Standort der Blumenauktion Aalsmeer kann dafür als prototypisch angesehen werden. „Daß die Niederlande einen wachsenden Stellenwert als Standort für logistische Dienstleister einnehmen, liegt zweifellos an der räumlichen Nähe zu zwei der wichtigsten Umschlagpunkte Europas, dem Hafen Rotterdam und dem Flughafen Schiphol-Amsterdam, einerseits und den großen mitteleuropäischen Märkten andererseits. Aus diesem Grund haben sich dort in den letzten Jahren zahlreiche Logistikunternehmen angesiedelt, Transport und

Logistik stehen im Mittelpunkt auch des öffentlichen Handelns" (Hesse 1998b: 103f.).

Die großen Speditionen, deren Rolle sich zunehmend vom reinen Warentransporteur zum Anbieter komplexer logistischer Dienstleistungen und damit zum „Wertschöpfungspartner" wandelt, sind bestrebt, „durch den Auf- und Ausbau von flächendeckenden Informations- und Stützpunktnetzen den europäischen Wirtschaftsraum so zu beherrschen, daß sie im Rahmen des liberalisierten Binnenmarktes europaweit ihre kundenspezifischen Logistikkonzepte anbieten können" (Läpple 1993: 34). Der Ausbau derartiger europaweiter Logistik-Netzwerke erfolgt meist nach dem Prinzip der Bildung von Knotenpunkten (*hubs*) mit dazwischen liegenden Hauptachsen (*spokes*). Die Knotenpunkte, die zentrale Umschlagseinrichtungen, Sammel- und Verteilzentren bilden, dienen der Bündelung der Transportströme auf den Hauptachsen, die sich an der Verfügbarkeit öffentlicher Straßen- und Schieneninfrastrukturen orientieren. Gleichzeitig stellen die Knotenpunkte die Ausgangspunkte für die Erschließung der Flächen durch Verteil- und Sammelverkehre dar. EDV-Netze und die „Computerisierung" der Transportmittel, vor allem der Lastkraftwagen, bilden das „Nervensystem" solcher Logistik-Netzwerke (Läpple 1993). Diese Netzwerke müssen als wesentliche konstitutive Elemente des in 4.1 beschriebenen „Raums der Ströme" der Informationsgesellschaft angesehen werden.

Typische Knotenpunkte, die auch als „Distributionsräume" bezeichnet werden, findet man in Deutschland etwa im Münchener Osten, im Grenzraum Viersen-Venlo oder im östlichen Ruhrgebiet (Kreis Unna) (IRPUD 1992). „Mit Blick auf die spezifischen Wachstumsperspektiven hochwertiger Gütergruppen und deren affine Verkehrsträger ist auch im Bereich der Frachtflughäfen und ihres Umfeldes mit neuen logistischen Knotenpunkten des Warentransports zu rechnen. Dazu zählen neben den großen internationalen Luftfrachtzentren (Frankfurt/M., Köln-Bonn, Amsterdam-Schiphol) auch einige dynamisch wachsende Regionalflughäfen" (Hesse 1998b: 104). Eine der typischen Hauptachsen bzw. einen der typischen Transportkorridore mit hohen Belastungen durch den internationalen und interregionalen Fernverkehr findet man im Rhein-Main-Neckar-Raum (BfLR 1995, BBR 1998).

Die Reduzierung der Lagerhaltung in den Produktionsbetrieben und im Handel führt nicht zwangsläufig zur Reduzierung des Flächenbedarfs für das Durchlaufen der gesamten Wertschöpfungskette. Vielmehr wird das Flächenproblem lediglich auf die Speditionen abgewälzt, die zunehmend Zwischenlager als Puffer vorhalten müssen. Wachsender Flächenbedarf verändert die Standortstruktur der Verkehrswirtschaft. Aber nicht nur wegen mangelnder Flächenreserven in den Kernstädten und wegen des Bodenpreisgefälles, sondern auch wegen der günstigen Verkehrsanbindung finden sich die Distributionsräume vor allem an der Peripherie der Stadtregionen. „Aus der logistischen Perspektive betrachtet, stellen die Randbereiche die richtige Schnittmenge aus Nähe zum Güteraufkommen, Nähe zum Fernverkehrsnetz und Flächenangebot dar. Diese Entwicklung bringt in jeder Stadtregion die typischen Transport- und Gewerbegebiete und Arrondierungen mit anderen Nutzungen hervor. Unter diesen Bedingungen führt die Logistik insgesamt nicht nur zu einer Erhöhung der verkehrlichen Belastungen für den Stadtraum, sondern fungiert parallel als Motor der Stadtentwicklung" (Hesse 1998b: 95). Auch die sogenannten Güterverkehrszentren, auf die noch näher eingegangen wird, findet man bevorzugt an solchen peripheren Standorten. Durch Anlagerung tertiärer Dienstleistungsfunktionen wird in solchen Verkehrszentren über zusätzliche Sogeffekte eine Wachstumsdynamik in Gang gesetzt, die schnell zu Großstrukturen führt, die sich nicht mehr in vorhandene Stadtstrukturen integrieren lassen (Hesse 1998b).

Logistische Rationalisierungen führen aber nicht nur in der Verkehrswirtschaft zur Veränderung von Flächenbedarf und Standortgefüge, sondern unterstützen auch in den Produktions- und Handelsunternehmen die Neubewertung von Standortfragen. Jedoch sind die Verlaufsformen der Entwicklung nicht unbedingt eindeutig. Da die Praxis beispielsweise gezeigt hat, daß eine bedarfsorientierte Anlieferung auch über größere Entfernungen durchführbar ist, brauchen Unternehmen ihre Zulieferer nicht unbedingt in der Region suchen, sondern können die Möglichkeit zur Akquisition von Lieferanten aus anderer Regionen nutzen und damit auch eventuell bestehende Produktionsverbünde aufbrechen (Diller u.a. 1994). Vorleistungsverflechtungen müssen also keineswegs räumlich eng konzentriert sein. Andererseits werden bei weiterer Reduzierung der Fertigungstiefe und zunehmender Auslagerung auf Zulieferbetriebe die Einhaltung von Präzisionskriterien bei der Koordination der einzelnen Fertigungsstufen und die zeitpunktgenaue Logistik zu neuralgischen Punkten der firmenübergreifenden Kooperation, was durchaus den Erhalt und die in Ansätzen zu beobachtende Neubildung kleinräumiger Produktionscluster stützen könnte (Einem, Helmstädter 1997; BBR 1998). Da sich für neue Produktionsbetriebe ebenso wie für neue Handelsbetriebe die Probleme der Flächenverfügbarkeit und der logistischen Lagegunst in gleicher Weise stellen wie für die Transportwirtschaft, konzentriert sich auch hier die Entwicklungsdynamik auf günstige Lagen vornehmlich an den Rändern der Verdichtungsräume.

Güterverkehrswachstum ohne Grenzen?

Der stark anwachsende Güterverkehr, vor allem der Straßengüterverkehr, wird nicht nur als Garant für Wachstum und Wohlstand, sondern zunehmend auch als Umweltproblem betrachtet. Im Jahr 1995 legten Fahrzeuge, die dem

Gütertransport dienen, auf Deutschlands Straßen 62,9 Milliarden Kilometer zurück.[23] Dies sind rund 10 % der gesamten Fahrleistung sämtlicher Kraftfahrzeuge von 603,5 Milliarden Kilometer. Trotz dieses vergleichsweise geringen Ausmaßes trägt der Straßengüterverkehr erheblich zur Umweltbelastung bei. Deutlich überproportionale Belastungsanteile verursacht er etwa bei der Emission von Luftschadstoffen, vor allem von Stickoxiden und Kohlendioxid, sowie beim Lärm.[24] Auch die durch die Fahrzeuge hervorgerufenen Straßenschäden sind indirekt für die Ökobilanz des Straßengüterverkehrs von Bedeutung, weil Reparatur und Bau von Straßen rohstoff- und energieintensive Vorgänge sind. Da die Beschädigung der Straßensubstanz proportional zur 4. Potenz der Achslast steigt – eine Verdoppelung der Achslast führt demnach bereits zur Versechzehnfachung der Schäden –, spielen die schweren Lastkraftwagen hierbei eine herausragende Rolle (Bukold 1993).

Die vom Güterverkehr ausgehenden Belastungen für Mensch und Umwelt betreffen vor allem die großräumigen Transportkorridore und die Stadtregionen. Besonders dort überlagern sie sich mit den vielfältigen anderen Belastungen durch menschliche Aktivitäten, auch mit denen durch Personenverkehr (Schmitz 1993, Dosch u.a. 1995). Innerhalb der Stadtregionen können verschiedene Problemschwerpunkte identifiziert werden: *erstens* und vor allem die Innenstädte und Nebenzentren als Empfangspunkte des innerstädtischen Handels; *zweitens* alle Gewerbegebiete und Mischgebiete mit hohem gewerblichen Besatz; *drittens* die Transportgewerbegebiete, Standorte von Logistikunternehmen (z.B. Paketdienste, Post), Güterbahnhöfe und Frachtzentren der Deutschen Bahn AG; *viertens* die Standorte einzelner Großunternehmen und die Standorte der Bauwirtschaft (einschl. Baustellen); *fünftens* alle Teilräume mit Wohnnutzungen als Zielpunkte des Kleinlieferverkehrs (und Dienstleistungsverkehrs) (Hatzfeld, Hesse 1996).

Übereinstimmend gehen verschiedene Prognosen zum Güterverkehr von einem anhaltend starken Wachstum sowohl hinsichtlich des Güteraufkommens als auch hinsichtlich der Transportleistung aus (siehe Tabelle 19). Betrachtet man die Prognose der Fernverkehrsleistung, die im Rahmen des Bundesverkehrswegeplans 1992 erstellt wurde, vor dem Hintergrund der aktuellen Entwicklungsdynamik, so ist *erstens* zu vermuten, daß selbst die dort angenommenen deutlichen Gesamtzuwächse noch nach oben korrigiert werden müssen, und *zweitens*, daß die unterstellte positive Entwicklung bei der Eisenbahn unter gegenwärtigen Rahmenbedingungen nicht realistisch ist. So kommt auch das Deutsche Institut für Wirtschaftsforschung (DIW) zu einer

23 Lastkraftwagen: 53,2 Mrd. km; Sattelzugmaschinen: 9,7 Mrd. km – vgl. BMV 1996

24 Die Umweltwirkungen des Güterverkehrs und speziell des Straßengüterverkehrs sind an anderer Stelle ausführlich dokumentiert, z.B. Schmitz 1990, 1997; Bukold 1993

Tabelle 19: Güterverkehrsleistung in Deutschland: 1988, 1991 und Prognosen für 2010 in Milliarden Tonnen-Kilometer

	1988	1991	2010 (BVWP)	2010 (DIW)
Straßegüterfernverkehr	122	163	238	257
Eisenbahnen	125	86	194	135
Binnenschiffahrt	63	63	116	103
Güterfernverkehr insgesamt	310	312	548	495

Quelle: Kessel u.a. 1991, DIW 1993; Tabelle nach Hesse 1997

deutlich kritischeren Einschätzung. Es geht von einem Anteil der Bahn an der Bewältigung des Transportaufwands im Jahr 2010 von 27 % aus, während die Prognose für den Bundesverkehrswegeplan einen Anteil von 35 % voraussagt (Kessel u.a. 1991, DIW 1993).

Beide genannten Prognosen sind als Trend- bzw. Status-Quo-Szenarien zu verstehen, das heißt sie stellen Vorausschätzungen unter der Annahme unveränderter Rahmenbedingungen dar. Sie reflektieren damit einen durchaus wahrscheinlichen, aber dennoch nicht zwangsläufigen Trend. Einflüsse, die heute noch nicht absehbar sind, könnten längerfristig der Entwicklung des Güterverkehrs – ebenso wie der des Personenverkehrs – eine durchaus andere Verlaufsrichtung geben. Hierzu würden etwa zählen: einschneidende Veränderungen in den Wirtschaftsformen und Lebensweisen bzw. im Produktions- und Konsumsystem, Selbstregulationen im Rahmen des Verkehrssystems als Folge von Überlastungen, politische Einflußnahme auf die Raumüberwindungskosten und andere Rahmensetzungen, hierdurch stimulierte Innovationen innerhalb der Verkehrswirtschaft, oder schließlich denkbare Lösungsstrategien der städtischen und regionalen Entscheidungsträger als Reaktion auf den wachsenden Problemdruck.

Im Zentrum der Diskussion um die Zukunft des Güterverkehrs stehen häufig Spekulationen über die Auswirkungen der Logistik, insbesondere der *Just-in-time*-Konzepte. Sowohl in der Rückschau auf die bisherige Entwicklung als auch bei der Prognose der zukünftigen Entwicklung lassen sich die Effekte nur schwer quantifizieren, wobei nicht einmal Einigkeit über die Wirkungsrichtung besteht. Argumente und Indizien für eine Verkehrszunahme durch *Just-in-time* halten sich etwa die Waage mit denen für eine Verkehrsreduzierung. Die Schwierigkeit einer näheren Bestimmung der Effekte liegt vor allem darin, daß der spezifische Einfluß von *Just-in-time* als Teil der betrieblichen Reorganisation kaum von den Wirkungen des allgemeinen Strukturwandels, der diesen Konzepten zugrunde liegt, getrennt werden kann. *Just-in-time*-Konzepte sind eben lediglich nur ein Instrument, mit denen die Unternehmen sich geänderten Bedingungen anpassen und den Strukturwandel vollziehen.

Die Rückführung der Lagerhaltung und die bedarfssynchrone Anlieferung führen zur Reduzierung von Sendungsgrößen und somit zu einer Erhöhung der Lieferfrequenz. Dies kann, wenn damit eine unzureichende Auslastung der Transporte einhergeht, die erforderliche Fahrleistung erhöhen. Dies dürfte jedoch eher die Ausnahme sein; denn angesichts des verstärkten Wettbewerbsdrucks im Transportgewerbe ist im Gegenteil sogar eine Erhöhung der Transporteffizienz, das heißt des Verhältnisses von Gütermenge zu Fahrleistung, zu beobachten (Hesse 1998b). Ansonsten haben die beschriebenen Veränderungen der Güterstruktur, Fertigungsstruktur und Standortstruktur kaum bestreitbare verkehrliche Auswirkungen, vor allem in Form einer Verlagerung von der Schiene auf die Straße. Empirisch nachweisbar ist in diesem Zusammenhang die deutliche Zunahme der Transportintensität, das heißt des Verhältnisses von Transportleistung zu Produktmenge. Da diese Entwicklung, die aus der zunehmenden Fertigungssegmentierung resultiert, den gegenläufigen Trend der Erhöhung der Transporteffizienz (durch bessere Auslastung) überkompensiert, nehmen die Fahrleistungen der Lkw zu. Sollte die Flexibilisierung von Unternehmensstrukturen und Produktionsprozessen weiter fortschreiten, würden hiervon auch in Zukunft weitere Impulse für ein Verkehrswachstum ausgehen.

Allerdings werden auch Gründe dafür genannt, daß *Just-in-time* zu einer Abnahme von Transportaufkommen, Transportleistung und Fahrleistung beitragen könnte.[25] So werden wegen der bedarfsgenauen Anlieferung nur diejenigen Güter auf die Straße gebracht, die auch tatsächlich und nicht nur möglicherweise gebraucht werden. Da außerdem in Einklang mit den neuen Logistikkonzepten die Qualitätskontrolle meist beim Lieferanten erfolgt, werden nur Gutteile transportiert. Wegen der Senkung der Lieferantenzahl zugunsten von Systemzulieferern lassen sich eher Komplettladungen zusammenstellen, so daß unausgelasteter Frachtraum vermieden wird. Schließlich könnten innovative Transportkonzepte die Beziehungen zwischen Lieferanten und Empfänger harmonisieren; so könnte zum Beispiel der weniger effiziente Werkverkehr durch den Einsatz von Gebietsspediteuren verdrängt werden. Und selbst wenn diese positiven Effekte ausbleiben sollten, würden sich negative Auswirkungen in engen Grenzen halten; denn – so das Argument – *Just-in-time* wird auch in Zukunft auf vergleichsweise hochwertige Stückgüter beschränkt bleiben, deren Bedarfsmengen genau vorhersagbar sind.

25 Zu den folgenden Argumenten vgl. Ihde 1991, Diller u.a. 1994

Im Zusammenhang mit den verkehrlichen Wirkungen des wirtschaftlichen Strukturwandels erscheint vor allem aber die Frage interessant, ob und an welchem Punkt die Rationalisierung durch räumliche Arbeitsteilung und logistische Ausdifferenzierung an ihre Grenzen stößt und damit eine Neubewertung der Logistik erforderlich machen würde: „Wenn es stimmt, daß betriebliche Restrukturierung und logistische Rationalisierung zunehmend auf eine Entdifferenzierung von Abläufen angewiesen sind, dann muß dies auch nicht zwangsläufig eine Atomisierung von Transporten und Steigerung der Transportfrequenz zur Folge haben. Die Bündelung von Subsystemen entlang der Zulieferpyramide (wachsende Bedeutung der Systemlieferanten, die ganze Baugruppen fertigen), die stärkere räumliche Konzentration von Zulieferern im Umfeld der Montagebetriebe und die Evolution kooperativer betrieblicher Vernetzungen und Strukturen auch auf regionaler Ebene bieten vielmehr Anknüpfungspunkte für eine Re-Regulierung der Gütertransporte, für einen stärkeren Einsatz der Bahn (zunehmender Anteil gebrochener bzw. kombinierter Verkehre) und für den Übergang von der warenbezogenen zur raumbezogenen Logistik" (Hesse 1998b: 31f.).

Die Bahn könnte durchaus im Rahmen zukünftiger Logistikstrategien eine größere Rolle spielen. Obwohl bedarfssynchrone Transporte mit ihren hohen Lieferfrequenzen und kleinen Losgrößen den Lkw begünstigen, sollte nicht übersehen werden, daß große Produzenten für ihre sehr zeitkritischen Transporte zunehmend auf die Eisenbahn zurückgreifen. So pendeln zum Beispiel Güterzüge im Rahmen eines komplementären Produktionsverbundes dreimal täglich zwischen den Daimler-Benz-Werken Sindelfingen und Bremen. Bereits seit 1989 fährt zwischen den Fordwerken in Berlin und Köln täglich ein sogenannter Logistikzug im festen Rhythmus und ersetzt damit die Fahrt von 24 Lastzügen (Läpple 1993).

Chancen für einen stärkeren Einsatz der Bahn werden aber vor allem im sogenannten „kombinierten Verkehr" gesehen. In der Praxis haben sich mehrere Varianten zur Gestaltung der Schnittstelle zwischen Lkw und Bahn etabliert: *erstens* die „Rollende Landstraße", bei der der gesamte Lkw mit der Bahn transportiert wird; *zweitens* die Verladung von Containern, die für Lkw-, Bahn- und Schiffstransporte in gleicher Weise geeignet sind; und *drittens* der „Trailerzug", bei dem die Auflieger auf zwei Waggonachsen befestigt werden (Haefner, Marte 1994). „Bislang erscheint der Einsatz der Kombination Straße/Schiene insbesondere dort erfolgversprechend, wo längere Distanzen mit der Bahn zu überbrücken sind. Doch auch in Ballungsräumen bietet sich Potential für den kombinierten Transport" (Prehn u.a. 1997: 127). Ob sich die insgesamt beachtliche Zunahme des kombinierten Verkehrs der jüngsten Vergangenheit fortsetzen wird, bleibt abzuwarten.

Große Hoffnungen werden in sogenannte „Güterverkehrszentren" gesetzt. Durch sie sollen die Übergänge zwischen den verschiedenen Verkehrsträgern sowie zwischen Nah- und Fernverkehr optimiert werden, Dienstleistungen für mehrere Unternehmen an einem Standort vorgehalten und der „Störfaktor" Güterverkehr konzentriert werden (Glaser 1993, Hesse 1996). Vor allem im Umfeld von Ballungszentren können Güterverkehrszentren durch Brechung des Fernverkehrs in logistisch intelligente Schnittstellen die großen Transportfahrzeuge aus der Stadt heraushalten (Hatzfeld, Würdemann 1993). 1996 gab es in Deutschland mit dem „GVZ Bremen" nur ein einziges in Betrieb befindliches Güterverkehrszentrum, jedoch ist mit der Inbetriebnahme von ca. 15 bis 20 weiteren Projekte zu rechnen. Zweifellos können Güterverkehrszentren eine Funktion im Rahmen der kommunalen und regionalen Wirtschaftsförderung übernehmen. Durch sie lassen sich auch Verkehrsabläufe optimieren, punktuelle Entlastung herbeiführen, städtebauliche Spielräume schaffen und logistische Innovationen beschleunigen. Nennenswerte Beiträge zu einer echten Reduzierung von Güteraufkommen, Transport- und Fahrleistung sind jedoch durch Güterverkehrszentren kaum zu erwarten (Hesse 1996). Im Gegenteil: Güterverkehrszentren reihen sich noch ein in die allgemeine Etablierung von flächenbeanspruchenden Großstrukturen an den Rändern der Verdichtungsräume – und dürften daher unter den gegebenen Bedingungen eher Teil der anstehenden Probleme als durchgreifendes Mittel zu deren Lösung sein.

Güterverkehrszentren gelten auch als Ausgangspunkt einer neuartigen Abwicklung des städtischen Sammel- und Verteilverkehrs, die mit dem Begriff der Stadtlogistik („City-Logistik") bezeichnet wird. Dabei soll die Güterversorgung des Stadtkerns anstatt mit Großlastkraftwagen durch lärm- und abgasärmere Kleintransporter durchgeführt werden, die bestimmte Bereiche der Innenstadt koordiniert beliefern (Hatzfeld Würdemann 1993; Hatzfeld, Hesse 1996). Obwohl bisherige, in verschiedenen Modellvorhaben zur Stadtlogistik nachgewiesene Kosten-, Verkehrs- und Umweltentlastungen sich immer nur auf ausgewählte Einzelfälle und Teilräume bezogen, ist nicht auszuschließen, daß durch „Übergang von der punktuell agierenden Problemkunden- und Problemzonenlogistik zur raumbezogenen Stadtlogistik" weitergehende Beiträge zur Entschärfung der derzeitigen Verkehrsprobleme realisierbar sind (Deecke u.a. 1993, Hesse 1998c).

Viele weitere Maßnahmen bzw. technische, wirtschaftliche und gesellschaftliche Trends könnten ebenfalls die augenblickliche Entwicklungsrichtung des Güterverkehrs beeinflussen. In diesem Zusammenhang wird häufig auch auf stärker regional geschlossene Wirtschaftskreisläufe gesetzt. Wahrscheinlich werden aber die Effekte all solcher möglichen Entwicklungen eher marginal bleiben, wenn nicht durch gezielte politische Weichenstellungen bei den Rahmenbedingungen versucht wird, die augenblickliche Wachstumsdynamik des Gütertransports zu durchbrechen und solche einzelnen Trends, die eine „Verkehrswende" (Hesse 1993) einleiten *könnten*, in ihrer Wirkung zu unterstützen: „Die Hoffnung, mit einer stärkeren Vernetzung der Verkehrsträger und mit mehr Informatik gleichsam im Selbstlauf Vorteile für die Umwelt durch eine Verlagerung von Verkehrsströmen auf die weniger umweltbelastende Schiene und Binnenschiffahrt zu erreichen, ist leider unbegründet" (Petersen, Schallaböck 1995: 156).

6 Raumstruktur und Verkehr – Gegenwart und Zukunft

„Man wagt das Ganze nicht mehr zu denken, weil man daran verzweifeln muß, es zu verändern.“
Theodor W. Adorno, 1961

„Change environment first and you change nothing.“
Kevin Lynch, 1981

6.1 Globale Herausforderung und Handlungsnotwendigkeit

Verkehrsvermeidung statt Verkehrsbewältigung

„Viele andere Quellen der Umweltbelastung konnten in zwei Jahrzehnten Umweltschutz verhältnismäßig effektiv saniert werden, oder ihre Sanierung ist absehbar, wie Siedlungsabwässer, Chemieindustrie, Kraftwerke und andere stationäre Quellen. Demgegenüber stehen beim Verkehr, insbesondere beim Straßenverkehr, die Erfolge noch weitgehend aus“ (Weizsäcker 1992: 83f.). Diese Charakterisierung Ernst Ulrich von Weizsäckers hat seit Beginn der 90er Jahre wenig an Aktualität eingebüßt. Da es bisher nicht wirklich gelang, die Probleme des Verkehrs in den Griff zu bekommen, häufen sich nicht nur viele lokale Belastungen. Es wächst auch die Rolle des Verkehrs als Risikofaktor für das globale Klima und für eine langfristig tragfähige Entwicklung bei steigender Bevölkerungszahl:

„Der Verkehrsbereich spielt insofern eine besondere Rolle, als er sowohl zu einer Klimaänderung als auch durch die Emission verschiedener Schadstoffe zu lokalen und regionalen Umweltproblemen (z.B. Photosmog) beiträgt, die Flora und Fauna in zunehmendem Umfang nachteilig beeinflussen und zu einem erheblichen Verlust von Lebensqualität führen. Hinzu kommen Unfallfolgen, Lärmbelästigung, Bodenversiegelung durch den Bau von Straßen usw., die Auswirkung auf die Raumstruktur (gebaute Umwelt) sowie der Ressourcenverbrauch durch die Herstellung, Nutzung und Entsorgung von Fahrzeugen. Der Verkehr entwickelt dabei eine Eigendynamik, welche zu Strukturen mit weiter anwachsendem Verkehr führt, die nur schwer abänderbar sind" (Enquete-Kommission 1994: 77).

Die Akteure im politischen Meinungs- und Willensbildungsprozeß werden sich mit größter Wahrscheinlichkeit darauf einstellen müssen, daß eine bloße Fortsetzung der bisherigen Konzepte und Handlungsansätze nicht ausreicht. Sicherlich bedarf es weiterhin der Ausschöpfung und intelligenten Weiterentwicklung der dafür geeigneten Technik. Nur bisher wurden die Erfolge, die durch Fahrzeugtechnik oder durch Technik zur Steuerung und Optimierung von Verkehrsabläufen erzielt wurden, immer wieder durch wachsende Verkehrsmengen überkompensiert – und alles deutet darauf hin, daß sich dieses Verlaufsmuster in Zukunft weiter fortsetzt. Auch die visionäre Hoffnung, daß durch die weitere Verbreitung der modernen Kommunikationsnetze, vor allem durch eine „Virtualisierung der Stadt", physische Transportvorgänge in großem Umfang substituiert werden und das Verkehrsproblem sich so von selbst löst, erweist sich bei näherer Betrachtung als äußerst trügerisch:

„In den digitalen Welten wird nahezu nichts wirklich ersetzt, was die heutige Stadt ausmacht. Keiner, der sich im Netz bewegt, hat seine physische Präsenz aufgegeben. Kommunikation und Interaktion finden nur auf 'Schmalspurbasis' statt: Sie sind auf das beschränkt, was auf einem Bildschirm von durchschnittlich 40 cm Bilddiagonale und über zwei Lautsprecher übermittelt werden kann. Daran wird auch der Anschluß an Sensoren und Impulsgeber nicht viel ändern. Materielle Güter werden nach wie vor an materiellen Orten produziert, persönliche Dienstleistungen, wie ein neuer Haarschnitt, lassen sich nicht substituieren. So ist das Netz in erster Linie ein neuer Informations- und Kommunikationsraum mit zusätzlichen Qualitäten; er ersetzt nicht die Kommunikation und das Handeln in der realen Welt, sondern er ergänzt sie. Man kann vieles in der virtuellen Welt, aber nicht dort leben" (Floeting, Grabow 1998).

Weder Fahrzeug- und Verkehrstechnik noch moderne Kommunikationstechnik allein werden den Wunsch nach Lösung der Verkehrsprobleme erfüllen. Im Gegenteil: Die Rolle der allgemeinen technischen Entwicklung ist vielmehr darin zu sehen, daß mit ihr die zentralen wirtschaftlichen und gesellschaftlichen Neuerungen verknüpft sind, die dem weiteren Verkehrswachstum Vorschub leisten. So müssen – wie in diesem Buch ausführlich erläutert – die Probleme des Verkehrs vor dem Hintergrund der technischen, ökonomischen, gesellschaftlichen und räumlichen Veränderungen gesehen werden: Verkehr ist Ausdruck der Gesellschaft, die sich der technischen Möglichkeiten bedient, um ihre Tätigkeiten den Bedürfnissen entsprechend räumlich zu organi-

Abbildung 33: Verkehrsentstehung, Verkehrsablauf und Umweltwirkungen des Verkehrs: Beziehungsgefüge, Einflußfaktoren und Handlungsstrategien

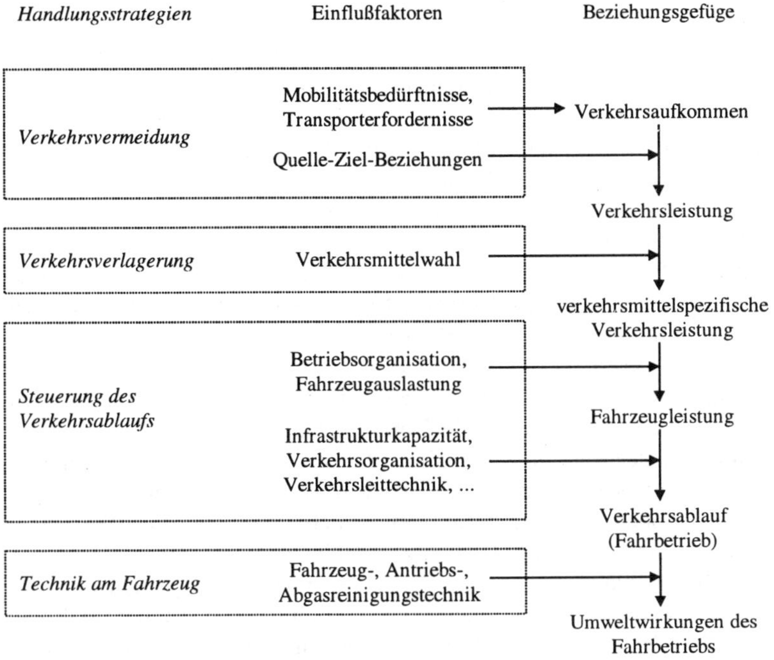

sieren. Das herrschende Verkehrssystem steht damit am Ende – und angesichts der vielfältigen Rückwirkungen auch wiederum am Anfang – einer langen Kausalkette. Hierin liegt der eigentliche Grund für die Schwierigkeit, dieses System etwa im Sinne umweltpolitischer Zielsetzungen zu steuern.

Die verkehrs- und umweltpolitische Debatte der letzten Jahrzehnte erkannte im wesentlichen das Verkehrswachstum als unabänderliches Faktum an und konzentrierte sich lediglich auf die Bewältigung der Folgen dieses Wachstums, vor allem durch technische und verkehrsorganisatorische Optionen. Die wachsenden Zweifel an der Angemessenheit dieser Strategie brachte in den 90er Jahren den Begriff der „Verkehrsvermeidung" in die Diskussion. Hinter diesem Begriff steht die Überzeugung, daß die Probleme des Verkehrs nicht durch „Kurieren an Symptomen", sondern nur durch eine Beeinflussung der Ursachen der Verkehrsnachfrage und des Verkehrswachstums zu lösen sind. Statt eine gegebene und kontinuierlich wachsende Verkehrsmenge – so die Argumentation der Vertreter der Verkehrsvermeidung – lediglich umweltschonender abzuwickeln, müsse das Verkehrsaufkommen und die Verkehrsleistung reduziert oder zumindest deren Wachstum gestoppt werden. Verkehrsvermeidung wäre neben der konsequenten Ausschöpfung technischer Optionen an den Fahrzeugen, der Steuerung des Verkehrsablaufes und der Verlagerung auf jeweils umweltschonendere Verkehrsträger die vierte – und in den Augen vieler ihrer Befürworter die wichtigste – Handlungsstrategie zur Lösung von Verkehrsproblemen (siehe Abbildung 33).

Verkehrsvermeidung zielt sowohl auf die Beeinflussung der Mobilitätsbedürfnisse und Transporterfordernisse als auch auf die Quelle-Ziel-Beziehungen, das heißt die Distanzstrukturen im Verkehr. Sie würde daher erhebliche Eingriffe in die Entscheidungsprozesse der einzelnen Bürger ebenso wie der Unternehmen erfordern. Dies betrifft beispielsweise die Konsumentenwünsche, die über die Herkunft der Güter und damit über den Transportaufwand mitentscheiden. Dies betrifft vor allem aber auch die verkehrlich wirksamen Handlungsmuster der Haushalte und Unternehmen hinsichtlich der Wahl der Aktionsräume und Marktgebiete sowie die damit zusammenhängenden räumlichen Interaktionen. Skeptiker verweisen wegen dieser starken Eingriffe gerne auf die mangelnde Durchsetzbarkeit bzw. Mehrheitsfähigkeit des Konzeptes der Verkehrsvermeidung. Dies ist der entscheidende Punkt: Da Verkehr Ausdruck der Gesellschaft ist, wird Verkehrsvermeidung – im Gegensatz zur bloßen Verkehrsbewältigung – nicht ohne Beeinflussung zentraler Handlungsmuster in der Gesellschaft zu erzielen sein.

Im Mittelpunkt des Konzepts der Verkehrsvermeidung steht der Raum. Dabei geht es sowohl um die planerische Gestaltung des Raumes als Rahmen und Angebot für die Allokation der Raumnutzungen als auch um die Beeinflussung der Aktionsräume, Marktgebiete und räumlichen Interaktionsmuster. Da das Prinzip der raumstrukturellen und individuellen Trennung von Nutzungen auf sämtlichen Maßstabsebenen – von der weltwirtschaftlichen Arbeitsteilung bis hin zur Funktionstrennung innerhalb von Stadtquartieren – Gültigkeit besitzt und verkehrlich wirksam wird, ist theoretisch auch das Konzept der Verkehrsvermeidung auf all diesen Ebenen anwendbar. Statt sich jedoch in der Erörterung der Potentiale und Chancen von Verkehrsvermeidung auf den unterschiedlichen räumlichen Ebenen zu verlieren, widmet sich das Buch im folgenden vorrangig den Städten bzw. Stadtregionen. Auf dieser Ebene dürften nicht nur die größten Vermeidungspotentiale, sondern auch die größten Umsetzungschancen liegen. Ausgehend von einem Resümee der bisherigen Kapitel werden die Herausforderungen, die Probleme und die eventuell hilfreichen Leitbilder für eine Vermeidung von Verkehr aufgezeigt. Öffnet man sich für eine neue Bewertung der gegenwärtigen Stadtentwicklung, betrachtet man die ablaufenden Prozesse in einem anderen als dem gewöhnlichen Licht, dann zeigen sich jenseits eingefahrener Denkmuster durchaus Chancen für einen Entwicklungspfad, der soziale und ökonomische Ansprüche mit ökologischen Erfordernissen in Einklang bringen könnte.

Globale Herausforderung und die Zukunft der Städte

Das Beziehungsgeflecht zwischen Technikentwicklung, wirtschaftlichem und gesellschaftlichem Wandel, Veränderung der Raumnutzung und Verkehrszunahme zieht sich, so wurde in Kapitel 2 ausführlich dargelegt, durch die Geschichte der Industriegesellschaft und ist daher an sich nicht neu. Offensichtlich hat dieses Beziehungsgeflecht aber in jüngster Zeit eine besondere Dynamik entwickelt, was durch die häufige Verwendung der Metapher vom Schub unterstrichen wird: Beschleunigungs-, Rationalisierungs-, Globalisierungs-, Individualisierungs- und Verkehrswachstumsschub. Mit dem postulierten Übergang von der Industrie- zur Informationsgesellschaft verbindet sich die Vorstellung des Wandels von einer Welt, die primär durch eine Verortung von Aktivitäten und erst sekundär durch die räumliche Verknüpfung dieser Aktivitäten gekennzeichnet war, hin zu einer Welt, in der sich diese Wertigkeit umzudrehen scheint: Räumliche Austauschbeziehungen, also auch Verkehrsvorgänge, verlieren teilweise ihren dienenden Charakter, um räumlich Getrenntes zu verbinden, und werden zu einem bestimmenden Element der gesamten räumlichen Organisation des Lebens und Wirtschaftens. Raumüberwindung dient nicht mehr nur den verschiedenen Lebensentwürfen und Wertschöpfungsketten, sondern wird konstitutiver Teil von ihnen.

Mit dem Wandel vom „Raum der Orte“ zum „Raum der Ströme“ verändert die Welt ihr Gesicht. Waren die Orte der Erde früher – von wenigen Ausnahmen abgesehen – in erster Linie auf sich selbst bezogen, eingebettet allenfalls in einen nationalen Kontext, so definieren sie sich heute zunehmend über ihre Funktion in einem globalen Netzwerk. Dieses Netzwerk besteht aus den Transport- und Kommunikationsachsen sowie aus den lokalen und regionalen Knotenpunkten als Quelle, Ziel und Durchgangsstation der globalisierten Austauschbeziehungen.

Die Spuren, die die Ausweitung der Aktionsräume und Wirkungsbereiche menschlichen Handelns hinterlassen, sind vor allem in den Städten ablesbar. Globalisierung und der Rückzug des Staates stellen die Städte vor neue Aufgaben. Die Städte sind es, die sich – mit wachsender internationaler Konkurrenz und mit steigenden sozialen Kosten konfrontiert – dem härter werdenden Standortwettbewerb um Investitionen und Arbeitsplätze stellen müssen. Auch sind es vor allem die Städte, die – nicht zuletzt auch aus Gründen der „Standortpflege“ – den Gefahren der sozial-kulturellen Spaltung entgegentreten und Anstrengungen zur Lösung von Umweltproblemen leisten müssen. *Einerseits* müssen die wachsenden ökonomischen Zwänge bewältigt werden. „Die Gemeinden stehen vor der Aufgabe, den Unternehmen besonders gute Bedingungen für ihre Tätigkeit und den Menschen besonders gute Lebens- und Arbeitsbedingungen zu bieten. Sie müssen sich in Orte verwandeln, an denen Kosmopoliten ihren Vorrat an Konzepten, Kompetenz und Verbindungen auffüllen können und an denen die Lokalen Zugang zu den globalen Märkten finden“ (Moss Kanter 1997: 297). *Andererseits* wird es für die Städte immer schwieriger, ihren Bewohnern einen kulturellen, ortsbezogenen Lebensraum zu bieten, einen Lebensraum der unmittelbaren Begegnung und der sinnlichen Realitätserfahrung (Touraine 1996, Sieverts 1997).

Bereits seit Jahrzehnten ziehen breite Bevölkerungsschichten aus den Städten in die attraktiven Wohnlagen des Umlandes. In jüngerer Zeit wandern vermehrt auch die Arbeitsplätze an die Peripherie ab, so daß die Finanzkraft der Kernstädte nicht nur durch zunehmende Kosten, sondern auch durch schwindende Steuereinnahmen geschwächt wird. Die entstehenden Konflikte werden häufig dadurch verschärft, daß nicht mehr der ortsansässige private Bauherr, sondern der *Developer* die baulich-räumliche Entwicklung prägt. Damit gewinnen anonyme Kapitalverwertungsinteressen an Gewicht gegenüber den Bedürfnissen der örtlichen Gemeinschaft. Einzelhandels-, Freizeit- und sonstige Großeinrichtungen spiegeln aber nicht nur den ökonomischen Trend zur Rationalisierung und Konzentration, sondern sind auch Ausdruck eines internationalisierten Lebens- und Konsumstils. Vor diesem Hintergrund bildet sich in vielen Teilen der Welt ein neuer Stadttyp: Die kompakte und kleinteilig gemischte Stadt weicht einer dispersen und durch bauliche Großstrukturen gekennzeichneten Stadtlandschaft. Insgesamt definieren Globalisierung, Individualisierung und Suburbanisierung den Rahmen, innerhalb dessen räumliche Bindungen der privaten Haushalte und Unternehmen aufgelöst werden. Der Verlust lokaler Identität läßt vielfach aus Stadtbürgern bloße Stadtnutzer werden (Krämer-Badoni 1996).

Nutzen und Kosten der Dezentralisierung

Die entstehende Stadtlandschaft mag zwar ungeordnet erscheinen oder als chaotisch empfunden werden. Grundsätzlich basiert die Produktion dieses neuen Stadttyps jedoch auf einer Vielzahl von Nutzenerwägungen und rationalen Einzelentscheidungen. Wie in verschiedenen Kontexten in diesem Buch dargelegt, verspricht dieser neue Typ seinen wichtigsten „Produzenten“, das heißt den privaten Haushalten und Unternehmen mit ihren geänderten Standortwünschen, verschiedene Vorteile gegenüber der „alten Stadt“: den Haushalten ein Plus an Bedürfnisbefriedigung, den Unternehmen einen Beitrag zur Effizienzsteigerung und Gewinnmaximierung.

Die Hypothese der erwarteten Vorteile wirft jedoch Fragen auf, die sich einerseits auf die Grundlagen der Standortentscheidung und andererseits auf die Wahrnehmung und Bewertung der erzielbaren und der erzielten Vorteile beziehen (Hesse, Schmitz 1998). Bekommt etwa der Entscheidungsträger wirklich das, was er will? Werden die Erwartungen der Familie, die ihr Eigenheim im Stadtumland bezieht, auch tatsächlich erfüllt? Waren alle Konsequenzen vor der Umzugsentscheidung bewußt, etwa die schlechtere Versorgungslage, die Autoabhängigkeit, der Streß des täglichen Pendelns – oder sind diese Nachteile für die Vorteile des Eigentums, des familiengerechten Wohnraums, der grünen Umgebung und der Ruhe bewußt in Kauf genommen worden? Ist vielleicht für viele der Fortzug ins Umland von vornherein nur die „*second best*"-Lösung, weil das Optimum, die vergleichbare Wohnqualität im Zentrum, für sie unerschwinglich ist? Je nach theoretischem und ideologischem Hintergrund werden die Antworten auf diese Frage unterschiedlich ausfallen. Der Realität kommt man wahrscheinlich am nächsten, wenn man die Standortentscheidungen der Haushalte als das Ergebnis eines nicht vollständig rationalisierbaren Konglomerats individueller Interessen, gesellschaftlicher Normen, ökonomischer Restriktionen und unvollständiger Informationen interpretiert. Deutet man die Erwartungshaltung der Haushalte dahingehend, durch ihre Standortentscheidungen die Lebenssituation vielleicht nicht zu optimieren, aber doch zumindest „unter dem Strich" bedürfnisgerecht zu verbessern, dann kann man davon ausgehen, daß für eine große Mehrheit diese Erwartungen erfüllt werden.

Viel stärker als bei den privaten Haushalten muß man bei den Unternehmen von einem ökonomisch-rationalen Kalkül der Standortwahl ausgehen. Entsprechend klarer und „durchrationalisierter" werden auch die Erwartungen an einen Nutzengewinn sein, die sich an eine Stadt-Umland-Wanderung knüpfen. In beiden Fällen – bei den Haushalten wie bei den Unternehmen – bleibt jedoch unklar bzw. wird erst langfristig zu klären sein, inwieweit die verschiedenen Erwartungen der einzelnen Akteure in der Summe zur Dekkung gebracht werden. Vor allem in den USA wird mittlerweile vielerorts deutlich, daß die erhofften individuellen Vorzüge durch die Summe der weitgehend unkoordinierten Einzelentscheidungen untergraben werden. Lärm, Verkehrsprobleme, Kriminalität, gestörte Wohnumgebung – all diesen Dingen wollte eine breite Mittelschicht durch den Umzug in die *Suburbs* entfliehen, und all diese Dinge holen diese Mittelschicht im Zuge der Urbanisierung der *Suburbs* wieder ein (Baldassare 1986, Schaffer 1991).

Unabhängig von der Realisierung oder Nicht-Realisierung der individuellen Vorzüge stellen sich noch weitere Fragen, und zwar nach den externen, das heißt nicht durch die Entscheidungsträger und „Produzenten" der Stadt selbst zu tragenden Lasten. Die fachliche und politische Diskussion unterscheidet hierbei mindestens drei Aspekte. *Erstens* geht es – vor allem beim Infrastruktur- bzw. Erschließungsaufwand – um solche Kosten, die zwar prinzipiell monetarisiert bzw. monetarisierbar sind, die aber den Nutznießern der Suburbanisierung in der Regel nicht vollständig angelastet, sondern zumindest teilweise durch die Gemeinschaft getragen werden. *Zweitens* geht es um solche (nicht monetarisierten bzw. nicht monetarisierbaren) Lasten, die diejenigen zu tragen haben, die selbst nicht Teilhabe am Prozeß der Suburbanisierung haben wollen oder haben können. Ein häufig bemühtes Beispiel hierzu sind die Bewohner der Innenstädte, die unter dem einströmenden Autoverkehr der Umlandbewohner zu leiden haben. *Drittens* geht es um solche Folgeprobleme und Risiken der Suburbanisierung, die auf andere Weltregionen, vor allem aber auf zukünftige Generationen abgewälzt werden. Diese befürchteten Probleme und Risiken betreffen in erster Linie den Verbrauch begrenzter natürlicher Ressourcen und die Destabilisierung lokaler, regionaler und globaler Ökosysteme. Im Zusammenhang mit der Umgestaltung stadtregionaler Lebenswelten werden vorrangig zwei solcher Probleme diskutiert: die zunehmende Beanspruchung von Flächen und das Verkehrswachstum.

Zweifellos gehen mit der Umwidmung von Freifläche in Siedlungs- und Verkehrsfläche, die seit geraumer Zeit mit Schlagworten wie „Landschaftsverbrauch“ oder „Zersiedelung“ problematisiert wird, vielfältige Belastungen des Naturhaushaltes einher. „Fläche kann zwar nicht im eigentlichen Sinn wie ein Rohstoff verbraucht werden, aber je nach Art, Umfang und Nutzungsintensität vor allem der siedlungswirtschaftlichen und verkehrlichen Nutzungen werden Böden häufig so stark verändert, daß sie in der Leistungsfähigkeit ihrer natürlichen Bodenfunktion entscheidend beeinträchtigt oder gar zerstört werden. Bodenzerstörung dieser Art, aber auch die Versiegelung von Böden vernichten nicht nur unzählige Bodenorganismen, sondern auch viele Biotope von höheren Pflanzen und Tieren. Auch der Wasserhaushalt wird negativ beeinflußt. Zudem werden Böden und Grundwasser oftmals weit über die Zeit der jeweiligen Nutzung hinaus beeinträchtigt“ (Enquete-Kommission „Schutz des Menschen und der Umwelt 1998: 244). Anders als der direkte Einfluß der Flächeninanspruchnahme auf den Naturhaushalt wird der indirekte Zusammenhang zwischen Flächenverbrauch einerseits sowie Stoff- und Energieströmen andererseits häufig nur als Randproblem wahrgenommen und thematisiert. Die Enquete-Kommission „Schutz des Menschen und der Umwelt“, die das Thema „Bauen und Wohnen“ zu einem ihrer zentralen Handlungsfelder gewählt hat, weist jedoch ausdrücklich auf diesen Zusammenhang hin und stellt fest, daß jede zusätzliche Inanspruchnahme von Freiflächen mit zusätzlichen Baustoffströmen verknüpft ist, die ihrerseits einen weiteren temporären Flächenverbrauch zur Gewinnung und Deponierung mit sich bringen (Enquete-Kommission „Schutz des Menschen und der Umwelt 1998). Bemerkenswert ist außerdem der Trend der letzten Jahrzehnte, daß trotz besserer Heiz- und Dämmtechnik der Energieverbrauch der privaten Haushalte wegen größerer Wohnflächen und wachsender Anteile freistehender Häuser nicht zurückgegangen ist. Insgesamt faßt die Enquete-Kommission zusammen: „Deutschland droht damit eine schon ansatzweise erkennbare Zersiedelung mit erheblichen Qualitätsverlusten für Freizeit, Naturschutz und ggf. auch das Wohnen, verbunden mit stagnierenden oder noch steigenden Energie- und

Baustoffverbräuchen auf hohem Niveau“ (Enquete-Kommission „Schutz des Menschen und der Umwelt 1998: 264).

Bei der Ausweitung und Umgestaltung der Stadtregionen wird neben der zunehmenden Flächeninanspruchnahme vor allem das Wachstum des Verkehrs als ökologisches Problem und als Problem des Ressourcenverbrauchs diskutiert. Hierbei gilt allgemein die räumliche Dispersion von Aktivitäten durch zentrifugale Siedlungstätigkeit als wesentliche Determinante sowohl zunehmender Weglängen als auch von Verkehrsverlagerungen zugunsten des motorisierten Individualverkehrs – ein Zusammenhang, auf den noch näher einzugehen ist.

Nachhaltige Stadtentwicklung

Ressourcenverzehr und globale ökologische Risiken werden seit Beginn der 90er Jahre auf nationaler und internationaler Ebene vornehmlich unter dem Leitbegriff des *sustainable development* diskutiert. Im Mittelpunkt des Konzepts der „nachhaltigen Entwicklung“ oder „dauerhaften Entwicklung“ steht die Forderung nach Befriedigung menschlicher Bedürfnisse: „Dauerhafte Entwicklung ist Entwicklung, die die Bedürfnisse der Gegenwart befriedigt, ohne zu riskieren, daß künftige Generationen ihre eigenen Bedürfnisse nicht befriedigen können“ (Brundtland-Report 1987). Für eine solche Entwicklung wird die integrierte Betrachtung ökologischer, ökonomischer und sozialer Belange für erforderlich gehalten. Dabei geht es vorrangig, aber nicht ausschließlich um eine Neubestimmung des bekannten Konkurrenzverhältnisses zwischen wirtschaftlichen, sozialen und ökologischen Belangen. Denn die Verschuldung der öffentlichen Haushalte und die Labilität der sozialen Sicherungssysteme zeigen auch, daß gleichermaßen *heutige* wirtschaftliche und soziale Interessen auf Kosten *zukünftiger* wirtschaftlicher und sozialer Interessen durchgesetzt werden (Löhr 1996). So äußert sich das Leben „über die Verhältnisse“ und „auf Kosten anderer“, das „Sägen an dem Ast, auf dem wir sitzen“ in vielen Zusammenhängen als allgemeines Handlungsmuster, das es im Sinne des *sustainable development* zu durchbrechen gilt.

Bei der Konkretisierung der Leitidee der nachhaltigen Entwicklung wurde schnell deutlich, daß das Thema „Stadt“ eine wichtige Rolle spielt. Überall auf der Welt steigt der Anteil der Menschen, die in Städten leben, dort wird maßgeblich über die allgemein gültigen Produktions- und Konsummuster entschieden. Während vor allem in den Ländern des Südens für viele Stadtbewohner ungesunde Lebensbedingungen herrschen, tragen in erster Linie die in den Städten des Nordens praktizierten Lebensstile und Wirtschaftsweisen zu den globalen Umwelt- und Ressourcenproblemen bei. Vor diesem Hintergrund wird eine Stadtentwicklung als nachhaltig bezeichnet, wenn sie den

Grundsätzen einer „humanen Stadt“ entspricht und außerdem zukunftsfähig ist, das heißt die Entwicklungsmöglichkeiten zukünftiger Generationen nicht beschneidet. Die Stadt gerät hierbei auch deshalb ins Blickfeld der Diskussion, weil in ihr eine wichtige politisch-territoriale Einheit gesehen wird, die Verantwortung für eine nachhaltige Entwicklung besitzt. Dies kommt etwa in der Aufforderung der internationalen Staatengemeinschaft zum Ausdruck, daß die Kommunen im Rahmen einer sogenannten Lokalen Agenda 21 „in einen Dialog mit ihren Bürgern eintreten sollen“, um Antworten auf die drängenden Zukunftsfragen zu finden. Also sind die Städte nicht nur aufgefordert, ihre eigenen lokalen Probleme wirtschaftlicher, sozialer und ökologischer Art zu lösen. Darüber hinaus wird von ihnen erwartet, daß sie auch einen Beitrag zur Lösung der globalen Probleme leisten.

Die „nachhaltige Stadtentwicklung“ dreht sich gewiß auch um die Lösung der angedeuteten Probleme des Siedlungsflächen- und des Verkehrswachstums, aber bei weitem nicht ausschließlich. Vielmehr bedeutet nachhaltige Stadtentwicklung die allgemeine Ausschöpfung der – in einem erweiterten Verständnis – *urbanization economies*, das heißt der Möglichkeiten, die die räumliche Ballung von Menschen und ihrer Aktivitäten bietet: zur Ausschöpfung wirtschaftlicher Potentiale und zur optimalen Ausnutzung natürlicher Ressourcen, für gesellschaftliche Integration, persönliche Freiheit, kulturelle Entwicklung, Toleranz und Solidarität (Hoffmann-Axthelm 1997). Damit geht es den Verfechtern einer nachhaltigen Stadtentwicklung im Kern auch darum, die Stadt als „Lebensraum“, als „lebenswerten Ort“ zu bewahren (BUND, Misereor 1996).

Das sehr allgemeine Konzept der nachhaltigen Stadtentwicklung bedarf, um überhaupt politisch wirksam zu werden, der Konkretisierung durch Leitbilder. Gerade in einer durch Wertepluralismus und Orientierungsunsicherheit gekennzeichneten Gesellschaft erfüllen Leitbilder eine zunehmend wichtige Aufgabe. Sie bilden Ankerpunkte auf der Suche nach einem Grundkonsens und dienen der handlungsleitenden Orientierung, Koordinierung und Motivierung. „Das Prinzip Nachhaltigkeit muß auch mit Hilfe von Leitbildern zuerst im Bewußtsein Platz finden, bevor es real umgesetzt werden kann“ (Sieverts 1997, 1998b). Ganz in der Logik des *sustainable development* beherrschen drei zentrale Leitbilder die Diskussion um eine nachhaltige Stadtentwicklung: die „ökologische und ressourcensparsame Stadt“, die „ökonomische Stadt“ und die „soziale Stadt“. Hinter der „ökologischen und ressourcensparsamen Stadt“ verbirgt sich die Idee einer Stadt mit einem „zyklischen Metabolismus, die der Umwelt soviel gibt, wie sie von ihr nimmt“ (Rogers 1995: 61). Wichtige Aspekte sind hierbei Energieeinsparung, Reduzierung des Wasserverbrauchs, Vermeidung und Verminderung von Abfall sowie Verwendung umwelt- und ressourcenschonender Baustoffe. Die „ökonomische Stadt“ soll eine dauerhafte Leistungs- und Konkurrenzfähigkeit gewährleisten, wozu nicht nur eine moderne technische Infrastruktur, sondern etwa auch ein breites Angebot an hochwertigen Aus- und Weiterbildungsmöglichkeiten erforderlich wäre. Die Vision der „sozialen Stadt“ schließlich umfaßt Forderungen nach Teilhabe und Schutz vor gesellschaftlicher Ausgrenzung in der Stadt. Der Erfolg mißt sich etwa daran, ob breite Bevölkerungsschichten mit ausreichendem Wohnraum versorgt sind, eigenständig ihren Lebensunterhalt sichern können und Zugang zu sozialer Infrastruktur haben.

Die skizzierten Leitbilder umschreiben wünschenswerte Hauptziele, die allerdings recht abstrakt bleiben, wenn sie nicht durch stärker handlungsleitende Orientierungen ergänzt werden. Gängige „Wegweiser“ zu einer zukunftsbeständigen Stadt lauten etwa: die „intelligente Stadt“, die „kulturelle Stadt“ und die „demokratische Stadt“. So spiegelt das Leitbild der „intelligenten Stadt“ Hoffnungen, *einerseits* durch Energieumwandlungs-, Transport- und Umweltschutztechnologien die Ressourcenproduktivität und die örtliche Umweltsituation direkt zu verbessern, *andererseits* durch den Einsatz moderner, computergestützter Telekommunikation Stoffströme zu optimieren und – bei aller Vorsicht – die Beteiligung der Bevölkerung an den Entscheidungsprozessen zu verbessern. Ähnlich anspruchsvoll ist das Leitbild der „kulturellen Stadt“: „Es stellt sich als kulturelle Aufgabe, die sehr unterschiedlichen Lebensweisen und Lebenseinstellungen gewinnbringend in die urbane Gesellschaft einzubringen. Hierzu gehört nicht zuletzt der Erhalt des kulturellen Erbes, das heißt die Wahrung der örtlichen, stadttypischen Identität. Städtische Kultur kann dann einen wichtigen Beitrag zur Zukunftsfähigkeit leisten, wenn sie nicht nur als Hochkultur für privilegierte Bevölkerungsgruppen verstanden wird, sondern auch die schöpferischen Phantasien und Vorstellungen aller engagierten Bürger einbezieht. In diesem Sinne gehört zur städtischen Kultur auch die Baukultur und nicht zuletzt die Planungskultur“ (Fuhrich 1996: 1980f.). Schließlich verbindet sich mit der Idee der „demokratischen Stadt“ die Vorstellung eines örtlichen Gemeinwesens, das offen ist für neue Formen der Entscheidungsfindung und den Bürgern umfassende Mitgestaltungsmöglichkeiten bei allen lokalen Angelegenheiten bietet.

6.2 Leitbilder stadtregionaler Entwicklung

Dichte, Mischung, dezentrale Konzentration: Anspruch und Wirklichkeit

Die Suche nach geeigneten Leitbildern einer nachhaltigen Stadtentwicklung führte auch zur Formulierung und Diskussion von explizit räumlich orientierten Vorstellungsbildern und Handlungsansätzen (Becker u.a. 1998). Dabei können zwei Hauptrichtungen identifiziert werden. *Erstens* geht es um die Auseinandersetzung mit räumlichen Strukturen. Mit der Idee der „räumlich strukturierten Stadt" verbindet sich die Ansicht, daß bestimmte baulich-räumliche Arrangements günstigere Voraussetzungen für eine ressourcensparsame, ökonomisch vorteilhafte und sozialgerechte Lebensweise bieten als andere. In diesem Zusammenhang wird den Struktur- bzw. Gestaltungsprinzipien Dichte, Mischung und Polyzentralität eine herausragende Rolle beigemessen (BfLR 1996). Wichtige Ansatzpunkte sind dementsprechend die Verhinderung von Zersiedlung und der Schutz von Landschaftsräumen durch dichte, kompakte Siedlungsformen, die kleinräumige Mischung unterschiedlicher Nutzungen bzw. die Nutzungsflexibilität zum Offenhalten zukünftiger Nutzungsoptionen sowie schließlich die Konzentration siedlungsräumlicher Entwicklung in einzelnen Schwerpunktbereichen. Neben der Diskussion räumlicher Strukturen steht *zweitens* die Auseinandersetzung mit räumlichen Verflechtungen und Austauschprozessen. Dabei geht es nicht nur um Stoffströme und -kreisläufe, sondern etwa auch um geeignete Formen der Kooperation der an diesen Verflechtungen beteiligten politischen Entscheidungsträgern. In Anerkennung der Tatsache, daß viele „städtische" Probleme längst nicht mehr an politischen Stadtgrenzen haltmachen, daß Leben und Wirtschaften heute eher in regionalen als in städtischen Funktionsräumen organisiert sind, münden schließlich sowohl die Struktur- bzw. Gestaltungsprinzipien als auch die Modelle räumlicher Organisation, Kooperation und Entwicklungssteuerung auf regionaler Ebene in das komplexe Leitbild der „dezentralen Konzentration" (Aring u.a. 1996; BMBau 1993, 1995). Dieses aktuelle Leitbild wünscht großräumige Dekonzentration bei gleichzeitig kleinräumig kompakten und durchmischten Siedlungen.

Eine politisch-planerische, leitbildorientierte Steuerung kann nicht nur dem einen Ziel der Minimierung der Verkehrsleistung dienen, sondern wird immer einen ganzen Zielkanon berücksichtigen müssen: „Da die Raumordnungspolitik verschiedene, z.T. konkurrierende Ziele wie Schaffung von Arbeitsplätzen, Schonung von Freiflächen, günstige Zuordnung der Funktionen Arbeiten, Wohnen und Erholung, Nutzungsmischung, Umweltschutz usw.

verfolgt, kann die Güte oder Bedenklichkeit eines siedlungsstrukturellen Organisationsmodells nicht nach einem einzigen oder einigen wenigen Kriterien beurteilt werden“ (Sinz, Blach 1994: 466). Auch wenn häufiger eine solche abwägende Bewertung mit dem Hinweis auf den Vorrang von Umweltzielen gegenüber anderen Belangen grundsätzlich in Frage gestellt oder abgelehnt wird, „scheint aber Einigkeit darüber zu bestehen, daß es sowohl der Umwelt als auch den Menschen zugute kommt, wenn Siedlungsstrukturen so organisiert sind, daß sie möglichst wenig Verkehr erzeugen oder erzwingen“ (Sinz, Blach 1994: 466).

In diesem Sinne verbindet sich mit den genannten räumlichen Struktur- bzw. Gestaltungsprinzipien die Hoffnung auf eine umweltentlastende Verkehrsvermeidung und Verkehrsverlagerung (Rothengatter, Sieber 1993). Dichte und Mischung stehen für die räumliche Ballung bzw. das nahräumliche Angebot von Aktivitätsgelegenheiten und gelten damit als Voraussetzung für kurze Transportentfernungen (Verkehrsvermeidung) und die Attraktivität nicht motorisierter Verkehrsformen (Verkehrsverlagerung). Darüber hinaus wird die Erzeugung von Bevölkerungs-, Arbeitsplatz- und Versorgungsdichte im Bereich von Haltepunkten als notwendig für die Effizienz und Rentabilität des öffentlichen Verkehrs angesehen (Verkehrsverlagerung). Im Leitbild der dezentralen Konzentration verbinden sich alle diese Hoffnungen zu einer umfassenden Zielvorstellung für eine verkehrssparsame Siedlungsstruktur (siehe Abbildung 34).

Das Problem der Erfüllbarkeit dieser Hoffnungen liegt auf zwei Ebenen: der *Umsetzbarkeit* und der *Wirksamkeit* der Leitbilder. *Umsetzbarkeit* bezieht sich auf die Möglichkeit der Schaffung einer gebauten Umwelt, einer sichtbaren Raumstruktur, die diesen Leitbildern entspricht. Dies hängt *einerseits* davon ab, wo, in welchem Umfang und mit welcher Festlegung von Art und Maß der erwünschten Nutzung neue Siedlungsflächen ausgewiesen werden; und dies verlangt *andererseits*, daß die siedlungswilligen Akteure mit ihren Investitionen diese durch Planung gesetzten Angebote annehmen. Unter *Wirksamkeit* der Leitbilder versteht man dagegen die intendierten (und vielleicht auch die nicht intendierten) Konsequenzen im menschlichen Verhalten, die diese Leitbilder im Falle ihrer Realisierung nach sich ziehen. Dies entspräche den an die räumlichen Leitbilder geknüpften Erwartungen, durch Schaffung räumlicher Strukturen menschliches Verhalten – in diesem Fall die verkehrswirksame Bildung von Aktionsräumen und Marktgebieten – zu beeinflussen.

In einer ausgeprägt autoritären Gesellschaft ließe sich – theoretisch – jedes räumliche Leitbild umsetzen und die intendierte Verhaltenswirkung erzwingen. In einer freiheitlich-demokratischen Gesellschaft jedoch, die auf der Entfaltung der Persönlichkeit und der Teilhabe verschiedenster Gruppen am Willensbildungsprozeß beruht, in der sich häufig aber auch Interessen einzelner, mit entsprechender Macht ausgestatteter Gruppen durchsetzen, sind jedoch Zweifel sowohl an der Umsetzbarkeit als auch an der Wirksamkeit räumlicher Leitbilder wie etwa Dichte, Mischung und dezentrale Konzentration angebracht. Diese Zweifel werden durch eine Vielzahl von Beobachtungen gestützt. Wohlgemerkt: Es besteht kein Grund, die hinter den Leitbildern stehenden Ideen und Prinzipien an sich zu diskreditieren. Es gibt kaum gute Argumente, ihre Umsetzung zu behindern. Es sollte nur eindringlich vor der Illusion gewarnt werden, daß – unter den gegebenen ökonomischen, sozialen, rechtlichen und sonstigen Rahmenbedingungen – die Propagierung eines Leitbildes fast schon „automatisch" geeignete Aktivitäten zu dessen Umsetzung und entsprechende Wirkungen nach sich zieht.

Zur Schwierigkeit der Leitbildumsetzung

Möglichkeiten und Grenzen der Umsetzung werden bei den Leitbildern Dichte, Mischung und dezentrale Konzentration in gleicher Weise sichtbar. Von größter Brisanz ist dabei wahrscheinlich das Leitbild der Dichte, weil hier die ökologischen, ökonomischen und sozialen Belange am deutlichsten und unmittelbarsten aufeinandertreffen.

Angesichts der Vielzahl der ökologischen Folgelasten, die im Zusammenhang mit der Ausweitung der Siedlungsflächen gesehen werden, ist es konsequent, für eine Eindämmung weiterer Siedlungstätigkeit einzutreten. So empfiehlt etwa die Studie „Zukunftsfähiges Deutschland" das umweltpolitische Ziel, die Rate der Umwandlung von Freifläche in Siedlungs- und Verkehrsfläche bis zum Jahr 2010 schrittweise auf Null zu reduzieren (BUND, Misereor 1996). Wachsender bzw. sich ändernder Flächenbedarf sollte bis dann vollständig entweder innerhalb des bestehenden Siedlungsgefüges oder auf unbebauten Flächen bei gleichzeitiger Kompensation im Bestand befriedigt werden. Hinsichtlich des Zeithorizontes ein wenig zurückhaltender, aber dennoch mit gleicher Zielrichtung quantifiziert die Enquete-Kommission „Schutz des Menschen und der Umwelt" ihre Vorgaben: Entkoppelung des Flächenverbrauchs von Wirtschafts- und Bevölkerungswachstum und damit eine deutliche Verlangsamung der Umwandlung von unbebauten Flächen in Siedlungs- und Verkehrsflächen. Angestrebt wird eine Verringerung der Umwandlungsrate bis 2010 auf 10 % der Rate, die für die Jahre 1993 bis 1995 festgestellt wurde. Langfristig soll die Umwandlung von unbebauten Flächen in bebaute durch gleichzeitige Erneuerung (Entsiegelung u.a.) vollständig kompensiert werden (Enquete-Kommission „Schutz des Menschen und der Umwelt" 1997).

Abbildung 34: Zielvorstellung für eine verkehrssparsame Siedlungsstruktur

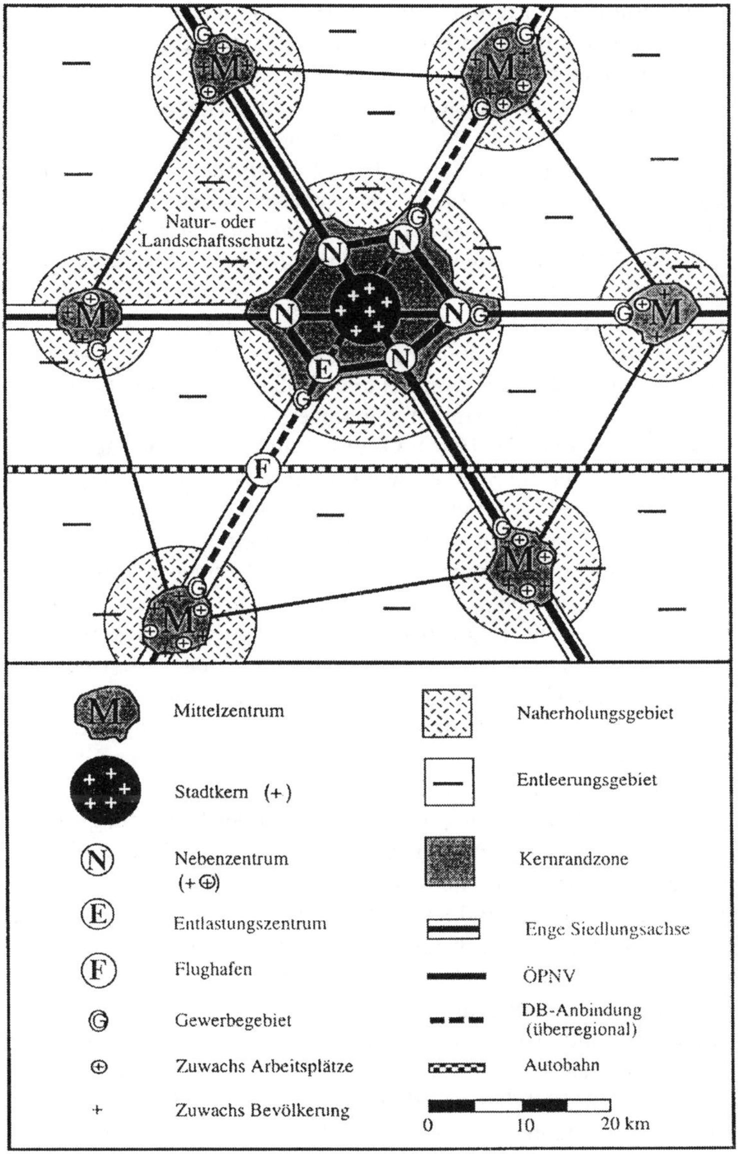

Quelle: Sieber 1995

Allerdings läßt die starke Dynamik des skizzierten wirtschaftlichen und gesellschaftlichen Transformationsprozesses, der spezifische neue Formen der Urbanisierung hervorbringt, ernste Zweifel an der Realisierbarkeit eines solchen Ziels aufkommen. *Erstens* spricht unter den gegebenen, für den Flächenverbrauch maßgeblichen siedlungsstrukturellen Rahmenbedingungen alles für eine prinzipielle Fortsetzung der augenblicklichen Trends der Flächennachfrage. *Zweitens* ist eine einschneidende Veränderung des politisch-ökonomischen Rahmens – ob gewollt oder durch die Kraft des Faktischen erzwungen – zwar nicht auszuschließen, aber in absehbarer Zukunft auch nicht wahrscheinlich bzw. kalkulierbar. Und *drittens*: Auch wenn die Möglichkeiten des Flächensparens wie etwa durch flächensparendes Bauen, Wiedernutzung von Brachflächen oder Schließung von Baulücken bei weitem noch nicht ausgeschöpft sind, so dürfte doch die Reduzierung der jährlich zusätzlich in Anspruch genommenen Flächen auf Null eine reine Illusion bleiben, zumal mit jeder „Nachverdichtungsmaßnahme" das Potential für eine weitere Nachverdichtung quantitativ geringer und in seinen Folgen sozial unverträglicher wird (Finke 1996). Offensichtlich gibt es auf absehbare Zeit keine „Nulloption" für die Siedlungsentwicklung (Aring u.a. 1996).

Umsetzungsprobleme zeichnen sich aber auch beim Leitbild der Nutzungs- bzw. Funktionsmischung ab, wenn auch weniger eindeutig als im Fall der Realisierung von Siedlungsdichte. Bei der Nutzungsmischung gestalten sich die Umsetzungschancen ambivalent. *Einerseits* erscheint „das Ziel unrealistisch, da gegen die Logik bisheriger Stadtentwicklung gerichtet, unerwünscht, weil gegen tief verwurzelte Bedürfnisse und Wertvorstellungen gewandt" (Jessen 1995: V). *Andererseits* tun sich neue Perspektiven auf, Funktionsmischung erscheint „immer aussichtsreicher aufgrund ökonomischer (Tertiärisierung), technologischer (neue Kommunikationstechnologien) und sozialer Trends (neue Haushaltstypen)" (Jessen 1995: V).

Prekär erscheint schließlich die Situation bei der Umsetzung des Leitbildes der dezentralen Konzentration. Vielfach ist die Entwicklung der Stadtregionen durch eine deutliche Siedlungsflächenausweitung in den sogenannten „Achsenzwischenräumen" und an der Peripherie gekennzeichnet, also gerade dort, wo das Leitbild ein Wachstum zu verhindern sucht (siehe 4.4). Treibende Kraft dieser Diffusion ist die anhaltende Nachfrage nach weiteren Siedlungsflächen in Verbindung mit einer zunehmenden Knappheit des Angebotes dort, wo das Leitbild eine weitere Entwicklung vorsieht. Diese Knappheit, die sich in hohen Boden- und Mietpreisen spiegelt, ist in der Regel weniger Ausdruck der Tatsache, daß die „natürlichen" Entwicklungsgrenzen erreicht sind, als vielmehr das Ergebnis einer bewußten Verknappung (oder auch spekulativen Zurückhaltung) von Bauland in den einzelnen Städten. „Die in der Regionalplanung und Bauleitplanung verinnerlichte Rationierung von Baurechten wirkt offensichtlich partiell kontraproduktiv" (Aring 1998: 26).

Tabelle 20: Kategorien der Beeinflussung gesellschaftlicher Akteure durch das politisch-administrative System

Steuerungsinstrumentarium	Steuerungsressource	Beispielressource
administrativ-regulierend	Macht	Vorschriften, Kontrollen
ökonomisch-finanziell	Geld	Subventionen, Abgaben
propagierend-informationell	Information	Information, Ratschläge

Quelle: nach Jann 1981

Stadtregionale Entwicklungssteuerung – eine Frage der (geeigneten) Instrumente

Möglichkeiten und Grenzen einer leitbildorientierten Entwicklungssteuerung sind keine unveränderbaren Größen, sondern entscheidend von der Wahl der für ihre Durchsetzung erforderlichen Instrumente abhängig. Insgesamt stehen dem politisch-administrativen System drei Kategorien von Steuerungsinstrumenten zur Beeinflussung externer gesellschaftlicher Akteure zur Verfügung (siehe Tabelle 20). Das administrativ-regulierende Instrumentarium umfaßt die klassischen Gebots- und Verbotsnormen. Mit dem ökonomisch-finanziellen Instrumentarium werden Abgaben, Steuern und Gebühren ebenso wie finanzielle Anreize etwa durch Investitionszulagen bezeichnet. Das auf Überzeugung und Aufklärung setzende propagierend-informationelle Instrumentarium bildet schließlich die dritte Kategorie der Beeinflussungsmöglichkeiten (Walther 1996).

Die drei allgemeinen Kategorien stehen auch zur Steuerung der räumlichen Entwicklung zur Verfügung, wobei der administrativ-regulierenden Steuerung durch Rechtsvorschriften in der Vergangenheit die größte Bedeutung beigemessen wurde. Im Mittelpunkt stand und steht hierbei das planungsrechtliche Instrumentarium, das in Deutschland durch Bundesraumordnung, Landes-, Regional- und kommunale Bauleitplanung auf den verschiedenen Planungsebenen vielfältige Steuerungsmöglichkeiten bietet. Eine Planung, die mit Geboten und Verboten ordnungsrechtlich durchgesetzt wird, hat sich jedoch in der Praxis als nur bedingt zur Steuerung räumlicher Entwicklung geeignet erwiesen. Da der „Plan" zunehmend als notwendiges, aber nicht hinreichendes Instrument erscheint, werden heute zusätzliche Handlungsoptionen diskutiert (Aring u.a. 1996).

Raumrelevante Entscheidungen der handelnden Akteure werden maßgeblich durch die Preisstrukturen in den Bereichen Boden, Wohnen und Mobilität beeinflußt. Daher richten sich die weitergehenden Überlegungen vor allem darauf, wie durch eine gezielte Beeinflussung dieser Preisstrukturen im Sinne einer verursachergerechten Zurechnung von Kosten und Knappheiten bei der Flächeninanspruchnahme diese Entscheidungen in eine raumordnungspolitisch erwünschte, den Leitbildern entsprechende Richtung gelenkt werden können (Pfeiffer, Aring 1993). Beispielsweise geht es hierbei um die Empfehlung, die bestehende Grundsteuer durch eine völlig neu gestaltete Steuer zu ersetzen, die auf dem Prinzip beruht, Bodenwert und Bodenfläche zu besteuern, die auf dem Grundstück stehenden Gebäude aber steuerfrei zu belassen. Hierdurch soll eine flächensparende Bauweise ebenso erreicht werden wie die zügige Bebauung baureifer, aber spekulativ zurückgehaltener Grundstücke:

„Die Ablösung der bestehenden Grundsteuer durch eine Bodenwert-/Bodenflächensteuer könnte eine beträchtliche Lenkungswirkung hinsichtlich des sparsamen Umgangs mit Bodenflächen entfalten. Sie würde am Stadtrand und im Stadtumland konzentriertere Siedlungsentwicklung mit höheren Baudichten und im Bestand Nachverdichtung fördern. Insbesondere flächenextensive Einrichtungen wie Verbrauchermärkte mit großen Parkplätzen „auf der grünen Wiese" würden steuerlich erheblich stärker belastet, während die Alternative, eine Erweiterung eines Kaufhauses in der Stadt z.B. auf Kosten des Parkplatzes oder eines Parkhauses, steuerlich begünstigt würde. Auch Einfamilienhausgebiete mit freistehenden Häusern, die viel Fläche erfordern und gleichwohl oft gute Wohn- und Stadtbauqualität vermissen lassen, würden zugunsten gebundener, verdichteter Einfamilienhausbauweise mit der gewünschten Wohn- und Umfeldqualität in Zukunft bei einer weit höheren Steuerbelastung weniger nachgefragt werden" (Apel, Henckel 1995: 129).

Bei der Forderung nach einem „neuen und weiterentwickelten Instrumentarium" geht es auch um Versuche, die traditionelle Planung durch ein regionales Management zu ergänzen: „Mehr denn je kommt es darauf an, Entwicklungsprozesse nicht nur aufzunehmen und in Pläne zu gießen, sondern Entwicklungsprozesse selbst anzuregen, zu moderieren und weiterzutreiben" (Ritter 1995). In diesem Sinne haben sich – jenseits des Rückgriffs auf die Steuerungsressourcen Macht und Geld – bereits in verschiedenen Regionen „experimentelle Ansätze einer innovativen Regionalplanung und -steuerung" (Aring u.a. 1996: X). etabliert, in denen prozeßorientierte Formen der Koordination mittels Moderation und Mediation erprobt werden.

Die Raumentwicklung wird nicht nur durch solche Instrumente gesteuert, die explizit und direkt hierzu eingesetzt werden, sondern auch durch andere Formen staatlichen Handelns, die mehr oder weniger indirekt auf raumrelevante Entscheidungen wirken. So üben beispielsweise immissionsschutzrechtliche Vorschriften, die zum Schutz vor schädlichen Umwelteinflüssen auch die räumliche Zuordnung von Flächennutzungen beeinflussen, einen nicht unerheblichen Einfluß auf die räumliche Entwicklung aus. Eine Schlüsselrolle innerhalb solcher „indirekten" Einflüsse wird vielfach der Verkehrsplanung bzw. Verkehrspolitik zuerkannt. Maßgeblich hierfür ist ein Sachverhalt, der im Prinzip seit Beginn des Industriezeitalters zu beobachten ist: Werden die Folgen des Ausbaus eines Verkehrssystems über einen Zeitraum von mehreren Jahren betrachtet, zeigen sich Standortveränderungen von Betrieben und Ausweisungen von Wohngebieten, die mit dem Ausbau des Verkehrsnetzes bzw. den veränderten Erreichbarkeitsverhältnissen zusammenhängen (Uricher 1990). Dabei zeigt sich im historischen Kontext eine deutliche Eigendynamik: „Im Überblick zeichnet sich eine eigene Logik der Raumstruktur ab, die anscheinend verhältnismäßig unabhängig von den Zielen und Aktionen einzelner Generationen ihre Wirkung ausübt. Sie besteht aus den Möglichkeiten und Grenzen, die die Verkehrsnetze und deren bauliche Ausfüllung zulassen. Zwar hat jede Generation bestimmte Politik- und Gestaltungsoptionen, diese finden aber im Rahmen dieser Logik ihren Ort und ihre Grenzen" (Curdes, Ulrich 1997: 4).

Die Erweiterung des Verkehrsangebots liefert also nicht nur kurzfristig durch die Erweiterung der Aktionsräume Impulse für eine Verkehrszunahme (*primär* induzierter Verkehr). Darüber hinaus bewirkt sie – in Verbindung mit geringen Raumüberwindungskosten – langfristig eine Veränderung des Standortgefüges in Richtung auf eine Abnahme von Siedlungsdichte und eine Entmischung von Nutzungen, wodurch zusätzliche Impulse für die Verkehrsnachfrage geschaffen werden (*sekundär* induzierter Verkehr).[1] Auf der Grundlage der Argumentation, daß die Phänomene „Ausbau der Verkehrsinfrastruktur", „Ausweitung der Aktionsräume", „Veränderung des Raumnutzungsgefüges" und „Verkehrszunahme durch sekundär induzierten Verkehr" einen sich selbst verstärkenden Regelkreis bilden, wird zur Durchbrechung dieses Regelkreises im Sinne einer Verkehrsvermeidung häufig ein Verzicht auf einen weiteren Ausbau der Verkehrsinfrastruktur, vor allem des Straßennetzes, angemahnt. Diese Forderung mag berechtigt sein, jedoch bliebe abzuwarten, ob auf ihrer Basis eine Verkehrsvermeidung wirklich möglich ist. Denn dies setzt voraus, daß der Ausbau der Verkehrsinfrastruktur die treibende Kraft für die Ausdehnung der Siedlungskörper und die Entmischung der Nutzungsfunktionen darstellt – oder mit anderen Worten: daß diese Ausdehnung und Entmischung eine *nicht intendierte* Wirkung des Ausbaus der Verkehrsinfrastruktur ist. Tatsächlich ist dies in vielen Einzelfällen, vor allem entlang der Fernverkehrsnetze, zu beobachten. Häufig aber erfolgt eine Ausweitung der Infrastruktur gerade mit dem Ziel, neue Räume für eine Entwicklung zu erschließen. So geht eine Erweiterung der Infrastruktur zwar zeitlich, aber nicht unbedingt logisch einer Erweiterung der Raumnutzungs-

1 Zur Unterscheidung von primär induziertem und sekundär induziertem Verkehr Herz 1991, auch Würdemann 1983

optionen voraus. Hier zeigt sich recht deutlich ein Dilemma: Jede Gesellschaft eignet sich den Raum mittels der ihr zur Verfügung stehenden verkehrlichen Optionen an. In dieser Logik sind die verkehrstechnischen und verkehrsinfrastrukturellen Möglichkeiten lediglich Mittel zum Zweck. Und solange ein gesellschaftlicher Konsens über diesen Zweck, die weitere Aneignung des Raumes und die Ausdehnung menschlicher Aktionsräume, besteht, dürfte die Forderung nach einem freiwilligen Verzicht auf die verfügbaren zweckdienlichen Mittel recht wirkungslos bleiben. Nur wenn in der Abwägung konkurrierender Güter andere gesellschaftliche Ziele – etwa der Schutz der Ressourcen – mehrheitlich als Ziele mit mindestens ebenso hohem Rang wie die weitere Aneignung des Raumes und die Ausdehnung menschlicher Aktionsräume erachtet werden, könnte der Verzicht auf einen weiteren Infrastrukturausbau eine realistische Option werden.

Raumentwicklung ließe sich – daran soll kein Zweifel bestehen – durch den Einsatz des verkehrsplanerischen Instrumentariums steuern. Dies setzt jedoch konsistentere Leitbilder nicht nur innerhalb des Raumplanungssystems, sondern im gesamtgesellschaftlichen Zielsystem voraus. Hierin dürfte eine der zentralen Herausforderungen für den Erfolg einer Integration der Verkehrsplanung in die Stadt- und Regionalplanung liegen, die unter den Schlagworten der „integrierten Verkehrsplanung“, „integrierten Siedlungs- und Verkehrsplanung“ oder „verkehrsintegrierenden Raumplanung“ propagiert wird (Würdemann 1993, Kutter 1993, Holz-Rau 1996). Eine solche Integration könnte, wenn realisiert, einer Verkehrsvermeidung in gleicher Weise dienen wie einer Verkehrsverlagerung. Zur Verkehrsvermeidung müßte etwa die raumplanerische Beeinflussung der Standortentscheidungen von Haushalten und Unternehmen Hand in Hand gehen mit der verkehrsplanerischen Einschränkung des weiteren Abbaus von Raumwiderständen. Zur Verkehrsverlagerung wäre außerdem die raumplanerische Konzentration von Entwicklungspotentialen um Haltepunkte des öffentlichen Verkehrs in Kombination mit einer verkehrsplanerischen Steigerung der Attraktivität des öffentlichen und nicht motorisierten Verkehrs durch Angebotsverbesserung und Schnittstellenoptimierung erforderlich.

6.3 Verkehrsaufwand und die Rolle des Raumes

Zur (Un-) Wirksamkeit räumlicher Leitbilder

Mit der ins Auge gefaßten Realisierung der räumlichen Leitbilder Dichte, Mischung und dezentrale Konzentration verbindet sich – unter anderem – die Erwartung, das Verhalten der Verkehrsteilnehmer in eine umweltverträglichere Richtung zu beeinflussen. Eine Vielzahl von Untersuchungen hat sich in jüngster Zeit aus verschiedenen Perspektiven der Frage gewidmet, in welchem Maße unterschiedliches Verkehrsverhalten überhaupt durch siedlungs- und raumstrukturelle Rahmenbedingungen erklärt werden kann – und damit direkt auch die Frage nach der potentiellen Wirksamkeit der Leitbilder aufgeworfen. Die meisten dieser Untersuchungen, die bisher ausschließlich den Personenverkehr zum Gegenstand haben, stützen sich angesichts der vergleichsweise günstigen Datensituation auf die Analyse des Berufspendelverkehrs. Dies ist bedauerlich, vor allem angesichts der Tatsache, daß andere Bereiche des Personenverkehrs – allen voran der stark expandierende Freizeitverkehr – längst ein größeres Volumen aufweisen als der Berufsverkehr. Aber auch wenn der Berufsverkehr an relativer Bedeutung gegenüber dem restlichen Personenverkehr einbüßt, behält er doch im Entscheidungskalkül von Einzelpersonen und Haushalten weiterhin eine Schlüsselposition. Die Entscheidung über Wohnort und Arbeitsplatz legt nicht nur den täglichen Weg zur Arbeit fest, sondern beeinflußt in erheblichem Maße die übrige Verkehrsteilnahme: „Die Expansion der beruflichen Aktionsräume wirkt zurück auf andere Bereiche des Alltags – z.B. über arbeitsplatzorientierte Bekanntenkreise auf den Freizeitverkehr – und führt auch hier zu einem höheren Verkehrsaufwand“ (Holz-Rau, Mikota 1994: 22).

Im Detail unterscheiden sich die Untersuchungen zum Zusammenhang von Raumstruktur und Verkehr erheblich, was ihre Interpretation erschwert und in der Diskussion häufig auch Mißverständnisse provoziert. Die Unterschiede ergeben sich vor allem durch die Wahl der zu erklärenden Verhaltensparameter, der erklärenden Merkmale der Siedlungsstruktur sowie der jeweiligen Operationalisierung. Reisezeit, Transportentfernung, Reisehäufigkeit, Verkehrsmittelwahl und Energieverbrauch sind gängige Verhaltens- bzw. Verkehrsmerkmale, deren beobachtbare Unterschiede zu räumlichen Merkmalen in Beziehung gesetzt werden. Zu diesen räumlichen Merkmalen zählen insbesondere: Siedlungsgröße, Siedlungsstrukturtyp, Bevölkerungs- oder Arbeitsplatzdichte, das Verhältnis von Arbeitsplätzen zur Bevölkerungszahl (als Maß für Nutzungsmischung) sowie das Ausmaß der Dezentralisierung von Arbeitsplätzen und Versorgungseinrichtungen. Weitere (räumliche) Merkmale, die ausschließlich in ihrer Wirkung auf die Verkehrsmittelwahl, nicht aber auf die Zielwahl und damit das Distanzverhalten untersucht werden, sind das Angebot im öffentlichen Verkehr und das Parkplatzangebot.[2] Unterschiede zwischen den einzelnen Untersuchungen ergeben sich zusätzlich auch dadurch, daß teilweise versucht wird, unterschiedliches Verhalten durch unterschiedlichen räumlichen Rahmen, teilweise die zeitliche Veränderung des Verhaltens durch zeitliche Veränderungen der Raumstruktur zu erklären. Auch die unterschiedliche räumliche Körnigkeit der Betrachtung (vom Vergleich verschiedener Stadtregionen bis hin zur Untersuchung einzelner Stadtquartiere innerhalb einer Stadtregion) bewirkt eine gewisse Unübersichtlichkeit der Ergebnisse. Und schließlich existieren neben der Vielzahl von empirischen Erhebungen und Auswertungen auch reine Modellstudien.[3]

Eine der „klassischen“, häufig zitierten Untersuchungen aus Deutschland zum Zusammenhang von Siedlungsstruktur und Verkehrsverhalten stammt aus der zweiten Hälfte der 80er Jahre. Demnach scheint die räumliche Ausstattung der näheren Wohnumgebung das tägliche Verkehrsverhalten ganz erheblich zu beeinflussen. So legten der Bewohner einer der Kernbezirke (West-) Berlins für 1.000 Aktivitäten 6.500 km, der Bewohner der gut ausgebauten Randsiedlung Spandau bereits 12.310 km und der Bewohner einer „Schlafstadt“ ohne Ausstattung an der Stadtkante Hamburgs schließlich 18.280 km mit einem motorisierten Verkehrsmittel zurück (Kutter 1991). Aber nicht nur der Siedlungsstruktur- bzw. Ortstyp, sondern auch die Ortsgröße steht in auffälligem Zusammenhang mit der erforderlichen Verkehrsleistung der Bewohner (siehe Tabelle 21).

Diese Untersuchung zeigt jedoch ein grundsätzliches Problem. In den ausgewiesenen Unterschieden überlagern sich räumliche und soziale Effekte. So resultieren die dargestellten Verhaltensunterschiede in der Regel sowohl aus siedlungsstrukturellen als auch aus sozialen Unterschieden in den verschiedenen Orten bzw. Stadtteilen. Die Determinanten des Verkehrsverhaltens – vor allem finanzielle Möglichkeiten, Pkw-Verfügbarkeit, Lebensstil und Wohnstandortwahl – lassen sich wegen ihrer starken Interdependenz analytisch nur schwer trennen (siehe Abbildung 35). Wegen dieser „Einheit sozialer und räumlicher Strukturen“ (Holz-Rau 1997: 26). bleiben die Aussagen über die spezifische Bedeutung des Raumes mit einer gewissen Unsicherheit behaftet. Pkw-Verfügbarkeit und andere sozioökonomische Merkmale erklären rund 70-80 % der Verhaltensunterschiede hinsichtlich Verkehrsmittel- und Zielwahl, siedlungsstrukturelle Einflüsse dagegen die restlichen 20-

2 Umfassende Synopsen englischsprachiger Untersuchungen und Systematisierungen der jeweils gewählten Merkmale liefern Stead, Marshall 1998 und Banister 1998

3 Einen Überblick über solche Modellstudien, die hier nicht näher betrachtet werden, geben Owens 1986 und Wegener 1994

Tabelle 21: Motorisierte Verkehrsleistung in Abhängigkeit von Ortstyp und Ortsgröße

Ortstyp / Ortsgröße	Motorisierte Verkehrsleistung (km) für 1.000 Aktivitäten
Kernbezirke (Berlin)	6.500
Stadtrandsiedlung, gut ausgebaut: Spandau (Berlin)	12.310
Stadtrandsiedlung, gut ausgebaut: Unterzentrum (München)	13.460
Stadtrandsiedlung, gut ausgebaut: Gropiusstadt (Berlin)	14.100
Stadtrandsiedlung, „Schlafstadt": Stadtkante (Hamburg)	18.280
Ballungszentrum	13.500
Umlandgemeinde 110.000 Einw.	8.800
Umlandgemeinde 45.000 Einw.	13.300
Umlandgemeinde 20.000 Einw.	14.500
Umlandgemeinde 7.500 Einw.	14.300
Umlandgemeinde < 5.000 Einw.	20.500

Quelle: Kutter 1991

30 % (Banister 1998). Betrachtet man lediglich die Zielwahl bzw. den Verkehrsaufwand unabhängig von der Verkehrsmittelwahl, dann können die Unterschiede grob geschätzt jeweils zur Hälfte auf soziale Besonderheiten und auf die räumliche Lage zurückgeführt werden (Kutter 1993).

Trotz dieser Einschränkung wurde in verschiedenen Untersuchungen immer wieder nachgewiesen, daß Größe und Typ der Siedlung in deutlichem Zusammenhang mit dem Verkehrsverhalten der Bewohner steht. Je größer der Ort, umso kürzer die durchschnittliche Weglänge und umso größer der Anteil der Wege, die mit öffentlichen Verkehrsmitteln zurückgelegt werden. Ursache für den geringeren Verkehrsaufwand der Bewohner ist die mit der Größe eines Ortes wachsende Zahl von Aktivitätsgelegenheiten, seien es Arbeitsplätze, Versorgungsangebote, Freizeiteinrichtungen oder Wohnorte von Verwandten und Freunden. Dabei scheint es bei größer werdenen Städten immer noch günstiger zu sein, innerhalb der Stadt wachsende Entfernungen zurückzulegen, als die Stadtgrenze zu verlassen und Nachbarorte aufzusuchen. Erst in sehr großen Städten steigt angesichts der stärkeren räumlichen Ausdifferenzierung der Nutzungen und der stärkeren Zentrenbildung der durchschnittliche Verkehrsaufwand wieder an.[4]

4 Zum Beispiel nach Untersuchungen in Großbritannien; vgl Stead 1996; Banister u.a. 1992

Abbildung 35: Soziale und sozial-räumliche Determinanten des Verkehrsverhaltens

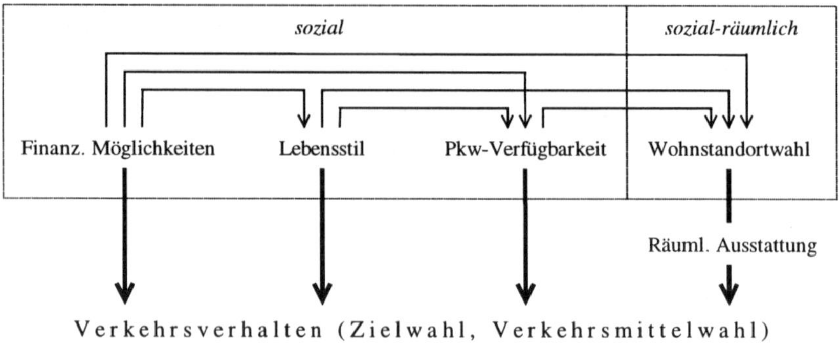

Es ist aber nicht die Größe eines Ortes *an sich*, die eine Verkehrssparsamkeit bewirkt, sondern die in einem Ort anzutreffende Vielfalt an Aktivitätsmöglichkeiten. Daher führt – wie bereits in Tabelle 21 gezeigt – eine Betrachtung verschiedener Ortstypen mit unterschiedlichen Ausstattungsmerkmalen zu ähnlichen Ergebnissen wie die Untersuchung verschiedener Ortsgrößenklassen: Je besser und vielfältiger die Ausstattung in der eigenen Wohngemeinde, umso geringer der Verkehrsaufwand der Bewohner. Außerdem gilt: Je kürzer die Entfernung zur Kernstadt, umso geringer der Verkehrsaufwand. Die Wirksamkeit und die Überlagerung dieser Sachverhalte werden auch durch eine neuere Untersuchung siedlungsstruktureller Gemeindetypen im Verflechtungsbereich von München bestätigt (siehe Tabelle 22):

„Der siedlungsstrukturell bedingte Verkehrsaufwand wird damit im wesentlichen von zwei Faktoren gesteuert: dem Grad der Binnenorientierung und der Entfernung zur Kernstadt. Niedrige Fahrleistungen werden zum einen in den Gemeinden (innerhalb des Verdichtungsraumes) registriert, die zwar einen hohen Grad der Außenorientierung aufweisen, in denen aber aufgrund der geringen Entfernung zum Hauptziel der Fahrten, der Kernstadt München, niedrige Verkehrsleistungen pro Fahrt anfallen. Zum anderen wurden niedrige Verkehrsleistungen auch außerhalb des Verdichtungsraums in den (mittelzentralen) Beispielorten ermittelt, in denen zwar pro Fahrt in die Kernstadt hohe Verkehrsleistungen anfallen, diese aber durch den geringen Grad der Außenorientierung kompensiert werden" (Kagermeier 1997).

Im Hinblick auf politisch-planerische Konsequenzen solcher empirischen Befunde muß jedoch nicht nur – wie bereits dargelegt – wegen der Überlagerung sozialer und räumlicher Effekte, sondern auch aus einem weiteren Grund vor Fehlinterpretationen gewarnt werden. Das Problem liegt darin, daß die günstige Ausstattung etwa mit Arbeitsplätzen und Versorgungseinrichtungen, die in den zentralen Orten den dortigen Bewohnern die Möglichkeit kurzer

Tabelle 22: Index der motorisierten Verkehrsleistung im Bereich der Alltagsmobilität pro Haushaltsmitglied in Südbayern (Durchschnitt = 100)

Gemeindetypen	Berufs-verkehr	Ausbil-dungs-verkehr	Einkauf Grund-bedarf	Einkauf period. Bedarf	Dienst-leistungen
Innerhalb des Verdichtungsraumes					
mittelzentrale Orte	66	90	72	73	64
Siedlungsschwerpunkte	70	60	89	80	84
nicht- und kleinzentrale Orte	89	98	132	91	127
Außerhalb des Verdichtungsraumes					
mittelzentrale Orte	95	114	48	107	73
niedrigrang. zentrale Orte mit Schienenanschluß	132	117	149	114	118
niedrigrang. zentrale Orte ohne Schienenanschluß	111	108	110	105	118

Angaben nach sozio-demographischen Merkmalen standardisiert

Quelle: nach Kagermeier 1997

Verkehrswege bietet, das Ergebnis eines Bedeutungsüberschusses, das heißt eines *relativen* Überangebotes darstellt und daher nicht für alle Gebiete verallgemeinerbar ist. Bezogen auf das Beispiel des Einzelhandels bedeutet das: Die gute Einzelhandelsausstattung zentraler Ortsteile bzw. innenstadtnaher Quartiere begünstigt zwar kurze Distanzen der jeweiligen Anwohnerschaft. Die dortigen Geschäfte werden jedoch in erheblichem Umfang von der Nachfrage einer außerhalb wohnenden Kundschaft getragen, in deren Wohnumfeld aufgrund der räumlichen Konzentration des Einzelhandels Ausstattungsdefizite bestehen (Holz-Rau 1997).

Ähnliches gilt auch für die räumliche Verteilung der Arbeitsplätze, was zu falschen Schlußfolgerungen verleiten kann. So wird in Analysen zum Berufsverkehr häufig nur der Verkehrsaufwand der Bewohner, nicht jedoch der der (einpendelnden) Beschäftigten einer Gemeinde betrachtet und daraus der Schluß gezogen, daß größere Städte gegenüber anderen besonders verkehrssparsam sind. Dabei wird jedoch übersehen, daß die unterdurchschnittlichen Distanzen ihrer Bevölkerung auf einem erheblichen (und nicht verallgemeinerbaren) Überangebot an Arbeitsplätzen beruhen. Aus diesem Grund wurde in einer neueren Untersuchung versucht, die Perspektiven der Erwerbstätigen

Abbildung 36: Zusammenhang zwischen Arbeitsplatzbesatz und Verkehrsaufwand je Arbeitsverhältnis

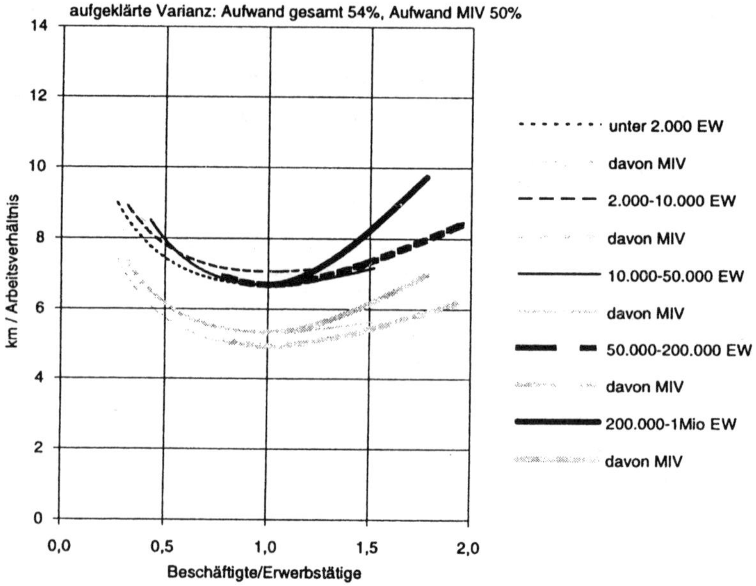

Auswertung der Volkszählung 1987 und KONTIV 1989, einfache Luftlinienentfernung

Quelle: Holz-Rau, Kutter 1995; Holz-Rau 1997

(am Wohnort) und der Beschäftigten (am Arbeitsort) zu einem Indikator „Verkehrsaufwand je Arbeitsverhältnis" zu überlagern.[5]

Tatsächlich ist ein Zusammenhang zwischen räumlichen Merkmalen und dem Verkehrsaufwand je Arbeitsverhältnis erkennbar (siehe Abbildung 36). Dieser Verkehrsaufwand steigt sowohl bei zunehmendem Arbeitsplatzüberhang als auch bei zunehmendem Arbeitsplatzdefizit in einzelnen Gemeinden. Je ausgeglichener der Arbeitsplatzbesatz, das heißt je näher das Verhältnis von Beschäftigten zu Erwerbstätigen am Wert 1, umso geringer der Verkehrs-

5 Vgl. Holz-Rau, Kutter 1995. Der Verkehrsaufwand je Arbeitsverhältnis berechnet sich als Summe der Distanzen der Erwerbstätigen (Wohnort) und der Beschäftigten (Arbeitsort), dividiert durch die entsprechende Anzahl der Erwerbstätigen und der Beschäftigten (siehe auch Abbildung 36).

Abbildung 37: Veränderung von Arbeitsplatzbesatz und Verkehrsaufwand je Arbeitsverhältnis im zwischengemeindlichen Berufspendelverkehr der Gemeinden des Nachbarschaftsverbandes Stuttgart zwischen 1970 und 1987

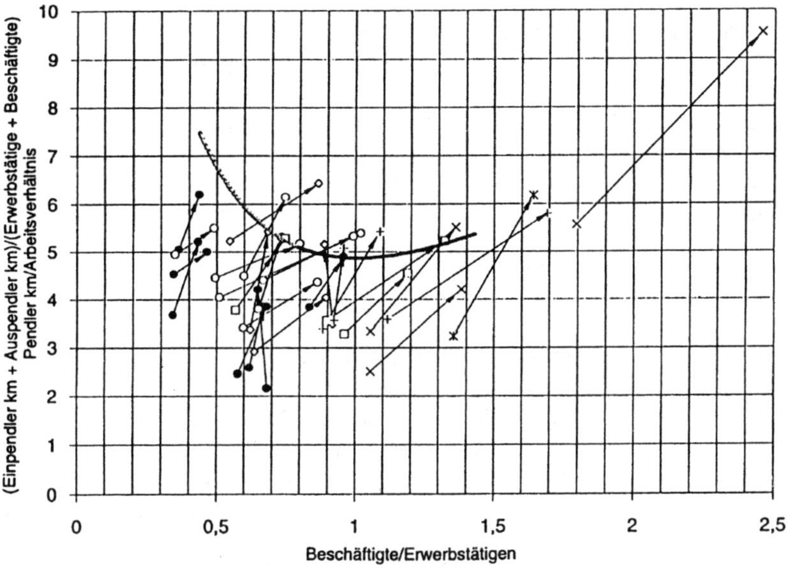

Auswertung der Volkszählungen 1970 und 1987, einfache Luftlinienentfernung

Quelle: Holz-Rau, Kutter 1995; Holz-Rau 1997

aufwand. Diese Regelhaftigkeit gilt auf nahezu identischem Niveau für unterschiedliche Gemeindegrößen. Siedlungsstrukturelle Effizienz ist somit – bezogen auf den Berufsverkehrsaufwand – eine Frage der ausgeglichenen „Mischung" von Wohn- und Arbeitsplätzen innerhalb der Gemeinden, nicht jedoch eine Frage der Gemeindegröße.

Im Hinblick auf Überlegungen, durch welche politisch-planerischen Maßnahmen die Verkehrsleistung reduziert werden kann, ist nun der zeitliche Verlauf des Zusammenhangs zwischen Arbeitsplatzbesatz und Verkehrsleistung besonders bemerkenswert. Dabei geht es um die Frage: „Ist die beobachtete Zunahme der Berufsverkehrsdistanzen vornehmlich auf eine siedlungsstrukturelle Entmischung von Wohnen und Arbeiten oder davon weitgehend unabhängig auf eine entfernungsintensivere Benutzung der Siedlungsstruktur zurückzuführen?" (Holz-Rau 1997: 62). Eine Auswertung der Volkszählungen 1970 und 1987 für das Gebiet des Nachbarschaftsverbandes Stuttgart zeigt, daß die in der Regel kleineren Gemeinden mit einem Arbeitsplatzdefizit sich tendenziell einem ausgewogenen Arbeitsplatzbesatz annäherten,

Tabelle 23: Pendlersaldo ausgewählter hessischer Gemeinden 1987

Gemeinde	Einwohnerzahl	Beschäftigte	Einpendler	Auspendler
Kronberg (Taunus)	17.932	6.363	3.558	5.088
Bad Schwalbach	9.547	4.105	2.297	2.345
Sulzbach (Taunus)	6.522	5.087	2.919	2.573
Bad Homburg	51.081	22.732	12.881	9.904
Dieburg	12.672	6.561	3.854	3.146
Gelnhausen	18.253	9.030	5.695	3.834
Mainhausen	6.808	3.159	2.042	2.017
Eschborn	17.815	17.908	11.980	6.040
Friedberg	23.901	10.383	8.065	5.223
Rosbach v.d. Höhe	9.805	3.868	3.406	3.126

Quelle: Volkszählung 1987; Aring, Schmitz, Wiegandt 1995

während sich in den größeren Gemeinden und der Kernstadt Stuttgart der Arbeitsplatzüberhang verstärkt hat (siehe Abbildung 37).

Obwohl 1987 praktisch alle Gemeinden den Erwerbstätigen vor Ort mehr Arbeitsplätze boten als 1970, stieg der Anteil der Auspendler, entsprechend stärker noch der Anteil der einpendelnden Beschäftigten. Dies führte durchweg zu einem steigenden Verkehrsaufwand je Arbeitsverhältnis, auch in solchen Gemeinden, die sich einer ausgewogenen Mischung von Wohn- und Arbeitsplätzen annäherten (Holz-Rau, Kutter 1995; Holz-Rau 1997).

Die „bindende Wirkung der Arbeitsplätze" hat also zwischen 1970 und 1987 deutlich nachgelassen. Neben eine „siedlungsstrukturelle Trennung der Funktionen" ist eine wachsende „individuelle Trennung der Funktionen" getreten. In der Nähe von Arbeitsplätzen wohnen nicht mehr unbedingt diejenigen Menschen, die dort arbeiten. Obwohl viele Städte heute ein ausgewogenes Verhältnis von Wohnraum und Arbeitsplätzen aufweisen und damit theoretisch kein gemeindegrenzüberschreitendes Pendeln notwendig wäre, sind die interkommunalen Pendelverflechtungen erheblich. Die Zahlen der Auspendler und der Einpendler entsprechen sich auf hohem Niveau (siehe Tabelle 23). Gerade in jüngster Vergangenheit wächst die Intensität der Verflechtung in den Regionen deutlich an. So haben innerhalb von nur sechs Jahren in fast allen Gemeinden der Stadtregion Dortmund / Kreis Unna sowohl die Einpendler- als auch die Auspendlerquoten um 5-10 % zugenommen (siehe Abbildung 38).

In ähnliche Richtung wie die angeführten deutschen Untersuchungen zeigen verschiedene amerikanische Analysen zum Thema „*excess commuting*" oder „*wasteful commuting*", daß zwar die tatsächlichen Entfernungen im Berufsverkehr von der räumlichen Verteilung der Wohn- und Arbeitsplätze nicht völlig unabhängig sind, aber insgesamt doch mehr als das Doppelte

Abbildung 38: Entwicklung der Pendlerverflechtungen in der Stadtregion Dortmund/Kreis Unna

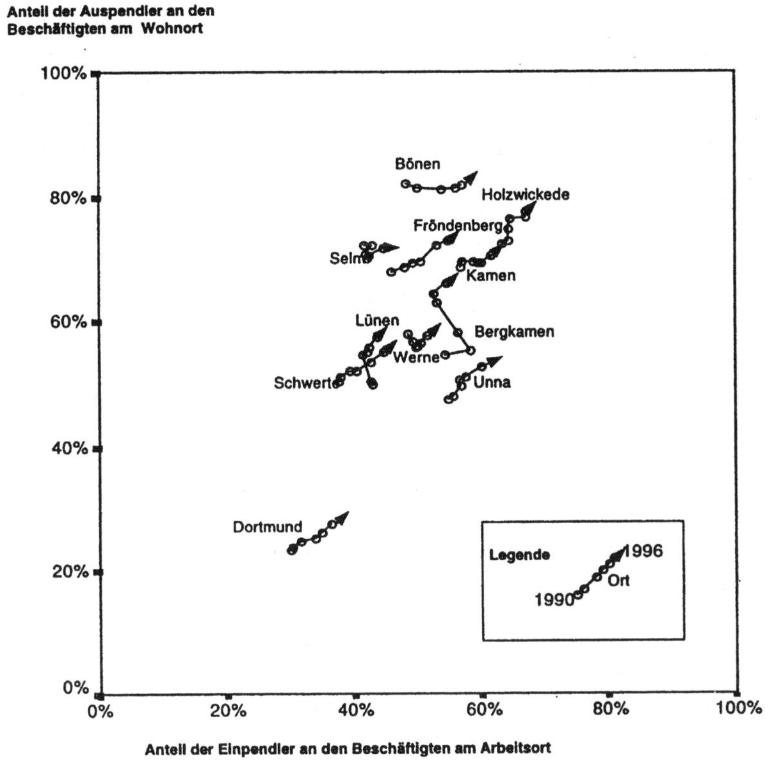

Quelle: Aring 1998

ausmachen gegenüber dem hypothetischen Fall, daß jeder Arbeitnehmer den für ihn nächstgelegenen Arbeitsplatz wählt (Hamilton 1982; Cropper, Gordon 1991; Small, Song 1992; Giuliano, Small 1993). Dies gilt auch unter Berücksichtigung der Qualität der Arbeitsplätze.

Die Gründe, weshalb Berufspendler den „unnötigen", über dem Minimum liegenden Zeit- und Geldaufwand nicht durch Umzug oder Wahl eines näheren Arbeitsplatzes reduzieren, sind vielschichtig (Anas u.a. 1997). Vor dem Hintergrund sinkender Raumwiderstände haben für Wohnungssuchende Kriterien wie etwa Immobilienpreise oder Naturnähe gegenüber dem Kriterium „Nähe zum Arbeitsplatz" an Bedeutung gewonnen. Aber auch verschiedene andere Gründe scheinen ein „arbeitsplatznahes Wohnen" bzw. ein

„wohnungsnahes Arbeiten" zu verhindern. So führt die zunehmende Spezialisierung und Differenzierung in der Arbeitswelt dazu, daß sich die Chancen für eine Beschäftigungsmöglichkeit im näheren Wohnumfeld eher reduzieren. Von Bedeutung ist ferner die zunehmende Erwerbsbeteiligung von Frauen: Für doppelverdienende Haushalte ist es in der Regel nicht möglich, Wohnstandort- und Arbeitsplatzwahl so zu treffen, daß der Berufspendelweg für beide Erwerbstätige minimal wird. Auch darf nicht verkannt werden, daß bei angespannter Situation auf dem Wohnungs- und Arbeitsmarkt die Wahlmöglichkeiten auf beiden Märkten vor allem für sozial benachteiligte Haushalte eingeschränkt sind. Die Situation wird dadurch verschärft, daß bei zunehmenden Standortverlagerungen von Betrieben viele Beschäftigte angesichts hoher Umzugskosten nicht bereit sind, durch einen Umzug wieder in größere räumliche Nähe zum Arbeitsplatz zu kommen. Schließlich führt die Flexibilisierung der Anstellungsverhältnisse und der häufigere Wechsel des Arbeitsplatzes dazu, daß Berufstätige die Wohnstandortwahl weniger im Hinblick auf einen bestimmten Arbeitgeber als vielmehr hinsichtlich einer ganzen Reihe potentieller Anstellungsmöglichkeiten treffen und dann – auch bei Arbeitsplatzwechsel – an diesem Wohnstandort festhalten (Crane 1996).

Die Vielzahl der Untersuchungen zur Wirkungen einer Mischung von Nutzungen in stadtregionalem Kontext läßt den generellen Schluß zu, daß in Gesellschaften mit hinreichendem Wohlstandsniveau und geringen (zeitlichen und monetären) Raumwiderständen das Entfernungsverhalten im Verkehr durch mehrere Faktoren weit stärker geprägt wird als durch den Faktor „räumliche Nähe". Insbesondere ist die Veränderung des Verhaltens im Zeitverlauf nur zu einem sehr geringen Teil durch eine Veränderung der raumstrukturellen Gegebenheiten erklärbar. Das bedeutet indirekt aber auch, daß der Verkehrsteilnehmer die – zwar rückläufigen, aber immer noch vorhandenen – Aktivitätsangebote in der Nähe immer häufiger „ignoriert", kleinräumige Verflechtungen immer stärker aufgelöst werden. Die wachsende Unabhängigkeit des Verhaltens von der Raumstruktur ist nicht nur bei der Zielwahl, sondern erst recht bei der Verkehrsmittelwahl festzustellen.[6] Vor dem Hintergrund, daß Reiseentfernungen und benutze Verkehrsmittel gemeinsam die Hauptdeterminanten des Kraftstoffverbrauchs darstellen, zeigt sich ein erstaunliches Untersuchungsergebnis: Hätten England und Wales zwischen 1961 und 1991 keine Bevölkerungssuburbanisierung erlebt, wären *ceteris paribus* lediglich drei Prozent des dortigen Energieverbrauchs im Verkehr eingespart worden (Breheny 1993, Wegener 1998).

6 Vgl. hierzu die in Bremen durchgeführten Untersuchungen, z.B. in Bahrenberg 1994, 1997

Die häufig formulierte Behauptung einer durch räumliche Entwicklungen ausgelösten „Zwangsmobilität“ trifft somit allenfalls die Realität einer Minderheit der Bevölkerung. Bei der überwiegenden Mehrheit sollte man eher von einer „Wahlmobilität“ sprechen. Angesichts der hohen individuellen „Freiheitsgrade“ sind die Unterschiede räumlicher Strukturen *nicht* die primäre Ursache für die Unterschiede im Verkehrsverhalten. Daher gibt es auch keinen Grund zur Annahme, daß eine umfassende „Erzeugung“ einer als verkehrssparsam erachteten Siedlungs- und Raumstruktur – abgesehen von den berechtigten Zweifeln an einer solchen Realisierbarkeit – die gewünschte Wirkung haben würde.

Verkehrsvermeidung wäre damit *zunächst* weniger eine Frage der Steuerung von Siedlungs- und Raumstrukturen als vielmehr eine Frage der Reduzierung der besagten „Freiheitsgrade“ durch Erhöhung von Raumwiderständen. Hierzu böte sich theoretisch eine Vielzahl von Optionen an. *Einerseits* könnte dies durch eine Erhöhung der zeitlichen Widerstände geschehen, etwa in Form von Geschwindigkeitsbeschränkungen oder – wie bereits zur Frage der Leitbildumsetzung diskutiert – durch die gezielte Schaffung oder Beibehaltung infrastruktureller Engpässe. *Andererseits* könnten die Widerstände durch eine Erhöhung der (monetären) Kosten der Raumüberwindung vergrößert werden, etwa durch Abschaffung vorhandener Steuervergünstigungen („Kilometerpauschale“) oder durch eine Erhöhung der Kraftstoffpreise über eine Anhebung der Mineralölsteuer. Jedoch zeugt der weit verbreitete Widerstand gegen eine solche Strategie, der sich etwa in der politischen Diskussion um eine sogenannte „ökologische Steuerreform“ offenbart, genau von jenem Dilemma, auf das bereits hingewiesen wurde. Solange in der Erwartung sozialer und ökonomischer Vorteile ein breite politische Mehrheit die weitere Aneignung des Raumes und die Ausdehnung menschlicher Aktionsräume befürwortet, ist eine freiwillige Selbstbeschränkung in der Nutzung der hierfür zur Verfügung stehenden Mittel, das heißt der schnellen und preiswerten Fortbewegungsmöglichkeiten, unwahrscheinlich. Und daran wird sich wahrscheinlich nichts ändern, solange die möglichen Nachteile und Risiken hoher Geschwindigkeiten und preiswerter Ressourcennutzung – aus welchen Gründen auch immer – geringer bewertet werden als deren erwarteter Nutzen.

Bei aller Skepsis ist aber nicht auszuschließen, daß Raumwiderstände in Zukunft wieder wachsen, sei es aufgrund geänderter gesellschaftlicher Einstellung zu einer Verkehrsvermeidung oder einfach wegen einer (natürlichen oder geopolitischen) Verknappung der zum Transport notwendigen Energieträger. Während eine Nutzungsmischung allein ohne eine Erhöhung der Raumwiderstände nur geringe oder keine Wirkung zeigt, stößt umgekehrt eine Erhöhung der Raumwiderstände ohne Nutzungsmischung an Grenzen, die durch die minimale Distanz zur jeweils nächsten Aktivitätsgelegenheit gesetzt sind (siehe Abbildung 39). Unter solchen Bedingungen könnte tatsächlich die

Abbildung 39: Wirkung einer Nutzungsmischung und einer Erhöhung von Raumwiderständen auf die Zielwahl im Verkehr (schematisch)

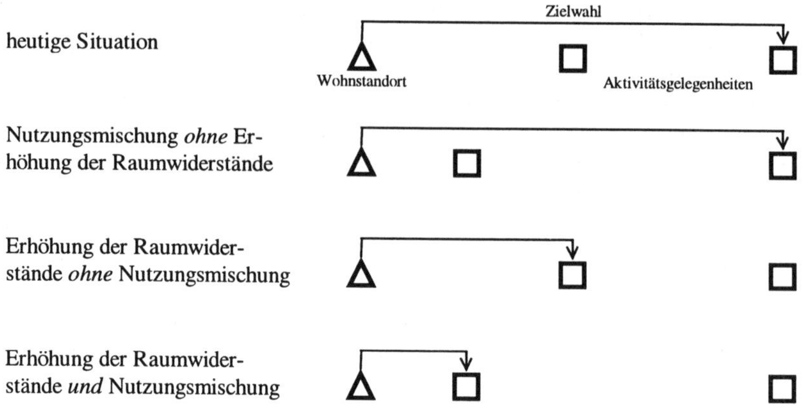

Situation einer (sozial bedenklichen) „Zwangsmobilität" eintreten, wenn nämlich den Verkehrsteilnehmern wegen Ausstattungsmängeln in der Wohnumgebung die Überwindung „unnötig" hoher Distanzen abverlangt wird. Daher wäre, wenn man Verkehrsvermeidung wünscht, sowohl aus ökologischen als auch aus sozialen Erwägungen eine Erhöhung der Raumwiderstände in Kombination mit einer Nutzungsmischung sinnvoll. Eine solche stärkere Mischung der Nutzungen würde sich langfristig durch geänderte Standortpräferenzen der Akteure als Reaktion auf erhöhte Raumwiderstände „automatisch" einstellen. Angesichts der zu erwartenden Langfristigkeit der Prozesse, der Persistenz der Raumstruktur und der vielfältigen Möglichkeiten des „Marktversagens" sollten die Marktprozesse durch planerische Einflußnahme unterstützt bzw. korrigiert werden. Das Festhalten am Leitbild der Nutzungsmischung ist daher wichtiger denn je.

Der Mythos der Verkehrssparsamkeit hoher Siedlungsdichte

Nutzungsmischung ist eine notwendige, aber noch keine hinreichende Bedingung für verkehrssparsames Verhalten. Wie ist dagegen die Wirkung der Siedlungsdichte zu beurteilen? Prinzipiell sind ähnliche Zusammenhänge zu erwarten; denn mit Siedlungsdichte verbinden sich ebenso wie mit Nutzungsmischung hohe Kontaktwahrscheinlichkeiten im wohnungsnahen Umfeld und kurze Entfernungen zu nächsten Aktivitätsgelegenheiten (siehe

Abbildung 40: Dichte und Mischung in ihrer Wirkung auf Entfernungen zu nächsten Aktivitätsgelegenheiten

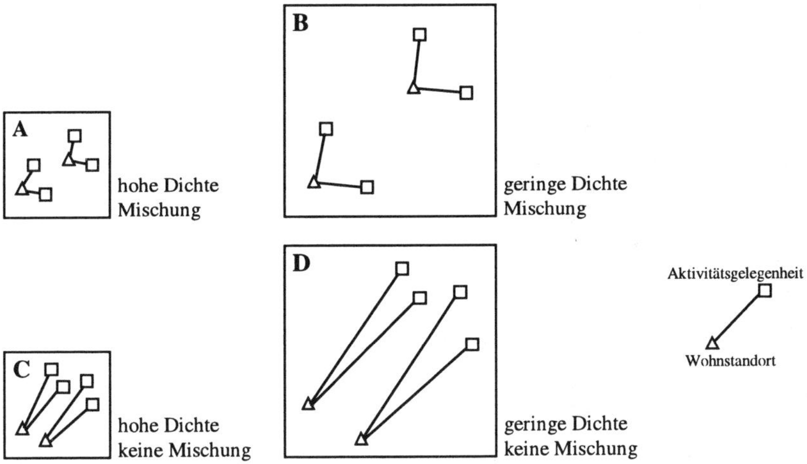

Abbildung 40). Dichte und Mischung sind beides sehr unbestimmte, relative Begriffe und beschreiben Phänomene, die sich auf verschiedenen Maßstabsebenen identifizieren lassen. Ebenso wie Mischung muß man strenggenommen auch Dichte auf den verschiedenen Ebenen von Baublöcken, Stadtteilen, Städten und Stadtregionen getrennt betrachten. So steht beispielsweise eine hochgradig verdichtete Geschoßwohnsiedlung nicht im Widerspruch zu einer ansonsten dispersen Stadtregion mit geringer Gesamtdichte.

Eine viel beachtete Studie wies den statistischen Zusammenhang zwischen Siedlungsdichte und Verkehrsverhalten nach (siehe Abbildung 41) (Newman, Kenworthy 1989a,b). Als zu erklärende Größe, in die Reisehäufigkeit, Weglänge, Verkehrsmittelwahl und Fahrgeschwindigkeit implizit einfließen, wurde der Kraftstoffverbrauch pro Person gewählt, wobei der Einfluß unterschiedlicher Kraftstoffverbräuche der Fahrzeuge in den verschiedenen Ländern eliminiert wurde. Die anhand der Stichprobe von 32 Stadtregionen in verschiedenen Teilen der Welt aufgedeckte Korrelation ist beachtlich.[7] Auffallend ist unter anderem, daß die westeuropäischen, australischen und nordamerikanischen Stadtregionen jeweils recht ausgeprägte „Cluster“ bilden, in denen auch die jeweils unterschiedlichen stadthistorischen Bezüge und „Mobilitätskulturen“ zum Ausdruck kommen.

7 Zu ähnlichen Ergebnissen für schwedische Städte und Regionen kommt Naess 1993

Abbildung 41: Benzinverbrauch je Einwohner als Funktion der Siedlungsdichte 1980

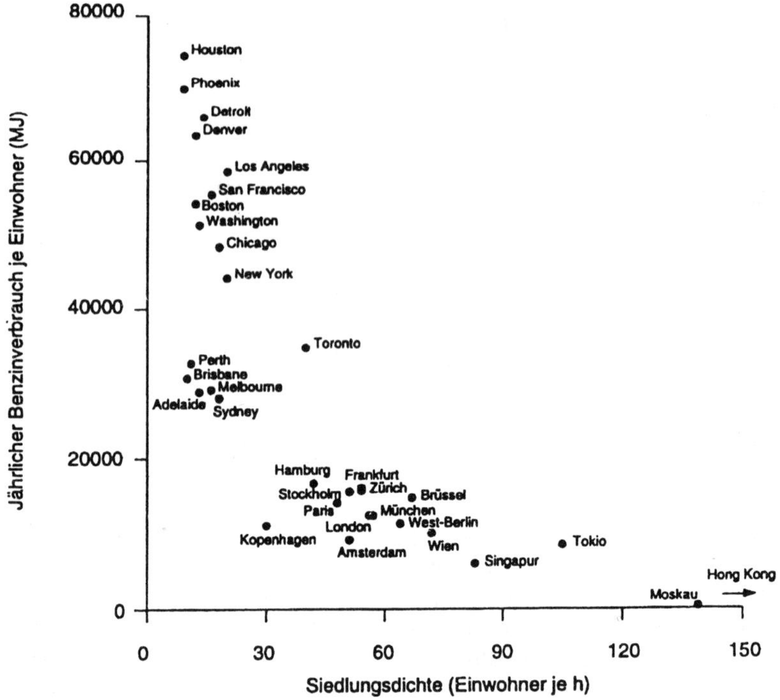

Quelle: nach Newman und Kenworthy 1989, Wegener 1998

So intuitiv das gezeigte Diagramm auf den ersten Blick ist: Die eingehendere Interpretation, die Aufdeckung kausaler Zusammenhänge und erst recht die Ableitung von Konsequenzen für Politik und Planung sind alles andere als trivial. Von den vier Einflüssen auf den Benzinverbrauch dürften Reisehäufigkeit und Fahrgeschwindigkeit zwar nicht ganz unbedeutend sein, aber doch eine nachrangige Rolle spielen. Die entscheidenen Verhaltensmerkmale sind die Zielwahl und die Verkehrsmittelwahl. Zur Zielwahl bzw. zum Distanzverhalten ist zunächst folgendes anzumerken: Bei ansonsten unveränderten Nutzungsstrukturen ist die Zunahme der Distanzen, die durch eine Abnahme der Dichte erklärbar ist, größendegressiv – die Abnahme der Dichte um den Faktor vier „erzwingt" eine Zunahme der Weglänge um den Faktor zwei (siehe hierzu den Übergang von Raumtyp A zu Raumtyp B in Abbildung 40). Die durch die bloße Ausdehnung des Siedlungskörpers „er-

Abbildung 42: Benzinverbrauch je Einwohner als Funktion des Benzinpreises 1980

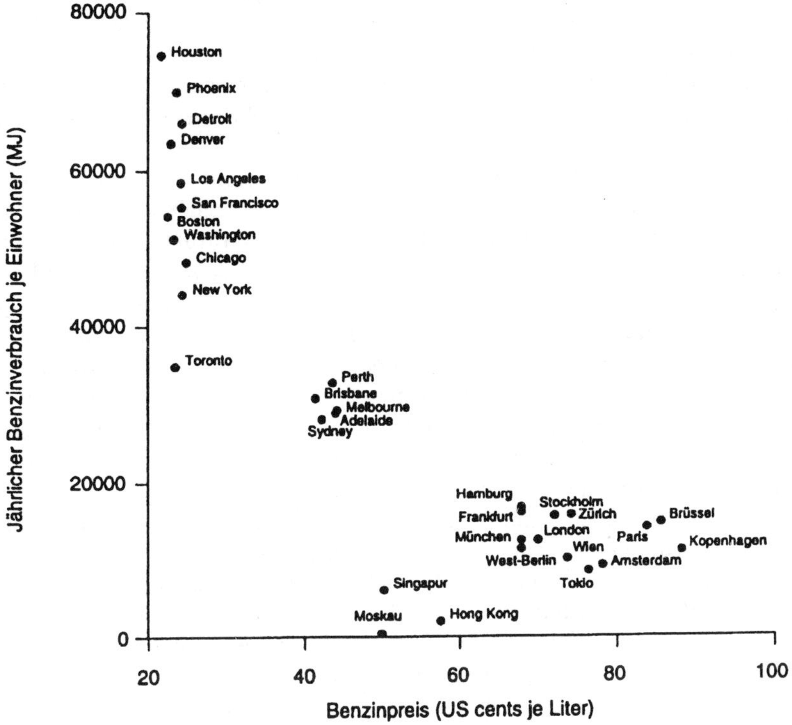

Quelle: nach Newman und Kenworthy 1989, Wegener 1998

zwungene“ Distanzvergrößerung kann also nur einen geringen Teil des exponentiellen Anstiegs des Kraftstoffverbrauchs erklären. Also müssen hier andere, gravierendere Einflüsse zum Tragen kommen. Es ist vielfach zu beobachten, daß parallel zur Abnahme der Dichte auch Prozesse der Entmischung der Nutzungen stattfinden, wodurch die „Kontaktdichte“, das heißt die mittlere Entfernung zur nächstgelegenen Aktivitätsmöglichkeit zusätzlich abnimmt (Übergang zu Raumtyp D in Abbildung 40). Aber selbst dieser ergänzende Effekt dürfte für die starke Zunahme des Benzinverbrauchs allenfalls zweitrangig sein.

Vielmehr verbirgt sich hinter der zunehmenden Bereitschaft und Fähigkeit zur Distanzüberwindung und Nutzung energieaufwendiger Fortbewegungsformen vor allem eine andere, die entscheidende Größe: der Benzinpreis (siehe Abbildung 42). „Jetzt wird sogar plausibel, warum der Kraftstoffverbrauch in australischen Städten viel niedriger als in amerikanischen Städten ist: weil Kraftstoff in Australien doppelt so teuer ist wie in den Vereinigten Staaten. Wenn man die drei Sonderfälle Singapur, Hongkong und Moskau, in denen Pkw-Besitz und Pkw-Nutzung künstlich beschränkt sind, außer acht läßt, läßt sich die Hypothese aufstellen, daß die Siedlungsdichte nur eine Zwischengröße ist und daß der wirkliche Grund für einen hohen Energieverbrauch im Verkehr die Verfügbarkeit billiger Verkehrsenergie ist" (Wegener 1998: 97f.).

Niedrige Energiepreise erhöhen nicht nur die Bereitschaft und Fähigkeit, größere Entfernungen zurückzulegen, sondern fördern auch den Umstieg auf das Automobil. Wenn schon der Einfluß der Raumstruktur auf die Verkehrsentfernungen vernachlässigbar ist, dann stellt sich abschließend die Frage, ob – über den Benzinpreis hinaus – die Veränderung räumlicher Gegebenheiten zumindest eine nennenswerte Veränderung des *Modal splits* erklärt. Der Titel der Studie *Cities and Automobile Dependence* von Newman und Kenworthy suggeriert eine solche Abhängigkeit. Hierzu sind zwei Sachverhalte zu berücksichtigen. *Erstens*: Wie bereits durch Abbildung 35 verdeutlicht, ist der Wechsel eines Verkehrsteilnehmers vom öffentlichen Verkehr, vom Fahrrad oder vom Fußweg zum privaten Automobil in erster Linie ein „Wohlstandsphänomen". Erst in zweiter Linie kommen hierbei Aspekte der räumlichen Ausstattung zum Tragen. *Zweitens:* Der Kompromiß zwischen dem Interesse der Betreiber des öffentlichen Verkehrs, auf wenigen Strecken möglichst effizient zu operieren, und den Interessen der Nutzer, einen möglichst kurzen Fuß- bzw. Anfahrtsweg zum nächsten Haltepunkt zu haben sowie beliebige Zielpunkte möglichst schnell zu erreichen, ist umso schwerer realisierbar, je mehr die Siedlungsräume sich ausdehnen und die räumliche Aktivitätendichte abnimmt. Rückläufige Fahrgastzahlen können einen solchen ökonomisch tragfähigen Kompromiß zusätzlich erschweren. Wenn jedoch die Angebotsqualität im öffentlichen Verkehr nicht mit den geänderten Anforderungen in dispersen, ausgedehnten Siedlungsräumen Schritt halten kann, werden langfristig zusätzliche Anlässe für einen Umstieg auf das Auto geschaffen. Insofern kann man, zumindest hinsichtlich der Verkehrsmittelnutzung, von einer teilweisen und indirekten Abhängigkeit des Verkehrsverhaltens von räumlichen Gegebenheiten sprechen. Ist in dem sich selbst verstärkenden Regelkreis aus zunehmender Automobilnutzung, räumlicher Dispersion und Verschlechterung der ÖV-Qualität erst einmal die Situation erreicht, daß – wie in vielen US-amerikanischen Städten zu beobachten – das ÖV-Angebot praktisch nicht mehr existent ist, dann wird tatsächlich aus einer Verkehrsmittel-Wahl ein Automobil-Zwang.

6.4 Die Zukunft der Stadtregionen

Zwischen Konzentration und Dispersion

Die technischen und infrastrukturellen Verkehrs*möglichkeiten* haben die Voraussetzungen für eine Dispersion der Siedlungsräume und eine Veränderung der Raumstruktur geschaffen. Aber umgekehrt ist der heutige Verkehrs*aufwand* und die Verkehrszunahme nur nachrangig durch diese raumstrukturellen Veränderung zu erklären. Im Gegenteil muß die Kausalkette folgendermaßen geschlossen werden: Neben sonstigen Ursachen leistet die Verkehrszunahme einen eigenen Beitrag zur weiteren raumstrukturellen Veränderung in Stadtregionen (siehe Abbildung 43). Dieser Zusammenhang wurde bereits im Rahmen des historischen Abrisses zur Entwicklung der Stadt Los Angeles aufgezeigt (siehe 2.5). Dort war schon seit den 20er Jahren zu beobachten, daß die Ballung von Arbeitsplätzen, Einzelhandels- und Dienstleistungseinrichtungen im zentralen Geschäftsbereich zu Engpässen beim schnell wachsenden Autoverkehr führte. Zur Vermeidung von langen Anfahrtswegen, Staus und Parkplatzproblemen für Kunden, Zulieferer und Beschäftigte entschieden sich viele Unternehmen für eine Verlagerung in die Vororte.

Gordon und Richardson weisen anhand von Daten für die 20 größten US-amerikanischen Städte nach, daß im Zeitraum zwischen 1980 und 1985 der Zeitaufwand für Fahrten zum Arbeitsplatz nicht zugenommen hat, sondern teilweise konstant geblieben ist, teilweise sogar abgenommen hat (Gordon u.a. 1989, 1991). Dies sehen sie als Beleg dafür, daß auch in jüngerer Zeit die Dezentralisierung in Verbindung mit der Veränderung von Verkehrsströmen Ausdruck von Anpassungsstrategien der Akteure an die Knappheit der Verkehrsinfrastruktur ist. Dezentralisierung bzw. Ausdehnung der Siedlungsfläche führt ihrer Ansicht nach also nicht zu einer Zunahme von Verkehr. Ausgehend von diesem Standpunkt haben Gordon und Richardson die Arbeiten von Newman und Kenworthy, vor allem ihre abgeleiteten Konsequenzen für Politik und Planung, nachdrücklich kritisiert (Gordon, Richardson 1989). Trotz aller Vorsicht gegenüber der Interpretation der Arbeiten von Newman und Kenworthy kann dieser Kritik nur bedingt zugestimmt werden, zumal beide Untersuchungen formal kaum miteinander vergleichbar sind.[8] Zumindest stehen die behaupteten konstanten oder kürzeren Reisezeiten nicht im

8 Bei Newman, Kenworthy (1989) handelt es sich um eine (räumliche) Querschnittuntersuchung, bei Gordon, Richardson (1989) um eine (zeitliche) Längsschnittstudie.

Abbildung 43: Zusammenhang zwischen Verkehrsmöglichkeiten, Verkehrswachstum und raumstrukturellen Veränderungen in Stadtregionen

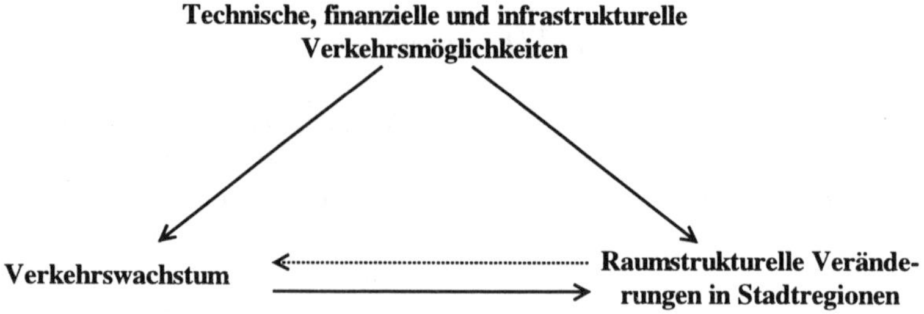

Widerspruch zu wachsenden Reiseentfernungen, wenn diese mit höheren Geschwindigkeiten auf Strecken des weitläufigen suburbanen, weniger staugefährdeten Straßennetzes erbracht werden – und stehen damit auch nicht im Widerspruch zu wachsendem Energieverbrauch.[9]

Sicherlich sind die in den USA beobachteten Zusammenhänge nicht uneingeschränkt übertragbar auf andere Teile der Welt. Trotzdem ist in allen entwickelten und sich entwickelnden Gesellschaften eine Ausdehnung der Stadtregionen und eine Dezentralisierung von Arbeitsplätzen und „zentralen" Einrichtungen zu beobachten. Aber in welche Richtung geht die Entwicklung: hin zu einer Dispersion, das heißt eine mehr oder weniger gleichförmige Besiedlung des Stadtumlandes, oder hin zu einer dezentralen Konzentration? Blickt man auch hier wieder auf die Situation in den USA, in denen Marktkräfte sich am ungehindertsten durchsetzen können, scheint die Entscheidung noch nicht gefallen bzw. die Entwicklung noch nicht eindeutig interpretierbar zu sein. Obwohl die Bildung der sogenannten *Edge Cities* als Beleg für eine Tendenz zur Konzentration auch am Rand der Stadt gewertet werden kann, sieht Robert Fishman insgesamt doch das Überwiegen der Tendenz zur Dispersion:

„Anstelle der strengen funktionalen Trennung der alten Großstadt entwickelt sich hier eine postmoderne, postsuburbane Collage. In einigen Fällen kann es passieren, daß ein besonders 'aktiver' Bereich [...] eine Art Stadtzentrum alten Stils herausbildet. In der Regel jedoch verhindert die Logik der neuen Stadt diese Art von Konzentration. Unter anderem

9 Die Einsparung von Reisezeit spielt in der Bilanz – trotz energiesparender Stauvermeidung – gegenüber der größeren Entfernung mit höherer Geschwindigkeit eine untergeordnete Rolle; vgl. Banister 1998

führen Zentren sehr schnell zu beträchtlichen Verkehrsstörungen und verlieren dadurch die leichte Erreichbarkeit, die das Kennzeichen der neuen Stadt ist“ (Fishman 1991).

Auch Gordon und Richardson behaupten genau diese Entwicklung und stützen sich dabei auf die Beobachtung wiederum in Los Angeles, daß mittlerweile mehr als 80 Prozent der Arbeitsplätze außerhalb definierter Zentren und Subzentren liegen.[10] Ihrer Ansicht nach lassen sich im Zeitalter allgemeiner Autoerreichbarkeit Agglomerationsvorteile an jedem Punkt der Stadtregion gleichermaßen realisieren. Die Vermeidung von Staukosten kann damit – neben dem Wirksamwerden anderer „Dispersionskräfte“ wie etwa veränderter Unternehmensorganisation und Veränderungen der Arbeitsmärkte – zur dominanten Triebkraft einer möglichst homogenen Erschließung der Stadtregion werden. Wenn dies zutrifft, würde es zumindest bisherigen Erwartungen widersprechen: „*It may be a small irony that just as urban researchers are beginning to devote considerable attention to the phenomenon of polycentricity, the world is perhaps moving beyond it*“ (Gordon, Richardson 1996: 290). Dieser Erwartung kann andererseits entgegengehalten werden, daß das überproportionale Wachstum von Arbeitsplätzen außerhalb vordefinierter Zentren und Subzentren an sich kein neues Phänomen darstellt und sich erst in Zukunft entscheiden wird, ob diese neuen Wachstumsbereiche zu weiteren, neuen Subzentren reifen werden (Anas u.a. 1997).

Unter der Bedingung weitgehend marktgesteuerter Standortentscheidungen liegt die räumliche Entwicklung der Stadtregion im Spannungsfeld zwischen zentripetalen und zentrifugalen Kräften, zwischen der Realisierung der Vorteile und der Vermeidung der Nachteile von Ballung (Anas u.a. 1997). Die Vorteile bzw. positiven Externalitäten bestehen etwa aus „Fühlungsvorteilen“ oder der gemeinsamen Nutzung von Infrastruktur. Die Nachteile bzw. negativen Externalitäten sind neben der stauverursachenden Verkehrsballung etwa auch Nachbarschaftskonflikte oder mangelnde Expansionsmöglichkeiten. Wegen der Existenz dieses Spannungsfeldes wird sich unter „Marktbedingung“ in der Realität wahrscheinlich weder eine vollständige Dispersion noch eine sehr ausgeprägte mehrkernigen Ballung durchsetzen, sondern ein Entwicklungspfad „irgendwo“ zwischen diesen beiden Polen. Mit anderen Worten: Zwischen Dispersion (vollständige Desurbanisierung) einerseits und „starker Polyzentralität“ (Reurbanisierung, dezentrale Konzentration) andererseits ist die Ausbildung einer „schwachen Polyzentralität“ die wahrscheinlichste Entwicklungsvariante (siehe Abbildung 44). Die sich in diesem Siedlungssystem bildenden Cluster werden eine ähnliche Funktion

10 Census tracts mit mehr als 12.500 Arbeitsplätzen pro Quadratmeile; vgl. Gordon, Richardson 1996

Abbildung 44: Entwicklungspfade der Siedlungsstruktur in Stadtregionen

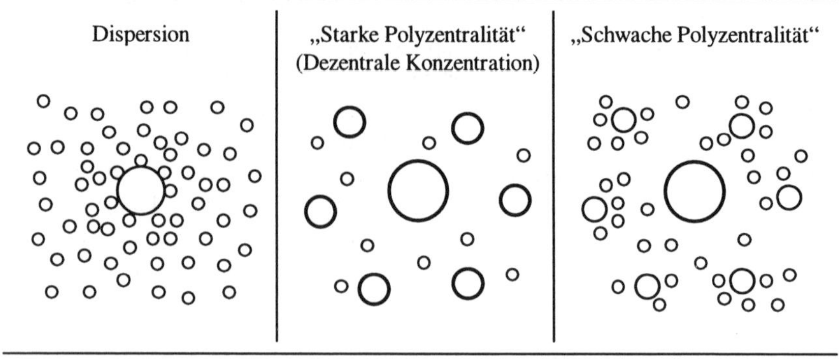

übernehmen wie die klassischen Städte im hierarchischen System der zentralen Orte.

Lange Zeit wurde, vor allem in Europa, das Phänomen der Dezentralisierung nur wenig beachtet, allenfalls von verschiedenen Seiten als Bedrohung für das stadtkulturelle Erbe und als wesentliche Ursache für das Verkehrswachstum wahrgenommen und eindeutig negativ beurteilt. Dabei wurde weitgehend ignoriert, daß beispielsweise in Westdeutschland mittlerweile mehr als 55 % der in Agglomerationen lebenden Bevölkerung außerhalb der Kernstädte wohnen, und mehr als 90 % der Stadtbewohner außerhalb von Gebieten leben, die als „historisch" betrachtet werden können. Jüngste Diskurse in Wissenschaft und Planung belegen jedoch, daß neuerdings auch hierzulande versucht wird, diese Realitäten bewußter zur Kenntnis zu nehmen und die Bildung neuer Formen der Urbanisierung (siehe 4.4) in einem anderen Licht als bisher zu betrachten (Hesse, Schmitz 1998).

Als gemeinsamer Nenner dieser Diskurse zeichnet sich ab, daß es bei aller Sinnhaftigkeit der Wahrung des stadtkulturellen Erbes und der Entwicklung „im Bestand" grundsätzlich empfehlenswert ist, zu einer stärkeren Akzeptanz der weiteren Dezentralisierung innerhalb der Stadtregionen zu finden, die angesichts der offensichtlichen Vorteile für die Akteure ohnehin kaum verhinderbar scheint. Dabei spiegeln die unterschiedlichen Meinungen, in welche Richtung diese Dezentralisierung geht bzw. gehen sollte, die gesamte Bandbreite möglicher Entwicklungspfade zwischen Dispersion und dezentraler Konzentration. Nun unterscheidet sich die Situation in Deutschland und Europa von der in den USA durch festere Bindungen an historische Stadtbezüge und einen stärkeren Anspruch an die aktive Steuerung der stadtregionalen Entwicklung. Der tatsächliche Entwicklungspfad wird also erheblich davon abhängen, ob und wie dieser Anspruch in Zukunft eingelöst wird.

Tatsache ist *einerseits*, daß die Agglomerationen in ihrer heutigen Form nur unter Einsatz großer Mengen natürlicher Ressourcen lebensfähig zu sein scheinen und so einen „ökologischen Fußabdruck" (Wackernagel, Rees 1997) setzen, der die Grenzen der Tragfähigkeit der Erde übersteigt. Ihre Entwicklung ist begleitet von sozialen Prozessen, durch die langfristig auch die gesellschaftlichen und kulturellen Ressourcen bedroht werden. Tatsache ist *andererseits* aber auch, daß die Dezentralisierung innerhalb der Stadtregionen neue Chancen für Mensch und Umwelt bietet. Werden diese Potentiale genutzt, könnte sich eine „neue Stadt" entwickeln, die der erhaltenswerten „alten Stadt" gleichwertig gegenübersteht.

Bedeutet nun aber die Akzeptanz einer weiteren Dezentralisierung innerhalb der Stadtregionen automatisch die Aufgabe von Nachhaltigkeitszielen in der Raumentwicklung? Die Verfechter der dezentralen Konzentration würden dies zurückweisen. Aber wie sieht es mit den anderen Formen der Dezentralisierung aus, insbesondere mit der „schwachen Polyzentralität"? Sämtliche Entwicklungsvarianten werden sich bei der Einlösung des Ziels einer dauerhaft umweltgerechten Entwicklung vor allem daran messen lassen müssen, in welcher Weise sie Flächenressourcen beanspruchen und welchen Rahmen sie für die Befriedigung von Mobilitätsbedürfnissen und Transporterfordernissen setzen.

Parallel zu der sich wandelnden Bewertung stadtregionaler Entwicklung scheinen sich auch die Stimmen zu mehren, die für eine Revision strikter Flächensparziele, wie sie etwa in der Studie „Zukunftsfähiges Deutschland" oder durch die Enquete-Kommission „Schutz des Menschen und der Umwelt" formuliert wurden, plädieren und sich zumindest einer behutsamen Ausweitung der Siedlungsflächen als Zielperspektive nicht verschließen. Wieviel zusätzliche Umwandlung von Freifläche in Siedlungs- und Verkehrsfläche der Naturhaushalt verträgt, läßt sich naturwissenschaftlich nicht ableiten. *Einerseits* muß daher bewußt gemacht werden, daß die Realisierung weiterer Flächenansprüche ökologische Risiken birgt und irreversible Schäden, die erst längerfristig sichtbar werden, nicht auszuschließen sind. Da hilft auch das durchaus plausible Argument nicht, daß das „Flächenproblem" gemessen an anderen ökologischen Bedrohungen womöglich doch eine eher nachgeordnete Rolle spielt. *Andererseits* sind aber auch die ökologischen Vorzüge einer um jeden Preis erzwungenen kompakten, dichten Siedlungsweise nie zweifelsfrei belegt worden. Zumindest gibt es Hinweise, daß bestimmte Formen ausgedehnter Siedlungsweise für den Naturhaushalt nicht grundsätzlich und zwangsläufig nachteiliger sein müssen als räumlich stark verdichtete Lebens- und Wirtschaftsweisen. Damit stellt sich die – vorläufig nicht zu beantwor-

Abbildung 45: Entwicklungspfade räumlicher Interaktionen in Stadtregionen

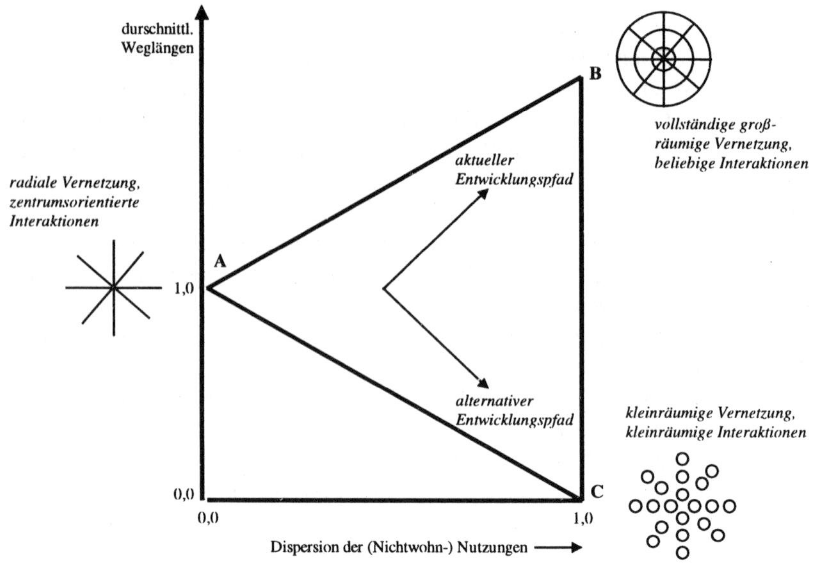

Quelle: in Anlehnung an Brotchie 1984

tende – Frage, ob die hohen gesellschaftlichen Kosten einen Verzicht auf weitere Flächeninanspruchnahme rechtfertigen würden.

Weitaus gravierender als eine starre Fixierung auf das Siedlungsflächenproblem als *Primärproblem* scheint die Frage nach der Zukunft des Verkehrs in den Stadtregionen zu sein. Das gilt nicht zuletzt deshalb, weil das Verkehrssystem direkt und indirekt auf die Siedlungsflächenentwicklung zurückwirkt. Auf der einen Seite zählt das Verkehrssystem selbst, das etwa 40 % der gesamten Siedlungs- und Verkehrsflächen beansprucht, zu den größten Flächenkonsumenten. Vor allem die weitere Zunahme der Motorisierung dürfte angesichts des hohen spezifischen Flächenbedarfs des Autoverkehrs, einschließlich der Flächen für den ruhenden Verkehr, die weitere Ausdehnung der Siedlungsflächen vorantreiben. Auf der anderen Seite geben die technischen, finanziellen und infrastrukturellen Verkehrsmöglichkeiten die entscheidenden Impulse für eine weitere Ausdehnung der Flächen für die verschiedenen Siedlungszwecke.

Umgekehrt stellt sich aber vor allem die Frage, welche verkehrlichen Konsequenzen hinsichtlich Verkehrsaufwand und Verkehrsteilung von einer Dezentralisierung innerhalb der Stadtregionen zu erwarten wären. Wie mehrfach dargelegt, spielt die Raumstruktur als Verhaltensrahmen nur noch eine zweitrangige Rolle – allerdings ist sie auch nicht völlig unbedeutend. So sind in Deutschland die durchschnittlichen Pendeldistanzen in (immer noch) monozentrischen Pendelräumen eindeutig größer als in (historisch immer schon) polyzentrischen Pendelräumen. Sie weisen im Raum Hamburg mit 18,5 km und in der Region München mit 17,2 km die größten, im Rhein-Main-Gebiet dagegen mit 14,2 km und im Stuttgarter Raum mit 12,3 km die vergleichsweise geringsten Werte auf (Sinz, Blach 1994). Hieraus wird gefolgert: „Wäre die Minimierung von Pendeldistanzen das einzige Kriterium für siedlungsstrukturelle Effizienz, könnte man aus den dargestellten Befunden in der Tat schließen, daß die polyzentrale, dezentral konzentrierte Organisationsform der Agglomerationsräume Stuttgart und Frankfurt ein Leitbild für die Entwicklung anderer Verdichtungsräume sein sollte“ (Sinz, Blach 1994: 476).

Unabhängig davon, ob die spezifische, historisch erklärbare Polyzentralität, wie sie etwa im Stuttgarter Raum anzutreffen ist, durch Entwicklungssteuerung oder reine Marktprozesse in anderen Stadtregionen reproduzierbar ist: Dezentralisierung und Verkehrssparsamkeit wären in solchen Stadtregionen theoretisch durchaus miteinander vereinbar – und das sogar in einem Maß, das weit über die aktuelle „Verkehrssparsamkeit“ des Stuttgarter Beispiels hinausgeht. Während die aktuelle Entwicklung in Richtung großräumige Vernetzung und beliebige, entfernungstolerante Interaktionen führt, müßte hierzu ein alternativer Entwicklungspfad bei gleichem Ausmaß der stadtregionalen Dezentralisierung in Richtung kleinräumige Vernetzung und kleinräumige Interaktionen weisen. Abbildung 45 verdeutlicht diesen Sachverhalt:[11] Ausgehend von einer gleichmäßigen Verteilung der Wohnnutzung im suburbanen Raum erfordert eine Konzentration räumlicher Aktivitätsgelegenheiten im Kern der Stadtregion ein mittleres Maß an räumlicher Interaktion bzw. Weglängen (monozentrisches Stadtmodell, Punkt A im dargestellten Dreieck). Die zunehmende Dispersion der Nichtwohnnutzungen eröffnet zwei Entwicklungsrichtungen, deren jeweiliger Endzustand idealisiert durch die Punkte B und C repräsentiert wird. Im ersten Pfad befinden sich die aufgesuchten Aktivitätsgelegenheiten nicht in räumlicher Nähe der Wohnung – weil dort entsprechende Angebote faktisch nicht vorhanden sind oder weil nahräumliche Angebote wegen mangelnder Attraktivität nicht genutzt werden. Dieser Pfad entspricht im wesentlichen der aktuellen Entwicklung und zieht die befürchteten Verkehrsmengen nach sich (Punkt B). Im dazu alternativen Pfad (in Richtung Punkt C) bilden sich Aktivitätsangebote im Nahbereich der Wohnungen, die von der Bevölkerung auch dort angenommen werden. Kleinräumige Vernetzung der Angebote und kleinräumige Interaktionen würden

11 In Anlehnung an J. F. Brotchie 1994: siehe hierzu auch Wegener 1998

einen Verkehrsaufwand verursachen, der theoretisch sogar deutlich geringer sein könnte als in der monozentrischen Großstadt mit ihrer strikten Trennung zwischen Wohnnutzung und Aktivitätsgelegenheiten, wie in Punkt A dargestellt.

Nun haben die zitierten Arbeiten von Gordon und Richardson gezeigt, daß zunehmende Dezentralisierung bei ansonsten unveränderten Rahmenbedingungen allenfalls von einer Verringerung der Fahrzeiten begleitet ist. Daß dagegen eine Verringerung der Entfernungen nicht nachgewiesen werden konnte, verwundert nicht angesichts der hohen „Freiheitsgrade" bei der Wohnstandort- und Zielwahl sowie angesichts der vielfältigen Gründe für den Einzelnen, einen längeren Weg als den minimal möglichen zu wählen. Damit dürfen weder von der Planung noch von der „unsichtbaren Hand" des Marktes allein nennenswerte Beiträge zur Verkehrsvermeidung erwartet werden.

Die Ergebnisse der US-amerikanischen Untersuchungen erlauben aber noch eine weitere Interpretation: Sie spiegeln die Rationalität der Akteure, einen bestimmten Zeitaufwand für Ortsveränderungen weitgehend zu akzeptieren, *gleichzeitig* aber das Zeitbudget über diese Akzeptanzschwelle hinaus nicht überzustrapazieren. Eine Politik, die sich der nachhaltigen Stadtentwicklung und umweltgerechten Verkehrsbewältigung innerhalb der Stadtregionen verpflichtet fühlt, tut gut daran, auf der Rationalität der Akteure aufzubauen und sie zu nutzen, statt sich gegen sie zu stemmen. Im einzelnen hätte eine solche Politik viele Facetten, auf die im einzelnen an dieser Stelle nicht eingegangen werden muß.[12] Hinter der Vielfalt dieser Facetten verbergen sich jedoch vier Grundprinzipien: *erstens* Unterstützung statt Behinderung der Bildung polyzentrischer Strukturen (Steuerung des räumlichen Handlungsrahmens); *zweitens* Förderung kleinräumiger Vernetzungen und Beeinflussung der regionalen Erreichbarkeiten bzw. Raumwiderstände (Verkehrsvermeidung und -verlagerung); *drittens* Förderung von „echten" Alternativen zur heutigen Automobilnutzung – im Bereich des öffentlichen und des nicht motorisierten Verkehrs sowie der Substitution durch Telekommunikation (Verkehrsverlagerung); *viertens* Steigerung der Effizienz der Verkehrsmittelnutzung (Verkehrsorganisation und Fahrzeugtechnik).[13]

Die Bildung polyzentrischer Strukturen kann beispielsweise durch gezielte Investitionen in öffentliche Infrastruktur im Bereich der sich bildenden Subzentren unterstützt werden. Gerade im Umfeld solcher Entwicklungsschwerpunkte käme es auf die Integration der Verkehrserschließung in die Standortplanung an, wodurch kleinräumige Vernetzungen und die Akzeptanz

12 Zu den verschiedenen Handlungsansätzen siehe z.B. OECD/ECMT 1995, Holz-Rau 1997
13 Zu den verschiedenen Einflußfaktoren u. Handlungsansätzen siehe nochmals Abbildung 33

gemischter Nutzungen gefördert würden. Ein weiterer zentraler Schlüssel der Verknüpfung räumlicher und verkehrlicher Ziele wäre die Steuerung der regionalen Erreichbarkeiten etwa durch den Bau tangentialer Schienenverbindungen.

Alle bisherigen Praxiserfahrungen haben gezeigt, daß die Schaffung eines bedürfnisgerechteren öffentlichen (Schienen-) Verkehrs nur wenige Verkehrsteilnehmer zum Umstieg vom Auto bewegt, wenn nicht gleichzeitig die Raumwiderstände für den motorisierten Individualverkehr erhöht werden. Geschwindigkeitsbeschränkungen und bewußte Beibehaltung von Straßeninfrastruktur-Engpässen treffen den empfindlichen Nerv der Zeitrationalität der Autofahrer und könnten sich möglicherweise als wirksam herausstellen, erzeugen aber leicht das akzeptanzmindernde Gefühl der Schikane. Trotz aller Schwierigkeit der politischen Durchsetzung: Ohne Eingriff in die Preisstrukturen des Autoverkehrs sind wirklich nennenswerte Wirkungen hinsichtlich Ziel- und Verkehrsmittelwahl kaum zu erwarten. Während die Erhebung beispielsweise von Parkraum- und Straßenbenutzungsgebühren weitgehend lokale und regionale Angelegenheit wäre, erfordert eine Erhöhung der Mineralölsteuer nationales oder sogar länderübergreifendes Handeln. Nach Schätzungen wäre in den Industriestaaten eine reale Verfünffachung des Benzinpreises bis 2020 gegenüber 1995 bzw. ein jährlicher Anstieg um 7 % erforderlich, um eine Verringerung des Verbrauchs und damit eine Reduzierung der Kohlendioxidemissionen um 25 % zu erzielen (OECD/ECMT 1995).

Eine Erhöhung der zeitlichen und monetären Raumüberwindungskosten wird Anpassungsreaktionen der Akteure hinsichtlich Standort-, Ziel- und Verkehrsmittelwahl auslösen. Aber der öffentliche Verkehr wird vermutlich selbst bei einer Verbesserung seiner Angebotsqualität nicht in der Lage sein, *allen* Mobilitätsbedürfnissen gerecht zu werden, die zuvor durch das Automobil befriedigt wurden. Daher werden die Restriktionen der physischen Erreichbarkeit zusätzlich durch weitreichende organisatorische Innovationen kompensiert werden müssen, um die arbeitsteilige Stadtregion nach heutigen Maßstäben „lebensfähig" zu erhalten. Genau hier könnten sich wichtige Chancen und Einsatzerfordernisse für die vielfach beschworenen modernen Informations- und Kommunikationstechnologien ergeben, sowohl hinsichtlich der Substitution von Raumüberwindungsvorgängen durch Telekommunikation als auch zur Steigerung der Effizienz des physischen „Restverkehrs" etwa durch Optimierung der Verkehrsströme, Transportketten, Schnittstellen und Fahrzeugauslastungen im Personen- und Güterverkehr.

In einer solch umfassenden Rolle bedeutet der Einsatz moderner Technologien also weit mehr als nur die Implementation von telematikgestützten Verkehrsleit- und Verkehrsmanagement-Systemen. Beispielsweise wurde unter dem Stichwort der „Telearbeit" (siehe 5.4) eine Richtung angedeutet, in der sich weiterreichende Einsatzmöglichkeiten eröffnen. Trotz aller bisheri-

Abbildung 46: Szenarien zukünftiger Siedlungsstrukturen und Interaktionsmuster

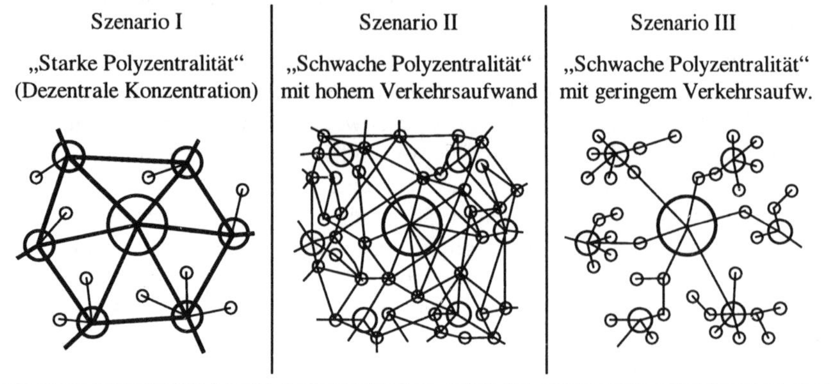

gen, häufig ernüchternden Einschätzungen sollten, ohne einem blinden „Technikfanatismus“ anzuhängen, die sich bietenden Chancen genutzt und weitere Potentiale, die sich in einer Zeit des raschen Wandels der Technologien, der Wirtschaft und der Arbeitswelt mit Sicherheit bieten werden, ausgeschöpft werden. Da der berufsbedingte Personenverkehr nur etwa ein Fünftel des motorisierten Personenverkehrsaufwandes ausmacht, wären allerdings Telematikstrategien, die lediglich auf eine Substitution des Berufspendelns hinauslaufen, zu eng gefaßt. Vielmehr gehören die verschiedensten Einsatzfelder moderner Technologien auf den Prüfstand, inwiefern sie raumgreifende Mobilität in verschiedenen Lebens- und Wirtschaftsbereichen – etwa in den Bereichen gewerbliche Wirtschaft, öffentliche Verwaltung, Kultur und Bildung – vermeiden helfen. In all diesen Einsatzbereichen sollten aber nicht nur die direkten verkehrlichen Wirkungen ins Auge gefaßt werden, sondern auch mögliche Synergieeffekte und Rückkopplungen mit anderen Bereichen des städtischen Lebens. So könnten durch verstärkte Teleheimarbeit die Wohnquartiere an Bedeutung gewinnen und auf diese Weise neue Potentiale der Nutzungsmischung erschlossen werden (Floeting, Grabow 1998). Außerdem bietet die Tatsache, daß die Zugangsknoten zum Netz der „raumlosen“ Nachrichtenübermittlung *auch* Tendenzen der räumlichen Konzentration aufweisen (*Teleports*), Anknüpfungspunkte für interessante Handlungsoptionen. Moderne Informations- und Kommunikationstechnologien werden in Zukunft kaum das Allheilmittel zur Vermeidung von Verkehr werden. Sie können aber dennoch als Katalysator wirken, wenn es um eine stärkere kleinräumige Vernetzung, um eine Reintegration urbaner Lebensbereiche und um kleinräumige Interaktionsmuster in Stadtregionen geht.

Aus den bisherigen Überlegungen ergäbe sich insgesamt ein völlig neues Szenario stadträumlicher Entwicklung (siehe Abbildung 46). Eine starke Polyzentralität (Szenario I) stellt zwar einen günstigen Rahmen für verkehrssparsame und umweltverträgliche Verhaltensweisen dar. Ihre Realisierbarkeit muß jedoch selbst in Ländern mit einer ausgeprägten Planungstradition angesichts der erheblichen Steuerungserfordernisse gegen den Markt in Zweifel gezogen werden. Andererseits mag die Fortsetzung der gegenwärtigen Entwicklung in Richtung auf eine schwache Polyzentralität zwar weitgehend den Standortbedürfnissen der Akteure entsprechen, wobei der mit den großräumigen Verflechtungen verbundene Interaktionsaufwand akzeptiert wird (Szenario II). Diese Entwicklung dürfte jedoch früher oder später an ihre natürlichen Grenzen stoßen. Daher bietet die Kombination aus schwacher Polyzentralität und kleinräumiger Verflechtung (Szenario III) den Hintergrund für eine alternative und realitätsnahe Vision einer nachhaltigen Stadtlandschaft, bei der über die gezielte Steuerung von Erreichbarkeiten und Raumwiderständen sowie über die Schaffung von Verkehrsalternativen Rückwirkungen auf die Raumstruktur ausgelöst werden. In einer solchen Formation würde die Raumüberwindung nicht wie heute hauptsächlich einseitig autoorientiert sein, sondern in weitaus stärkerem Maße auf drei Stützen stehen: auf „alternativen" (öffentlichen und nicht motorisierten) Verkehrsformen, auf Telekommunikation und schließlich auf einem Autoverkehr, der in vielfacher Hinsicht – vom *Car-Sharing* bis hin zum Drei-Liter-Motor – organisatorisch und technisch optimiert wäre.

Die Realisierung einer solchen Vision rüttelt zwangsläufig an vielen gesellschaftlichen Determinanten von Verkehr. Bei dieser schwierigen Aufgabe fällt den Städten und Regionen eine wichtige Rolle als Initiatoren und Moderatoren zu. Die Konkretisierung und Umsetzung von Leitbildern für zukunftsfähiges Standort- und Verkehrsverhalten, die kleinräumige Mischung unterschiedlicher Nutzungen, der Aufbau sinnvoller Stadt-Umland-Verflechtungen, kleinräumig geschlossener Wirtschaftskreisläufe und Stoffströme – dies alles läßt sich nicht „von oben" verordnen. Vielmehr benötigt die politische Kultur in den Städten und Regionen neue Impulse, um Kommunikations- und Kooperationshemmnisse aufzubrechen und um ökologische, ökonomische und soziale Belange in einen langfristig tragfähigen Einklang zu bringen.

Verhaltensänderungen werden dabei nicht nur vom einzelnen Verkehrsteilnehmer zu erwarten sein, sondern auch von denjenigen, die durch ihr Handeln den Rahmen abstecken für die Transportnachfrage. Dabei kommt es auch darauf an, im Rahmen einer „Strategie der kurzen Wege" die Konsistenz sämtlicher Handlungen, die einen Einfluß auf den Verkehr ausüben, zu verbessern (Gertz 1998). Und vielleicht wird zusätzlich auch eine neue „Lebenskultur der Genügsamkeit und Beschränkung", eine „Kultur der Langsamkeit" benötigt (Reheis 1996). Ob Technikeinsatz oder Verhaltensänderung, ob

Effizienzsteigerung, Konsistenzverbesserung oder Suffizienzkultur (Kreibich 1997, Huber 1998): Immer setzt das Erreichen dieser Ziele ausreichende Kenntnisse über die Problemzusammenhänge, ausreichende Problemlösungskapazitäten und Problemlösungskompetenz voraus. Und immer ist die Einsicht einer Bevölkerungmehrheit in die Notwendigkeit eines grundsätzlichen Wandels erforderlich.

Global denken, lokal handeln – das ist wichtig, das allein reicht jedoch nicht aus. Die einzelnen Nationalstaaten, zunehmend aber auch politische Zusammenschlüsse von Staaten wie die EU und die internationale Staatengemeinschaft können nicht aus der Verantwortung entlassen werden. Denn gegen die (Standort-) Macht von transnationalen Unternehmen oder gegen den Verfall der Kraftstoffpreise, der Verkehrswachstum fördert und technische Innovationen zur Effizienzsteigerung behindert, dürfte auch die engagierteste Stadt- und Regionalentwicklungspolitik alleine machtlos sein. Auf nationaler und internationaler Ebene wird über die entscheidenden wirtschaftlichen, sozialen und ökologischen „Spielregeln" für das Handeln auf lokaler Ebene entschieden. Bis heute ist es jedoch den Staaten und Staatengemeinschaften leider noch nicht gelungen, auf die Globalisierung der Wirtschaft und die Globalisierung der Probleme adäquat mit einer Globalisierung der Politik zu antworten. Nicht nur lokales Handeln, sondern auch globales Handeln tut not.

Literatur

Adams, J. S.: Residential Structure of Midwestern Cities. In: Annals of the Association of American Geographers 60, 1970, S. 37-62

Adorno, Th. W.: Zur Logik der Sozialwissenschaften. In: ders. (Hrsg.): Der Positivismusstreit in der deutschen Soziologie. Darmstadt, Neuwied 1972, S. 125-144

Aglietta, M.: A Theory of Capitalist Regulation. London 1979

Ahrling, S. u.a.: Telematik – Technische Konzepte und Konsequenzen für Kommunikation und Mobilität. In: Forschungsverbund Lebensraum Stadt (Hrgs.): Telematik, Raum und Verkehr. Berichte aus den Teilprojekten, Band III/2, Berlin 1994, S. 11-182

Ahrling, S. u.a.: Telematik – Technische Konzepte und Konsequenzen für Kommunikation und Mobilität. In: Forschungsverbund Lebensraum Stadt (Hrsg.): Telematik, Raum und Verkehr. Berichte aus den Teilprojekten, Band III/2, Berlin 1994, S. 11-182; Informationstätigkeiten, Telearbeit und telematikorientierte Stadtentwicklungskonzepte. In: Forschungsverbund Lebensraum Stadt (Hrsg.): Telematik, Raum und Verkehr. Berichte aus den Teilprojekten, Band III/2, S. 185-292, Berlin 1994

Albers, G.: Ideologie und Utopie im Städtebau. In: W. Pehnt (Hrsg.): Die Stadt in der BRD. Stuttgart 1974

Albers, G.: Modellvorstellungen zur Siedlungsstruktur in ihrer geschichtlichen Entwicklung. In: Akademie für Raumforschung und Landesplanung (Hrsg.): Zur Ordnung der Siedlungsstruktur. Hannover 1974, S. 1-34

Albus, V.: Global Village Oberhausen. Über die Warenwelt in der „Neuen Mitte". In: Bauwelt 1996, Heft 45, S. 2542-2547

ALR Akademie für Raumforschung und Landesplanung (Hrsg.): Raumordnungspolitische Aspekte der großräumigen Verkehrsinfrastruktur in Deutschland. Hannover 1992

Altmann, N.; D. Sauer: Systemische Rationalisierung und Zulieferindustrie. ISF-Forschungsberichte, Frankfurt/Main 1989

Altvater, E.; B. Mahnkopf: Grenzen der Globalisierung. Ökonomie, Ökologie und Politik in der Weltgesellschaft. Münster 1996

Ammann, H.: Wie groß war die mittelalterliche Stadt? In: Studium Generale, Jg. 9, 1956

Anas, A.; R. Arnott: K. A. Small: Urban Spatial Structure. The University of California Transportation Center, University of California at Berkeley, UCTC Working Paper No. 357, March 1997

Angerer, F.: Integration der Verkehrs- in die Stadtplanung. In: G. Steierwald, H.-D. Künne (Hrsg.): Stadtverkehrsplanung. Grundlagen, Methoden, Ziele. Berlin, Heidelberg 1994, S. 16-26

Apel, D.; D. Henckel u.a.: Flächen sparen, Verkehr reduzieren. Möglichkeiten zur Steuerung der Siedlungs- und Verkehrsentwicklung. Hrsg.: Deutsches Institut für Urbanistik. Difu-Beiträge zur Stadtforschung 16, Berlin 1995

Aring, J. u.a.: Dezentrale Konzentration – Neue Perspektiven der Siedlungsentwicklung in den Stadtregionen. Hrsg.: Bundesministerium für Raumordnung, Bauwesen und Städtebau. Bonn 1996

Aring, J., S. Schmitz, C.-C. Wiegandt: Nutzungsmischung – planerischer Anspruch und gelebte Realität. In: Informationen zur Raumentwicklung, 1995, Heft 6/7, S. 507-523

Aring, J.: Die Stadtregionen expandieren. Vier Thesen zur Aktuellen Entwicklung. In: Bundesministerium für Raumordnung, Bauwesen und Städtebau, empirica (Hrsg.): Die Zukunft der Stadtregionen. Dokumentation eines Kongresses in Hannover am 22. und 23. Oktober 1997. Bonn 1998

Aring, J.; O. Altena, U. Pfeiffer: Chancen für Nutzungsmischung aus der Sicht von Investoren. Eine Auswertung qualitativer Interviews. Hrsg.: Bundesforschungsanstalt für Landeskunde und Raumordnung. Materialien zur Raumentwicklung, Heft 81, Bonn 1997

Armstrong, H. W.; R. W. Vickerman: Convergence and Divergence among European Regions. European Research in Regional Science 5, London 1995

Bahrenberg, G.: Der Einfluß der Raumstruktur auf die Verkehrsmittelbenutzung im städtischen Berufsverkehr – am Beispiel der Stadt Bremen. In: K. D. Aurada (Hrsg.): Beiträge des 10. Deutschsprachigen Kolloquiums für Theorie und Quantitative Methoden in der Geographie. Greifswalder Geographische Arbeiten, Band 11, 1994, S. 64-79

Bahrenberg, G.: Suburbanisierung – Auflösung der Stadt in der Region? In: T. Krämer-Badoni, W. Petrowsky (Hrsg.): Das Verschwinden der Städte. Dokumentation des 16. Bremer Wissenschaftsforums der Universität Bremen 14.-16. November 1996, S. 13-25

Bahrenberg, G.: Zum Raumfetischismus in der jüngeren verkehrspolitischen Diskussion. In: Urbs et Regio, 1997, Band 65, S. 345-371

Baldassare, M.: Trouble in Paradise. The Suburban Transformation in America. New York 1986

Banister, D.: Sustainable Development and Transport. Final Report for the Federal Office for Building and Regional Planning (BBR). The URBAN 21 Project. London 1998

Banister, D.; C. Wood, S. Watson: Sustainable Cities – Transport, Energy and Urban Form. In: Environment and Planning B 24 (1), 1992, 125-143

Basten, L.: Die Neue Mitte Oberhausen. Ein Grossprojekt der Stadtentwicklung im Spannungsfeld von Politik und Planung. Stadtforschung aktuell, Band 67, Basel, Boston, Berlin 1998

Battis, U.; O. Schlichter, E. Scharmer: Beschleunigung der Bauplanungs- und Baugenehmigungsverfahren in Berlin. Unveröffentlichtes Gutachten für die IHK Berlin, 1995

BBR Bundesamt für Bauwesen und Raumordnung (Hrsg.): Bausteine einer nachhaltigen Entwicklung. Forschungen, Heft 88, Bonn 1998

Beck, U.: Risiko Stadt – Architektur in der reflexiven Moderne. In: U. Schwarz (Hrsg.): Risiko Stadt? Perspektiven der Urbanität, Hamburg 1995, S. 33-56

Beck, U.: Risikogesellschaft. Auf dem Weg in eine andere Moderne. Frankfurt/Main 1986

Becker, H.; J. Jessen, R. Sander: Auf der Suche nach Orientierung – das Wiederaufleben der Leitbildfrage im Städtebau. In: dies. (Hrsg.): Ohne Leitbild? – Städtebau in Deutschland und Europa. Stuttgart, Zürich 1998, S. 10-17

Beik, U.; M. Spitzner: Arbeitsmobilität. Rahmenbedingungen der Arbeitsmobilität, Teil Reproduktionsarbeitsmobilität. In: Forschungsverbund „Ökologisch verträgliche Mobilität" (Hrsg.): Rahmenbedingungen von Mobilität in Stadtregionen, 1996

Bell, D.: The Coming of Post-Industrial Society. A Venture in Social Forecasting. New York 1973 – deutsch: Die nachindustrielle Gesellschaft. Reinbek bei Hamburg 1979

Bell, D.: The World and the United States in 2013. In: Dialogue No. 3, 1988, S. 3-9

Benevolo, L.: The Origins of Townplanning, London 1967 – deutsch: Die sozialen Ursprünge des modernen Städtebaus. Bauwelt Fundamente 29, Gütersloh 1971

Benko, G., M. Dunford: Neo-Fordism or Post-Fordism? Some Conclusions and Further Remarks. In: Benko, Dunford (eds.): Industrial Change and Regional Development. The Transformation of New Industrial Spaces. London, New York 1991, 286-305

Benko, G.; M. Dunford (eds.): Industrial Change and Regional Development. The Transformation of New Industrial Spaces. London, New York 1991

Berry; B.J.L.; H. Kim: Challenges to the Monocentric Model. Geographical Analysis 25, 1993, 1-4

Bertram, H.; E. W. Schamp: Räumliche Wirkungen neuer Produktionskonzepte in der Automobilindustrie. In: Geographische Rundschau 41, 1989, Heft 5

BfLR Bundesforschungsanstalt für Landeskunde und Raumordnung (Hrsg.): Raumordnung und Bundesverkehrswegeplanung. Informationen zur Raumentwicklung, 1992, Heft 4

BfLR Bundesforschungsanstalt für Landeskunde und Raumordnung (Hrsg.): Trendszenarien der Raumentwicklung in Deutschland und Europa, Bonn 1995

BfLR Bundesforschungsanstalt für Landeskunde und Raumordnung (Hrsg.): Städtebaulicher Bericht. Herausforderungen an einen ressourcenschonenden und umweltverträglichen Städtebau. Bonn 1996

Blasius, J.; J. S. Dangschat (Hrsg.): Gentrification. Die Aufwertung innenstadtnaher Wohnviertel. Frankfurt/Main 1990

BMBau Bundesministerium für Raumordnung, Bauwesen und Städtebau (Hrsg.): Raumordnungspolitischer Orientierungsrahmen. Bonn 1993

BMBau Bundesministerium für Raumordnung, Bauwesen und Städtebau (Hrsg.): Raumordnungspolitischer Handlungsrahmen. Bonn 1995

BMBau Bundesministerium für Raumordnung, Bauwesen und Städtebau (Hrsg.): Zukunft Stadt 2000. Bericht der Kommission. Bonn 1993

BMV Bundesminister für Verkehr (Hrsg.): Bundesverkehrswegeplan 1992

BMV Bundesminister für Verkehr (Hrsg.): Verkehr in Zahlen 1991

BMV Bundesminister für Verkehr (Hrsg.): Verkehr in Zahlen 1996

BMWi Bundesministerium für Wirtschaft (Hrsg.): Die Informationsgesellschaft. Fakten, Analysen, Trends. Bonn 1995

Böge, S.: Die Auswirkungen des Straßengüterverkehrs auf den Raum. Eine produktbezogene Transportkettenanalyse. In: Informationen zur Raumentwicklung, 1993, Heft 5/6, S. 351-362

Bolter, J. D.: Die soziale Konstruktion von Telepolis. In: S. Iglhaut, A. Medosch, F. Rötzer (Hrsg.): Stadt am Netz. Ansichten von Telepolis. Mannheim 1996, 71-82

Bolz, N.: Tele! Polis! Das Designproblem des 21. Jahrhunderts. In: S. Iglhaut, A. Medosch, F. Rötzer (Hrsg.): Stadt am Netz. Ansichten von Telepolis. Mannheim 1996, S. 143-150

Bonnafous, A.: Demographic Structure and Social Behaviour. In: ECMT European Conference of Ministers of Transport (ed.): Transport in Question. Paris 1993

Borchard, K.: Stadtgestaltung im Spannungsfeld von architektonischem Anspruch, Nutzungsmöglichkeiten und städtischen Ressourcen. In: Forschungsverbund Lebensraum Stadt (Hrsg.): Entwicklungspotentiale von Städten zwischen Vision und Wirklichkeit. Berlin 1994, S. 11-39

Bottles, S. L.: Los Angeles and the Automobile. The Making of the Modern City. Berkeley, Los Angeles 1987

Bratzel, S.: Extreme der Mobilität. Entwicklung und Folgen der Verkehrspolitik in Los Angeles. Basel, Boston, Berlin 1995

Breheny, M. J.: Counterurbanisation and Sustainable Urban Form. Paper presented at the Fourth International Workshop on Technological Change and Urban Form: Productive and Sustainable Cities. Department of Urban and Regional Planning, University of California at Berkeley, 14-16 April 1993

Brodsly, D.: L. A. Freeway. An Appreciative Essay. Berkeley 1981

Brotchie, J. F.: Technological Change and Urban Form. In: Environment and Planning A 16, 1984, 583-596

Brundtland-Report: Our Common Future. Oxford 1987 – deutsch: V. Hauff (Hrsg.): Unsere gemeinsame Zukunft. Der Brundtland-Bericht der Weltkommission für Umwelt und Entwicklung. Greven 1987

Büchner, P.: (Schul-)Kindsein heute zwischen Familie, Schule und außerschulischen Freizeiteinrichtungen. Zum Wandel des heutigen Kinderlebens in der Folge von gesellschaftlichen Modernisierungsprozessen. Expertise für den Fünften Familienbericht. Marburg 1992

Bukold, S.: Basisdaten: Ökologie und Gütertransport. In: D. Läpple: (Hrsg.): Güterverkehr, Logistik und Umwelt. Analysen und Konzepte zum interregionalen und städtischen Verkehr. Berlin 1993

Bukold, S.: Trans-European Networks. The Development of a Policy Programme. In: EUREG Europäische Zeitschrift für Regionalentwicklung, 1996, Heft 3, S. 30-34

BUND Bund für Umwelt und Naturschutz Deutschland, Misereor (Hrsg): Zukunftsfähiges Deutschland. Ein Beitrag zu einer global nachhaltigen Entwicklung. Studie des Wuppertal Instituts für Klima, Umwelt, Energie. Basel, Boston, Berlin 1996

Bundestagsdrucksache 13/9271: Antwort der Bundesregierung auf die Kleine Anfrage zur Ökologie der Informationsgesellschaft (I): Telearbeit. BT-Drucksache 13/9271 vom 27.11.97

Burgess, E.: The Growth of the City. In: R. Park, E. Burgess, E. McKenzie (eds.): The City, Chicago 1925, 1-49

Buschkühl-Lindermann, A.; Ch. Frank, Ch. Schön, G. Stete: Mobilität und Sicherheit der Frauen im Öffentlichen Personennahverkehr (ÖPNV) und dessen bedarfsgerechte Umgestaltung in der Stadt Frankfurt am Main. Hrsg.: Stadtwerke Frankfurt/Main, Magistrat der Stadt Frankfurt/Main, 1994

Canzler, W.; A. Knie: Das Ende des Automobils. Heidelberg 1994

Capello, R.; A. Gillespie: Communication Infrastructure and Possible Future Spatial Scenarios. In: J. R. Cuadrado-Roura, P. Nijkamp, P. Salva (eds.): Moving Frontiers. Economic Restructuring, Regional Development and Emerging Networks, 1994, 167-192

Castells, M.: Space of Flows – Raum der Ströme. Eine Theorie des Raumes in der Informationsgesellschaft. In: P. Noller, W. Prigge, K. Ronneberger (Hrsg.): Stadt-Welt. Über die Globalisierung städtischer Milieus. Die Zukunft des Städtischen. Frankfurter Beiträge Band 6, Frankfurt/Main, New York 1994, S. 120-134

Castells, M.: The Informational City. Information Technology, Economic Restructuring and the Urban-Regional Process. Oxford, Cambridge (Mass.) 1989

Castells, M.: The Rise of the Network Society. The Information Age: Economy, Society and Culture, Vol. 1. Oxford 1996

Castells, M.; P. Hall: Technopoles of the World. The Making of 21st Century Industrial Complexes. London, New York 1994

Chapman, B.: The Life and Times of Baron Haussmann. London 1957

Christaller, W.: Die zentralen Orte in Süddeutschland. Eine ökonomisch-geographische Untersuchung über die Gesetzmäßigkeit der Verbreitung und Entwicklung der Siedlungen mit städtischen Funktionen. Jena 1933 (Darmstadt 1968)

Clark, C.: Transport – Maker and Breaker of Cities. In: Town Planning Review, 28, 1957, 237-250

Clark, D. L.: Improbable Los Angeles. In: R. M. Bernard, B. R. Rice (eds.): Sunbelt Cities. Politics and Growth Since World War II. Austin 1983

Crane, R.: The Influence of Uncertain Job Location on Urban Form and the Journey to Work. In: Journal of Urban Economics 39, 1996, No. 3, 342-358

Cropper, L.; P. L. Gordon: Wasteful Commuting. A Re-Examination. In: Journal of Urban Economics 29, 1991, 2-13

Curdes, G.: Stadtstruktur und Stadtgestaltung. Stuttgart, Berlin, Köln 1993

Curdes, G.; M. Ulrich: Die Entwicklung des Kölner Stadtraums. Der Einfluß von Leitbildern und Innovationen auf die Form der Stadt. Dortmund 1997

Czyganowski, S.; M. Hesse: Arbeitsmobilität. Rahmenbedingungen der Arbeitsmobilität, Teil Erwerbsarbeit. In: Forschungsverbund „Ökologisch verträgliche Mobilität“ (Hrsg.): Rahmenbedingungen von Mobilität in Stadtregionen, 1996

D'Eramo, M.: Das Schwein und der Wolkenkratzer. Chicago: Eine Geschichte unserer Zukunft. München 1996 (Reinbek bei Hamburg 1998)

Danckwerts, D. (Hrsg.): Logistik und Arbeit im Gütertransportsystem. Rahmenbedingungen, Verlaufsformen und soziale Folgen der Rationalisierung. Opladen 1991

Deecke, H.; J. Glaser, Th. Krüger, D. Läpple: Perspektiven des Stadtverkehrs. Zukunftsentwurf eines stadtzentrierten Verkehrskonzepts. In: D. Läpple (Hrsg.): Güterverkehr, Logistik und Umwelt. Analysen und Konzepte zum interregionalen und städtischen Verkehr. Berlin 1993, S. 255-282

DGF Deutsche Gesellschaft für Freizeit (Hrsg.): Freizeit in Deutschland 1996. Aktuelle Daten und Grundinformationen. DGF-Jahrbuch, Erkrath 1996
Dicken, P.: Global Shift. Industrial Change in a Turbulent World. London 1986
Diller, Ch.; D. Höppe, S. Jauer, H. Wollmann: Produktionsstrukturen und Güterverkehr. In: Forschungsverbund Lebensraum Stadt (Hrsg.): Telematik, Raum und Verkehr, 6 Bände, Bd. III/1, Berlin 1994, S. 91-139
DIW Deutsches Institut für Wirtschaftsforschung: Verminderung der Luft- und Lärmbelastungen im Güterfernverkehr 2010. Forschungsvorhaben im Auftrag des Bundesministeriums für Umwelt, Naturschutz und Reaktorsicherheit, Berlin 1993
Dörrenbächer, Ch.; M. Wortmann: Multinationale Konzerne. Wachsende Bedeutung, abnehmende Regulierung. In: Zukünfte Nr. 19, 1997, S. 15-19
Dosch, F. u.a.: Verkehrlich hoch belastete Räume. Versuch der Abgrenzung einer raumordnerisch bedeutsamen Gebietskategorie. Arbeitspapiere der Bundesforschungsanstalt für Landeskunde und Raumordnung, Heft 9, Bonn 1995
Dosch, F.; R. Müller-Kleißler: Die Flächenerhebung 1993. Arbeitspapiere der Bundesforschungsanstalt für Landeskunde und Raumordnung, Bonn 1994
Drewett, R.; R. Knight, U. Schubert: The Future of European Cities. The Role of Science and Technology. Synthesis FAST Perspektive Dossier 4, Brüssel 1992
Dumazedier, J.: Sociology of Leisure. Amsterdam, Oxford, New York 1974
Ehlgötz, H.: Der Einfluß des Kraftfahrzeugverkehrs auf Städtebau und Siedlungswesen. In: Deutsche Bauzeitung, 1925, Heft 6
Einem, E. v.; Ch. Diller, G. v. Arnim: Standortwirkungen neuer Technologien. Räumliche Auswirkungen der neuen Produktionstechnologien und der „flexiblen Spezialisierung“. Stadtforschung aktuell, Band 50, Basel, Boston, Berlin 1995
Einem, E. v.; H. G. Helmstädter: Lieferverflechtungen in der Automobilindustrie am Beispiel der BMW Abgasanlage, Expertise für die Bundesforschungsanstalt für Landeskunde und Raumordnung, Bonn 1997
Einem, E. v.; T. Tonndorf: Büroflächenentwicklung im regionalen Vergleich, Berlin 1990
Empirica: Pan-europäische Befragung zur Telearbeit. Befragung von Entscheidungsträgern (DMS), Bericht 4, Bonn 1994
Emrich, S.: Die digitale Stadt. Bringen die Neuen Medien neue Chancen für die Bevölkerungsbeteiligung in der Stadtplanung? Diplomarbeit, Carl-von Ossietzky Universität Oldenburg, 1995
Ennen, E.: Die europäische Stadt des Mittelalters, Göttingen 1972
Enquete-Kommission „Schutz der Erdatmosphäre“ des 12. Deutschen Bundestages (Hrsg.): Mobilität und Klima. Wege zu einer klimaverträglichen Verkehrspolitik. Bonn 1994
Enquete-Kommission „Schutz des Menschen und der Umwelt“ des 13. Deutschen Bundestages: Konzept Nachhaltigkeit. Fundamente für die Gesellschaft von morgen. Bonn 1997
Enquete-Kommission „Schutz des Menschen und der Umwelt“ des 13. Deutschen Bundestages: Konzept Nachhaltigkeit. Vom Leitbild zur Umsetzung. Hrsg.: Deutscher Bundestag, Bonn 1998

Esser, J.; J. Hirsch: Stadtsoziologie und Gesellschaftstheorie. Von der Fordismuskrise zur „postfordistischen“ Regional- und Stadtstruktur. In: W. Prigge (Hrsg.): Die Materialität des Städtischen. Basel, Boston 1987, S. 31-56

Europäische Kommission (Hrsg.): Die Verkehrspolitik der Europäischen Union. EU-Nachrichten, Dokumentation Nr. 6 vom 25. September 1996

European Conference of Ministers of Transport ECMT: Transport Growth in Question, Paris 1993

Eurostat (Hrsg.): Panorama der EG-Industrie '93, Luxemburg 1993

Featherstone, M.: Global Culture. Nationalism, Globalization and Modernity. London 1990

Finke, L.: Städtebaulicher Bericht „Nachhaltige Stadtentwicklung“. Stellungnahme aus ökologischer Sicht. In: Informationen zur Raumentwicklung, 1996, Heft 2/3, S. 109-115

Fisher, D. H.: Albion's Seed. Four British Folkways in America. Oxford, London 1990

Fishman, R. L.: American Suburbs – English Suburbs. A Transatlantic Comparison. Journal of Urban History 13, 1987, S. 237-251

Fishman, R. L.: Die befreite Megalopolis. Amerikas neue Stadt. In: ARCH⁺ 109/110, 1991, S. 73-83

Fishman, R. L.: Die neue Stadt des 20. Jahrhunderts: Raum, Zeit und Sprawl. The New City of the Twentieth Century: Space, Time and Sprawl. In: B. Meurer (Hrsg.): Die Zukunft des Raums. The Future of Space. Frankfurt/Main, New York 1994, S. 91-105

Fishman, R. L.: Origins of the Suburban Idea in England. Chicago History 12, 1984

Fishman, R. L.: Urban Utopias in the Twentieth Century: Ebenezer Howard, Frank Lloyd Wright and Le Corbusier. Cambridge (Mass.), London 1982

Flink, J.: The Automobile Age. Cambridge (Mass.) 1988

Floeting, H.: Die transeuropäischen Netze. In: Beate Hollbach-Grömig (Hrsg.): Verkehrszentralität. Dokumentation eines Workshops im Rahmen des Projekts „Entscheidungsfelder städtischer Zukunft“ am 8. und 9. Dezember 1994 in Stuttgart. Difu-Materialien 6/95, Berlin 1995, S. 33-51

Floeting, H.; B. Grabow: Auf dem Weg zur virtuellen Stadt? Auswirkungen der Telematik auf die Stadtentwicklung. In: Informationen zur Raumentwicklung, 1998, Heft 1, S. 17-30

Floeting, H.; D. Henckel: Informationstätigkeiten, Telearbeit und telematikorientierte Stadtentwicklungskonzepte. In: Forschungsverbund Lebensraum Stadt (Hrsg.): Telematik, Raum und Verkehr. Berichte aus den Teilprojekten, Band III/2, S. 185-292, Berlin 1994

Fogelson, R. M.: The Fragmented Metropolis. Los Angeles, 1850-1930. Cambridge (Mass.) 1967

Forbat, F.: Die Funktionelle Stadt. In: Annales Techniques, N° 38, 1933

Forschungsgesellschaft für das Straßenwesen (Hrsg.): Straßenforschung – 50 Jahre Forschungsgesellschaft für das Straßenwesen 1924-1974. Bonn 1974

Foster, M. S.: The Decentralization of Los Angeles during the 1920's. Ann Arbor 1971

Fourastié, J.: Le Grand Espoir du XXe Siècle. Paris 1949 – deutsch: Die große Hoffnung des zwanzigsten Jahrhunderts. Köln 1954

Franken, B.: Von der Architektur zur Hypertecture. In: S. Iglhaut, A. Medosch, F. Rötzer (Hrsg): Stadt am Netz. Ansichten von Telepolis. Mannheim 1996, S. 163-170

Fraser, J. T.: Die Zeit. München 1993

Fraunhofer-Gesellschaft (Hrsg.): Kommunikation ohne Verkehr? Neue Informationstechniken machen mobil. Fraunhofer-Forum, Tagungsband, München 1995

Frehn, M.: Erlebniseinkauf in Kunstwelten und inszenierten Realkulissen. Raum- und mobilitätsstrukturelle Auswirkungen sowie planerische Handlungsansätze. In: Informationen zur Raumentwicklung, 1996, Heft 6, S. 317-330

Friedmann, D.: Beyond the Age of Ford: The Strategic Basis of the Japanese Success in Automobiles. In: J. Zysman, L. Tyson (eds.): American Industry in International Competition. Government Policies and Corporate Strategies. Ithaca (N.Y.) 1983, 350-390

Friedmann, J.: The World City Hypothesis. In: Development and Change 17, 1986, No. 1, 69-83

Friedmann, J.; G. Wolff: World City Formation. An Agenda for Research and Action. In: International Journal for Urban and Regional Research 6, 1992, No. 3, 309-344

Fuhrich, M.: Beiträge der ExWoSt-Forschung zur Entwicklung von Strategien nachhaltiger Stadtentwicklung. In: Informationen zur Raumentwicklung, 1996, Heft 2/3, S. 173-182

Fujita, K.; R. C. Hill: Toyota's City. Corporation and Community in Japan. East Lansing (Mich.) 1987

Gaebe, W.: Neue räumliche Organisationsstrukturen in der Automobilindustrie. In: Geographische Rundschau 45, 1993, Heft 9, S. 493-497

Garhammer, M: Balanceakt Zeit. Auswirkungen flexibler Arbeitszeiten auf Alltag, Freizeit und Familie. Berlin 1994

Garreau, J.: Edge City. Life on the New Frontier. New York 1991

Gartner, A.; F. Riessmann: Der aktive Konsument in der Dienstleistungsgesellschaft. Zur politischen Ökonomie des tertiären Sektors. Frankfurt/Main 1987

Gather, M.: Der Bundesverkehrswegeplan – ein überschätztes Instrument für eine umweltverträgliche Verkehrspolitik. In: UVP-Förderverein (Hrsg.): UVP in der Bundesverkehrswegeplanung. Die Bedeutung der Plan-/Programm-UVP zur Sicherung einer umwelt- und sozialverträglichen Mobilität. Dortmund 1997, 43-47

Geddes, P.: Cities in Evolution. London 1915

Geissler, C.: Welche Zukunft haben die Städte als Träger und Orte von Soziokultur? In: Forschungsverbund Lebensraum Stadt (Hrsg.): Entwicklungspotentiale von Städten zwischen Vision und Wirklichkeit. Begleitendes Seminar zur Arbeit des Forschungsverbundes, Band IV, Berlin 1994, S. 93-129

Gertz, C.: Umsetzungsprozesse in der Stadt- und Verkehrsplanung. Die Strategie der kurzen Wege. Schriftenreihe A des Instituts für Straßen- und Schienenverkehr der TU Berlin, Band 30, Berlin 1998

Gibson, W.: Neuromancer. London 1984

Giddens, A.: Jenseits von Links und Rechts. Die Zukunft radikaler Demokratie. Frankfurt/Main 1997

Giddens, A.: Konsequenzen der Moderne. Frankfurt/Main 1995

Gipper, A.: Verkehrsprojekte Deutsche Einheit (VDE). Ihre Bedeutung für das Zusammenwachsen und die Entwicklung Deutschlands und Europas. In: Beate Hollbach-Grömig (Hrsg.): Verkehrszentralität. Dokumentation eines Workshops im Rahmen des Projekts „Entscheidungsfelder städtischer Zukunft“ am 8. und 9. Dezember 1994 in Stuttgart. Difu-Materialien 6/95, Berlin 1995, S. 65-86

Giuliano, G.; K. A. Small: Is the Journey to Work Explained by Urban Structure? In: Urban Studies 30, 1993, No. 9, 1485-1500

Glaser, J.: Güterverkehrszentren. In: Läpple, D. (Hrsg.): Güterverkehr, Logistik und Umwelt. Analysen und Konzepte zum interregionalen und städtischen Verkehr. Berlin 1993, S. 207-253

Gober, P.: The Urbanization of the Suburbs. In: Urban Geography 10, 1989, No. 4, 311-315

Göderitz, J.; R. Rainer, H. Hoffmann: Die gegliederte und aufgelockerte Stadt. Tübingen 1957

Göll, E.; J. Schuster: Großräumige Regionen. Eine neue Gestaltungsebene für soziale und ökologische Zielsetzungen? In: Zukünfte Nr. 19, 1997, S. 35-37

Gordon, P.; A. Kumar, H. W. Richardson: The Influence of Metropolitan Spatial Structure on Commuting Time. In: Journal of Urban Economics 26, 1989, 138-151

Gordon, P.; H. W. Richardson, M. Jun: The Commuting Paradox – Evidence from the Top Twenty. In: Journal of the American Planning Association 57, 1991, 416-420

Gordon, P.; H. W. Richardson: Beyond Polycentricity. The Dispersed Metropolis, Los Angeles, 1970-1990. In: Journal of the American Planning Association 62, 1996, No. 3, 289-295

Gordon, P.; H. W. Richardson: Gasoline Consumption and Cities – A Reply. In: Journal of the American Planning Association 55, 1989, 342-46

Gorißen, N.; S. Schmitz: Verkehrsentwicklung und Bundesverkehrswegeplanung im vereinten Deutschland. Einige kritische Anmerkungen angesichts der Konsequenzen für die Umwelt. In: Informationen zur Raumentwicklung, 1992, H. 4, S. 193-207

Gottdiener, M.; G. Kephart: The Multinucleated Metropolitan Region. A Comparative Analysis. In: R. Kling, S. Olin, M. Poster (eds.): Postsuburban California. The Transformation of Orange County since World War II. Berkeley, Los Angeles, Oxford 1991

Grabow, B.; D. Henckel: Technik und neue Zeitordnungen. Folgen für die Städte. In: J. Friedrichs (Hrsg.): Soziologische Stadtforschung. Opladen 1988

Graham, P.; S. Marvin: Telecommunications and the City. Electronic Spaces, Urban Places. London 1996

Grahame, Th.: A Treatise on Internal Intercourse and Communication in Civilized States. London 1834

Gross, P.: Die Multioptionsgesellschaft. Frankfurt/Main 1994

Grossmann, H.; G. Koopmann, M. Frenkel, D. Bender (Hrsg.): GATT und die neue Welthandelsordnung. Globale und regionale Auswirkungen. Wiesbaden 1996

Haas, H.-D.: Europäischer Luftverkehr und der neue Flughafen Münchens. In: Geographische Rundschau 46, 1994, H. 5, S. 274-281

Habermann, K. u.a.: Historische, politische und ökonomische Bedingungen der Stadtentwicklung – Von den Anfängen der Stadtentwicklung in Mitteleuropa bis zum Ende des Zweiten Weltkrieges. Hannover 1987

Haefner, K.; G. Marte: Der schlanke Verkehr. Handbuch für einen umweltfreundlichen und effizienten Transport von Personen und Gütern. Berlin 1994

Hägerstrand, T.: Human Interaction and Spatial Mobility: Retrospect and Prospect. In: P. Nijkamp, S. Reickman (eds.): Transportation and Planning in a Changing World. Aldershot 1987, 11-28

Hägerstrand, T.: Space, Time and the Human Condition. In: A. Karlquist, L. Lundquist, F. Snickars (eds.): Dynamic Allocation of Urban Space. Lexington 1975

Halfmann, J.: Die Entstehung der Mikroelektronik. Frankfurt/Main, New York 1984

Hall, P.: Cities of Tomorrow. An Intellectual History of Urban Planning and Design in the Twentieth Century. Oxford, Cambridge (Mass.) 1988

Hall, P.: Der Einfluß des Verkehrs und der Kommunikationstechnik auf Form und Funktion der Stadt. Eine Expertise auf das Jahr 2000. In: Wüstenrot-Stiftung Deutscher Eigenheimverein e.V. (Hrsg.): Zukunft Stadt 2000. Stand und Perspektiven der Stadtentwicklung. Stuttgart 1993

Hall, P.: The World Cities. New York, Toronto 1966

Hall, T.: Urban Geography. London, New York 1998

Hamilton, B. W.: Wasteful Commuting. In: Journal of Political Economy 90, 1982, 1035-1053

Handy, S. L.; P. L. Mokhtarian: The Future of Telecommuting. In: Futures 28, 1996, No. 3, 227-240

Hanson, M. E.: Automobile Subsidies and Land Use. Estimates and Policy Responses. Journal of the American Planning Association 58, No. 1, Winter 1992, 60-71

Harvey, D.: The Condition of Postmodernity. An Enquiry into the Origins of Cultural Change. Oxford, Cambridge 1989

Hatzfeld, U.: Die Produktion von Erlebnis, Vergnügen und Träumen. Freizeitgroßanlagen als wachsendes Planungsproblem. In: Archiv für Kommunalwissenschaften 36, 1997, II, S. 282-308

Hatzfeld, U.; G. Würdemann: Der Wirtschaftsverkehr in der räumlichen Planung. In: Informationen zur Raumentwicklung, 1993, Heft 5/6, S. 317-338

Hatzfeld, U.; M. Hesse: Städtischer Wirtschaftsverkehr. Empirische Grundlagen, Methoden, planerische Zugänge. In: H. Boës, M. Hesse (Hrsg.): Güterverkehr in der Region. Technik, Organisation, Innovation. Marburg 1996, S. 401-422

Hatzfeld, U.; M. Hesse: Wirtschaftsverkehr: Stadtlogistik zum öffentlichen Thema machen. In: Informationen zur Raumentwicklung, 1996, Heft 7/8, S. 412

Hatzfeld-Junker Stadtforschung/Stadtplanung: Experimenteller Wohnungs- und Städtebau. Städtebau und Verkehr. Ergebnisbericht zur Themenfeldkoordination im Bereich Wirtschaftsverkehr. Dortmund 1996

Häußermann, H.: Von der „sozialistischen“ zur „kapitalistischen“ Stadt. In: Aus Politik und Zeitgeschichte. Beilage zur Wochenzeitung „Das Parlament“, B 12/95

Häußermann, H.; W. Siebel (Hrsg.): Festivalisierung der Stadtpolitik. Stadtentwicklung durch große Projekte. Opladen 1993

Häußermann, H.; W. Siebel: Dienstleistungsgesellschaften. Frankfurt/Main 1995

Häußermann, H.; W. Siebel: Neue Urbanität. Frankfurt/Main 1987

Heinze, G. W.: Raumentwicklung und Verkehrsentstehung als mehrdimensionales Verteilungsproblem. In: Berichte zur Raumforschung und Raumplanung 21, 1977, Heft 2, S. 7-27

Heinze, G. W.: Verkehr schafft Verkehr. Ansätze zu einer Theorie des Verkehrs als Selbstinduktion. In: Berichte zur Raumforschung und Raumplanung 23, 1979, Heft 4/5

Heinze, G. W.: Verkehr und Freizeit. Wachstum als Chance. Bericht für das 111. Round Table der Europäischen Verkehrsministerkonferenz (CEMT) zum Thema „Transport and Leisure“ am 15.-16. Oktober 1998 in Paris

Heinze, G. W.; H. H. Kill: Freizeit und Mobilität. Neue Lösungen im Freizeitverkehr. Hannover 1997

Heinze, G. W.; H.-M. Drutschmann: Raum, Verkehr und Siedlung als System – dargestellt am Beispiel der deutschen Stadt des Mittelalters. Vorträge und Studien aus dem Institut für Verkehrswissenschaft an der Universität Münster, Heft 17, 1977

Henckel, D.: Der Globalisierungsprozeß und seine räumlichen Auswirkungen in der Bundesrepublik Deutschland. Unveröff. Manuskript, 1997a, S. 4

Henckel, D.: Geschwindigkeit und Stadt – die Folgen der Beschleunigung für die Städte. In: ders. u.a. (Hrsg.): Entscheidungsfelder städtischer Zukunft. Schriften des Deutschen Instituts für Urbanistik, Band 90. Stuttgart, Berlin, Köln 1997b, S. 257-296

Henckel, D.: Kommunen und Kooperation. In: ders. u.a.: Entscheidungsfelder städtischer Zukunft. Schriften des Deutschen Instituts für Urbanistik, Band 90. Stuttgart, Berlin, Köln 1997c, S. 297-329

Henckel, D.: Technik, Geschwindigkeit und Raumentwicklung. In: P. Noller, W. Prigge, K. Ronneberger (Hrsg.): Stadt-Welt. Über die Globalisierung städtischer Milieus. Die Zukunft des Städtischen, Frankfurter Beiträge Band 6, Frankfurt/Main, New York 1994, S. 150-157

Henning, F.-W.: Das vorindustrielle Deutschland 800 bis 1860, Paderborn 1974

Hepworth, M. E.: The Electronic Comeback of Information Space. In: Tijdschrift voor Economic en Socila Geographie 80, 1989, S. 30-42

Herz, R.: Inwieweit induzieren neue Straßen zusätzlichen Verkehr? In: Seminarberichte der Gesellschaft für Regionalforschung, Bd. 29, Heidelberg 1991, S. 51-78

Hesse, M.: Güterverkehrszentren. Basisstrategie der Verkehrsplanung oder Herausforderung für den Städtebau? In: Boës, H.; Hesse, M. (Hrsg.): Güterverkehr in der Region. Technik, Organisation, Innovation. Marburg 1996, S. 219-234

Hesse, M.: Raumentwicklung und Logistik. Zwischen „space of flows“ und Zielen der Nachhaltigkeit. In: Raumforschung und Raumordnung 56, 1998a, Heft 2/3

Hesse, M.: Städtischer Wirtschaftsverkehr als Gegenstand der kommunalen Planung. Möglichkeiten und Grenzen privat-öffentlicher Kooperation. In: Archiv für Kommunalwissenschaften 37, 1998c, II, S. 240-260

Hesse, M.: Verkehrswende. Ökologisch-ökonomische Perspektiven für Stadt und Region. Marburg 1993

Hesse, M.: Wirtschaftsverkehr, Stadtentwicklung und politische Regulierung. Zum Strukturwandel in der Distributionslogistik und seinen Konsequenzen für die Stadtplanung. Difu-Beiträge zur Stadtforschung 26, Berlin 1998b

Hesse, M.; S. Schmitz: Stadtentwicklung im Zeichen von „Auflösung" und Nachhaltigkeit. In: Informationen zur Raumentwicklung, 1998, Heft 7/8, S. 435-453

Hey, Ch.: Eine strategische Umweltverträglichkeitsprüfung für die Transeuropäischen Netze – über die Versöhnung zweier grundsätzlicher Planungsansätze. In: UVP-Förderverein (Hrsg.): UVP in der Bundesverkehrswegeplanung. Die Bedeutung der Plan-/Programm-UVP zur Sicherung einer umwelt- und sozialverträglichen Mobilität. UVP Spezial 14, Dortmund 1997, S. 67-70

Hilpert, T.: Die Funktionelle Stadt. Le Corbusiers Stadtvision – Bedingungen, Motive, Hintergründe. Bauwelt Fundamente 48, Braunschweig 1978

Hobsbawm, E.: Das Zeitalter der Extreme. Weltgeschichte des 20. Jahrhunderts. Wien, München 1995

Hoffmann, L.; Kaplinski: The Global Restructuring of Technology, Labor and Investment in Automobile and Components Industry. Colorado 1988

Hoffmann-Axthelm, D.: Anleitung zum Stadtumbau. Frankfurt/Main 1997

Hoffmann-Axthelm, D.: Der Weg zu einer neuen Stadt. In: ARCH+ 114/115, 1992, S. 114-116

Hollbach-Grömig, B.: Überregionale Verkehrszentralität. In: D. Henckel u.a. (Hrsg.): Entscheidungsfelder städtischer Zukunft. Schriften des Deutschen Instituts für Urbanistik, Band 90. Stuttgart, Berlin, Köln 1997, S. 113-144

Holzapfel, H. u.a.: Freizeitmobilität. Freizeit und Freizeitverkehr – Eine Bestandsaufnahme. In: Forschungsverbund „Ökologisch verträgliche Mobilität" (Hrsg.): Rahmenbedingungen von Mobilität in Stadtregionen, 1996

Holzner, L.: Stadtland USA – Die Kulturlandschaft des American Way of Life. In: Geographische Rundschau 42, 1990, Heft 9, S. 468-475

Holzner, L.: Stadtland USA – Die Kulturlandschaft des American Way of Life. Gotha 1996

Holz-Rau, C.: Grenzen der Erreichbarkeit. In: B. Hollbach-Grömig (Hrsg.): Verkehrszentralität. Dokumentation eines Workshops im Rahmen des Projekts „Entscheidungsfelder städtischer Zukunft" am 8. und 9. Dezember 1994 in Stuttgart. Difu-Materialien 6/95, Berlin 1995, S. 23-31

Holz-Rau, C.: Integrierte Verkehrsplanung – die herausgeforderte Fachplanung. In: Informationen zur Raumentwicklung, 1996, S. 391-415

Holz-Rau, C.: Siedlungsstrukturen und Verkehr. Hrsg.: Bundesforschungsanstalt für Landeskunde und Raumordnung. Materialien zur Raumentwicklung, Heft 84, 1997

Holz-Rau, C.; E. Kutter: Verkehrsvermeidung. Siedlungsstrukturelle und organisatorische Konzepte. Hrsg.: Bundesforschungsanstalt für Landeskunde und Raumordnung. Materialien zur Raumentwicklung, Heft 73, Bonn 1995

Holz-Rau, C.; H.-J. Mikota, Th. Weiner: Sozial-räumliche Strukturen und Verkehrsverhalten am Beispiel Berlin. In: Forschungsverbund Lebensraum Stadt (Hrsg.): Faktoren des Verkehrshandelns. Berichte aus den Teilprojekten, Band III/1, Berlin 1994, S. 13-89

Horn, B.: Der Motor diktiert. Einblicke in die Zusammenhänge von Verkehr und Städtebau in Deutschland seit Beginn der Automobilisierung. Skript der Gesamthochschule Kassel, 1992

Howard, E.: Garden Cities of Tomorrow. London 1902 – deutsch: Gartenstädte in Sicht. Jena 1907

Hradil, S.: Alte Begriffe und neue Strukturen. Die Milieu-, Subkultur- und Lebensstilforschung der 80er Jahre. In: ders. (Hrsg.): Zwischen Bewußtsein und Sein. Die Vermittlung „objektiver" Lebensbedingungen und „subjektiver" Lebensweisen. Opladen 1992, S. 15-55

Hradil, S.: Die „Single-Gesellschaft". München 1995

Hradil, S.: Sozialstrukturanalyse in einer fortgeschrittenen Gesellschaft. Opladen 1987

Huber, J.: Strategien einer nachhaltigen Entwicklung: Suffizienz – Effizienz – Konsistenz. In: Bundesministerium für Raumordnung, Bauwesen und Städtebau, empirica (Hrsg.): Die Zukunft der Stadtregionen. Dokumentation eines Kongresses in Hannover am 22. und 23. Oktober 1997. Bonn 1998, S. 71-75

Hübner: Flexibilisierung und die Verselbständigung des monetären Weltmarkts. Hindernisse für einen neuen langen Aufschwung? In: PROKLA Zeitschrift für kritische Sozialwissenschaft, Nr. 71, 1988

Humpert, K.; K. Brenner: Das Phänomen der Stadt als fraktale Struktur. In: Das Phänomen der Stadt. Arbeitsbericht 47 des Städtebaulichen Instituts der Universität Stuttgart, 1992, S. 223-269

Ihde, G. B. : Mehr Verkehr durch Just in Time? In: Zeitschrift für Verkehrswissenschaft, 1991, Heft 4, S. 192-198

Ihde, G. B.: Transport, Verkehr, Logistik. Gesamtwirtschaftliche Aspekte und einzelwirtschaftliche Handhabung. München 1984

International Civil Aviation Organization (ICAO): Civil aviation statistics of the world 1991, ICAO statistical yearbook 1992

INTRAPLAN/INRETS: Verkehrsprognose und Bewertung für ein Hochgeschwindigkeitsnetz in Westeuropa. Abschlußbericht. München, Arcueil 1993

Ipsen, D.: Über den Zeitgeist der Stadterneuerung. In: M. Wentz (Hrsg.): Stadtplanung in Frankfurt. Die Zukunft des Städtischen, Bd. 1, Frankfurt/Main 1991, S. 199-209

IRPUD Institut für Raumplanung der Universität Dortmund: Raumordnerische Aspekte des EG-Binnenmarktes, Studie A: Auswirkungen des europäischen Binnenmarktes auf die Raum- und Siedlungsstruktur in Westdeutschland. Schriftenreihe Forschung des Bundesministeriums für Raumordnung, Bauwesen und Städtebau, Band 488, Bonn 1992

ISI Fraunhofer-Institut für Systemtechnik und Innovationsforschung (Hrsg.): Möglichkeiten der Substitution physischen Verkehrs durch Telekommunikation. Forschungsbericht, Karlsruhe 1994

Jann, W.: Kategorien der Policy-Forschung. Speyer 1981

Jessen, J.: Nutzungsmischung im Städtebau. Trends und Gegentrends. In: Informationen zur Raumentwicklung, 1995, Heft 6/7, S. 391-403

Jürgens, U.: Saalepark und Sachsenpark. In: Geographische Rundschau 46, 1994, Heft 9, S. 516 ff.

Kagermeier, A.: Siedlungsstruktur und Verkehrsmobilität. Eine empirische Untersuchung am Beispiel Südbayern. Dortmund 1997

Kagermeier, A.: Verkehrsvermeidung durch Dezentrale Konzentration. Möglichkeiten zur Mobilitätsbeeinflussung durch siedlungsstrukturelle Leitlinien. In: RaumPlanung 79, 1997, S. 249-252

Kahnert, R.: Wirtschaftsentwicklung, Sub- und Desurbanisierung. In: Informationen zur Raumentwicklung, 1998, Heft 7/8, S. 509-520

Kautt, D.: Wolfsburg im Wandel städtebaulicher Leitbilder. Bamberg 1983

Keil, R.: Globalität : Lokalität – Frankfurter Verhältnisse. In: G. Fuchs, B. Moltmann, W. Prigge (Hrsg.): Mythos Metropole. Frankfurt/Main 1995, S. 178-194, 183 f.

Keil, R.: Weltstadt – Stadt der Welt. Internationalisierung und lokale Politik in Los Angeles. Münster 1993

Kellett, J. R.: The Impact of Railways on Victorian Cities. London. Toronto 1969

Kessel, P. u.a. (Kessel + Partner): Güterverkehrsprognose 2010 für Deutschland. Untersuchung im Auftrag des Bundesministers für Verkehr, Schlußbericht. Freiburg i.Br. 1991

Kleinknecht, A.: Innovation Patterns in Crisis and Prosperity. Schumpeters Long Cycles Reconsidered. London 1987

Klemm, M. O.: Welche Mobilität wollen wir? Unser kollektiver Umgang mit dem Problem des städtischen Personenverkehrs. Stadtforschung aktuell, Band 59. Basel, Boston, Berlin 1996

Klenke, D.: Bundesdeutsche Verkehrspolitik und Motorisierung. Konfliktträchtige Weichenstellungen in den Jahren des Wiederaufstiegs. Stuttgart 1993

Kling, R.; S. Olin, M. Poster: The Emergence of Postsuburbia. An Introduction. In: dies.: Postsuburban California. The Transformation of Orange County since World War II. Berkeley, Los Angeles, Oxford 1991

Klingler, W.; Th. Windgasse: Was Kinder sehen. Eine Analyse der Fernsehnutzung von 6- bis 13-jährigen. In: Media Perspektiven, 1994, Heft 1, S. 2-13

Kloas, J.; U. Kunert: Vergleichende Auswertungen von Haushaltsbefragungen zum Personenverkehr (KONTIV 1976, 1982, 1989). Gutachten im Auftrag des Bundesministers für Verkehr. Hrsg.: DIW Deutsches Institut für Wirtschaftsforschung, Berlin 1993

Klüter, H.: Raum als Element sozialer Kommunikation. Gießen 1986

Kondratieff, N. D.: Die langen Wellen der Konjunktur. In: Archiv für Sozialwissenschaft und Sozialpolitik, Band 56, 1926, S. 573-609

Kordey, N.: 20 Jahre Telearbeit – Eine Zwischenbilanz. In: Gesellschaft für Regionalforschung (Hrsg.): Seminarbericht 35, Hannover 1994, S. 83-101

Korff, H.-R.: Globalisierung und Megastadt. Ein Phänomen aus soziologischer Perspektive. In: Geographische Rundschau 48, 1996, Heft 2, S. 120-123, 120

Korte, W. B.: Eine neue Form der Arbeitsorganisation. Alle reden von Telearbeit! Was kommt da auf uns zu? In: InSight, 1995, H. 5, S. 22-25

Korte, W. B.: Perspektiven von Telearbeit und Telekooperation in Wirtschaft und Verwaltung. In: Holger Floeting (Hrsg.): Medien, Kommunikation und Stadtentwicklung. Dokumentation eines Workshops im Rahmen des Projekts „Entscheidungsfelder städtischer Zukunft“ am 18. und 19. Januar 1996 in Karlsruhe. Materialien des Deutschen Instituts für Urbanistik 5/96, Berlin 1996, S. 127-141

Kramer, P.; F. L. Holborn (eds.): The City in American Life. A Historical Anthology. New York 1970

Krämer-Badoni, Th.: Hat Urbanität eine Zukunft? In: Der Architekt 2/96, S. 73-76

Krätke, S.: Cities in Transformation: The Case of West Germany. In: Benko, Dunford (eds.): Industrial Change and Regional Development: The Transformation of New Industrial Spaces. London, New York 1991, S. 250-272

Krätke, S.: Der Globalisierungsprozeß und seine räumlichen Auswirkungen in der Bundesrepublik Deutschland. Unveröff. Manuskript, 1997

Krätke, S.: Stadt, Raum, Ökonomie. Einführung in aktuelle Problemfelder der Stadtökonomie und Wirtschaftsgeographie. Stadtforschung aktuell, Band 53. Basel, Boston, Berlin 1995

Krau, I.: Innenentwicklung contra Außenentwicklung – ökologisches Dilemma? In: Informationen zur Raumentwicklung, 1994, Heft 3, S. 215-222

Kreibich, R.: 12 Thesen zum nachhaltigen Wirtschaften. In: Zukünfte Nr. 20, Sommer 1997, S. 57-58

Kreibich, R.: Die Wissenschaftsgesellschaft. Frankfurt/Main 1986

Kreibich, R.: Forschungskultur und Produktionskultur. Zur Krise der Wissenschafts- und Technikgesellschaft und Elemente eines neuen Fortschrittsmusters. In: Evolutionäre Wege in die Zukunft. Berlin 1990 (vervielfältigter Tagungsreader)

Kuhm, K.: Das eilige Jahrhundert. Einblicke in die automobile Gesellschaft. Hamburg 1995

Kuhm, K.: Sozial-kulturelle Rahmenbedingungen der städtischen Mobilität. In: Forschungsverbund „Ökologisch verträgliche Mobilität“ (Hrsg.): Rahmenbedingungen von Mobilität in Stadtregionen, 1996

Kuniko F.; R. C. Hill: Toyota's City. Corporation and Community in Japan. East Lansing (Mich.) 1987

Kunstler, J. H.: The Geography of Nowhere. The Rise and Decline of America's Man-Made Landscape. New York 1993

Kunzmann, K. R.; M. Wegener: The Pattern of Urbanization in Western Europe 1960-1990s. Report for the Directorate General XVI of the Commission of the European Communities as part of the study „Urbanization and the Function of Cities in the European Community“. Dortmund 1991

Kurnol, J.: Die virtuelle Stadt – die Stadt der Zukunft? Multimedia und Chancen für eine nachhaltige Stadt- und Raumentwicklung. Arbeitspapiere der Bundesforschungsanstalt für Landeskunde und Raumordnung, 12/1996

Kutter, E.: Eine Rettung des Lebensraumes Stadt ist nur mit verkehrsintegrierender Raumplanung möglich. In: Informationen zur Raumentwicklung, 1993, Heft 5/6, S. 283-294

Kutter, E.: Gestaltende Raumentwicklung in Brandenburg und Berlin – der Schlüssel zur Bewältigung des Ballungsraumverkehrs. In: Vereinigung der Stadt-, Regional und Landesplaner SRL (Hrsg.): Berlin, Brandenburg. Eine Region braucht Rat. SRL-Schriftenreihe 36, Bochum 1993, S. 81-97

Kutter, E.: Verkehrsinfarkt von Lebensräumen und Umwelt bei heutiger Verkehrspolitik unvermeidbar. In: Verkehr und Technik, 1991, S. 473-479

Lampugnani, V. M.: Architektur und Städtebau des 20. Jahrhunderts. Stuttgart 1980

Langen, G.: Stadt, Dorf und Landschaft. Berlin 1912

Lanzendorf, M.: Freizeitmobilität als Gegenstand angewandter Umweltforschung. In: Geographische Rundschau 50, 1998, Heft 10, S. 570-574

Läpple, D.: Grenzen der Automobilität? In: PROKLA Zeitschrift für kritische Sozialwissenschaft, 27. Jg. Nr. 2, Heft 107, 1997, S. 195-215

Läpple, D.: Neue Technologien in räumlicher Perspektive. In: Informationen zur Raumentwicklung, 1989, Heft 4, S. 213-226

Läpple, D.: Thesen zum Verhältnis von Stadt und Handel. Entwicklungstendenzen, Problemfelder und Handlungsansätze. In: Ministerium für Stadtentwicklung, Kultur und Sport des Landes NRW (Hrsg.): Handel in der Stadt. Handeln in der Stadt. Düsseldorf 1996, S. 129-140

Läpple, D.: Thesen zum Zusammenhang von ökonomisch-technologischem Strukturwandel und regionaler Entwicklung. In: S. Bukold, P. Thinnes (Hrsg.): Boomtown oder Gloomtown? Strukturwandel einer deutschen Metropole. Hamburg, Berlin 1991

Läpple, D.: Transport, Logistik und logistische Raum-Zeit-Konfigurationen. In: ders. (Hrsg.): Güterverkehr, Logistik und Umwelt. Analysen und Konzepte zum interregionalen und städtischen Verkehr. Berlin 1993, S. 21-57

Lardner, D.: Railway Economy. London 1850

Le Corbusier: An die Studenten. Die „Charta von Athen“. Hamburg 1962

Le Corbusier: La Ville Radieuse. Paris 1935

Le Corbusier: Oeuvre complète 1910-1929. Zürich 1930

Le Corbusier: Urbanisme. Paris 1925 – deutsch: Städtebau. Berlin 1929

Leborgne, D.; A. Lipietz: Nach dem Fordismus. Falsche Vorstellungen und offene Fragen. In: P. Noller, W. Prigge, K. Ronneberger (Hrsg.): Stadt-Welt. Über die Globalisierung städtischer Milieus. Die Zukunft des Städtischen, Frankfurter Beiträge Band 6, Frankfurt/Main, New York 1994, S. 94-111

Lehnert, E.: Wechselbeziehungen zwischen Städtebau und Nahverkehr. Schriftenreihe für Verkehr und Technik, Heft 29, Bielefeld 1966

Levy, P.: Städte, Territorien und Cyberspace. In: S. Iglhaut, A. Medosch, F. Rötzer (Hrsg.): Stadt am Netz. Ansichten von Telepolis. Mannheim 1996, S. 151-162

Lichtenberger, E.: Stadtgeographie. Band 1, Stuttgart 1991

Lipietz, A.: New Tendencies in the International Division of Labour. Regimes of Accumulation and Modes of Regulation. In: A. J. Scott, M. Storper (eds.): Production, Work, Territory. The Geographical Anatomy of Industrial Capitalism. Boston 1986, 16-40

Löhr, H.-P.: Städtebaulicher Bericht der BfLR „Nachhaltige Stadtentwicklung“ – erste Anmerkungen aus kommunalwissenschaftlicher Sicht. In: Informationen zur Raumentwicklung, 1996, Heft 2/3, S. 99-108

Lösch, A.: Die räumliche Ordnung der Wirtschaft, Jena 1944 (Stuttgart 1962)

Lütge, F.: Deutsche Sozial- und Wirtschaftsgeschichte. Berlin, Heidelberg, New York 1976

Lutter, H.: Integrierte Hochgeschwindigkeitsverkehrssysteme im vereinten Europa – Raumordnerische Betrachtungen. In: B. Hollbach-Grömig (Hrsg.): Verkehrszentralität. Dokumentation eines Workshops im Rahmen des Projekts „Entscheidungsfelder städtischer Zukunft" am 8. und 9. Dezember 1994 in Stuttgart. Difu-Materialien 6/95, Berlin 1995, S. 53-63

Luttwak, E.: Weltwirtschaftskrieg. Reinbek bei Hamburg 1994

Lynch, K.: Good City Form. Cambridge (Mass.) 1981

MAGS Ministerium für Arbeit, Gesundheit und Soziales des Landes Nordrhein-Westfalen: Arbeitszeit im Überblick. Köln 1994

Marchand, B.: The Emergence of Los Angeles. London 1986

Marshall, A.: Industry and Trade. London 1919

Marshall, A.: Principles of Economics. London 1890 (London 1964)

Martin, H.-P.; H. Schumann: Die Globalisierungsfalle. Der Angriff auf Demokratie und Wohlstand. Reinbek bei Hamburg 1996

Marx, K.: Das Kapital. 3 Bände, 1859 (Berlin 1962-64)

Meffert, H.; C. Burmann: Handel 2010. Polarisierung des Käuferverhaltens. In: BAG-Handelsmagazin, 12/96, S. 44-48, 45

Meurer, B.: Die Zukunft des Raums. The Future of Space. In: ders. (Hrsg.): Die Zukunft des Raums. The Future of Space. Frankfurt/M., New York 1994, S. 11-36

Mielke, B. u.a.: Neue Fabrikkonzepte und gewerblicher Flächenbedarf. Hrsg.: Institut für Landes- und Stadtentwicklungsforschung des Landes Nordrhein-Westfalen. ILS-Schriftenreihe Nr. 58, Dortmund 1991

Mitchell, W. J.: City of Bits. Cambridge (Mass.) 1995 – deutsch: City of Bits. Leben in der Stadt des 21. Jahrhunderts. Basel, Bosten, Berlin 1996a

Mitchell, W. J.: Ziegel oder Bits? Architektur im Telekommunikationszeitalter. In: S. Iglhaut, A. Medosch, F. Rötzer (Hrsg.): Stadt am Netz. Ansichten von Telepolis. Mannheim 1996b, S. 64-70

Mokhtarian, P. L.; I. Saloon: Modelling the Choice of Telecommuting: Setting the Context. In: Environment and Planning A, 26, 1994, 749-766

Monheim, H.; R. Monheim-Dandorfer: Straßen für alle. Analysen und Konzepte zum Stadtverkehr der Zukunft. Hamburg 1990

Morales, R.: Place and Auto Manufacture in the Post-Fordist Era. In: M. Wachs, M. Crawford (eds.): The Car and the City. The Automobile, the Built Environment, and Daily Urban Life. Ann Arbor (Mich.) 1992

Moss Kanter, R.: Weltklasse. Im globalen Wettbewerb lokal triumphieren. Wien 1996

Muller, P. O.: Transportation and Urban Growth. The Shaping of the American Metropolis. In: Focus 36, 1986, S. 8-17

Mumford, L.: The Culture of Cities. New York 1938

Mumford, L.: The Garden City Idea and Modern Planning. In: F. J. Osborn (ed.): Garden Cities of Tomorrow. Cambridge (Mass.) 1965 – deutsch: Der Gartenstadtgedanke und moderner Städtebau. In: J. Posener (Hrsg.): Ebenezer Howard, Gartenstädte von morgen. Das Buch und seine Geschichte. Bauwelt Fundamente 21, Frankfurt/Main, Berlin 1968

Münker, S.: Die Zeit der Stadt und die Zeit der Verschiebung. Zur Vorgeschichte der Telepolis. In: S. Iglhaut, A. Medosch, F. Rötzer (Hrsg.): Stadt am Netz. Ansichten von Telepolis. Mannheim 1996, S. 129-142

Naess, P.: Transportation Energy in Swedish Towns and Regions. In: Scandinavian Housing and Planning Research 10, 1993, 187-206

Naisbitt, J.: Megatrends 2000. Düsseldorf, Wien, New York 1990

Nefiodow, L. A.: Der sechste Kondratieff. Wege zur Produktivität und Vollbeschäftigung im Zeitalter der Information. Sankt Augustin 1996

Neitzke, P.; R. Wustlich: Zentrum versus Peripherie? Die Konkurrenz der Gesellschaft auf dem Boden der Stadt. In: P. Neitzke, K. Steckeweh, R. Wustlich: Centrum Jahrbuch Architektur und Stadt 1997/1998, S. 25-27

Neumann, W.: Wirtschaftsverkehr aus der Sicht von Industrie und Handel. In: Bundesforschungsanstalt für Landeskunde und Raumordnung (Hrsg.): Städtebau und Verkehr. Forschungsfeld, Forschungsstand und Forschungsfragen für den Experimentellen Wohnungs- und Städtebau. Seminare, Symposien, Arbeitspapiere, Heft 36, Bonn 1989, S. 103-109

Newman, P.; J. Kenworthy: Cities and Automobile Dependence. An International Sourcebook. Aldershot 1989a

Newman, P.; J. Kenworthy: Gasoline Consumption and Cities. A Comparison of US Cities with a Global Survey. In: Journal of the American Planning Association 55, 1989b, No. 1, 24-37

Niehaus, P.: Betriebliches Immobilienmanagement. In: D. Sommer (Hrsg.): Industriebau – radikale Umstrukturierung. Praxisreport, Basel 1995, S. 72-77

Nuhn, H.: Globalisierung und Regionalisierung im Weltwirtschaftsraum. In: Geographische Rundschau 49, 1997, Heft 3, S. 136-143

Nuhn, H.: Strukturwandlungen im Seeverkehr und ihre Auswirkungen auf die europäischen Häfen. In: Geographische Rundschau 46, 1994, H. 5, S. 282-289

Nüßer, H.-G.; A. Schmitt: The Global Distribution of Air Traffic at High Altitudes, Related Fuel Consumption and Trends. 1990

Nystuen, J. D.; M. F. Dacey: A Graph Theory Interpretation of Nodal Regions. In: Papers and Proceedings of the Regional Science Association, 7, 1971, 29-42

O'Brien, R.: Global Financial Integration. The End of Geography. London 1992

Offe, C.; R. G. Heinze: Organisierte Eigenarbeit. Das Model Kooperationsring. Ökonomische und Ökologische Perspektiven der Industriegesellschaft, Band 1, Frankfurt, New York 1990

Ohmae, K.: The End of the Nation State. The Rise of Regional Economies. London 1995

Opaschowski, H. W.: Deutschland 2010. Wie wir morgen leben – Voraussagen der Wissenschaft zur Zukunft unserer Gesellschaft. Hamburg 1997

Opaschowski, H. W.: Freizeit und Mobilität. Analyse einer Massenbewegung. Schriftenreihe zur Freizeitforschung, Band 12, Hamburg 1995

Opaschowski, H. W.: Pädagogik der Freizeit. Bad Heilbrunn 1976

Organisation for Economic Cooperation and Development OECD: Motor Vehicle Pollution. Reduction Strategies Beyond 2010, Paris 1995

Organisation for Economic Cooperation and Development OECD: Wirtschaftsausblick Nr. 56, Paris 1994

Organization for Economic Cooperation and Development, European Conference of Ministers of Transport OECD/ECMT: Urban Travel and Sustainable Development. Paris 1995

Ott, E.: Pendlerprobleme in der Region Fulda. In: ders. (Hrsg.): Arbeitsbedingtes Pendeln, S. 147-201

Ott, E.; T. Gerlinger: Die Pendlergesellschaft. Zur Problematik der fortschreitenden Trennung von Wohn- und Arbeitsort. Köln 1992

Owens, S.: Energy Planning and Urban Form. London 1986

Paqué, K.-H.: Weltwirtschaftlicher Strukturwandel und die Folgen. In: Aus Politik und Zeitgeschichte, Beilage zu „Das Parlament", B 49, 1995, S. 3-9

Pawley, M.: Die Redundanz des urbanen Raumes. In: B. Meurer (Hrsg.): Die Zukunft des Raums. The Future of Space. Frankfurt/Main, New York 1994, S. 37-57

Petersen, R.; K. O. Schallaböck: Mobilität für morgen. Chancen einer zukunftsfähigen Verkehrspolitik. Berlin, Basel, Boston 1995, S. 156

Pfeiffer, U.; J. Aring: Stadtentwicklung bei zunehmender Bodenknappheit, Stuttgart 1993

Piore, M. J.; Ch. F. Sabel: The Second Industrial Divide. Possibility for Prosperity. New York 1984 – deutsch: Das Ende der Massenproduktion: Studie über die Requalifizierung der Arbeit und die Rückkehr der Ökonomie in der Gesellschaft. Berlin 1985

Piper, N.: Angstfaktor Weltmarkt. In: ZEIT Punkte Nr. 1, 1997, S. 6-13

Plehwe, D.: Eurologistik, „Europäische" Verkehrspolitik und die Entwicklung eines transnationalen (Güter-) Transportsystems. In: PROKLA Zeitschrift für kritische Sozialwissenschaft 27. Jg. Nr. 2, 1997, H. 107, S. 217-243

Plunz, R.: Detroit is Everywhere. In: Stadtbauwelt 127, Bauwelt 1995, Heft 36, S. 2012-2013

Polster, W.; K. Voy: Eigenheim und Automobil – Die Zentren der Lebensweise. In: K. Voy, W. Polster, C. Thomasberger (Hrsg.): Gesellschaftliche Transformationsprozesse und materielle Lebensweise. Beiträge zur Wirtschafts- und Gesellschaftsgeschichte der Bundesrepublik Deutschland (1949-1989), Bd. 2, Marburg 1991

Prehn, M.; B. Schwedt, U. Steger: Verkehrsvermeidung – aber wie? Eine Analyse theoretischer Ansätze und praktischer Ausgestaltungen auf dem Weg zu einer wirtschafts- und umweltverträglicheren Verkehrsentwicklung. Bern, Stuttgart, Wien 1997

Prigge, W. (Hrsg.): Peripherie ist überall. Edition Bauhaus, Band 1, Frankfurt/Main, New York 1998

Radkau, J.: Technik in Deutschland. Vom 18. Jahrhundert bis zur Gegenwart, Frankfurt/Main 1989

Reheis, F.: Die Kreativität der Langsamkeit. Neuer Wohlstand durch Entschleunigung. Darmstadt 1996

Reich, R. B.: The Work of Nations, 1991 – deutsch: Die neue Weltwirtschaft. Das Ende der nationalen Ökonomie. Frankfurt/Main, Berlin 1993

Reichow, H. B.: Die autogerechte Stadt. Ein Weg aus dem Verkehrschaos. Ravensburg 1959

Reinkemeyer: Wirtschaftsverkehr in Städten. Quantifizierung und Rationalisierungsmöglichkeiten unter besonderer Berücksichtigung des Handels. Materialien zur Automobilindustrie, Band 4, Frankfurt/Main 1994

Reuter, E.: Die Verkehrsprobleme der amerikanischen Großstädte. In: Verkehrstechnik, Heft 39, 1929

Rheingold, H.: Virtuelle Gemeinschaft. Soziale Beziehungen im Zeitalter des Computers. Bonn, Paris 1994

Ricardo, D.: Über die Grundsätze der politischen Ökonomie und der Besteuerung. Berlin 1959

Richardson, H. W.; P. Gordon: New Data and Old Models in Urban Economics. Paper of the School of Urban and Regional Planning. University of Southern California, Los Angeles 1993

Rinderspacher, J. P.: Auf dem Weg in die Rund-um-die-Uhr-Gesellschaft? In: J. J. Hesse, Ch. Zöpel (Hrsg.): Neuorganisation der Zeit. Baden-Baden 1987

Ritter, E. H.: Raumpolitik mit „Städtenetzen" oder: Regionale Politik der verschiedenen Ebenen. In: Die öffentliche Verwaltung, 1995, S. 393-403

Ritter, W.: Welthandel. Geographische Strukturen und Umbrüche im internationalen Warenaustausch. Darmstadt 1994

Robertson, R.: Globalization. Social Theory and Global Culture. London 1992

Rogers, R.: Städte für einen kleinen Planeten. 5. Vorlesung. In: ARCH^{+} 127, Juni 1995, S. 58-64

Roggatz, P.: Die Automobilisierung – ihre Ursachen am Beispiel der USA und ihre Auswirkungen auf den Raumbedarf der Wohnstraßen. In: Der soziale Wohnungsbau in Deutschland, Heft 16, 1942

Rothengatter, W.; N. Sieber: Verkehrspolitisches Handlungskonzept für den raumordnungspolitischen Orientierungsrahmen. Materialien zur Raumentwicklung 60, Bonn 1993

Rötzer, F.: Die Telepolis. Urbanität im digitalen Zeitalter. Mannheim 1995

Rubenstein, J. M.: Changing Distribution of the American Automobil Industry. In: Geographical Review 76, 1986, S. 288-300

Rudd-Jones, J.: Die Rolle des Developers. In: SRL Vereinigung der Stadt-, Regional- und Landesplaner (Hrsg.): Berlin – Brandenburg. Eine Region braucht Rat. Bericht über die Jahrestagung 1992 in Berlin, Berlin 1992

Sachs, W.: Die Liebe zum Automobil. Ein Rückblick in die Geschichte unserer Wünsche. Reinbek bei Hamburg 1984

Sassen, S.: Metropolen des Weltmarkts. Die neue Rolle der Global Cities. Frankfurt, New York 1996

Schäfer, W.: Ungleichzeitigkeit als Ideologie. In: B. Meurer (Hrsg.): Die Zukunft des Raums. The Future of Space. Frankfurt/Main, New York 1994

Schäfers, B.: Die Stadt in Deutschland. Etappen ihrer Kultur- und Sozialgeschichte. In: B. Schäfers, G. Wewer (Hrsg.): Die Stadt in Deutschland. Aktuelle Entwicklungen und Probleme. Opladen 1996, S. 19-29

Schaffer, D. (ed.): Post-Suburban America. In: Built Environment 17, 1991, No. 3/4

Schätzl, L.: Wirtschaftsgeographie 1. Paderborn 1996

Schilling, O.: Innere Stadt-Erweiterung. Berlin 1921

Schivelbusch, W.: Geschichte der Eisenbahnreise. Zur Industrialisierung von Raum und Zeit im 19. Jahrhundert. München, Wien 1977 (Frankfurt/Main 1989)
Schmidt, C.: Urbane Region und Territorialverhältnis. Zur Regulation des Urbanisierungsprozesses. In: M. Bruch; H.-P. Krebs (Hrsg.): Unternehmen Globus. Facetten nachfordistischer Regulation. Münster 1996, S. 224-253
Schmidt-Eichstaedt, G.: Verfahrensdauer und Zeitablauf in Bauleitplanverfahren. In: Deutsches Verwaltungsblatt, 1992, H. 10, S. 652 ff.
Schmitz, S.: Entwicklung eines planungsrelevanten Emissionskatasters Straßenverkehr. Materialien zur Raumentwicklung, Heft 80, Bonn 1997
Schmitz, S.: Raumstruktur, Verkehr und Umwelt in den USA. In: Raumforschung und Raumordnung 53, 1995, H. 2, S. 112-123
Schmitz, S.: Schadstoffemisisonen des Straßenverkehrs in der Bundesrepublik Deutschland. Verursacherstruktur, räumliche Differenzierung und Ansätze zur Reduzierung. Forschungen zur Raumentwicklung, Band 19, Bonn 1990
Schmitz, S.: Verkehr und Umwelt an der Schwelle zum nächsten Jahrtausend. In: Informationen zur Raumentwicklung, 1993, Heft 12, S. 853-875
Schneider, E.: Einführung in die Wirtschaftstheorie. Tübingen 1958
Schuck-Wersig, P.; G. Wersig: Flexibilisierung des Handelns als Hintergrund der Prognose der Mobilitätsentwicklung. In: Forschungsverbund Lebensraum Stadt (Hrsg.): Faktoren des Verkehrshandelns. Berichte aus den Teilprojekten, Band III/1, Berlin 1994
Schulze, G.: Die Erlebnisgesellschaft. Kultursoziologie der Gegenwart. Frankfurt/Main, New York 1992
Schulze, G.: Milieu und Raum. In: P. Noller, W. Prigge, K. Ronneberger (Hrsg.): Stadt-Welt. Über die Globalisierung städtischer Milieus. Die Zukunft des Städtischen, Frankfurter Beiträge Band 6. Frankfurt/Main, New York 1994, S. 40-53
Schumpeter, J. A.: Konjunkturzyklen. 2 Bände, Göttingen 1961
Schumpp, M.: Stadtbau-Utopien und Gesellschaft. Der Bedeutungswandel utopischer Stadtmodelle unter sozialem Aspekt. Bauwelt Fundamente 32, Gütersloh 1972
Schütte, V.: ArBYTE auf der Autobahn. In: Politische Ökologie, Heft 49, 1996, S. 25-28
Schwerdtfeger, W.: Städtischer Lieferverkehr. Bestimmungsgründe, Umfang und Ablauf des Lieferverkehrs von Einzelhandels- und Dienstleistungsbetrieben. Veröffentlichungen des Instituts für Stadtbauwesen, Heft 20, Braunschweig 1976
Scott, A. J.: From the Division of Labor to Urban Form. Berkeley, Los Angeles, London 1988a
Scott, A. J.: New Industrial Spaces. London 1988b
Setzer, M.: Globalisierung & Zukunft der Arbeit. Unser Arbeitsbegriff steht vor einem revolutionären Umbruch. In: Zukünfte Nr. 19, 1997, S. 24-28
Sheard, P.: Auto-Production Systems in Japan: Organisational and Locational Features. In: Australian Geographical Studies 21, 1983, S. 49-68
Sieverts, T.: Die Stadt in der Zweiten Moderne, eine europäische Perspektive. In: Informationen zur Raumentwicklung, 1998a, Heft 7/8, S. 455-473
Sieverts, T.: Was leisten städtebauliche Leitbilder? In: H. Becker, J. Jessen, R. Sander: Ohne Leitbild? – Städtebau in Deutschland und Europa. Stuttgart, Zürich 1998b, S. 21-40

Sieverts, T.: Zwischenstadt. Zwischen Ort und Welt, Raum und Zeit, Stadt und Land. Bauwelt Fundamente 118. Braunschweig, Wiesbaden 1997
Simmel, G.: Soziologie. Gesamtausgabe, Band II, 19. Kapitel: Der Raum und die räumliche Ordnung der Gesellschaft. Frankfurt/Main 1992
Sinz, M.; A. Blach: Pendeldistanzen als Kriterium siedlungsstruktureller Effizienz. In: Informationen zur Raumentwicklung, 1994, Heft 7/8, S. 465-480
Sitte, C.: Der Städtebau nach seinen künstlerischen Grundsätzen. Wien 1909
Small, K.; S. Song: Wasteful Commuting. A Resolution. In: Journal of Political Economy 100, 1992, 888-898
Snell, B.: Americas Ground Transport. In: U.S. Congress, Senate Committee on the Judiciary: The Industrial Reorganization Act. Hearings before a Subcommittee on S. 1167, 93rd Cong., 2nd sess., 1974
Soja, E. W.: Postmodern Urbanization. The Six Restructurings of Los Angeles. In: S. Watson, K. Gibson (eds.): Postmodern Cities and Spaces. Oxford 1995a
Soja, E. W.: Postmoderne Urbanisierungen. Die sechs Restrukturierungen von Los Angeles. In: G. Fuchs, B. Moltmann, W. Prigge (Hrsg.): Mythos Metropole. Frankfurt/Main 1995b
Soja, E.; R. Morales, G. Wolff: Urban Restructuring. An Analysis of Social and Spatial Change in Los Angeles. In: Economic Geography 59, 1983, 195-229
Sombart, W.: Moderner Kapitalismus, München 1987
Spellerberg, A.: Lebensstile in West- und Ostdeutschland. In: W. Glatzer, H.-H. Noll (Hrsg.): Getrennt-Vereint. Lebensweisen in Deutschland seit der Wiedervereinigung. Frankfurt/Main 1994
St.Clair, D.: The Motorization of American Cities, New York 1986
Statistisches Bundesamt (Hrsg.): Datenreport 1997. Zahlen und Fakten über die Bundesrepublik Deutschland. Schriftenreihe Band 340 der Bundeszentrale für politische Bildung, Bonn 1997
Statistisches Bundesamt (Hrsg.): Volks- und Berufszählung vom 6. Juni 1961, Fachserie A „Bevölkerung und Kultur", Heft 9: Pendler
Statistisches Bundesamt (Hrsg.): Völkszählung vom 25. Mai 1987, Fachserie 1 „Bevölkerung und Erwerbstätigkeit", Heft 9: Pendler, Teil 1: Ausgewählte Strukturdaten
Statistisches Bundesamt (Hrsg.): Volkszählung vom 27. Mai 1970, Fachserie A „Bevölkerung und Kultur", Heft 21: Pendler
Stead, D.: Density, Settlement Size and Travel Patterns. Unpublished research note on the National Travel Surveys 1985/86, 1989/91 and 1992/94. Bartlett School of Planning, University College London, 1996
Stead, D.; S. Marshall: The Relationships between Urban Form and Travel Patterns. An International Review and Evaluation. Paper to be presented at the 8th World Conference on Transport Research, July 13-17, Antwerp 1998
Stehr, N.: Arbeit, Eigentum und Wissen. Zur Theorie von Wissensgesellschaften. Frankfurt/Main 1995
Steierwald, G.; H.-D. Künne (Hrsg.): Stadtverkehrsplanung. Grundlagen, Methoden, Ziele. Berlin, Heidelberg 1994
Steinbeck, J.: Grapes of Wrath – deutsch: Früchte des Zorns, 1939

Steiner, J.: Raumgewinn und Raumverlust. Der Januskopf der Geschwindigkeit. In: Raum, 1991, Heft 3, S. 24-27

Stiens, G.: Großräume und Regionen unter dem Druck neuer Zeitregimes. In: Raumforschung und Raumordnung 50, 1992, Heft 6, S. 295-302

Stiftung Entwicklung und Frieden: Globale Trends 1996. Fakten, Analysen, Prognosen. Frankfurt/Main 1995, S. 163

Stilgoe, J. R.: Borderland. Origins of the American Suburb 1820-1930. New Haven, London 1988

Sudjic, D.: The 100 Mile City. San Diego, New York, London 1993

Taylor, G. R.: The Transportation Revolution 1815-1860 (New York 1968)

Taylor, M. J.; N. J. Thrift (eds.): The Geography of Multinationals, London 1982

Thiemann, F.: Kinder in den Städten. Frankfurt/Main 1988

Thünen, J. H. von: Der isolierte Staat in Beziehung auf Landwirtschaft und Nationalökonomie. Berlin 1875 (Stuttgart 1966)

Thurow, L.: America, Europe and Japan. In: The Economist, November 9th 1985

Touraine, A.: Die Stadt – Ein überholter Entwurf? In: Die Stadt, Ort der Gegensätze. Sondernummer von Demokratische Gemeinde, Monatszeitschrift für Kommunalpolitik, Bonn 1996

Trachte, R.: Verkehr und Modernisierung. Ansätze des Wandels. Kassel 1996

Ueltzhöffer, J.; B. Flaig: Spuren der Gemeinsamkeit? Soziale Milieus in Ost- und Westdeutschland. In: W. Weidenfeld (Hrsg.): Deutschland. Eine Nation – doppelte Geschichte. Köln 1992, S. 61-82

Umweltbundesamt (Hrsg.): Daten zur Umwelt 1992/93. Berlin 1994

Umweltbundesamt (Hrsg.): Verminderung der Luft- und Lärmbelastungen durch den städtischen Güterverkehr. Bearb.: IVU GmbH, HaCon GmbH, ZIV. Berlin 1994

UNCTAD United Nations Conference on Trade and Development, World Bank: Liberalizing International Transactions in Services. New York, Genf 1994

Unger, F.: Wie Detroit, so das ganze Land. In: Stadtbauwelt 127, Bauwelt 1995, Heft 36, S. 1986-1989

United Nations Conference on Trade and Development UNCTAD: World Investment Report 1995. New York, Genf

Uricher, A.: Inwieweit induzieren Straßenbauprojekte zusätzlichen Verkehr? Arbeitsbericht des Instituts für Städtebau und Landesplanung der Univ. Karlsruhe, 1990

Veltz, P.: New Models of Production Organization and Trends in Spatial Development. In: Benko, Dunford (eds.): Industrial Change and Regional Development: The Transformation of New Industrial Spaces. London, New York 1991, 193-204

Vickerman, R.: Restructuring of Transport Networks. In: EUREG Europäische Zeitschrift für Regionalentwicklung, 1996, Heft 3, S. 16-26

Virilio, P.: Revolutionen der Geschwindigkeit. Berlin 1993

Wachs, M.: Autos, Transit, and the Sprawl of Los Angeles: The 1920s. In: Journal of the American Planning Association 50, 1984, S. 297-310

Wackernagel, M.; W. Rees: Unser ökologischer Fußabdruck. Wie der Mensch Einfluß auf die Umwelt nimmt. Basel, Boston, Berlin 1997

Wagner, D.: Von der Diskussion zum Praxistest. In: Internationales Verkehrswesen 48, 1996, H. 3, S. 11-17

Walther, M.: Verkehrspolitik in der Bundesrepublik Deutschland. Verselbständigung und politische Steuerung. Diss., Univ. Tübingen 1996

Ward, D.: Cities and Immigrants. A Geography of Change in Nineteenth Century America, London, New York 1971

Warner, S. B.: Streetcar Suburbs. Cambridge (Mass.) 1962

Warner, S. B.: The Urban Wilderness: A History of the American City. New York 1972

Weber, A.: Über den Standort der Industrien; Teil 1: Reine Theorie des Standorts. Tübingen 1909

Wegener, M.: Die Stadt der kurzen Wege – müssen wir unsere Städte umbauen? In: ders.: Erkundungen zukünftiger Raumstrukturen. Dortmunder Beiträge zur Raumplanung, Heft 84, 1998, S. 90-113

Wegener, M.: Operational Urban Models: State of the Art. In: Journal of the American Planning Association 60, 1994, No. 1, 17-29

Weizsäcker, E. U. von: Erdpolitik. Ökologische Realpolitik an der Schwelle zum Jahrhundert der Umwelt. Darmstadt 1992

Werner, F. R.: Jedes Ding hat seine Halbwertzeit. Die „Neue Mitte" von Oberhausen. In: Bauwelt 1996, Heft 45, S. 2538-2541

Whitelegg, J.: Transport for a Sustainable Future. The Case of Europe. London 1993

Wiegandt, C.-C.: An den Grenzen des Wachstums. Eindrücke zur amerikanischen Stadtentwicklung Mitte der 90er Jahre. Arbeitspapiere der Bundesforschungsanstalt für Landeskunde und Raumordnung 3/1997

Wildemann, H.: Die modulare Fabrik. Kundennahe Produktion durch Fertigungssegmentierung. München 1988

Wohler, G.: Altstadt und Neuzeit. Referate auf dem Tag für Denkmalpflege und Heimatschutz 1928. In: Deutsche Bauzeitung, 1929, Heft 23

Wolf, W.: Eisenbahn und Autowahn. Personen- und Gütertransport auf Schiene, Straße, in der Luft und zu Wasser. Geschichte, Bilanz, Perspektiven. Hamburg, Zürich 1992

Womack, J.; D. Jones, D. Roos: The Machine that Changed the World. The Story of Lean Production. New York 1990 – deutsch: Die Zweite Revolution in der Automobilindustrie. Frankfurt/Main 1992

World Trade Organisation (WTO): Trends and Statistics 1995. Genf 1995

Wright, F. L.: An Autobiography. New York 1943

Wright, F. L.: When Democracy Builds. Chicago 1945 – dt.: Usonien. Berlin 1950

Würdemann, G.: Neuverkehr – die unbekannte Größe. In: Internationales Verkehrswesen 35, 1983, S. 403-408

Würdemann, G.: Stadt-Umland-Verkehr ohne Grenzen. Wo muß Verkehrsvermeidung als Planungsdimension ansetzen? In: Informationen zur Raumentwicklung, 1993, Heft 5/6, S. 261-281

Yago, G.: The Decline of Transit. Urban Transportation in German and U.S. Cities 1900-1970, New York 1984

Zürn, M.: Mehr als nur ein Modetrend. Was ist Globalisierung, in welchem Maße findet sie statt, was sind ihre Ursachen und was sind ihre Konsequenzen? In: Zukünfte Nr. 19, 1997, S. 12-15

Register